伊予 天徳寺千四百年の歴史

田中弘道

正観世音菩薩（木造 壱尺五寸立像 行基一刀三礼）
題字：天徳寺閑栖筆

序

序文

駒沢女子大学　安藤嘉則

思い起こせば北鎌倉松ヶ岡文庫において蔵書目録のタイトルで「南源和尚教衆」という写本を閲覧したのが平成十九年の七月の暑い日であった。当時中世臨済宗文献研究にとりかかっていた私にとって、それは妙心寺派臨済録抄の新出資料として価値ある発見であったが、とりわけ冒頭の一紙に天徳寺の由来と南源恭薫と加藤嘉明との深い関係が記述されていたので大いに関心を覚えたのである。

松ヶ岡文庫は鈴木大拙の師である釈宗演が松岡山東慶寺住職にあったとき発案され、昭和二十年に鈴木大拙が安宅弥吉等の援助を得て設立された。この松ヶ岡文庫は重要文化財をはじめ禅宗研究において貴重な禅籍が豊富に所蔵されているが、その中に古帆周信の密参録（公案の秘訣を記した書）がある。この古帆和尚に師事したのが、豊臣秀頼の息女で大坂城落城後、関東に入り東慶寺二十世となった天秀法泰尼であった。東慶寺歴住の中でもひときわ大きな天秀尼の墓石には古帆への参禅のことも刻まれている。この天秀尼は家康に面会した時、開山からの伝わる女人救済の寺法の維持を願い、これを認められている。以来、東慶寺の寺法は権現様お声懸かりとしての駆け込み寺となるが、そうした中起こったのが、会津四十万石改易事件である。これは松山城を作った加藤嘉明が会津に転封され、その子加藤明成が城代家老堀主水と対立したため堀主水が高野山へ、その妻子は東慶寺に逃げ込んだことがその発端である。東慶寺に入った堀主水の妻子を守るべく、天秀尼は会津藩に一歩も引けを取らず、ついに明成は改易されてしまう。これは東慶寺の寺法が大名をも改易してしまうほどの権威をもったことを示す象徴的な事件であった。

この南源和尚の臨済録抄は元来松山にあったものである。しかし民芸運動で有名な柳宗悦によって蒐集され、それがこの北鎌倉松ヶ岡文庫に寄贈された。それはまったく偶然ではあるが、この一冊の写本を手にしていると、松山・会津・北鎌倉を舞台に南源恭薫・加藤嘉明、明成の父子、天秀尼のそれぞれの人間模様が思い浮かぶようである。

ところで、たまたまその年の日本印度学仏教学会は四国大学を会場として九月四日、五日に開催された。そこでこの学会が終わると四国大学のある徳島から松山へ移動し、天徳寺を訪ねたのであるが、当時副住職であられた曽根弘充師に大変お世話になり天徳寺の多くの文書を拝見することができたのである。その際弘充師より貴重な情報をご教示いただいたことは誠にありがたく、今でも忘れがたい思い出となっている。特に驚いたのが永平寺の宮崎奕保禅師が若き頃大徳寺で修行され、その同参であったのが天徳寺のご住職であり、宮崎禅師様がしばしば臨済宗の天徳寺を訪れていたという事実であった。

さて、その年の年末十二月二十四日に田中弘道氏より初めてメールをいただいた。そこから田中氏との天徳寺文書について交流が開始され、翌平成二十年一月二十七日・二十八日に再度松山を再訪することになり、初めて田中氏と面会させていただいたのである。

特に田中氏のご配慮により愛媛大学の川岡勉先生ご夫妻と意見交換をさせていただいた夜は忘れがたい機会であった。またこの旅では宝厳寺のご住職にもお会いさせていただき、坂村真民先生のお墓にお参りできたのも感激であった。

今こうして振り返ると、田中氏の多くのご高配を得て多くのことを学ばせていただいたことに気づくのである。このたび『天徳寺史稿』が上梓されるとの報をいただき、衷心より祝意を表するとともに、改めてこれまでのご交誼とご教示に深く感謝申し上げる次第である。

序文

愛媛大学教授　川岡　勉

松山市御幸にある天徳寺は臨済宗妙心寺派の名刹であるが、その歴史的歩みについては不明な部分が多く、謎につつまれた寺院である。

寺伝によれば、古代に創設された天徳山弥勒寺が、十四世紀に道後に移転して多幸山天徳寺となり、十七世紀初頭に現在地に移って江西山天徳寺と称したという。宗派も時代によって変転し、天台宗であった弥勒寺が道後に移った時に臨済宗妙心寺派となり、十五世紀末に河野氏によって再興されて曹洞宗石屋派に転じ、十七世紀初頭に再び妙心寺派に戻ったとされる。南北朝時代には南朝勢力と結び、戦国時代には河野氏の菩提寺になり、近世には松山藩主の保護をうけるなど、各時期の政治権力とも密接な関係をもっていたことが伝えられている。

天徳寺には、「芳闕嵐史」「南山霞鈔」「豫州道後名藍多幸山弥勒院天徳寺由来記」をはじめ、寺の歩みや地域社会の動静を伝える興味深い資料が数多く残されている。しかし、当寺に所蔵される資料は最近まで門外不出とされていたため、これまであまり世に知られず、調査・研究がなされないまま保管されてきた。近年、駒沢女子大学教授安藤嘉則氏が鎌倉の松ヶ岡文庫にある「南源和尚教衆　臨済録抄」に天徳寺の由来を示す記述を見いだされたことがきっかけとなり、当寺の調査に取り組まれた。そして、当寺の檀家でもある田中弘道氏が、寺に所蔵される資料を本格的に調べ上げ、その全貌を明らかにされた。

本書は、資料の調査・分析を踏まえて、田中弘道氏が天徳寺の歴史を詳細にまとめられた労作である。その研究対象は、天徳山弥勒寺が創建された古代から始まって、江西山天徳寺の檀徒総代を務めた得能通義が資料の保管・整理に関わった明治時代にまで及ぶ。本書には、天徳寺に残されている資料の一覧や主だった資料の翻刻も掲載されている。資料の中には偽文書や検討を要するものが含まれているが、興味深い情報を伝えるものも少なくない。

時代が移り変わり、いろいろな出来事が生起する中で、天徳寺は特徴的な歩みを刻んできた。それを丹念に描き出した本書の記述からは、各時期の天徳寺に関わった僧俗の様々な活動や思いが浮かび上がってくるであろう。本書の刊行によって、寺の関係者だけでなく、伊予の地域史に関心を寄せる広範な人々が天徳寺の歴史的歩みを参照できるようになったことを歓びたい。

天徳寺文献について

天徳寺住持　全徳

天徳寺文献については、歴代住職　門外不出とされてきた。

駒沢女子短期大学　安藤教授と小生ご縁があって天徳寺中興開山　南源禅師　慶長八年　一六〇三年のこと、初代城主　加藤嘉明のこと、など随分ご教授を頂いた。

更に、天徳寺所属であった臨済録　一巻不足分の上巻が現在、北鎌倉の松岡文庫に丁重に保存されていることなど大変お世話になった。

その当時、法事でお越しになった檀家の田中弘道氏に安藤師との話をしながら天徳寺の文献の取りまとめをお願いしたところ田中氏は快く引受けてくれた。

田中氏の亡き父は愛媛大学教授であり弘道氏も学識高く勤めを退職後、現在はボランティアで道後湯築城「河野家、南北時代」の説明や案内をしながら歴史ある伊予史談会に属するなど歴史研究を幅広くされ大変ご活躍されている。

文献は江戸中期　蔵山和尚「伊予の三筆」書の達人である蔵山和尚が記録されたものが主である。その中には、推古天皇、聖徳太子、河野家、加藤義明など、とても幅広く書かれており一部文献には河野家の流れを組む得能氏も寄進したものがある。特に刀、観音立像は現在も当寺が大切に保管している。

また、大檀那河野氏と書かれた第一巻の天徳寺過去帳の中に得能氏の三五〇回忌追善供養と記載があり河野系図なども記載されている。

天徳寺が所属しているほとんどの資料を江戸期にまとめたものであろう。

明治時代に入り萬谷祖満和尚が文献を整理している。一部、愛媛県に提出しているものもある。そして、時代は平成である。平成二十九年　春、再び田中氏によって門外不出の全てが明らかになるのである。余談ではあるが、平成二十九年　臨済宗　中興の祖、白隠慧鶴「白隠禅師」の没後二五〇回忌の大法要が大本山　妙心寺でも執り行われる。これらすべての事を考えると因縁じみたものを感じ、天徳寺に関わった多くの人たちに大変感謝する。

松が岡文庫の東慶寺側からの入口、
椿が印象的である

庭から眺めた松が岡文庫
（鈴木大拙博士の晩年の書斎）

510 南源和尚教衆臨済録抄

明治の廃仏毀釈の動乱期、天徳寺から流失した天徳寺資料

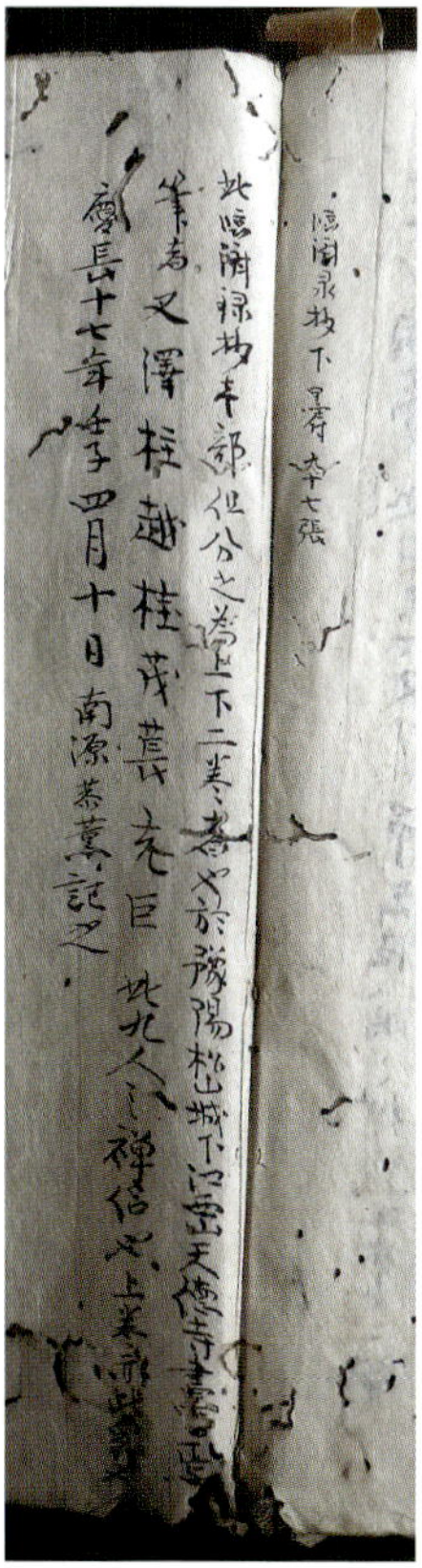

奥書
（南源の自筆、
「慶長十七年
南源恭薫記之」）

上　青緑色の原本
（表紙端に「南源和尚教衆」と墨書されて、その右肩に小字で「臨済録抄」と朱記）

右　「仏書目録」
（柳宗悦が購入した仏書のリスト　南源和尚教衆臨済録抄を六円で購入している）

500 合本　芳闕嵐史
南北朝時代、伊予の歴史を語る奇書

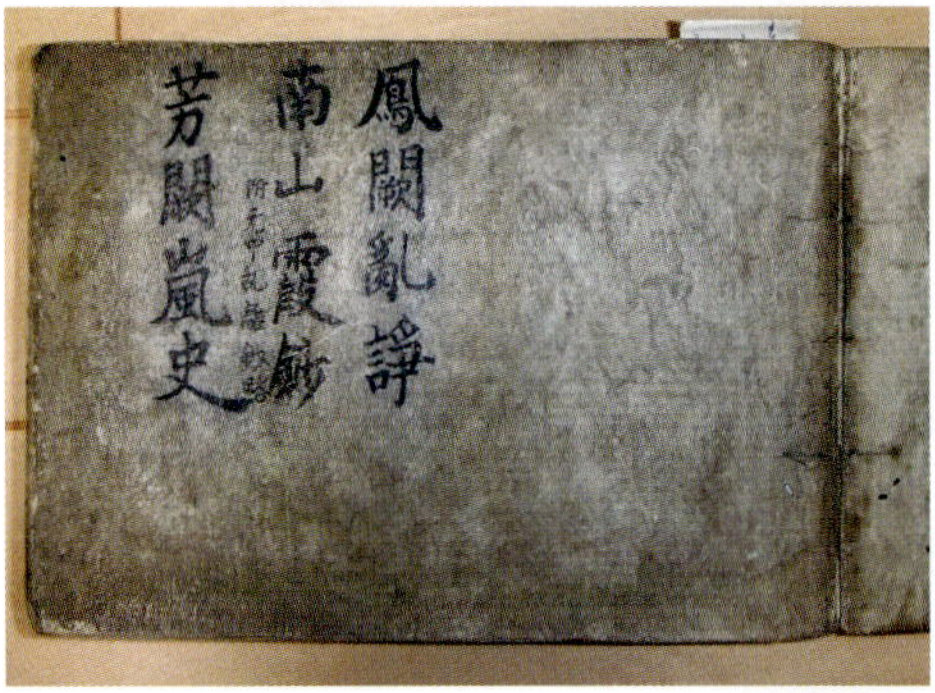

上　蔵山和尚によって装丁され、桐箱に納められた
（「合本　芳闕嵐史」には、芳闕嵐史、南山霞鈔、伊予国造家越智姓河野氏系譜という3点の資料がこの順に合わさっている）

左　見開きの目次では芳闕嵐史、南山霞鈔だけ記載され、「河野氏系図」は別扱いになっている
（芳闕亂諍という字句は芳闕嵐史の始めにある字句である）

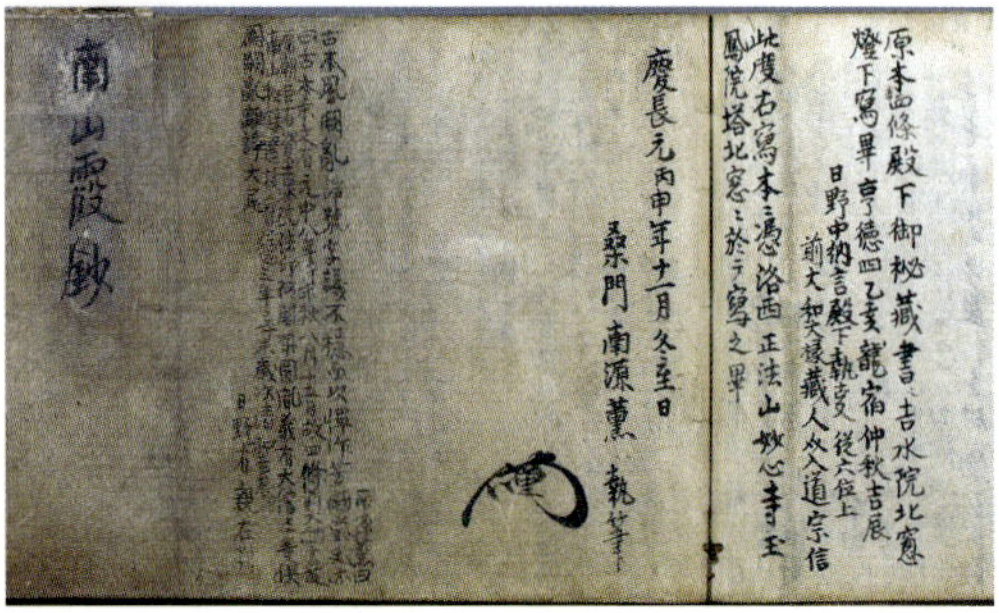

芳闕嵐史の「奥書」
（芳闕嵐史は慶長元年南源が妙心寺で書写し後年、天徳寺に伝える。芳闕嵐史の奥書に続いて、すぐ「南山霞鈔」は始まる）

560 江西山天徳禅寺来由年譜
第二草　貴謙　渉筆　校讐

蔵山和尚、18 世紀の人、蔵書家、学者、書家。この「第二草」は重要な資料として幕末、明治には「560、600　天徳寺来由録集」に写されている。

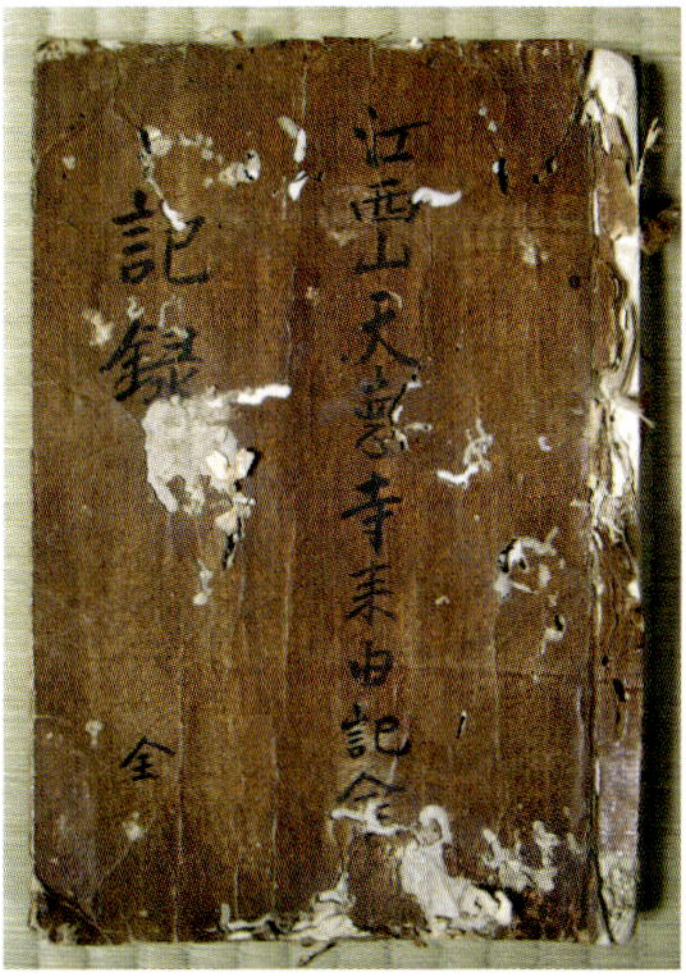

柿色の表紙の原本
（中央に「江西山天徳寺来由録記全」と墨書されている）

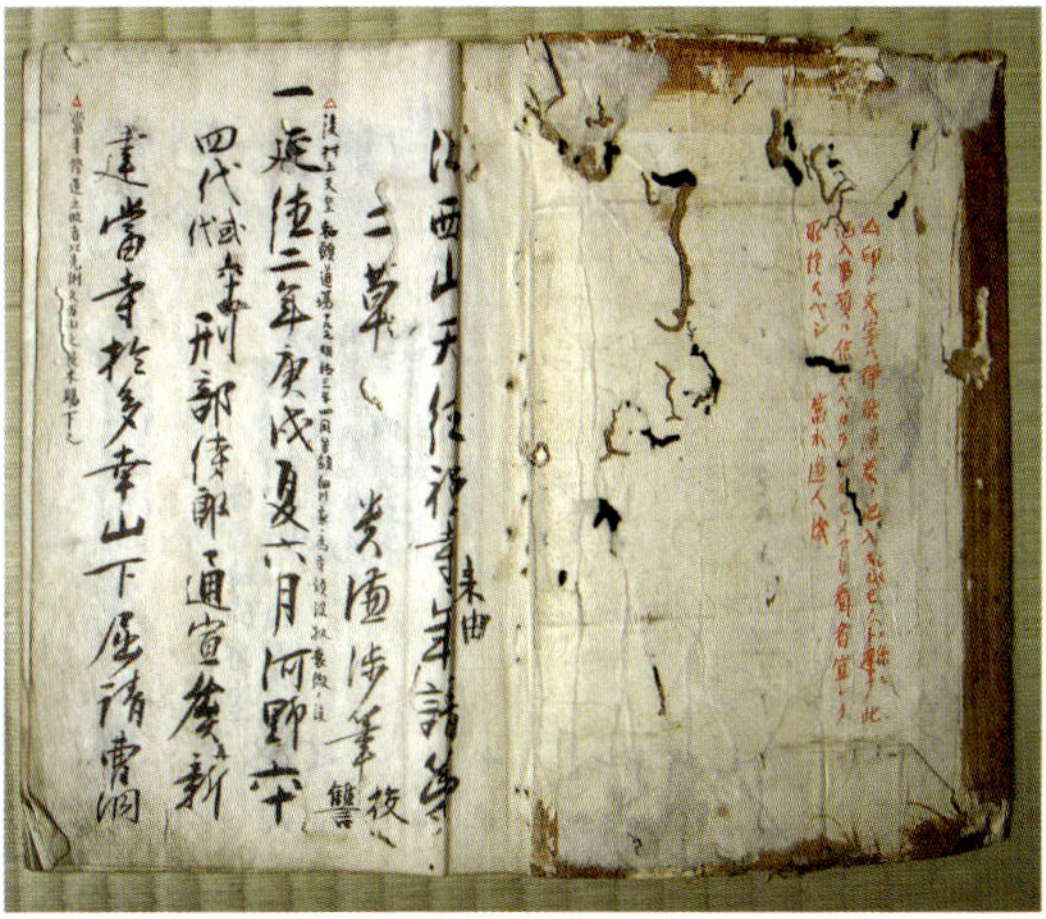

見開きページ
（右に第三者の書き込みがある。「延徳二年、河野通宣による天徳寺再興」の記事から始まり、晩年の天明五年まで書き継がれている）

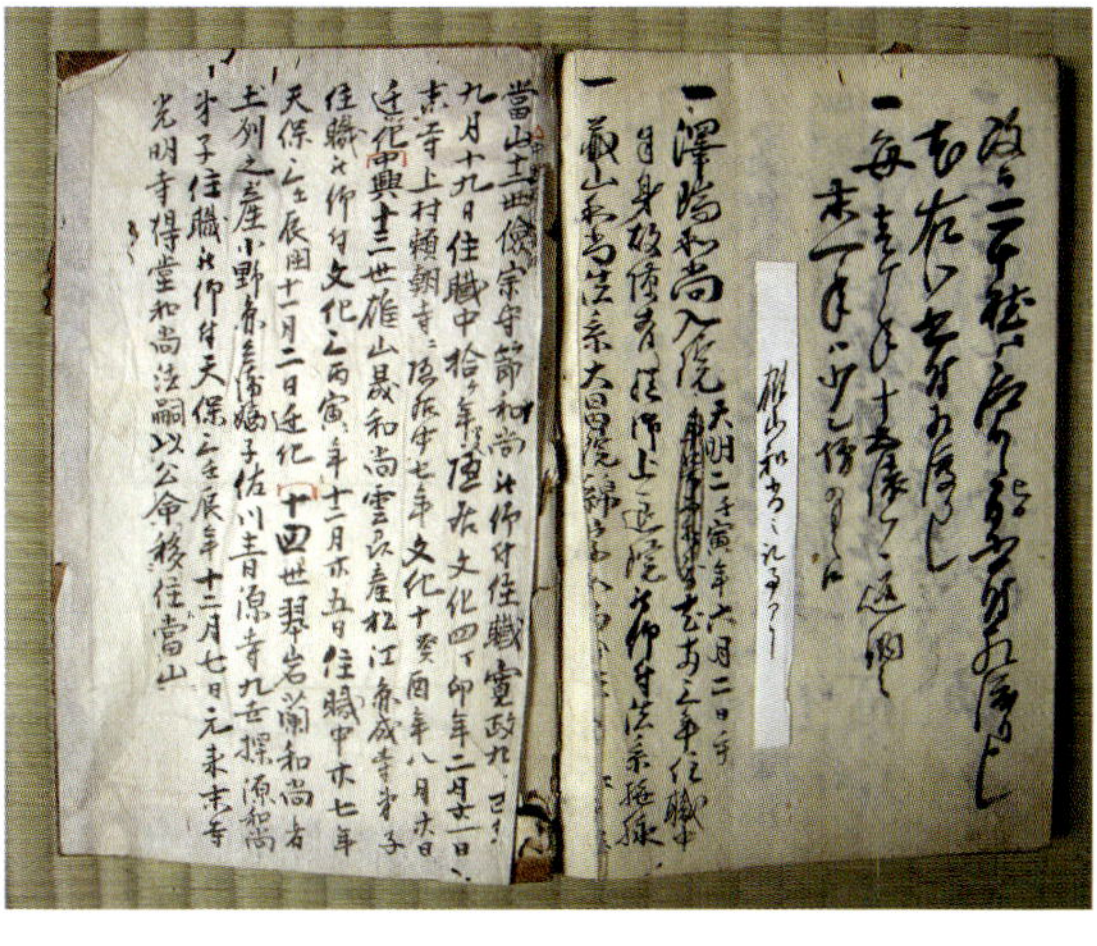

末尾
（裏表紙の内側にまで記事がある。天保三年頃、書き足されたものである）

600 翠岩判　天徳寺来由録集
幕末の混乱期、資料が失われるのを防止した

汚れた無地の表紙の原本
（右下に異筆で「得能家蔵之」と墨書されている）

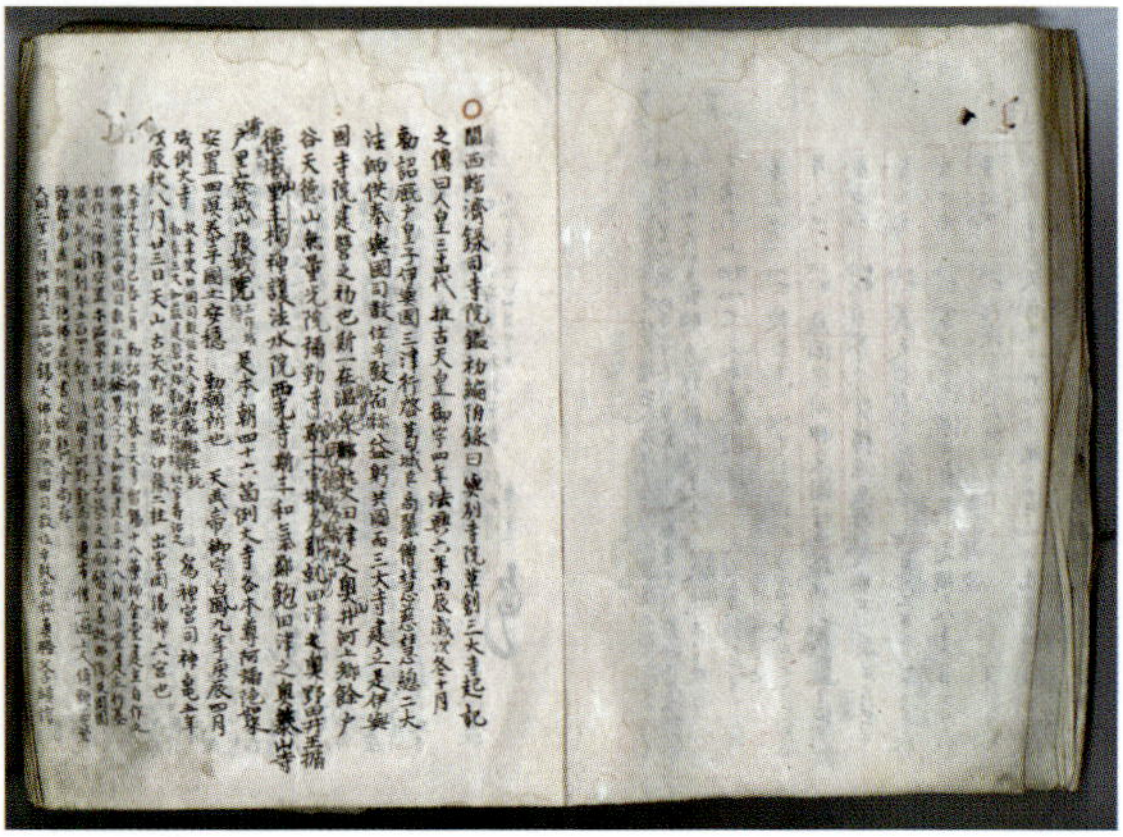

見開きページ、「601　関西臨済録司寺院鑑初編附録三大寺院起記」が書かれているが、改竄が目立つ

700,710 祖満版　天徳寺来由録集
祖満和尚、天徳寺を廃寺の危機から救った

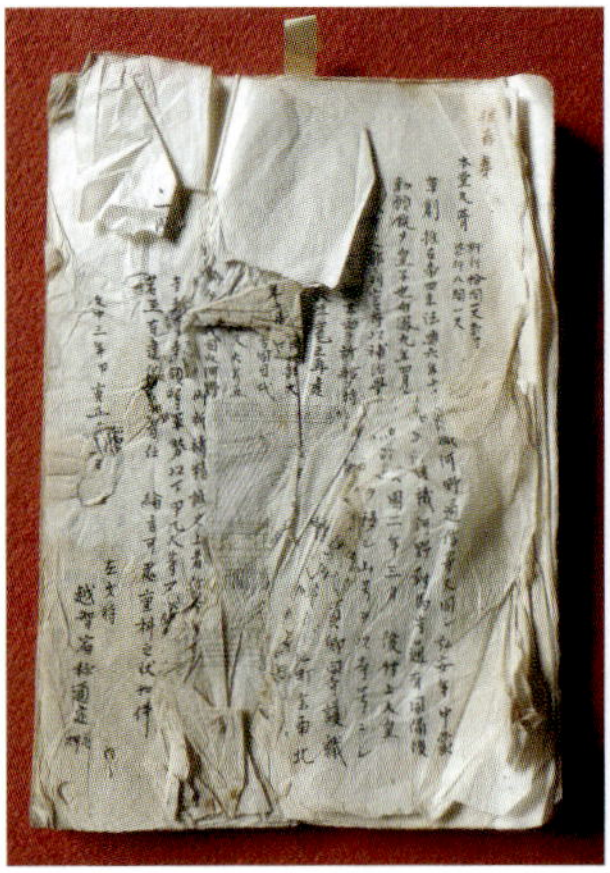

痛みが激しく、表紙もないテキストである
（数ページの「保存資料」が「710 祖満判　天徳寺来由録集」の表紙代わりをしている）

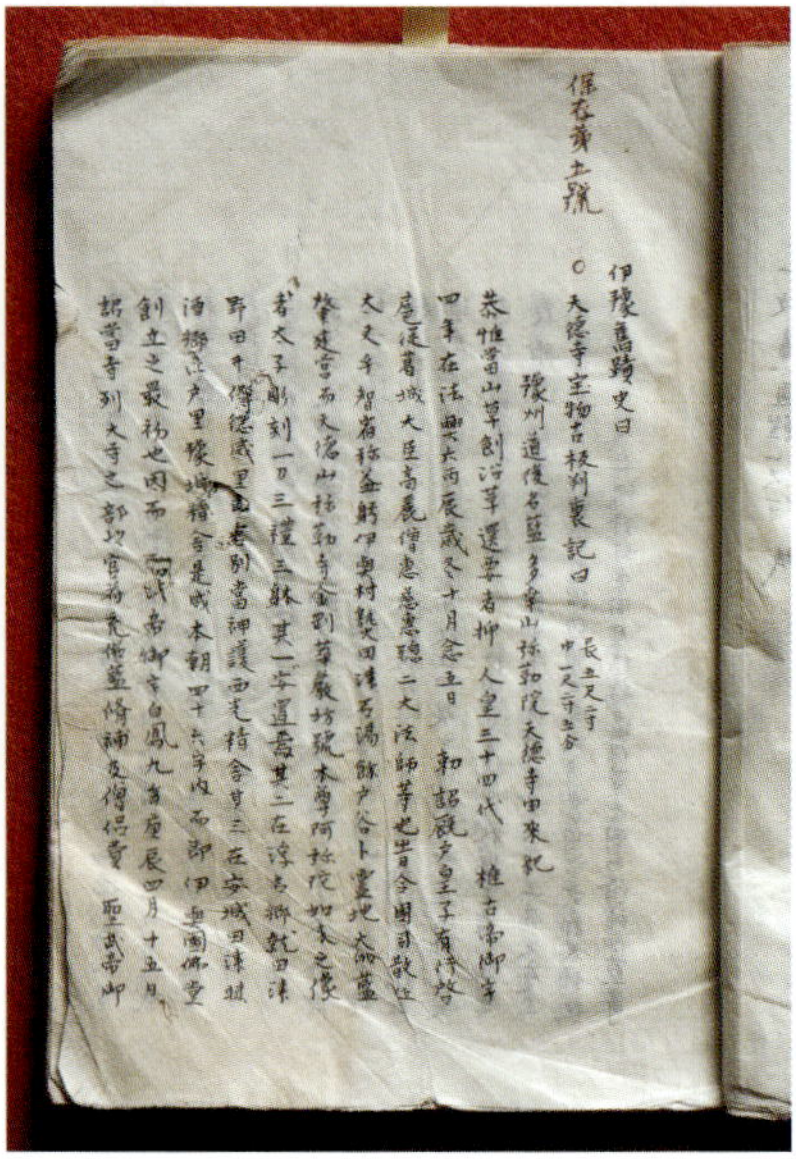

705 保存第五号
豫洲道後名藍多幸山弥勒院天徳寺由来記
（原本は明応九年に書かれたとするが、現在ではこの明治期の写ししか残っていない）

伊予 天徳寺 千四百年の歴史

―目　次―

序

天徳寺史稿

第二章　多幸山天徳寺　推勅願道場　興国二年辰三月六日……107

第四章　江西山天徳寺　禅道場　慶長八葵卯年八月…………223

第五章　江西山天徳寺　幕末・明治の天徳寺……287

資料編

はじめに ――『江西山天徳寺蔵　天徳寺資料』公開までの経緯――

田中　弘道

この度、愛媛県立図書館に『江西山天徳寺蔵　天徳寺資料（略称・天徳寺資料）』の映像資料を寄贈することになったが、それについては安藤嘉則教授（駒沢女子大・教授）の功績が大である。

安藤嘉則氏（以下、敬称を略す）は「臨済録抄」の研究を精力的に進められてきた方である。

「中世禅宗における語録抄の研究（二）（「駒沢女子大学　研究紀要　第八号　二〇〇一年十二月」）」

松が岡文庫から安藤嘉則（駒沢女子大・教授）が「南源和尚教衆　関西臨済録抄（以下、南源臨済録抄）」の存在、更にはその冒頭にある天徳寺の由来に関する記述の存在を見出された。

「南源恭薫の臨済録抄と天徳寺資料について（駒沢女子大学「研究紀要」第十四号　二〇〇七年十二月）」

公益財団法人・松ヶ岡文庫は鎌倉市にある。同法人は鈴木大拙の発願に賛同する有志（石井光雄、岩波茂雄、安宅弥吉、小林十三、五島慶太ら）により昭和二十年に設立され、昭和二十一年二月に財団法人として発足した。鈴木大拙博士（1870～1966年）の蔵書が中心でおよそ七万冊におよぶ貴重な専門書が収められている。内禅書約一万冊である。「南源臨済録抄」は安藤嘉則により、これら蔵書の目録整理作業中に発見されたものである。柳宗悦（1889～1961年）が収集し、松ヶ岡文庫に寄贈された佛書（「佛書目録　宗悦蔵」）の中の一冊である。柳宗悦は民芸運動で有名な人物であるが、宗教哲学にも深い関心を持っていた。彼が学習院高等学科に在学中の英語教師が鈴木大拙である。以来両者の交流は生涯続いた。昭和二十三年に鈴木大拙博士より「松ヶ岡文庫理事長」を委託された。

松ヶ岡文庫は北鎌倉・東慶寺の一郭にある。東慶寺は江西山天徳寺開山・加藤嘉明にとって因縁の深い寺である。

……元和元年大阪城落城。秀頼は自害。秀頼の娘七歳は東慶寺に入った。後の天秀尼である。養母である千姫が後盾になったという。

加藤家お家騒動……会津若松四十万石・加藤明成。寛永十六年家老堀主水、一族郎党を引き連れ脱藩、高野山へ逃れるが、結局加藤家に引き渡され処刑された。妻子は東慶寺に逃れた。加藤明成は旧主君筋に繋がる天秀尼に妻子らの引き渡しを強要するが、天秀尼は千姫を通じて家光に訴え、妻子たちをかばい通した。それから四年後、加藤家は石州一万石に改易……　（井上禅定「東慶寺と駈込女」）

この「南源臨済録抄」は慶長十七年壬子四月十日、江西山天徳寺開山・南源和尚の臨済録の講義提唱を九人の禅侶が書写したものである。明治十年代にあった天徳寺の混乱期に寺から流出したものと思われる。そこには

「関西臨済録鈔……人皇三十四代推古帝四年即法興六年冬十月歳在丙辰詔シ玉フテ厩戸皇子ヲ以テ伊與国ニ趣カシム……」

で始まる天徳寺の伝承（以下、略称「関西臨済録鈔」）が書かれていていた。安藤嘉則は平成十九年九月三日に松山市天徳寺を訪れ天徳寺に伝わる伝承を調べられ、この「関西臨済録鈔」は天徳寺に伝わる伝承と類似していることを見出され、天徳寺に伝わる伝承が南源時代まで遡ることが確認された。

筆者の私事であるが、平成十九年十二月十日、小生の母の一回忌を天徳寺で行いました。その時、寺の曽根弘充住職から「天徳寺の秘本」の話を伺い、天徳寺資料も見せていただいた。弘充住職は安藤嘉則先生からこの資料を開示すべきである旨の話を頂いたこともあり、天徳寺としてもこの機会にこれをしかるべき人に開示して調べてもらう積りであるとの相談があった。私はこの件を川岡勉氏及び伊予史談会に報告、平成二十年一月二十八日には再度、松山を訪れた安藤嘉則氏を松山近郊にご案内した。平成二十二年三月十五日には松ヶ岡文庫を訪れ「南源臨済録抄」を閲覧することができた。平成二十七年六月一日には弘充住職と私は松ヶ岡文庫を訪れ、「南源臨済録抄」を写真に収めてきた。

これが私と天徳寺資料、安藤先生との出会いである。

天徳寺は大正の初め頃から一切、資料公開を断ってきた。天徳寺の関係者や研究者による天徳寺資料への書込みなどが契機になったと思われる。戦後は秘蔵されていた「芳闕嵐史」を借り出した京都の某大学教授がその返還を渋ったことなども資料非公開を決定付けることになった。その「芳闕嵐史」は戦前は長慶天皇が文中三年に亡くなったという記事が否定され、戦後は南朝史観による史料だとして拒否された史料である。結局、「芳闕嵐史」を含む天徳寺資料は実態の調査研究が何らなされることもなく時が過ぎた。明治から百年、「資料の公開」を断ってきた天徳寺であるが、今回公開を決意するようになったのは、寺の来由が推古帝四年即法興六年に遡るという天徳寺に伝わる伝承が「南源臨済録抄」に書かれているという安藤教授の発見が大きなきっかけとなったのである。天徳寺にある資料は当然仏教関係の専門書もあるが、ここの言う「天徳寺資料」は天徳寺の歴史を語るものを中心とし、仏教関係専門書類は除いたものである。天徳寺に伝わる伝承を含め天徳寺資料をきちんと地域史の中で議論してもらいたいというのが天徳寺の願いである。

天徳寺資料でその作成年次が興国二年、多幸山天徳寺の頃に遡る資料はごく一部である。大半は江西山天徳寺（慶長八年創建）の時代、慶長年間以降に書かれたものである。一次資料は少なく大半は編纂物である。古代寺院・天徳山弥勒寺は南北朝時代、勅命により多幸の岡へ移され、多幸山天徳寺になる。さらに近世になると江西へ移され、江西山天徳寺となる。こうした過程で多くの資料は失われたが、繰り返し、書写されて今日まで伝えられてきたのが天徳寺資料である。それらの内容は古代の天徳山弥勒寺（推古四年創建）の事から明治時代の事柄までを含む。従って天徳寺資料を調べるにはその厖大な編纂物を見なければならない。しかし、天徳寺は研究者による書込みや持ち出した資料の返却の遅れなどのトラブルを経験し資料を寺の外へ持ち出すことには抵抗感がある。そうした経緯があるため今回、私が天徳寺からいただき、現在私が所有する『江西山天徳寺蔵　天徳寺資料』の映像資料を天徳寺の了解を得て愛媛県立図書館に寄贈することにした。「南源和尚教衆　関西臨済録抄」は現在、公益財団法人・松ヶ岡文庫の蔵書であるが、天徳寺様と一緒に松ヶ岡文庫を訪れ、そのご了解のもと撮影した映像も、「天徳寺資料」の一つとして寄贈した資料に含めている。

本稿は天徳寺資料を紹介することを目的に作成したのである。しかし、天徳寺資料はそれぞれ、その伝来の経緯もそれぞれ異なり、又その内容は多種多様であり量的にも膨大であって、全ての天徳寺資料を一件づつ内容を論じ紹介するのは不可能である。私は歴史の専門家ではないが、本稿「天徳寺史稿」は「天徳寺資料」の概要を世に紹介することを目的とし、併せて天徳寺資料が語る千四百有余年に及ぶこの寺の歴史を語るものである。

本稿は次のような内容を含む。

① 写真　　　　　　　　　一部抜粋

② 天徳寺史稿

③ 付表　その一　多幸山天徳寺、江西山天徳寺　寺譜

④ 付表　その二　多幸山天徳寺秘事　附属　河野氏系図

⑤ 資料編　その一　元資料で読む天徳寺の歴史

⑥ 資料編　その二　江西山天徳寺蔵「天徳寺資料」一覧

① 写真　読者に天徳寺資料を見てもらうため、その一部を掲載した。

② 天徳寺史稿　天徳寺資料が語る千四百年有餘年の寺の歴史をそのトピックスを書き連ねて語るものである。その中で天徳寺資料を紹介し、必要に応じて天徳寺資料以外の文献・史料も利用し、若干の史料批判も試みた。資料紹介に当たっては、読みにくいという難点もあるが、原文を一部抜粋して紹介することを主とし現代語訳は避けた。長い物語の場合は必要に応じて要約を添えた。

天徳寺はその長い歴史の間に、名前も変わり、宗旨、寺の性格も変わっている。
「天徳寺史稿」では

第一章・奉勅　　天徳山弥勒寺　（古代）
第二章・勅願道場　　多幸山天徳寺　（中世）
第三章・河野菩提寺　　多幸山天徳寺　（中世）
第四章・藩政時代　　江西山天徳寺　（近世）

第五章・明治時代　　江西山天徳寺　（近代）

に五分割し、その歴史的な順に従って配列して示した。

「伊予の歴史」については今まで多くの専門家、関係者が研究し積み重ねてきたものがある。天徳寺資料が語る寺の歴史の中にはそれらと異なる内容のものもあるが、それらも天徳寺の代々の関係者が大切に伝承してきた「寺の歴史」であるのでそのまま紹介する。古代史、中世史では適宜「年譜」を書き添えた。どの時代も同じであるが、特に古代史、中世史では、寺の歴史も中央の動向と密接に関係することが多く、天徳寺資料だけではその内容を理解することができない。中世史に関しては天徳寺には「芳闕嵐史」という資料が伝わっている。太平記に匹敵する異色の編纂資料である。多幸山天徳寺の草創を語る上で必須の貴重な資料である。天徳寺資料以外の外部資料、『誰でも読める日本中世史年表　吉川弘文館編集（文献32）』なども併用して年表を作成した。中世では「多幸山天徳寺」は名前はそのままで、その性格が官寺から私寺へとその性格が大きく変わっている。第三章ではその経緯を説明したが、これは安藤先生からいただいた「天徳寺に伝わる六祖の伝承」には問題があるというご指摘に対しての私なりの試論でもある。「天徳寺史稿」という命名は安藤嘉則氏から頂いたものである。

近代史については明治四十四年までの歴史を論じることにした。

③　付表　その一　　多幸山天徳寺、江西山天徳寺　寺譜

④　付表　その二　　多幸山天徳寺秘事　附属　河野氏系図

天徳山弥勒寺、多幸山天徳寺の時代、河野氏、得能氏らは檀越として寺の経営に深く関わってきた。本系図は多幸山天徳寺、江西山天徳寺の時代に生きた得能通弘が所持していたと思われる河野系図である。

⑤　資料編　その一　　元資料で読む天徳寺の歴史

天徳寺資料の特徴はいわゆる一次資料なるものは少なく、大半が編纂資料である。天徳寺史稿はそれらの資料を用いて論者なりにトピックスを編纂し、天徳寺の歴史を語ったものである。この資料編は各時代を代表する資料から、天徳寺史稿で取り上げたトピックスについてストーリーを持って語っている部分に着目し、元資料を抜粋翻刻して紹介したものである。「705名藍天徳寺由来紀」は異色の資料であるので、四分割して全文を紹介した。末尾に掲載した「641明治三十年　保存金下賜願書」、「752天徳寺明細帳　明治三十年五月　県届」は、明治時代の住職・祖満和尚が天徳寺の歴史をどのように理解していたかを示す資料であるのでほぼ、全文を掲載した。

（この資料編の中にある「560江西山天徳禅寺来由年譜第二草　貴謙　渉筆　校讐」の翻刻にあたっては柚山俊夫氏からご教示をいただきました。お礼を申し上げます。）

⑥　資料編　その二　　江西山天徳寺蔵「天徳寺資料」一覧

天徳寺が公開を決めた諸資料は全て写真などのデジタル情報にして、愛媛県立図書館に寄贈した。関西臨済録抄（松ヶ岡文庫蔵）をはじめ、明治三十年に愛媛県に提出した「保存金下賜願と明細書」、「芳闕嵐史」など多くの編纂物、古文書、或いは河野家関係のお位牌、厨子などを含む。これらを総称して「天徳寺資料」と命名されたのは川岡勉氏である。公開する資料は「天徳寺史稿」に準じて明治四十四年までとするが、一部、明細帳、寺譜など大正時代に作成された七件の資料（752、753、771、772、784、785）を含めた。

「資料編　江西山天徳寺蔵『天徳寺資料』一覧」が天徳寺資料のリストである。リストでは各資料全てに400から799までの『三桁の番号（資料番号）』を付与した。本稿で天徳寺資料を引用する場合は、この三桁の資料番号で付した。

なお、資料の分類編纂の仕方は、恣意的になってしまった。一応、「620翠岩判　天徳寺来由録集の附属資料」のように「元資料」がどのような状態で存在しているか――この場合は「附属資料」というまとまりの中に存在している――を分類編纂を基準とするが、一部、「740古社寺保存法　嘆願書」のように特定のテーマでグルーピングした分類編纂も併用している。そのため、内容が重複する不自然なことになっている。例えば、「620」という中分類の中に存在する「631」と「740」という中分類に存在する「741」は同じ資料である。前者の分類だけで全体が把握されていてそれで十分なのであるが、資料を分類整理する途中で、論者の都合上、一部テーマ別の分類を併用したために生じたことである。ご容赦願いたい。

（天徳寺資料の写真撮影に当たっては、湯築城資料館の溝田直己氏、長野喜久男氏、江刺精久氏のお世話になりました。お礼を申し上げます。）

天徳寺史稿

第一章

天徳山弥勒寺

推古帝御宇四年在法興六丙辰歳冬十月念五日

厩戸皇子、法興六年、天徳山弥勒寺創建

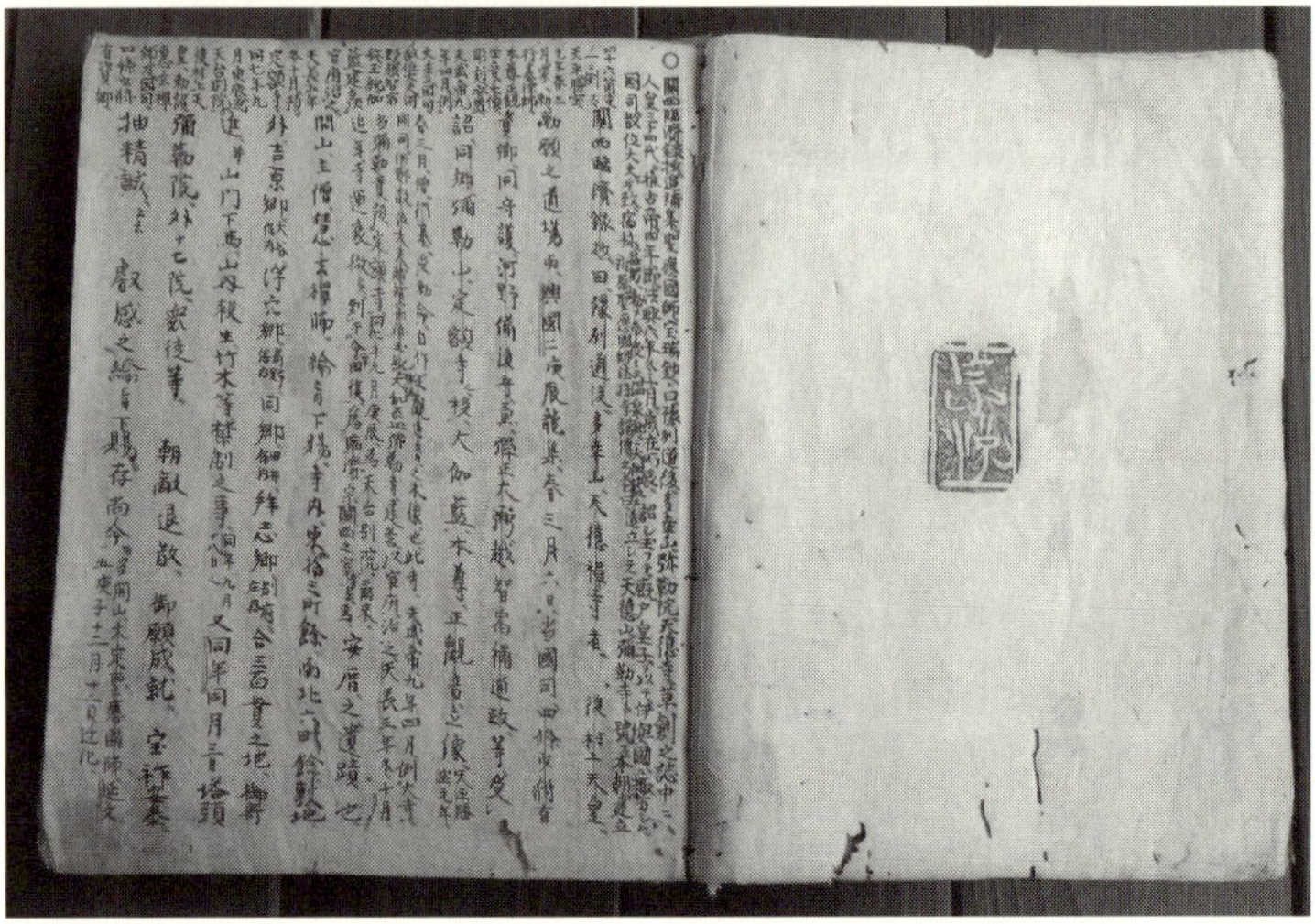

「510 関西臨済録抄」見開きページ　（「関西臨済抄　付属聖應国師法孫寺譜傳之巻」、「関西臨済司寺院鑑初編附録」が書かれている。前者には、興国二年の多幸山天徳寺創建、後者は法興六年の厩戸皇子の伝承を語る。右には柳宗悦の蔵書印がある）

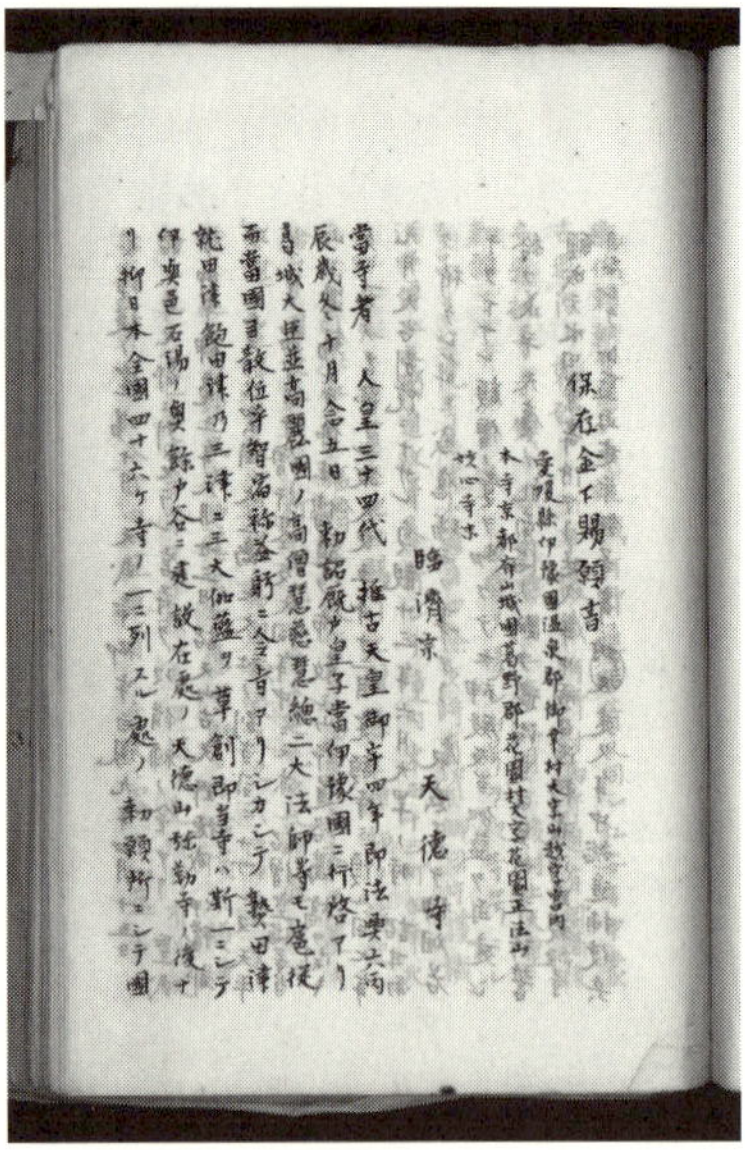

641 保存金下賜願書
（明治 30 年 5 月 28 日　愛媛県から祖満和尚が許可を受けた願書の原稿か）

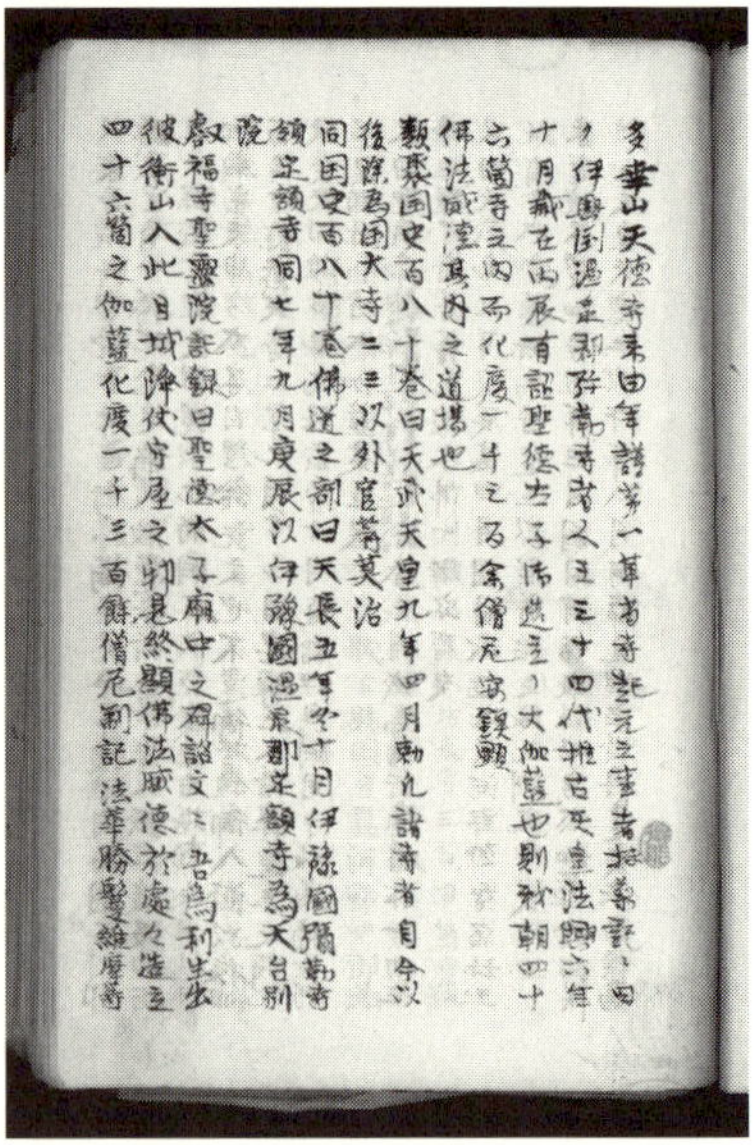

640　多幸山天徳寺来由年譜　第一草
（蔵山和尚が、古代の天徳寺関連の記事を寺外の諸資料から調べ纏めた研究メモ）

第一節　天徳山弥勒寺　金剛華厳坊　創建

一　天徳山弥勒寺の伝承を伝える天徳寺資料

愛媛県伊豫國和気郡御幸村大字山越に「江西山弥勒院臨済宗　天徳寺」という寺がある、この寺ほど開創縁起の不明な寺はない（越智通敏　文献21）。

天徳寺（松山市御幸一丁目）に伝わる資料（以下、天徳寺資料）により、その開創縁起を紹介する。

江西山天徳寺は慶長八年加藤嘉明が道後の多幸の岡にあった「河野家の菩提寺・多幸山天徳寺」をこの地に移し南源宗薫を主僧に招き開いた寺である。河野家菩提寺・多幸山天徳寺は多幸の岡にあった。現在の道後温泉本館の北、数百mの所にあり、法隆寺式の古瓦が出土したことで有名な所である。多幸の岡付近は「是古世々之天皇温泉行宮之古蹟（705名藍天徳寺由来記）」と言われる所である。

古代における道後温泉は大和朝廷との関係が深く、景行天皇、仲哀天皇、神功皇后、聖徳太子、舒明天皇、斉明天皇、中大兄皇子、大海人皇子らが来浴され、伊予の熟田津の石湯の行宮に泊まられたという。「是古世々之天皇温泉行宮之古蹟」とはそれを指しているのであろう。河野時代の多幸山天徳寺はその古蹟のうえに立地していたのである。伊予風土記や万葉集には次のような記事がある。

「法興六年十月に上宮聖徳皇が湯岡側碑文を立てられた……（伊予国風土記逸文（文献57）」

「熟田津に船乗りせむと月待てば潮もかなひぬ今は漕ぎ出でな　額田王

右、山上憶良大夫の類聚歌林を検ふるに曰はく「飛鳥岡本本宮に宇馭めたまふ天皇の七年辛酉の春書月、丁酉の朔の壬寅、御船西つかたに逝き、始めて海路に就く。庚戌、御船、伊予の熟田津の石湯の行宮に泊つ。天皇、昔日の猶し存れる物を御覧たまひ、当時に忽ちに感愛の情を起こしたまふ……（角川文庫「万葉集　巻一・八」）」

道後温泉は万葉集の頃は「熟田津の石湯」と呼ばれ、「石湯の行宮」が多幸の岡付近にあったのである。

一方、「湯岡」とは現在の「国指定史跡　道後公園湯築城跡」一帯であろうと論者は推定している。この付近からは「法隆寺式古瓦」、「版築と思われる遺構」、「古代役所があったと思われる遺物」などが検出されている（文献56）。更に天徳寺には「推古四年法興六年　厩戸皇子有行啓　伊與村熟田津石湯豫戸谷に天徳山弥勒寺建立」という伝承（以下、「厩戸皇子行啓伝承」・「弥勒寺草創伝承」と略称）が伝わっている。

本論の目的はこの「弥勒寺草創伝承」を紹介することである。「弥勒寺草創伝承」を語る天徳寺資料は多いが、次の二つがそれらの原典である、

① 503芳闕嵐史

② 705豫州道後名藍多幸山弥勒院天徳寺由来記

「503芳闕嵐史」は、まだ印可を受けていない修行中の南源が慶長元年に妙心寺で書写し、八年後の慶長八年江西山天徳寺へ伝えたものである。

（注…本稿では天徳寺資料の中の特定の資料を引用する場合、「503」などの三桁の数字を用いる。この数字は（資料編その二　江西山天徳寺蔵『天徳寺資料』一覧）にある資料番号を示す。）

現在天徳寺に伝わる芳闕嵐史は南源自筆の写本ではなく、蔵山和尚の代に現在の形にまとめられたものである。

※参照　「第二章第二節　蔵山版　合本　芳闕嵐史」

「503、705」によると、その南北朝の戦乱の最中、興国二年古代寺院・弥勒寺は勅命により多幸の岡へ伽藍を移し法花天台門を改めて禅門になされ、多幸山天徳寺に生まれ変わったという。生まれたというのは、同時に古代寺院弥勒寺は六百八十年の歴史を閉じたことを意味する。この勅願道場・多幸山天徳寺草創の物語の中で「弥勒寺草創伝承」が述べられている。この「多幸山天徳寺創建」の物語の中にはその直前まで実在していた弥勒寺、この勅命を受けた得能通政が語られている。その後、多幸山天徳寺は細川氏らの介入により衰退するが、明応九年、勅願道場・多幸山天徳寺は河野氏の菩提寺として再発足する。「705名藍天徳寺由来記」はその再発足する天徳寺を祝福する形で花園鳳皇塔院主（妙心寺）の監修のもと、天徳九世主郭融室が執筆したものである。※参照「第三章第一節　道後名藍多幸山弥勒院天徳寺由来記、河野通宣による菩提寺・天徳寺の創建」

弥勒寺が多幸山天徳寺に生まれ替わってから百六十年後の事である。「705名藍天徳寺由来記」の特徴は「503芳闕嵐史」では全く欠如している草創から元弘年間の弥勒寺の歴史、古代史、中世史が語られていることである。「503芳闕嵐史」を伊予へ伝えた南源はそののち、慶長十七年に「510臨済録抄」という講義録を遺している。その中でも「弥勒寺草創伝承」を語っている（512関西臨済録抄）。「512関西臨済録抄」の語る「弥勒寺草創伝承」は簡潔であるがその骨格は「503芳闕嵐史」のそれではなく、「705名藍天徳寺由来記」であることも注目される。「弥勒寺草創伝承」は「厩戸皇子が法興六年十月に伊予の来られた」という伝承（以下、「厩戸皇子行啓伝承」と称する）と、狭義の「弥勒寺草創伝承」に分けて考えることもできる。

「厩戸皇子行啓伝承」については「伊予風土記逸文」も原典の一つと考えることができる。伊予に伝わる「厩戸皇子行啓伝承」について、その伝来・編纂の経緯などの異なる次の三つを原典として考えたい。

① 503芳闕嵐史

② 705豫州道後名藍多幸山弥勒院天徳寺由来記

③ 伊予国風土記逸文

二　厩戸皇子行啓伝承

厩戸皇子行啓伝承がどのように伝わっているか、以下に示す。

①　503芳闕嵐史　……此古伽藍は昔推古帝御宇法興六年冬年十月厩戸皇子勅命を受て、建立草創の所……

②　705名藍多幸山弥勒院天徳寺由来記　……人皇三十四代　推古帝御宇四年在法興六丙辰歳冬十月念五日　勅詔厩戸皇子有行啓扈従葛城大臣高麗僧恵慈恵總ニ大法師等也　時令国司散位太夫乎智宿祢益躬伊與村熟田津石湯豫戸谷ト霊地大伽藍肇建営而天徳山弥勒寺金剛華厳坊号　本尊阿弥陀如来之像者太子彫刻一刀三禮三躰　其一安置焉　其二在浮名郷就田津野田井保徳威里王楯別當神護西光精舎　斯三在安城田津味酒郷江戸里予城精舎　是咸本朝四十六宇内而即伊與国佛堂創立之最初也

天武帝御宇白鳳九年庚辰四月十五日詔當寺列大寺之部以官符充伽藍修補及僧侶費……

③　伊予国風土記　逸文　（文献57）

以上宮聖徳皇、為一度、及侍高麗慧慈僧、葛城臣等也。于時、立湯岡側碑文。其立碑文處、謂伊社邇波之岡也、所名伊社邇波由者、當土諸人等、其碑文欲見而、伊社那比来、因謂伊社邇波、本也、記云

法興六年十月、歳在丙辰、我法王大王、与恵慈法師及葛城臣、逍遥夷與村、正観神井、歎世妙験、欲叙意、聊作碑文一首……（碑文は略す）

「503芳闕嵐史」は単純化されているから比較対象から外し、「705名藍天徳寺由来記」、「風土記　逸文」の二つを比較する。中段が「名藍天徳寺由来記」の表現、下段が「風土記」の表現である。

行啓された年月	……推古四年・法興六年	法興六年十月
随行者	……葛城大臣　高麗僧恵慈慧総	高麗慧慈僧、葛城臣
地元の随行者	……乎智宿祢益躬	
主人公	……厩戸皇子	上宮聖徳皇、我法王大王
舞台・場所	……伊與村熟田津石湯豫戸谷	伊社邇波之岡、逍遥夷與村
目的・行為	……大伽藍肇建営	欲叙意、聊作碑文

「名藍天徳寺由来記」、「風土記」の表現が、相互に明らかに異なるには「目的・行為」だけであって、「年月・舞台」は全く同じである。「舞台」は共に「伊與村」である。「主人公」についてはその実体としては同一人物であるが表記法は異なる。「風土記　逸文」は「我法王大王」など聖徳太子信仰の深まりを強く受けているのに対し、天徳寺資料の方は「厩戸皇子」という実名のままである、七世紀以前の記録が伝えられている可能性がある。これは天徳寺資料は寺の内部で書き写され、保存され、伝来したことを示している。僧侶が経典を写す場合、正確に写すことを旨とするため変化しにくいのである。こうした「由緒」を書き写す場合も経典と同様の姿勢を旨としたがため、変化が少なかったと思われる。「舞台・場所」は若干異なるとはいえ、いずれも「多幸の岡、温泉、湯築周辺」のことである。随行の僧は、「風土記」では「高麗慧慈僧」一人だけであるが、「名藍天徳寺由来記」では「高麗慧慈慧総僧」と、二人を明記する。高麗慧慈は推古三年五月に高句麗から来日し、厩戸皇子の師となった人物である。慧総は百済から同じく推古三年に来日した僧である。二人とも法興寺が推古四年

十一月に出来上がると法興寺へ入る。

「法興」が年号のように用いられている。……「法興」とは「仏法興隆」の意であり、隋の文帝（楊堅）が開皇十一年（五九一年）に「三宝紹隆の詔」を出したこととの関連が指摘されている。その後一部の仏教関係者の間で開皇十一年を法興元年と称するようになったということであろう。既戸皇子の師・高麗僧恵は推古三年五月の来日した人物で、法興という呼称を持ち込んだ人物の一人であろう。推古元年を五九三年とすると、推古帝四年・法興六年は五九六年丙辰の歳である（文献27）。

結局、「風土記　逸文」、「705名藍天徳寺由来記」で語られる伝承は主題（目的・行為）が異なり、随行者も若干違いがあるが、法興六年既戸皇子行啓という骨格は同じである。この二つの伝承は「法興六年十月、既戸皇子伊予に行啓された時にあった二つの場面を描いたものと考えられる。その場合、主目的、公務は大伽藍肇建営であり、大和から皇子、葛城大臣　高麗僧恵慈が来られたという事で、近隣の豪族はこぞって集結し、若い皇子としては随分緊張したことであろう。「逍遥夷与村、正観神井、歎世妙験、欲叙意、聊作碑文一首」は公務が終わった後の緊張がほぐれた場面の話である。随行者の表記で、公務・伽藍肇建営の場面では葛城大臣を先に書き、作碑文の場面では高麗慧慈僧が先になる。公務では葛城大臣は主役の一人であり、作碑文では主役は高麗慧慈僧に移り、葛城大臣は単なる同行者という意味だろうか。この二つの場面の記憶が、一つは既戸皇子ゆかりの寺で伝わり、一つは「伊予国風土記　逸文」として伝えられたのである。

三　弥勒寺創建伝承

弥勒寺草創伝承がどのように伝わっているのか、主要な天徳寺資料を抜粋して紹介する。

①　503芳闕嵐史　……興国二年三月六日、新帝の詔りによりて、僧慧玄禅師を主僧とし温泉郡天徳山弥勒寺院を温泉の北部、多幸の岡へ移さしめ、……弾正大弼に詔りありて、大伽藍を再建立ありたり　此古伽藍は昔推古帝御宇法興六年冬年十月厩戸皇子勅命を受て、建立草創の所なりしが、近年衰敗してありしを今度再興して法花天台門を改めて禅門になされたり温泉郡天徳山弥勒寺院を温泉の北部多幸の岡へ移さしめ……

②　705名藍多幸山弥勒院天徳寺由来記……　略（前項　参照）

③　510臨済録抄聖応国師宝瑞鈔……人皇三十四代推古帝四年即法興六年冬十月歳在丙辰詔シ玉フテ厩戸皇子ヲ以テ伊與国ニ趣カシム　国司散位大夫乎智宿祢益躬　勅ヲ奉受シテ温泉郷ニ大伽藍ヲ造立シテ天徳山弥勒寺ト号ス　本朝建立四十六箇寺ノ一ニ例ス……

天武帝九年四月例大寺　国司散位大夫河野越智宿祢玉純　伽藍建立　以官府治之
天長五年冬十月預定額寺　同七年九月庚辰為天台別院……

④　601與州寺院草創三大寺院起記……人皇三十四代　推古帝御宇四年法興六丙辰歳次冬十月念五日　勅詔厩戸皇子伊與國三津行啓葛城臣高麗僧恵慈恵總ニ大法師供奉　與国司散位太夫乎智宿祢益躬共圖而三大寺是伊與寺院建営之初也　斯一在温泉郡熟田津之奥井河上郷餘戸谷天徳山無量光院弥勒寺、斯二宇城名郡就田津之奥野田并徳威里王楯神護法水院西光寺、斯三和気郡飽田津之奥江戸里安城山予城寺古作城樟　是本朝四十六箇例大寺……

⑤　609多幸山天徳寺来由年譜第一草（翠岩判）……扶桑記曰　伊與國温泉郡弥勒寺者
人皇三十四代推古天皇法興六年十月歳在丙辰歳有　詔聖徳太子御造立之大伽藍也　我朝四十六箇寺之内而化
度一千三百餘僧尼安鎮顕佛威徳其内之道場也
類聚国史百八十巻曰　天武天皇九年四月敕ス　凡諸寺者自今以後除國大守二三以外官府莫治
同国史百八十巻佛道部曰　天長五年冬十月伊予國弥勒寺預定額寺
同七年九月庚辰以伊予温泉郡定額寺為天台別院……

先述したように、「503芳闕嵐史」、「705名藍多幸山弥勒院天徳寺由来記」が原典であり、「510、601、609」などは「706名藍天徳寺由来記」から派生したものである。

「510関西臨済録抄」は慶長十七年、南源和尚の講義提唱を会下の九人の僧が書写して成立したものである。後世の加筆、改竄などの可能性は非常に少ない。弥勒寺、多幸山天徳寺の歴史の部分は「706名藍天徳寺由来記」を原典とした内容と思われる。「510」の存在から「705名藍天徳寺由来記」は慶長年間に江西山天徳寺に伝わっていたことが確認できる。

「601與州寺院草創三大寺院起記」は古代、中世を通じて天徳山弥勒寺、多幸山天徳寺とは競合する立場にあったと思われる西光寺所縁の人物によって近世に入って作られた文書と思われる。

（705、601）の差異の目立つ部分を以下に示す。

『（705）……伊與村熟田津石湯豫戸谷ト霊地大伽藍肇建営而天徳山弥勒寺金剛華厳坊……』

『（601）……温泉郡熟田津之奥井河上郷餘戸谷天徳山無量光院弥勒寺……』

（601、705）両者では「院、坊の名称」と「弥勒寺の立地地点」は明らかに異なるが、「推古四年法興六年　厩戸皇子有行啓　天徳山弥勒寺建立」という伝承の部分は若干の表現の差はあっても、骨格は同じである。すなわち、永く競合する立場にあったと思われる天徳寺と西光寺であるが、弥勒寺創建の伝承の骨格は共有してきたのである。※　参考「第一章第三節　天徳山無量光院弥勒寺」

多幸山天徳寺は河野家滅亡後加藤嘉明により江西山天徳寺、天臨山龍穏寺という二つの寺に分かれるが、天臨山龍穏寺にも「古く奈良朝に遡るべき舊刹である」という伝承を伝えている（文献14）。

「609多幸山天徳寺来由年譜第一草」は蔵山和尚の習作と思われる。「620碧岩版　天徳寺来由録集　付属資料」にある「640」が「609」の元資料、断簡であると思われる。「705名藍天徳寺由来記」を基礎に天徳寺の古代史を語るものであるが、扶桑記、類聚国史、叡福寺聖霊院記録などの記事から古代天徳寺の歴史の復元することを試みた研究成果ともいえる資料で、学者としての蔵山和尚の一面を見せた資料である。後半の中世史の部分は「705名藍天徳寺由来記」と同じである。類聚国史の部分は確認も容易である（文献34）。扶桑記については論者はまだ確認が取れていない。

四　弥勒寺創建伝承を考える

（i）　弥勒寺の位置づけ　性格

三浦章夫は弥勒寺について（類聚国史の記事から）次のような論評をしている。

『伊予にあった弥勒寺は天長五年に定額寺に定められているので、奈良時代すでに建立せられていたものであろうが、建立の場所、縁起由来については詳らかでない。このころ弥勒寺といえば山城や筑前大宰府（注……宇佐八幡・神宮寺の誤りか、岐阜県関市の七世紀後半にできた弥勒寺跡も有名）などにしかない寺名である。ところが承和七年になって温泉郡の定額寺を天台別院となしている。

定額寺は国分寺と同じように官寺であって、天長以後仁和の頃までおよそ六十年間に近畿地方を除いては二十ヶ寺ほどしか定められていないのであるから、温泉郡の定額寺といったのは弥勒寺であると推定せられる。この時代には真言別院という寺院も制定せられているが、別院も公認された官寺と思われる。貞観五年国家のために建てた摂津の悉相寺は天台別院であったが、十六年になって始めて官寺に選ばれているのは、弥勒寺と反対になっている例である。国家のために建てたということが官寺としての主要条件であろう。

定額寺制度の規則は『玄蕃式』にみえていて、灯分稲や修理料、墾田が施入せられ、その寺の別当は郡司らが選定して国司と寺の三綱、粗越《だんおつ》らで決定したものを、太政官庁で任命する規定になっているから、粗越もあった事が想像される。粗越は寺の破損修理と寺僧供養の義務を負わされているので、一面寺の経済的検領権をも持っていたわけである。伊予の定額寺については以上のような手続きや所領についてはすべて詳らかでない。天台別院は各地に指定せられているが、その性格については詳らかでない。最澄によって開かれた比叡山の天台法花宗が伊予に及んできた最初のものであろう。（文献19）』

三浦章夫が類聚国史からその存在を指摘している弥勒寺が、すなわち天徳寺資料が語る「天徳山弥勒寺」のことである。本論では「伊予の弥勒寺」、「定額寺」、「天台別院」の性格などについては、この三浦章夫の論評をもとに進める。「天台別院になった定額寺・弥勒寺」は興国二年まで五百年続くことになる。三浦章夫が論じるように、定額寺の管理規定や天台別院の規定は詳らかでないし、時代により変わっていったと思われるが、「天台別院・弥勒寺」になってからも、国司による伽藍造営などが行われ、官寺としての基本性格は変わっていないようである。なお、三浦章夫は「相檀　だんおつ」とあるが「檀越」の意であろう。定額寺は官寺としての性格・格式を持たしながら、私人である檀越に寺の破損修理と寺僧供養の義務を与えると同時に、寺の経済面を検領する権利が与えられた柔軟な組織である。こうした柔軟性があったが故に永続することができたのである。

律令制が形骸化した平安時代以降、「檀越」の役割を果たしたのは、次に示すような在庁官人の面々である。

※　参考「第一章　第二節　天徳山弥勒寺の発展」

天慶三年……伊予介散位河野好方、同目代橘遠保……修補伽藍寄附水田

天徳二年……河野伊予介元興　　　　……宝塔再建

延久六年……伊豫介河野親経　　　　……伽藍再建

建久二年……兵衛佐源朝臣頼朝　　　……寄付寺領　国守護伊予介河野通信判形賜下

平安時代中期以降は、河野氏が現地の勢力として「檀越」の役割を果たしている。建久の例も実際に現地を仕切ったのは河野通信である。頼朝は京都にいる。鎌倉時代になると地元に残った在来勢力として、得能氏や河野通広家など、南北朝期以降は得能氏が「檀越」の役割を果たしたのである。

南北朝の動乱の中、興国二年、「天徳山弥勒寺」は「多幸山天徳寺」へと御村上天皇の勅命で一変するが、それは「弥勒寺」が「国家のために建てた官寺」という性格を基本的に持っていたからである。※　参考「第二章第一節　勅願道場　多幸山天徳寺」

明應九年、多幸山天徳寺は「河野家の菩提寺」になる。これは官寺から私寺になるということであり、それを進めるに当たって、「国守護河野伊豫守従三位下兼刑部太輔越智宿祢通宣」は非常に慎重に事を進めている。彼はまず、天皇に伽藍が壊敗していることを奏上し、次いで、伽藍を復興し、最後に妙心寺に頼んで、「705豫州道後名藍多幸山弥勒院天徳寺由来紀」という祝いの文書を書いてもらうという手順を踏んでいる。「名藍天徳寺由来紀」という祝いの文書が作成されたのは、長い間「檀越」の役割を果たした得能、河野氏の功績を称えて「官寺・勅願道場」を河野家に下賜され、「私寺・河野家菩提寺」にするための手順だったのである。なお、本論で天徳寺弥勒寺の歴史を論じることができたのは、この時に創られた「705名藍多幸山弥勒院天徳寺由来紀」

が後世に伝えられたからである。※　参考「第三章第一節　豫州道後名藍多幸山弥勒院天徳寺由来紀」

類聚国史によると伊予の弥勒寺は近畿地方を除いて定額寺に指定された二十ヶ寺の中では最も早く指定された三ヶ寺の中の一つである。天台別院については、承和六年の伊勢国多度大神宮が最初で、翌承和七年七月、播磨国の大道寺、清妙寺、観音寺が指定され、続いて九月に「伊豫国温泉郡定額寺」が指定されている。多度大神宮については翌年に指定を取り消されているから、実質的には二番目に指定されてたことになる。弥勒寺が定額寺に指定されたのは、非常に速い事例に属する。

「(天長)五年冬十月乙卯。美濃国菩提寺、伊豫國弥勒寺、肥後国淨水寺。預定額寺……(承和)七年九月庚辰。以伊豫国温泉郡定額寺、為天台別院(類聚国史百八十　仏道七　諸寺(文献34))

三浦彰夫はこの類聚国史の記事から、温泉郡の定額寺は奈良時代すでに建立せられていた大寺であろうと推測している。「弥勒寺草創伝承」にいう「白鳳九年例大寺……」が三浦彰夫の推測する大寺に相当するものであろう。また、三浦彰夫は弥勒寺という名前の特殊性に注目している。

朝鮮半島に仏教が伝来したのは五世紀に遡るが、新羅に伝来したのは他の二國より半世紀遅れ、公認されたのは六世紀前半である。以後新羅は強力な国家仏教建設が進められた。その動きの一つに貴族青年錬成集団・「花郎」がある。弥勒信仰に基づく集団で、「花郎」は以後の半島統一運動の中で大きな戦力になっていた(文献27)。

飛鳥・奈良時代の弥勒寺としては、養老年間、薩摩隼人の乱の折に前線基地の役割を果たしたという宇佐八幡神宮寺・弥勒寺、壬申の乱の時東国と結ぶ要衝の地・不破の関を封鎖し、その後、近江へ進軍するなどして大海人皇子を守った豪族・身毛津氏が建立したという関市の弥勒寺、二〇一五年、世界遺産に指定された古代百済の弥勒寺などが有名である。いづれも弥勒信仰の高まりの中で造られ、外敵から国を守ることを祈ってつくられた……ということが共通の背景にある。こうした背景を持つ「弥勒寺」という名は私寺には相応しくなく、国家レベルの寺に付けられるべき名前だったのであろう。伊予の弥勒寺も半島情勢の緊張の中、祈る気持で厩戸皇子が選んだ名前なのかもしれない。弥勒寺は後に定額寺に指定され、「国家のために建てた官寺」という性格を公認されたのであるが、その性格は厩戸皇子による草創の時まで遡るものといえよう。

（ii）厩戸皇子の行動

敏達三年（五七四年）　厩戸皇子　誕生
敏達十年（五八一年）　隋　建国　文帝、北周の仏教弾圧を改め、仏教興隆に努める
敏達十三年（五八四年）　佛殿を宅に造り、弥勒の石像を安置　……「仏法の始め、これよりおこれり」（紀）
用明二年（五八七年）　馬子・厩戸皇子ら、物部守屋を亡ぼす、厩戸皇子四天王寺建立を発願　（紀）
崇峻元年（五八八年）　蘇我馬子、善信尼らを百済に派遣、法興寺を建て始める　（紀）
崇峻四年（五九一年）　隋・文帝　開皇十一年「三宝紹隆の詔」
崇峻四年（五九一年）　任那復興の為、葛城烏奈良らを大将軍とし、二万の軍勢を筑紫へ送る　（紀）
推古元年（五九三年）　法興寺塔心礎に仏舎利を納め、心柱を立てる　（紀）
厩戸皇子を皇太子に立て、摂政とする　（紀）
推古二年（五九四年）　三宝興隆の詔を下す、臣・連ら競って仏舎を造る　（紀）
推古三年（五九五年）　五月　高句麗僧慧慈渡来、聖徳太子の師となる　（紀）
筑紫に派遣されていた軍勢、帰還　（紀）
推古四年（五九六年）　十月　厩戸皇子　伊予行幸
同　十一月　法興寺完成、馬子の子・善徳を寺司とする。慧慈、慧聡、同寺に住む　（紀）
推古十年（六〇二年）　来目皇子を将軍とし、筑紫に出兵。皇子、病に臥し征討を中止

推古十一年（六〇三年）　秦河勝、聖徳太子の持佛を賜り、広隆寺を造る　（紀）

厩戸皇子行啓を理解するには当時の厩戸皇子を取り巻く状況を考える必要がある。中国では北周が滅び、隋の時代に入る。初代皇帝・文帝（楊堅）は仏教を篤く信じ、開皇十一年（五九一年）に「三宝紹隆の詔」を出す。大和朝廷が仏法を公式に認めたのは推古二年（五九四年）三宝興隆の詔からであるが、中央或いは地方の豪族はそれ以前から半島からの帰化人を通じて、仏教に対して興味・関心を持っていたと思われる。中央の豪族は競って仏舎を造り始めたのである。地方の豪族もその中央の動きを承知しており、中央豪族の動きに色めき立っていたと思われる。推古三年からは厩戸皇子は高句麗僧慧慈について仏教の勉強を始めている。

当時の倭国仏教を主導しているのは蘇我馬子である。馬子は推古帝の三宝興隆の詔よりも十年前から敏達天皇の許しを得て、宅の東方に佛殿を造って弥勒の石像を安置した。紀ではこの一連の馬子の事績を「仏法の始め、これよりおこれり」と総括している。それから四年後崇峻元年、蘇我馬子は法興寺（飛鳥寺）を作り始めている。推古帝の三宝興隆の詔は馬子の主導の元になされたといわれている。法興寺は八年の工期をかけ推古四年十一月に竣工する。すなわち厩戸皇子行啓伝承にいう推古四年十月とは法興寺竣工の直前で、蘇我馬子、善徳（馬子の息）らは最後の仕上げに忙しい時期である。逆に高句麗僧慧慈らは工人らへの全ての指示は既に終え、後は工人らの頑張りを待つだけであった。こうして造られた倭国初の大寺・飛鳥寺は蘇我氏の創建でありながら、蘇我氏滅亡後も倭国仏教の頂点に君臨し続けるのである。

一方、倭国は任那問題で新羅と鋭く対立し、崇峻四年には筑紫に大軍を集結させていた。越智氏を含む伊予の豪族にも動員がかけられ、大勢の人々が筑紫に出兵していたと思われる。その軍勢を率いる四名の大将軍（指揮官）の一人が葛城烏奈良である。その軍勢は四年間という長期間、筑紫に駐留し、帰還するのは推古三年である。厩戸皇子伊予行啓の前年である。厩戸皇子は帰還した大将軍からこの出兵の背景、筑紫駐留につき、話を聞く機会も多かったことであろう。弥勒寺創建伝承で皇子に扈従する人物としてその筆頭に描かれる「葛城大臣」は恐らく筑紫軍を率いた「葛城烏奈良」であろう。葛城烏奈良は用明二年に馬子・厩戸皇子らが行った守屋討伐戦に馬子方として参戦した人物ある。厩戸皇子、葛城大臣両者は互いに良く知っていた間柄である。この大動員は地方豪族にとって大変は負担であったと思われる。逃亡者も出たであろう。推古三年には軍勢は一度引き上げるが対新羅の問題が解決したわけではない。未解決のままである。推古十年には再度、動員がかけられ、来目皇子が筑紫に赴くことになる……。

慧慈は推古三年五月に来日し、推古二十三年十一月に帰国した高句麗僧で太子の「仏教の師」である。厩戸皇子が師・慧慈と共に伊予行啓を行ったのは皇子が慧慈から仏教を学ぶようになってから約一年後の事である。馬子、善徳（馬子の子、法興寺の寺司）らは同行していない。法興寺はまさに日本初の大寺として竣工直前であり、工事現場は最後の仕上げの最中、その指揮に忙しかった馬子、善徳らにとっては外国から来られた慧慈、慧総、或いは皇太子・厩戸皇子らがちょっと、席を外していただけることは非常にありがたいことだったと思われる。

慧慈が伊予に同行したことは「伽藍造立」が皇子の行啓での重要な案件事項であった事を裏付けるものであろう。慧慈は推古四年十一月に完成する法興寺に入る人物である。推古四年十月とは、もう全ての指示はなし終え、後は工人の頑張りに待つ時であった。慧慈としても推古四年十一月に新たにできた法興寺の主僧として臨むことになると、厩戸皇子と共に伊予へ行くようなことは難しくなったはずである。慧慈にとっては大和を離れ伊予へ行く……にはまさにこの推古四年十月が絶好のタイミングであったのであろう。

葛城烏奈良は皇太子らの伊予行啓の計画を聞いてすぐに同行を申し出たのではあるまいか。彼ら軍官は新羅問題は今だ解決せず、再度動員がかかることを覚悟していたであろう。そしてその時は再び、伊予の勢力に動員をかけざるをえないことも承知していたのである。そして地方豪族を慰撫する必要性も十分感じていたであろう。

行啓を思いついたのは厩戸皇子、御本人であったのではあるまいか。馬子が「どうぞ、行っておいでください」と提案するような案件ではないし、慧慈の発案も考えにくい。厩戸皇子が蘇我馬子とは全く関係なく、意思決定した初期の事例として「推古十一年　秦河勝」の事例が挙げられる（文献26）こともあるが、この「推古四年伊予行幸」の件はそれより七年前、二十二歳の厩戸皇子が独自に仏教興隆を推進した事例ということかもしれない。「伊予行啓」は、複雑な半島問題、地域豪族に負担をかけた筑紫駐留問題、そこで果たした伊予の勢力の役割、師・慧慈から学んだ半島に広がる弥勒信仰、花郎などを知った二十二歳の青年・厩戸皇子が自分で選んだ行動であったのであろう。

五　乎智益躬と大山祇神社の秘宝「ヒイラギ八ひろホコ」、斉明天皇御奉納「禽獣葡萄鏡」

(i)　乎智益躬

弥勒寺創建伝承では地域の豪族としては唯一、乎智益躬の名が登場する。益躬は伊予国風土記逸文には登場しないが、いわゆる得能系図にはよく登場する人物である（文献4）。「705名藍天徳寺由来記」によると、乎智益躬は厩戸皇子から直接、伽藍肇建営を令されたのであり、伽藍肇建営では乎智益躬は重要人物であったのである。乎智（越智）氏は当時松山平野に特別な権益を有していたという記録はないが、越智郡を拠点とし伊予の各地に足跡を残す伊予の大豪族である。四国北岸航路の「海の道」を確保して大和王権に長く貢献したことから、大和王権からは伊予国の他豪族には見られない特別扱いを受けるようになった（文献24）という。乎智益躬は河野、越智氏の祖である。

鎌倉時代に描かれた『一遍聖絵（文献55）』では

「……当社（大山祇神社）の氏人なり、幼稚の年より衰老の日にいたるまで、朝廷につかえては三略の武勇を事とし、私門にかへりては九品の浄業をつとめとす。髯髪をさらざれども、法名をつき十戒をうけき。つゐに臨終正念にして往生をとげ、音楽そらにきこへて尊卑にはあつまる。……（第十　第三段）」

平安時代中期に編纂された『日本往生極楽記』では

「少きときより老にいたるまで、勤王して倦まず。法に帰することいよいよ劇し。朝に法花を読み、昼は国務に従い、夜は弥陀を念じて、もて恒のこととなせり。いまだ鬢髪剃らずして、早く十戒を受けて、法名を定真といえり。臨終に身苦痛なく、心迷乱せず、定印を結び西に向いて、念仏して気止みぬ。時に村里の人、音楽あるを聞きて、歎美せずということなし」。

室町時代に編纂された『予章記　上蔵院本（文献39）』では

「……推古天皇御宇、百済国ヨリ鉄人ヲ大将トシテ九州肥後ノ地ニ着クト風聞シケレバ、益躬勅ヲ蒙リ、夷敵退治ハ家ノ先例ナリトテ、手勢少々率ひて九州へ発向ス……」

と書かれた人物である。いづれも「……昼は国務に従い、夜は弥陀を念じ……」るという多様な顔を持った人物として描かれている。『予章記』では「推古帝御宇、九州出兵」が描かれている。崇峻四年の出兵のことであろう。

（ⅱ）　大山祇神社の秘宝

乎智氏と大和王権の特別な関係は、大山祇神社の文書、秘宝からも見ることができる。

大山祇神社は越智氏の神社で、海獣葡萄文鏡（重文）が伝来する。海獣葡萄文鏡は香取神宮、正倉院、法隆寺献納旧御物、春日大社にあり、発掘品としては法隆寺五重塔心礎納置品、高松塚古墳などがある。鋳技の優れている点ではこの種の葡萄鏡中に白眉を為すものだという（文献46）。この鏡は、斉明天皇御奉納　越智大領守興（当神社祭祀者）が勅命によって出陣の時、斉明天皇が勅願奉納された鏡と伝えられる（文献47）。越智氏は大とはいえ地方の一豪族に過ぎない。その氏社・大山祇神社に皇室に非常に深い縁のあるところにしか伝わっていない鏡が伝わり、しかもそれらの中も白眉をなすものであることなど注目される、斉明七年九州へ向かう斉明天皇にとって、大山祇神社、それを祀る乎智氏の存在は大きかったことが分かる。万葉集には「額田王の歌」が残されている。

「……天皇七年春正月御船、西に征き始めて海路に就く　御船、伊豫の熟田津の石湯の行宮に泊つ　天皇昔日の猶し存れる物を御覧になり、その時忽に感愛の情を起こされた このゆえに歌をおつくりになり哀傷びたまふ……（文献43　巻第一・八）』

この時「石湯の行宮で御覧になった昔日の猶し存れる物」は夫君・舒明天皇と舒明十一年に来られた時の思い出の品々であろうが、海獣葡萄文鏡を大山祇神社に奉納した時のお気持は又特別なものであったであろう。昭和三十九年に文部省文化財保護委員会の手で大山祇神社の内陣調査が行われ、「ご神宝」以外に「鉄ホコ（矛）」の存在が明るみに出た。

「鉄ホコはわが国唯一の大和朝時代の〝ヒイラギ八ひろホコ〟である。鉄ホコの部分は六十二㎝、植物のヒイラギの枝の形をしており、これに金象嵌と雲型などの紋がある。これにツタカズラが巻き付いたままの長さ約三ｍの柄がついている（愛媛新聞　文献46）」

鉄鉾は飛鳥時代の作と推定される。「御鉾大明神」とも称されて祭られてきたものである（文献48）。

鉄鉾は比比羅木の八尋矛に似たものだという。

古事記によると、

「……西征を終えて倭に帰った倭建命は、父・景行天皇から東征の命を受けた。この時天皇は比比羅木の八尋矛を彼に授ける。倭建命はヤマトヒメから草薙の剣を授かり出発する……」

古事記では「比比羅木の八尋矛」は征東将軍の印、一種の軍旗として描かれている。この「軍旗・御鉾大明神」が伊予に来た経緯は明確ではないが、三島宮御鎮座本縁や予章記は次のように語っている。

「……崇峻天皇二年、神託によって大山積皇大神を播磨国から伊予小千郡鼻繰迴戸嶋へ遷る、小千益躬之を祭る。木枝鏡掛令祭之　……」（三島宮御鎮座本縁『大山祇略誌』文献49）

「……三島大明神ハ、崇峻天皇ノ御宇、当国迫戸ノ浦へ天降リ玉フ……」（『予章記（上蔵院本）』文献39）」

「……播州大蔵谷ノ西ニ三島大明神御座ス、益躬此時御勧請ト也。其矢今在之。伊予国ニテハ鴨部大神ト号ス……」（『予章記（長福寺本）』文献39）

大山祇神社や予章記が語るのは
「崇峻帝、（又は推古帝）の頃、播磨からもたらされた、三島大明神・大山積皇大神、鴨部大神などの称し、その勧請には益躬が関与した」という伝承である。何処から、或いは誰からもたらされたものか明記されていないが、その特殊な作りから大和王権に近いところらもたらされたと思われる。「ご神宝」とは異なる由来を持つもので崇峻天皇二年のこととすると、それは厩戸皇子の伊予来訪の七年前のことである。「厩戸皇子行啓、弥勒寺創建、斉明天皇御奉納」が行われる前に「一種の軍旗」を思わせる「ヒイラギ八ひろホコ」が乎智氏にもたらされているのである。更に白鳳時代になると、大和朝廷が深く関与したと思われる大型の製鉄炉が越智氏の拠点・越智郡に造られる（文献60）。

斉明天皇御奉納の鏡、ヒイラギ八ひろホコなどは大和王権側の越智氏に対する強い信任をうかがわせる。その信任を背景に、厩戸皇子行啓に中央の豪族でなく、松山に特段の権益も有しない越智益躬が随行を求められたのである。

六　天徳山弥勒寺金剛華厳坊の立地

（i）　石湯の行宮、　熟田津石湯豫戸谷ト霊地

熟田津石湯豫戸谷・天徳山弥勒寺金剛華厳坊、浮名郷就田津・西光精舎、安城田津味酒郷・予城精舎……

弥勒寺創建伝承では、三つの寺坊・三つの地名・三つの津の話がある。寺坊には「太子彫刻一刀三禮三躰」の仏像を収めたという。八年前、用明二年蘇我氏と物部氏の戦いにまだ十三歳であった厩戸皇子は参戦した。その時、太子はぬりでの木を切り取って急いで四天王を造り髪の上に置いて祈ったという（紀）。「太子彫刻一刀三禮三躰」の物語は四天王の物語を思い起こさせる。一つの寺、二つの精舎というが、三者とも手作りの仏像一体をやっと置ける程度の「仏堂、御堂」を準備するのがやっとであり、それも準備できていなかったかもしれない。伽藍はその後逐次整備されたものであり、大伽藍は天武帝九年、例大寺として整備されたのであろう。

厩戸皇子が葛城大臣らを引き連れ伊予に来られたということで、地域の豪族が参集した。

それら豪族の名前は記憶から失われたが、三つの寺坊・三つの津の伝承は複数の豪族が参集して行われた一大式典を後世に伝えるものである。三つの寺坊の始めに描かれるのが「伊與村熟田津石湯豫戸谷ト霊地大伽藍

肇建営而天徳山弥勒寺金剛華厳坊号」である。

「石湯」という言葉が出てくる。万葉集でも「伊予の熟田津の石湯の行宮」と表記され、「石湯」という言葉が出てくる。白石成二は、当時の貴族たちには「温泉＝少彦名命＝石神」という認識があり、その認識を背景に「道後温泉＝石湯」としたと説明している（文献25）。

伊予國風土記には少彦名命に関する伝承が伝えられている。

大穴持命（大国主神）と少彦名命の二神はあいたずさえて伊予國に来たところ、折悪しく少彦名命が重病にかかった。そこで大穴持命は少彦名命を掌の上にのせて温泉に入浴し湧き出る湯で温めたところ、不思議にも快癒し、元気を回復した少彦名命は立ち上がってそばにあった石を踏んで「ましましもねたるかも（しばらく昼寝をしたようだ）」と叫んでその上で舞ったという。少彦名命にちなむ石は玉の石と称させられ、今は道後温泉本館の脇に置かれている。

「石湯豫戸谷」は伊予風土記にいう「神井」の近辺の道後の温泉郷である。この付近には法隆寺式軒丸瓦が出土したりして、古代に何かがあったと思わせる地点が二ヶ所ある。湯ノ町廃寺付近と内代廃寺付近である。その二つで「谷」と言える地形は現在、祝谷と云われる多幸の地を含む湯ノ町廃寺付近の一郭である。内代廃寺付近は「谷」ではなく、小規模な洪積台地及びその南西に広がる沖積扇状地の一帯をいう。

伝承では三つの津の名前が伝わっている。式典に参集した地域の豪族が利用していた各地の津の中でこの三つの名が後世に伝わった。それらの津を優先的に利用する地域の豪族が参集したのである。道後の温泉郷付近を根拠地とする豪族が占有する津が熟田津であったのであろう。和気から山越辺りにあった潟、或いは祝谷からその潟へ流れる大川沿い付近であろうか。三津や重信川界隈はまた、別の豪族が占有していたであろう。

古代寺院・天徳山弥勒寺は興国二年に後村上天皇の勅願で多幸山に移された。その経緯を「503芳闕嵐史」、

「705名藍徳寺由来記」は次のように語っている。

「……法花天台門を改めて禅門になされたり温泉郡天徳山弥勒寺院を温泉の北部多幸の岡へ移さしめ……（503芳闕嵐史）」

「……伊與村熟田津石湯豫戸谷卜霊地大伽藍肇建営……

……（推古三十二年）　是咸本朝四十六宇内而即伊與国佛堂創立之最初也

……山號呼多幸是古世々之天皇温泉行宮之古蹟……　（705名藍天徳寺由来記）」

論者は次のように推定している。……飛鳥時代……厩戸皇子行啓の際に創建された弥勒寺は多幸の岡に創建された。その後、順調に整備は進み、推古三十二年では「本朝四十六宇」の一つに数えられる規模になっていた。その後も舒明天皇、斉明天皇の行宮は多幸の岡に設けられた……その後白鳳時代、例大寺として本格的に古代寺院・弥勒寺が整備された時には多幸の岡とは別の場所……現在の「国指定史跡　道後公園湯築城跡」一帯付近、内代廃寺跡……に立地したのではなかろうか。この地は、伊予国風土記逸文にいう碑文を立てた「湯岡」の有力な候補地の一つでもある。

興国二年に後村上天皇の勅命により、「国指定史跡　道後公園湯築城跡」界隈にあった古代寺院は多幸の岡に戻され、多幸山天徳寺と名を改めた……のであろう。

（ii）　道後の温泉郷　周辺の地質、飛鳥、白鳳時代の遺跡、遺物

松山平野は古代の大和勢力にとって、大和と九州を結ぶ重要な地域であったといわれる。古墳とか遺物から松山平野は古くから大和と密接な繋がりがあったことは判明しているが、松山平野全体を代表するような大きな地方勢力は発生していない。当時、松山平野には和気周辺、祝谷・湯築周辺、久米周辺……などを支配域と

する複数の豪族が並立していたと思われる。また当時松山平野の海岸部には浜堤で外海から隔離された潟が発達し、重信川、石手川の流域では沖積扇状地、その下流域には広大な沖積低地が形成されていたと思われる。堤防などのなかった当時、古代の船は相当内陸まで、例えば重信川などは上林近くまで遡行できたと思われる。享保年間になっても、天徳寺造営に必要な材木を重信川上流・洲之内村から下流の古川村まで材木を流しそこから山越に運んだという（560天徳寺来由　第二章）。地域の豪族たちは夫々、潟や河川中流域に夫々が優先的に利用する泊地を有し、その近くに夫々の拠点、中心部がある……そうした状況を想定したい。「伊與村熟田津、浮名郷就田津野田、安城田津味酒郷」はそうした当時の風景を描いたものである。

松山平野には法隆寺式古代瓦は出土される廃寺跡が多い。松山平野には複数の「法隆寺庄倉屋」があったという。「弥勒寺伝承」に関係した豪族がその後、法隆寺と関係を深めていったのであろうか。

湯築城跡周辺から道後温泉本館周辺にかけても古代の遺構、遺物は集中する。道後地区では多くの平形銅剣が出土しており、道後公園東山麓からも三本の出土が伝えられている。道後近辺に強力な古代勢力がいたと思われる。道後公園の西、500ｍ付近にある持田町三丁目遺跡では弥生時代前期の土坑、五世紀末から七世紀にかけての集落跡などが検出されている（「湯築城跡　調査報告書　第一分冊」文献56）。

湯築城跡大手門付近からは古代の瓦が出土するとともに、「黒褐色土と黄褐色土層」の極めて固い土層が見つかっている。「版築」と思われる。また、道後公園及びその西に広がる岩崎町遺跡からは役所関係者の持ち物と思われる石帯（順方、丸鞆）、土馬、円面鑑が見つかっている。道後祝谷一帯から湯築城跡にかけての一帯は、すなわち道後の温泉郷であり、この一帯が「古代の弥勒寺」の有力な候補地と考える。

湯築城跡の南西に広がる岩崎町・持田町一帯は沖積扇状地である。当時は、現在の持田町１丁目（附属小、中学校）付近を西流する石手川の氾濫原右岸であった。道後の温泉郷南東、岩堰から流れ出る石手川は縄文時代では勝山（現・松山城）の北部を流れていたが、縄文時代末期には勝山の南部を流れるようになっていた。

堤防もない時代であるから洪水の危険は皆無ではないが湯築城跡から岩崎遺跡、持田町三丁目遺跡にかけてはすでに十分に安定した地域であり、古代寺院の立地は可能であったと思われる。この付近の中でも、洪水という点で立地条件として特に優れたところとすれば湯築城跡の東、上市二丁目付近である。石手川左岸には桑原・樽味付近にまとまった洪積台地があり（愛媛県地質図）、弥生時代の遺構が多い一帯である。右岸では溝辺付近に洪積台地が広がる。桑原・樽味付近と同じ標高の台地を石手川右岸に探すと、義安寺の前・上市二丁目付近が相当し、規模的には小さいが安定した洪積台地である。湯築の「版築」が見つかった湯築城跡の東端、旧大手門付近の東が、内代廃寺が見つかった上市二丁目の西端になる。旧大手門付近から北へ四〇mの所、外堀の上市側で堀の底まで掘削されたことがある。きれいな真砂土であり氾濫原の痕跡は全くない。義安寺の北の奥を源とする柿の木谷が戒能谷と名前を変え、上市の中央付近を南西方向に流れていた、戒能谷は持田町一丁目付近で石手川に合流していたのであろう。義安寺の前を東西に流れる疎水は河野時代末期に作られた都市用水である。現在は柿の木谷はこの疎水に流されている。こうした地形、近年の考古学の成果からすると、論者はこの上市二丁目の戒能谷右岸から西、湯築城跡大手門にかけての一帯が天徳山弥勒寺の中心地、そして湯築城跡から岩崎遺跡などにかけての周辺には弥勒寺に関係する諸施設があった（石手寺もかってはその一つであったと思われる）……と考えている。

七　浮名郷就田津神護西光精舎、安城田津味酒郷予城精舎

（i）浮名郷就田津野田井保徳威里王楯別當神護西光精舎

「705名藍天徳寺由来記」では天徳山弥勒寺の次に西光精舎を紹介している。「601豫州寺院草創三大寺起記」では精舎ではなく、西光寺と表記しているが同じものであろう。※　参照　第一章第三節　天徳山無量光院弥勒寺

「601豫州寺院草創三大寺起記」は藩政時代に入ってから西光寺の関係者が「705名藍天徳寺由来記」を全面的に引用しながら編纂したものである。現在は「真言宗豊山派　明照山　法水院西光寺　（東温市　北野田）」と名乗っている。文中三年に天徳寺に御潜幸されていた覚理法皇（長慶天皇）が戦いに巻き込まれ、神護法水院で崩御される……という事件が起きる。（705名藍天徳寺由来記）では神護法水院と書かれ、（503芳闕嵐史）では法水院神宮寺と書かれ、西光寺の名は略されている。

「宇城名郡就田津之奥野田井王楯徳威山神護法水院西光寺」
（601豫州寺院草創三大寺起記）

「文中三年（一三七三年）甲寅四月十日　有故覚理法皇有以御潜幸　将軍方武将武田陸奥守信春……等之兵亂入河野伊豫守通定拒之防戦不克……法皇御負疵退宇城名郷野田幷保徳威原王楯之伽藍神護法水院
同十二日崩御奉　法號贈　圓崩即空陛下大禅定法水院殿登霞金輪覚理天霊大尊
住襲殉死河野通政贈法名當寺大檀那　（705名藍天徳寺由来記）」

「文中三年四月十日……多幸山天徳寺の伽藍を焼き、次に宝巌、安養両寺の伽藍を焼き去り、横谷越え正観寺及び旗寺の伽藍を焼き払い、久米岡に於いて南方勢と決戦……平井明神の鼻城に、また戦うと雖も寄手烈しきこと急にして、遂に徳威原に退き激戦し、法王御傷を負わせらる。同十二日、法水院神宮寺に入り崩御給うこれを徳威の岡、南山へ葬し奉る。殉死の大将は通政以下和田、北畠の面々なり……（503芳闕嵐史）」

就田津は重信川中流域・浮穴拝志付近であろうか。（607「正法妙心見磨軒風光録抄」）には、慶長十九年に南源が海岸山岩屋寺へ詣り、途中で詩を創った記録がある。

「帰途下山到浮穴拝志之里渉舟伊与川、有由流宜橋古跡有野田幷徳威之里・『就田津宮蓬生亭』……」

の表題で始まる詩である。慶長の頃、浮穴拝志付近に就田津宮と呼ばれる所があったのであろう。

（ⅱ）安城田津味酒郷江戸里予城精舎

予城精舎については、弥勒寺創建伝承に現れただけで、その後の記録は全くない。松山市朝美二丁目に「安城寺」という寺がある。「安城山予城寺」を思わせる名称であるが、現在の「安城寺」は享保五年に開かれた寺で松山城と城下町の安泰を祈って「安城寺」と名付けられた寺で、古代の安城山予城精舎とはと無関係である。安城田津味酒郷江戸里は宮前川中流域にあったのであろうか。

「安城田津味酒郷江戸里予城精舎（705名藍天徳寺由来記）」

「和気郡飽田津之奥江戸里安城山予城寺（601豫州寺院草創三大寺起記）」

「天武帝御宇白鳳九年庚辰四月咸例大寺　扶桑史曰　国司散位大夫乎智宿祢玉純　奉勅三大伽藍建営曰　弥勒西光予樟以官府治之（601豫州寺院草創三大寺起記）」

「天長五年戊申冬十二月　詔當寺外神護豫城共定額寺預　同七年庚戌九月庚辰　詔與外二寺共為天台別院（705名藍天徳寺由来記）」

「天長五年戊申十一月預定額寺同七年庚戌九月庚辰為天台別院是類聚国史所載之三大名藍也（601三大寺起記）」

「705名藍天徳寺由来記」、「601三大寺起記」には「三大伽藍」、「外二寺共為天台別院」、「三大名藍」などの文字があり、中世の中頃まではこの三寺は相互になにか関係のあった寺であったと思われる。こうした関係が完全に切れるには、興国二年の時である。これ以降、天徳寺と西光寺、予城寺は全く異なる道を歩むことになる。

第二節　天徳山弥勒寺の発展

一　はじめに

厩戸皇子の時代に創建された天徳山弥勒寺はその後、「……四十六箇寺之内、例大寺、定額寺、天台別院……」と時代を辿り、元弘、延元、興国という動乱の中で、多幸山弥勒院天徳寺へと歴史を引き継いでいったのである。すなわち、古代寺院・弥勒寺は約七百年続き興国二年に多幸山弥勒院天徳寺に、その伽藍、名跡を譲りその歴史を閉じた。多幸山弥勒院天徳寺はその後、河野氏の香華院と性格を大きく変え、更に河野氏の滅亡後は江西山天徳寺にその名跡は引き継がれていったのである。古代寺院・弥勒寺の歴史は多幸山天徳寺から江西山天徳寺へと引き継がれた伝承からその歴史を垣間見ることができる。

前節では弥勒寺の創建について論者として小論を述べた。本節は創建後の古代寺院・弥勒寺の歴史を紹介するものであるが、弥勒寺七百年の歴史を論じるには、論者は全く準備不足である。七百年の歴史の後半に活躍したと思われる「無量光院」及び弥勒寺を終焉させることになった「延元の動乱」については節を改めて論じる。本節は弥勒寺の歴史を年表風に示しながら、弥勒寺の歴史を語る天徳寺資料を紹介することを主目的としたものである。

主に用いた天徳寺資料は、十四世紀に編纂されたと思われる「503芳闕嵐史」、明応九年頃編纂された「705道後名藍多幸山弥勒院天徳寺由来記」、慶長年間に編纂された「512関西臨済録抄」、十七世紀中ごろ編纂されたと思われる「601関西臨済録司寺院鑑　三大寺寺院起記」、十八世紀中期に蔵山和尚が編集した「609多幸山天徳寺来由年譜第一草」である。中核となる資料は「705名藍多幸山天徳寺由来記」である。本論はその弥勒寺の歴史を年表風に紹介する。同じ事柄について複数の天徳寺資料が語っているが、年表ではそれらを併記した。更に外部資料がある場合はそれも併記した。併記することにより、それら資料の特性を見たかったからである。

二　年表　天徳山弥勒寺、列大寺、定額寺、天台別院

推古帝御宇四年在法興六丙辰歳冬十月念五日　勅詔厩戸皇子有行啓　扈従葛城大臣高麗僧恵慈恵總ニ大法師等也　時令国司散位太夫乎智宿祢益躬　伊與村熟田津石湯豫戸谷卜霊地　大伽藍肇建営而天徳山弥勒寺金剛華厳坊号……其二在浮名郷就田津野田井保徳威里王楯別當神護西光精舎　斯三在安城田津味酒郷江戸里予城精舎……（705名藍）

此古伽藍は昔推古帝御宇法興六年冬年十月厩戸皇子勅命を受て、建立草創の所なり（503芳闕）

推古天皇御宇四年法興六丙辰歳次冬十月…………三大寺建立是伊與国寺院建営之初也

斯一在温泉郡熟田津之奥井河上郷餘戸谷天徳山無量光院弥勒寺、斯二宇城名郡就田津之奥野田井徳威里王楯神護法水院西光寺、斯三和気郡飽田津之奥江戸里安城山予城寺　古作城樟（601三大寺）

推古三十二年　我朝四十六箇寺之内化度一千三百餘僧尼安鎮顕佛法威徳其内之道場也（609一草）

是咸本朝四十六宇内而即伊與国佛堂創立之最初也（705名藍）

本朝建立四十六箇寺ノ一ニ例ス　（512臨済）
是本朝四十六箇例大寺　（601三大寺）

天武九年四月、　　勅凡諸寺者、自今以後除為国大寺二三以外、官司莫治　（文献34類聚国史）
白鳳九年庚辰四月十五日　詔當寺列大寺之部以官符充伽藍修補及僧侶費　（705名藍）
天武帝九年四月例大寺　国司河野散位大夫越智宿祢玉純　大伽藍弥勒寺建営　以官府治之　（512臨済）
天武帝九年四月威例大寺　扶桑史曰　国司散位大夫乎智宿祢玉純　奉勅三大伽藍建営曰　弥勒西光予樟以官府治　（601三大寺）
天武天皇九年四月　類聚国史百八十巻曰　勅凡諸寺者自今以後除為國大寺二三以外官符莫治……
扶桑記曰　国司散位大夫河野越智宿祢玉純有勅大伽藍弥勒寺造立　以官符治之依之例大寺矣　（609一草）

＊　天武九年「伽藍建立　以官府治之」……三浦章夫が指摘する「奈良時代すでに建立された大寺」は、この天武九年伽藍建立を指すと思われる。

神亀五年戊辰八月廿三日　詔天山神古矢野神徳威神伊豫都比古比売二神出雲岡神　大三島神七社司令別當々寺法式務畢　（705名藍）
神亀五年　戊辰秋八月廿三日　為神宮司天山古矢野徳威伊予二柱出雲岡湯神六宮也　（601三大寺）
神亀五年　戴依勅宣為国家安全祈願所　創伽藍伊豫大領玉純　（文献58安養寺）

＊　この神亀五年の（705名藍）の記事は弥勒寺が七社の別当寺になったことをいう。

官寺の性格を有する天徳寺の機能の一端を示すものである。

天平元年己巳三月八日　　本尊薬師如来開眼沙門行基律師　　（文献58安養寺）

天平十二年庚辰十一月八日　詔僧行基令留錫於當山時律師一刀三禮而造立観音大士立像一躰安置焉（705名藍）

天平十三年辛巳春三月　勅詔僧行基三大寺院留錫十八薬師金堂建立自作之仏像安置與国司散位玉純益男父子各伽藍建立亦十八観音堂建立行基自作仏像安置（601三大寺）

扶桑記又曰聖武帝　（起天平十三年辛巳春三月八日　至天平勝宝元年己五歳以成　春三月成　勅僧行基自作一刀三礼正観世音菩薩立像木佛一躰安厝矣（609一草）

天平廿一年二月丁酉　大僧正行基和尚遷化（文献34国史）

天平勝宝元年春三月　僧行基受勅命自作本尊正観音之木像也（512臨済）

本尊は正観音立像にして天平十三年三月十八日僧行基律師の自作一刀三礼の霊仏にて此頃迄は天台門なりしが今（興国二年）より禅門に改められたり（508南山霞鈔）

＊　年代の記述が分かりにくい。

「天平十二年十一月八日（705名藍）」ごろから行基は當山に留錫し、翌年春三月十八日に自作仏像安置（609一草、505南山霞鈔）したのか……。

「起天平十三年辛巳春三月八日　至天平勝宝元年（609一草）」は行基が聖武帝の信任を受け、活躍した期間の意味か……。

天平勝宝元年は天平廿一年の事である。天平勝宝元年春三月の記事は何を意味しているのか、行基没後の事である。

延暦二年六月　勅曰　京畿定額諸寺、其数有限　（文献34国史）
延暦廿四年　　　制定額諸寺　（文献34国史）

大同二年丁亥二月　沙門空海留錫開布教傳道　（705名藍）
大同二年二月　沙門空海留錫大仏法興隆国司散位乎致宿祢真勝父子傾信堂塔伽藍建国中　（601三大寺）
弘仁九年　光定　戒壇院知事、宝幢院別当となる　（文献44光定）
弘仁十三年六月四日　最澄入滅、十一日大乗戒壇設立の勅許下る　（文献44光定）
弘仁十四年　光定　嵯峨天皇より戒牒を賜る。国宝「嵯峨天皇宸翰定光戒牒」　（文献44光定）
天長元年九月　以高尾寺為定額　（文献34国史）
天長五年冬十月乙未、美濃国菩提寺、伊予國弥勒寺、肥後国浄水寺、預定額寺　（文献34国史）
天長五年　光定　伝燈法師位に叙せられる　（文献44光定）
天長五年戊申十一月　預定額寺　（601三大寺）
天長五年戊申冬十二月　詔當寺外神護豫城共定額寺預　（705名藍）
承和二年　光定　内供奉十禅師に任ぜられる　（文献44光定）
承和五年　光定　伝燈大法師位に叙せられる。　延暦寺戒和上となる　（文献44光定）
承和七年九月庚辰、　以伊予國温泉郡定額寺為天台別院　（文献34国史）

同七年庚戌九月庚辰　詔與外二寺共為天台別院　（705名藍）
同七年九月庚辰　為天台別院　（511臨済）
同七年九月庚辰　以伊予國温泉郡定額寺為天台別院　（609翠岩判）
同七年庚戌九月庚辰　為天台別院是類聚国史所載之三大名藍也　（601三大寺）

仁寿四年　光定　延暦寺別当職を命じられる。「別当大師　光定」（文献44光定）
天安二年　光定　入寂　（文献44光定）

＊　弥勒寺が「天台別院」になるのは、「705名藍」では「……同七年庚戌九月庚辰……」とあり、その文脈・年干支からは「天長七年庚戌」を意味する。一方、「文献34　類聚国史」では「承和二年正月……六年多度大神宮為天台一院……七年……七月……大道寺、清妙寺、観音寺並為天台別院……九月以伊予国温泉郡定額寺定額寺為天台別院」と記事が続く。この文脈からすると、伊予国温泉郡定額寺定額寺が天台別院になったのは承和七年九月である。天徳寺伝承では「同七年」の記録に「同七年庚戌」と年干支を書き加えられ、「天長七年庚戌」と誤り伝えられたと思われる。以後本論では「文献34　類聚国史」の記事に基づき「承和七庚申年九月」に訂正して論を進める。

＊　定額寺という制度ができたのは延暦廿四年で畿内の寺がその対象である。畿外では天長五年十月の美濃国菩提寺、伊予國弥勒寺、肥後国浄水寺の事例が初めてである。
天台別院という制度が出来たのは「承和六年正月多度大神宮」が最初であるが、多度大神宮については承和七年十二月にその指定が取り消されているので、実際は「承和七年七月、播磨・大道寺、賀茂郡・清妙寺、観音寺」が最初であり、「承和七年九月伊予国温泉郡定額寺」は二番目の指定である。

伊予國弥勒寺の存在は、全国レベルでみてもその存在が認められる寺院であったのである。

＊弥勒寺が定額寺、天台別院になった背景には風早出身の最澄の弟子・別当大師光定存在が大きい。光定が伝燈法師、内供奉十禅師に任命され、宮中で活躍していた時である。天台別院になった背景には伝燈法師光定の働き掛けがあったと思われる。

＊弥勒、西光、予城、三者の関係は微妙である。天武九年の段階で、三者が「列大寺」に指定された事を主張する資料は「601三大寺」だけである。全て「列大寺」に指定された事この三者は厩戸皇子による草創伝承は共通であるが、以来、それぞれの道を歩んだようである。それが「天長五年定額寺、承和七年天台別院」の段階では、「類聚国史」に記録されたのは弥勒寺だけであるが「705名藍」では「當寺外神護豫城」、「弥勒寺外二寺」と表現し、その三者が天長五年以来、再び歴史を共有することになる。それから六百年後、弥勒寺は多幸山天徳寺になる。その後の西光、予城の歴史はほとんどわからない。

貞観十三年辛卯六月十三日　詔七神殿別當々院令甘雨祈転読大般若経及金剛教感應有瑞雨湿焦土叡感之餘令使国司散位伊豫守寛王七神宮及當伽藍再建営築神烟廿戸分附国宣朱印之状賜下焉　（705名藍）

貞観十三年辛卯六月十三日戊子　勅詔弥勒西光予城別当名山諸神社転読大般経金剛般若経祈祷甘雨瑞雨湿焦土有　叡感時国司正四位宮内卿伊予守源朝臣寛王奉行神殿堂塔再建神姻若干各社寄進　（601三大寺）

承平四年甲午八月　同六年丙申二月　朱雀院御宇詔當山　（705名藍）

承平四年甲午八月朔　勅詔　朝敵退治有御願　同六年亦同之　（601三大寺）

天慶三年庚子正月　令朝敵退治祈
同四年七月當国司式部太輔紀叔人同介散位河野好方同目代橘遠保等　共圖而修補伽藍
寄附水田一万三千歩焉　（705名藍）
天慶四年辛丑三月　国司河野散位好方大伽藍修治　（609一草）
天慶三年庚子正月十一日亦同之咸賜国宣
同年九月国司紀叔人同介越智好方同目代少弐橘遠保等三将　三大寺祈誓成願伽藍修補並寺領若干寄付　（601三大寺）
天徳二年戊午正月十六日村上帝聞古　舒明帝嘗覧花在當山因慕思而不已焉　輙令橘主計頭代覧焉
時勅使橘氏與河野元興圖而宝塔建営矣
同年八月依勅願命十二僧侶書寫大般若経全部令収當山宝庫畢　（705名藍）
天徳二戊午八月　河野元興宝塔再建矣　依勅願為国土安全大般若経一部以十二僧侶令書写庫蔵建立矣焉　（609一草）
天徳二年戊午八月河野伊予介元興宝塔再建　勅願大般若経全部命僧侶十二書写之而収宝庫　（601三大寺）
天徳二年壬午　戴賜令旨以温泉館元興下知於當寺始傳法灌頂修行橘氏義興和尚　（文献58）
延久六年甲寅五月　国司伊豫守源朝臣頼義與伊豫介河野親経共圖而伽藍再建営寄付寺領如舊又
鎮守大山津見天津国津三神殿再建営而　主僧賢明式典欽行畢　（705名藍）
延久六年甲寅戴五月　源頼義国務伽藍再興下知河野新大夫親経次之

鎮守三島社天津國津三宮再興　　賢明上人主司矣　（609一草）
延久六年甲寅正月　　伊予守源頼義朝臣伊予介越智宿祢河野新太夫親経同志而伽藍再建
鎮守天津国津三島三神殿再建主司　　賢明上人正遷宮式執行　（601三大寺）

＊　賢明上人……天徳山弥勒寺の僧の名前が伝承されている事例である。他には「705名藍」にはなく、二百年後の「601三大寺」だけにある文献記事であるが、弘安二年・本如宗師上人の例がある横谷・無量光院弥勒寺系の僧侶であろうか。

天承元年辛亥年十一月　　附六十六坊末寺三百廿箇寺　（609一草）

建久元年
　戴従兵衛佐頼朝寺領敷地四至方至山林竹木進退放免状　（文献58安養寺）
建久二年辛亥正月　　兵衛佐源朝臣頼朝寄付寺領幷　河上郷餘戸谷山林廿二町
　来目郷古矢野戸里平井水田三町八反　浮名郷野田幷保徳威里水田二町二段
　棟別銭及境内四至傍爾竹木赦免御教書幷国守護伊予介河野通信判形賜下　（705名藍）
建久二年辛亥正月　　従兵衛佐源頼朝寺領敷地弥勒寺山林竹及井上郷
　平井郷進退保免状下賜　　國守護河野四郎通信寺務奉行有状　（609翠岩判）
建久二年辛亥正月　　兵衛佐源頼朝公寺領段銭赦免山林竹木之事　　温泉井河上郷
　久米高野郷浮名郷野田并保和気安城保温泉江戸里地所進退之御教書幷に
　国守護職河野四郎通信奉行黒印賜之　（601三大寺）

＊　源頼朝が「河上郷餘戸谷」、「来目郷古矢野戸里平井」、「浮名郷野田幷保徳威里」周辺の山林、水田を寄付している。頼朝が上洛し後白河院と数回にわたる御対面を行い、朝廷と幕府の関係に新たな局面を切り開き、頼朝の諸国守護権が公式に認められた時のことである。河野通信が弥勒寺の檀越として寄進を行い、その際、源頼朝の名を借りたのであろう。

「河上郷餘戸谷」は横谷の「無量光院弥勒寺」の近辺、「来目郷古矢野戸里平井」は得能家の拠点周辺、「浮名郷野田幷保徳威里」は西光寺、河野通広家の拠点周辺である。この寄進が「無量光院弥勒寺」が台頭する力の源泉になった可能性はあるが、建久二年の記事自体には無量光院弥勒寺の存在を匂わす表現はない。

延應元年己亥十月　将軍源頼経令仏師諶慶釈尊之書像執筆収當山宝庫（705名藍）
延應元年己亥十月　将軍源頼経公諶慶命之釈迦牟尼佛出山之画像各三伽藍収之（601三大寺）
延應元己亥年十月　源頼経将軍佛仏師諶慶令而釈迦之像書収之（609一草）

建長三年春　一遍、鎮西に修行し、大宰府の聖達上人の禅室にのぞみ給ふ（一遍聖絵第一）
正元元年～文永十一年（亀山院御宇）当山末寺久保寺一遍上人修学三部経全部自書焉　而収経庫存于今也（609一草）

文永八年秋　一遍、窪寺というところに……閑室をかまへ……（一遍聖絵第一）
文永十年七月　一遍、菅生の岩屋というところに参籠（一遍聖絵第二）
正応元年　一遍、伊予へわたり給て、菅生岩屋巡礼し、繁多寺にうつり給、当寺は昔、当國刺史頼義朝臣、天下泰平衆生利益のためにとて、国中に七ヶたてられける其一なり（一遍聖絵第十）

＊松山市窪野町北谷には一遍記念事業会が建立した「窪寺閑室跡」を示す石碑、バス停丹波には浅山円祥師らが建立された「一遍上人窪寺御修行之旧蹟」という碑が立てられている。「正元元年～文永十一年」の記事は一遍と弥勒寺の接触を示す唯一の天徳寺資料である。また、久保寺（窪寺）が弥勒寺の末寺であることを示している。

弘安二年己卯八月　勅當山祈蒙古退治継尋経歳月
同四年辛己閏七月晦日　国守河野對馬守通有同備後守通純依祈願成就寄付寺領伊豫郡余戸郷水田七町賜黒印焉　蒙古退治之祈誠忝奉　勅命招丹悃怨敵退散御感之尊帳賜之實吾門規模最大焉　（705名藍）

弘安二己卯　起
同四辛己至蒙古退治有御祈誓　（609一草）

弘安二年己卯八月　以後至同四年辛己閏七月晦
国守河野対馬守通有同備後守通純等蒙古退治有祈誓亦　特勅詔本如宗師上人恭奉勅命蒙古退治之祈誠抽丹悃烈敵退散御感之尊帳賜之吾門規模最大因伊予郡餘戸郷神戸郷寄付賜黒印　（601三大寺）

弘安二年　戴勧請三嶋大明神御殿拝殿十六王子宮作　九月廿六日祭礼為国家栄立市
願主河野對馬守通有　（文献58安養寺）

永仁二年甲午　夏有故當山衆徒叛両六波羅下知被令寺領没収自之寺運衰敗矣　（705名藍）

永仁二甲午　戴有故両西六波羅叛下知寺領被没収衰微矣　（609一草）

永仁二年甲午　有故叛両六波羅下知三大寺山門衆徒被罪寺領悉被全没収因之寺運大衰敗威矣（601三大寺）

永仁二年　戴両六波羅陸奥守相模守賜下文寺領山林竹林四至境田地改通有　（文献58安養寺）

＊永仁二年の所領争い　……「705名藍」の記述では「當山衆徒」、すなわち天徳山弥勒寺の中の一部の「衆徒」が下知に叛き、「寺領被没収衰微」を招いたのである。その後も天徳山弥勒寺あるいは天徳山無量光院弥勒寺は存在しているから全ての寺領が没収されたのではない。

一方、「601三大寺」の記述では下知に叛いたのは「三大寺山門衆徒」である。すなわち、「天徳山弥勒寺」という枠組みを超えた三大寺山門衆徒……おそらく、「天台別院」の枠組みの中の三大寺・弥勒寺西光寺、予城寺に属する「衆徒」の一部と思われる。「三大寺山門衆徒」とは伊予の天台別院の正規の組織ではないであろう。私的組織・三大寺山門衆徒は罰せられ、さらに寺領は悉く全て没収された……「三大寺山門衆徒」が我が物にし占有していた「寺領」が全て没収されたのであろう。その結果、「三大寺山門衆徒」の多くは寺を去り、衆徒の中核メンバーが依って立っていた寺・横谷の天徳山無量光院弥勒寺が大衰退する事態になった……と論者は推測している。事件の発端は安養寺（石手寺）との所領争いである。その所領争いが六波羅にまで上げられ、「三大寺山門衆徒」が罪を被ったのであろう。

文保二年　　戴二王門護摩堂再興河野通継　（文献58安養寺）

元弘二年　　戴従尊氏寺領四至保免下文二通田地坪付状河野通盛　（文献58安養寺）

元弘三年四月

「與州道後湯上余戸谷天徳寺弥勒寺僧侶等　天長地久　朝敵退散　御願成就

宝祚安泰可被抽精誠之状　如件

元弘三年癸酉四月廿三日　　尊良　（花押）

無量光院弥勒衆徒中　」　（601三大寺）

元弘三年九月　　豫州総領職河野伊予入道々治諱通村同嫡子備後守通綱父子

為祈誓成就寺領三百貫之地寄付三大寺賜黒印即是也
「奉寄進伊予國温泉郡湯上里高野白石石湯谷三個所　合水田十二町八段四至仿亦反別銭放免
右許之田地者通綱重代相伝之所帯也　為祖先菩提當山無量光佛並大慈悲薩埵弥勒三尊御供料也雖末代不可有
相違然上者子孫一族等至違乱有之輩出来時以公法可行罪科處仍為後日寄進之状如件
　元弘三年癸酉九月十七日　備後守越智宿祢通綱　（花押）
天徳山無量光院弥勒寺　少僧正法印慈秀老閣　」　（601三大寺）
延元三年十二月
「天下静謐　御祈願之事　相催諸国末寺幷塔頭之僧侶ら抽丹誠可被致海内安祈念旨依　院宣執達如件
延元三年戌寅　十二月六日　左少将　有資　花押
　　天徳山弥勒寺上人　」　（601三大寺）
後村上天皇御綸旨之写
　豫陽道後多幸山天徳寺住職之事
所有　勅請也　殊専佛法　紹隆可奉祈　寳祚延長者依　天気執達如件
　　興国二年庚辰春三月六日　左少辦有資　花押
　　慧玄和尚禅室　（609一草）
興国二年庚辰三月六日後村上天皇　敕詔国司四条少将有資卿幷国守護河野弾正大弼通政等　移伽藍於温泉北
部多幸岡時　詔慧玄大禅師同使當山主僧因廃天台門臨済宗改正故山號改用寺號以呼天徳又古寺號用院號
以呼弥勒茲起山號呼多幸是古世々之天皇温泉行宮之古蹟而存此名称以謂也　（705名藍）
興国二年辰三月六日　茲に新帝の詔りによりて、僧慧玄禅師を主僧として温泉郡天徳山弥勒寺院を温泉の北
部、多幸の岡へ移さしめ、過る延元の冬春、北國の役に戦没したる官軍の義士卒等が魂魄を招き祭らし

むるが為めに弾正大弼に詔りありて、大伽藍を再建立ありたり……　　（503芳闕）

＊「705名藍天徳寺由来記」は永仁二年からの半世紀について何も語っていない。衰退していたのであろう。それは「601三大寺院起記」もほぼ同様であるが、元弘三年の二通の文書を残している。延元三年の文書は無量光院宛ではなく、天徳山弥勒寺上人宛だが、なぜか「601三大寺院起記」が伝えている。延元三年から二年後の興国二年で天徳山弥勒寺は終焉を迎えるのである。

第三節　天徳山無量光院弥勒寺

一　天徳山無量光院弥勒寺の伝承

天徳山弥勒寺の草創伝承を語る天徳寺資料は多いが、無量光院弥勒寺を語る資料は「601　関西臨済録司寺院鑑初編附録曰　與州寺院草創三大寺院起記」の一点だけである。資料が少ないので推論を重ねることになるが、論者は「天徳山無量光院弥勒寺」は「天徳山弥勒寺金剛華厳坊」とは別の所に立地した院であると考えている。

……勅詔厩戸皇子伊與国三津行啓……乎致宿祢益躬共図而三大寺建立是伊與国寺院建営之初也
斯一在温泉郡熟田津之奥井河上郷餘戸谷天徳山無量光院弥勒寺、
斯二宇城名郡就田津之奥野田并徳威里王楯神護法水院西光寺、
斯三和気郡飽田津之奥江戸里安城山予城寺
（601與州寺院草創三大寺院起記）

……勅詔厩戸皇子有行啓……乎智宿祢益躬伊與村熟田津石湯餘戸谷ト霊地大伽藍肇建営而天徳山弥勒寺金剛華厳坊号本尊阿弥陀如来之像者太子彫一刀三禮三躰

其一安置焉
其二在浮名郷就田津野田井保徳威里王楯別當神護西光精舎
其三在安城田津味酒郷江戸里予城精舎

（705名藍天徳寺由来紀）

「601三大寺院起記」、「705道後名藍」を比較する。中段が「705道後名藍」、下段が「601三大寺院起記」の表現である。

弥勒寺　金剛華厳坊	無量光院　弥勒寺
伊與村熟田津　石湯餘戸谷	温泉郡熟田津之奥　井河上郷餘戸谷
西光精舎	法水院西光寺
浮名郷就田津　野田井保徳威里王楯	宇城名郡就田津之奥　野田并徳威里王楯
予城精舎	安城山予城寺
安城田津　味酒郷江戸里	和気郡飽田津之奥　江戸里

目立つ相違点は次の三点である。

①院坊の名称	金剛華厳坊	無量光院
②弥勒寺の所在地	熟田津　石湯餘戸谷	熟田津之奥　井河上郷餘戸谷
③寺、精舎の区別	西光精舎、予城精舎	法水院西光寺、安城山予城寺

弥勒寺、西光精舎（寺）、予城精舎（寺）の内、現在も知られているのは弥勒寺改め天徳寺と西光寺の二寺である。「601三大寺院起記」編纂に当たっては何か、無量光院弥勒寺や西光寺に関する元資料はあったのであろ

うが、現在伝わる形になったのは江西山天徳寺時代に入った以降で、「705道後名藍」や「510臨済録抄」などを参照しながら編纂されたとおもわれる（後述）。

二　天徳山無量光院弥勒寺の所在地

明治時代、半井梧菴はその著「愛媛面影（文献37）」で「弥勒寺」の紹介をしている。

「……弥勒寺は定額寺とて一国に幾寺と定められるほどの大寺なれど、今の世絶えて所在をしらず春枝云う、食場村山中横谷と云所に弥勒寺山と名付けたる処有。大門又は弥勒堂・毘沙門堂・薬師堂など云所もありて、即定額寺の跡なり、いつの頃にか焼失れ今は其名のみ残れり　彼薬師堂は今石手寺中に遷たり　加藤嘉明朝臣城を松山に築き給ひし時、城山の東に毘沙門を遷祭玉ひける　今横谷山毘沙門堂といふぞ……」

「510臨済録抄」にいう「温泉郷」、或いは「705名藍天徳寺由来紀」にいう「伊與村熟田津石湯豫戸谷」は祝谷町多幸町付近、あるいは道後公園近辺を指していると思われる。郷でいえば井上郷である。それに対し、「601三大寺院起記」にいう「熟田津之奥井河上郷餘戸谷」は明らかにそれらとは異なり、別の所を指し示している。熟田津之奥……津からかなり離れた奥地であることを強調する。芳闕嵐史、南山霞鈔では、得能氏が新田、脇屋氏を匿った物語に「絶景閑疎なる幽谷にして井河上河野二郷に摂する要害の地（芳闕）」「温泉郡の奥井河上郷（芳闕）」「當郷井河明神（現在名・天一神）の別当円福寺（芳闕）」、「温泉井河上郷の山中、別名賀名生山の城（芳闕）」、「河野井河上両郷（南山霞鈔）」などの表現が見られる。井上郷という表記とは別に、井河郷という表記がどの時代にできたのかはっきりしないが、井河は石手川（湯山川）の古語であり（文献61）、井河上とは井河の（食場町付近より上流）上流部一帯を指すと思われる。「熟田津之奥　井河上郷餘戸谷」とは、「食場村山中横谷」のことであろう。

「601三大寺」に云う河上郷餘戸谷の無量光院弥勒寺はすなわち、半井梧菴がいう食場村山中横谷の弥勒寺であると論者は考えている。

今日、地元の古老が伝える「弥勒寺伝承地」は、「松山市食場町乙六番地……松山市横谷埋立センター」付近である。そこへ行くには、道後公園付近から約3㎞、石手川沿いに東北東へ進み、食場から石手川の本流と分かれ、南へ2.5㎞ほど平井谷村往還を進む。その地点が横谷の入り口で、そこから東、すなわち観音山、横谷山の西山麓に広がる一帯が「弥勒寺伝承地」である。伝承地は観音山（518ｍ・地理院地図）の西北西、約1.0㎞、横谷山（424ｍ）の南西、約0.7㎞の谷合一帯である。湯築城跡近辺からは東南東、直線距離で約4㎞の所にある。横谷山の西南西に延びる尾根筋、標高400ｍ付近には人為的に整地されたと思われる平地があり、礎石の一部と思われる石、瓦（時代不詳）などを見ることができる。谷には埋立センター設置以前は田んぼがあり、大門跡、弥勒堂跡などといわれるところがあったという。一帯は埋立センターとなっていて伝承の検証は困難な状態である（文献59）。このような立地条件からして、横谷は元来、弥勒寺の僧の山林修行の場であったと思われる。今では平井谷村往還は2車線の道となり道後地区から平井へ抜けるバイパスであるが古代は本当に山中だった所である。

三　天徳山無量光院弥勒寺の性格　阿弥陀信仰

名藍多幸山弥勒院天徳寺由来記では厩戸皇子の行啓で創建された寺の名称は弥勒寺金剛華厳坊という。七世紀～八世紀という時代を強く思わせる名前である。一方「三大寺院起記」では天徳山無量光院弥勒寺という名前を紹介している。無量光とは阿弥陀仏の発する光、或いは阿弥陀佛の異称である。阿弥陀信仰は奈良時代からあるが盛んになったのは末法思想と相まって平安中期以降からである。無量光院なる名は藤原秀衡の「無量光院」、白河法王の第四皇子覚法親王創建の「高野山無量光院」などがあるが。これらは「鎌倉新仏教」の流れとは別のもので十二世紀中葉から一三世紀末頃創建された寺院である。その流れの中から法然、親鸞、一遍の「鎌倉新仏教」が生まれる。法然の教団は鎌倉前期、大弾圧をうけるが、十三世紀中ごろには各地に広まっていったのである。「鎌倉新仏教」では伽藍造営は遅くなるが、一例として一遍ゆかりの「当麻山　無量光寺」を挙げることができる。これは十四世紀初頭に開かれたものである。

無量光院の名前は金剛華厳坊とは異なる印象を与える名前である。無量光院弥勒寺については資料が決定的に不足している。そうした中であえて、無量光院弥勒寺の性格、歴史について推論を述べれば……

元は天台別院・弥勒寺の僧侶たちの修行の道場であった所（横谷）に十二世紀末頃から阿弥陀信仰を奉じる人々（たとえば……延暦寺横川の阿弥陀信仰を奉じる者）がここに集住するようになる。横谷の拠った阿弥陀信仰を奉じる者たちが自分らの拠点を無量光院と称するようになったのは十三世紀中ごろからだろうか。

『……聖徳太子……行基ノ彫刻而当國温泉郡井上郷（字横谷）弥勒寺山ニ安暦……（741下賜金願書　明治二十五年一月）』

これは明治時代、祖満和尚が作成した記事である。天平十三年頃行基が天徳山弥勒寺に留錫したこと、仏像を安厝したことは複数の天徳寺資料が語っているが、その場所が横谷であるという記事は「741」だけである。古い時代から山岳道場があったことを語っているのであろう。

時代は丁度、法然の教団も広く世間に受け入れられるようになった時期である。しかし、無量光院は法然らの教団とは全く別ものであり、官寺・定額寺の伝統を引き継ぎ、叡山の権威をもって行動する組織であったと思われる。やがて無量光院は鎌倉時代中期、弘安の頃最盛期を迎え「天徳山弥勒寺金剛華厳坊」と競合する存在へと発展する。その後、永仁二年石手寺と争った所領争いに敗れ彼らが所管していた寺領は没収され以後衰退していった。しかし、衰退したとはいえ、元弘の頃はまだ、僧兵を有する存在であり、南朝側から頼られる存在でもあったのである。無量光院の運命を最終的に決定づけたのは興国二年の後村上天皇の勅命（前節参照）である。この勅命により、弥勒寺は多幸の岡へ伽藍を移し法花天台門を改めて禅門になされ多幸山天徳寺として生まれ変る事が求められたのである。

勅命により一部は多幸へ移るが、移らずに残った院坊もあったと思われる。しかし、この時点で官寺・定額寺の伝統、叡山の権威から断ち切られているのであり、横谷の「無量光院」はその存立の基盤を失ったのである。一部は真言宗へ身を寄せるものもいたであろう。そのまま残った者もいたであろうが以降急速に歴史から消えていったのである。

一遍の父・通広は早く天台で入道して「如佛」と称す。母に死別した一遍（幼名・徳寿丸）は父の勧めで山門系の継教寺（場所不明）に入り出家する。ここは叔父通宗（康）が出家した寺である。「山門系」という字句は「天台別院」を思わせるものであり、この継教寺は弥勒寺所縁の寺であったのかもしれない。建長三年、漸く盛んになり始めた浄土教に関心を持ち始めた一遍の父・通広は一遍を遠く九州・大宰府に入る証空の弟子・聖達の許へ行かせる。河野通広は証空の弟子で聖達とは相弟子の関係にある。浄土教に拠って立つ無量光院が盛んになっていったのは丁度、一遍が大宰府の聖達上人の元に修行に赴いたころであろう。しかし、河野通広には息・隋縁を無量光院に入れるという選択肢は全く持っていなかったようである。無量光院弥勒寺は檀越としての立場から河野通広にとっては関係の深い寺であるが、証空の元で共に学んだ相弟子の聖達に息子を託したのである。

文永八年、一遍は伊予へ戻り、弥勒寺の末寺である久保寺（窪寺）や岩屋寺、繁多寺などを訪れているが、阿弥陀信仰という共通の要素がある無量光院に訪れた形跡は全くない。通広や一遍が指向していたものは無量光院が有していたと思われる「定額寺時代に遡る古い体質」とは全く無縁なものであったのであろう。

※　参考「第一章第二節　天徳山弥勒寺の発展」

四　天徳山無量光院弥勒寺の興亡

「熟田津之奥」の「食場村山中横谷」は古くから天徳山弥勒寺の僧侶の修行の場であった。そこに浄土教を信奉する天台宗の一派が集住するようになった。その経済的基盤は当初は古代寺院・天徳山弥勒寺金剛華厳坊のそれに依存するものであったであろうが、建久二年にあった源頼朝・河野通信からの弥勒寺に対してなされた寺領の寄進は、横谷にいた人々に大きなチャンスを与えたと思われる。

「建久二年辛亥正月　兵衛佐源朝臣頼朝寄付寺領　井河上郷餘戸谷山林廿二町　来目郷古矢野戸里平井水田三町八反　浮名郷野田弁保徳威里水田二町二段　棟別銭及境内四至傍爾竹木赦免御教書　弁国守護伊予介河野通信判形賜下（705名藍）」

「建久二年辛亥正月　兵衛佐源頼朝公寺領段銭赦免山林竹木之事　温泉井河上郷　久米高野郷浮名郷野田弁保和気安城保温泉江戸里　地所進退之御教書弁に　国守護職河野四郎通信奉行黒印賜之（601三大寺）」

建久二年には弥勒寺は源頼朝から「河上郷餘戸谷」、「来目郷古矢野戸里平井」、「浮名郷野田弁保徳威里」周辺の山林、水田の寄付を受けている。頼朝の名前で行われているが、実体は河野通信が延久六年には伊豫介河野親経が行ったように、弥勒寺の檀越として河野家として寄進したものであろう。建久二年正月とは、頼朝が上洛し後白河院と数回にわたる御対面を行い、朝廷と幕府の関係に新たな局面を切り開き、頼朝の諸国守護権が公式に認められた丁度その時である。通信も京にいたかもしれない。源頼朝が伊予に来たのではない。

寄進の内容を見ると……「河上郷餘戸谷」は横谷の「無量光院弥勒寺」の近辺、「来目郷古矢野戸里平井」は得能家の拠点周辺、「浮名郷野田幷保徳威里」は西光寺、河野通広家の拠点周辺である。その位置関係を見るに、横谷周辺に集中している。河上郷餘戸谷山林廿二町が寄進されている。こうしたことは横谷に入る人々を活気づけ、さらには頂いた寺領の管理に横谷の人々が直接関わるようになり、それを契機に「無量光院」が台頭していったのだろうか。

「601三大寺院起記」と「705道後名藍」の相違点の一つは「寺、精舎」の使い分けである。「705道後名藍」では「弥勒寺」という一つの「寺」、「西光、予城」という二つの「精舎」を語っているが、「601三大寺院起記」では三つの「寺」に改めている。「601三大寺院起記」はおそらく、西光寺の関係者であり、「寺、精舎」という使い分けに反発していたと思われる。また地理的関係もあり、無量光院弥勒寺に親近感を有していたと思われる。

「601三大寺」では更に「705名藍」にはない「建久二年……和気安城保温泉江戸里地所進退之御教書……」という字句が現れる。厩戸皇子の創建伝説にある「江戸里予城精舎」を思わせるものであるが、創建伝説以降、予城精舎を思わせる記事はこれだけである。鎌倉時代後期・永仁二年、所領争いに敗れた無量光院弥勒寺は以後、寺運は衰敗していったが、元弘延元の頃は南朝方に頼られる存在であった。三大寺院起記には次の三通の文書が載せられている。

①……「豫州道後湯上余戸谷天徳山弥勒寺僧侶等天長地久　朝敵退散御願成就宝祚安寧可被抽精誠之上如件
元弘三年癸酉四月廿三日　尊良　花押
無量光院弥勒衆徒中　」　（601三大寺）

②……「元弘三年九月　豫州総領職河野伊予入道々治諱通村同嫡子備後守通綱父子為祈誓成就寺領三百貫之地
寄付三大寺賜黒印即是也

『奉寄進伊予國温泉郡湯上里高野白石石湯谷三個所
合水田十二町八段四至仿亦反別銭放免
右許之田地者通綱重代相伝之所帯也　為祖先菩提當山無量光佛並大慈悲薩埵弥勒三尊御供料也雖末代不可有
相違然上者子孫一族等至違乱有之輩出来時以公法可行罪科處仍為後日寄進之状如件
　元弘三年癸酉九月十七日　　備後守越智宿祢通綱　（花押）
天徳山無量光院弥勒寺　　少僧正法印慈秀老閣　』」　　　　（601三大寺）

③……「延元三年十二月
天下静謐　御祈願之事　相催諸国末寺幷塔頭之僧侶ら抽丹誠可被致海内安全祈念旨依　院宣執達如件
延元三年戌寅　十二月六日　　左少将　　有資　　花押
　　天徳山弥勒寺上人　　　」　　　　（601三大寺）

① 星ヶ岡合戦があって間もない頃の資料である。尊良親王は元弘元年後醍醐天皇とともに笠置山で捉えられ土佐へ流されるが、元弘三年三月の第三次星岡合戦で長門探題が負けた後、尊良親王は土佐を離れ得能氏に保護されていたのであろうか。建武年間復活し活躍した人物である。。延元三年三月に亡くなる。亡骸は大西町藤山に埋葬された。

② 建武の中興が成り、得能氏が最も輝いていた時期の文書である。

③ 左少将有資は延元二年正月には伊予に入ったと思われる国司四条少将有資卿である。愛媛県史（文献52）には延元二年から五年にかけて、祝彦三郎、忽那下野房、仙波上野介、興隆寺などに宛てた有資卿の文書が六通記録されているが、この資料は県史にはない。宛先は天徳山弥勒寺上人であるが、なぜか（705名藍天徳寺由来紀）には記録されず、（601三大寺）にのみ現れる。この文書は無量光院関係者の手に残った……とい

うことになる。これから二年後、弥勒寺はその歴史を閉じたのである。

道後公園湯築城跡近辺にあったと思われる弥勒寺金剛華厳坊の移転は比較的容易であったであろう。しかし井河上郷にあった無量光院は多幸の岡へうまく移ることができなかった。無量光院弥勒寺に関する情報が多幸山天徳寺の資料に極端に少ないのは、無量光院は実質、移転できなかったことに起因するのであろう。しかし、移転せず、横谷に残ったとしても、その社会的、経済的な基盤は既に発せられた詔により完全に失われており、無量光院は消滅を待つだけだったと思われる。移転出来なかった理由の一つは移動距離の長さである。道後公園湯築城跡近辺にあったと思われる弥勒寺金剛華厳坊の場合の移動距離は七～八〇〇ｍであるのに対し、横谷から多幸までは直線距離でも七㎞以上ある。途中に山、岡、谷がある。又宗旨的にも阿弥陀信仰から臨済宗への乗り換えは非常に困難と思われる。多幸の岡に移った痕跡が一つだけある。

……「705　豫州道後名藍多幸山弥勒院天徳寺由来紀」には多幸山天徳寺の初期の院・坊の名前が記述されている。祝いの文書であるから実体以上に賑々しく書かれた可能性はあるが、この中には「無量光院」を思わせる名前は一つもない。それから三十四年後、多幸山天徳寺は文中三年に北朝側の軍勢に襲われ、得能通定が防戦するが及ばず、多くの伽藍が罹兵焚という事件が起こった。その文中三年にあったという伽藍の中に「無量光堂観音堂」という名前がある。無量光院ゆかりの伽藍であろう。興国二年から四〇年の年月は経っている。横谷から伽藍が移設されたか否かは別として、無量光院ゆかりの人たちが居たであろうことは推測できる。

松山市石手にある「横谷山東河寺地蔵院」には次のような伝承が伝わっている。

……文中三年から二年後の文中五年、河野（得能）伊予守通定・通範によって、（横谷から）地蔵院、毘沙門堂が現在地に移された……

文中三年の兵乱では天徳寺だけでなく、宝厳寺、安養寺（石手寺）、旗寺などの戦火にあっている。得能通定が横谷に残っていた伽藍を移設したのであろうか。

五　「三大寺院起記」の性格、位置づけ

「601　関西臨済録司寺院鑑初編附録曰　與州寺院草創三大寺院起記」は天保年間に編纂されたと思われる「600天徳寺来由録集（翠岩判）」の巻頭にある。来由録集を編纂した翠岩和尚は、この少し変わった天徳寺来由を伝えるこの資料の存在に気付き収録したのであろう。書かれた時期は藩政時代南源和尚の頃で、書いた人物は西光寺に関係ある人物と思われる。

※注　西光寺・「真言宗豊山派　明照山法水院西光寺　（東温市　北野田）」

「601三大寺院起記」の書き出しは「関西臨済録司寺院鑑初編付録曰」から始まる。「510　南源和尚教衆　臨済録抄」にある「関西臨済録抄」から始まる一連の文章の一つと間違えられそうな表現であるが南源とは無関係である。使われた元資料は主に「705名藍天徳寺由来紀」であり、一部「510臨済録抄」も利用している。

「601三大寺院起記」には厩戸皇子伝承から南源和尚の頃まで描かれている。一見、名藍弥勒院天徳寺由来記に似ているが、興国二年以降の記事の展開は非常に粗雑である。文中三年の兵乱では覚理法王が西光寺で崩御された。そうした重大事件に西光寺は巻き込まれたのであるが、文中三年の兵乱から延徳二年の間の記事は非常に簡略化されている。次いで「705　名藍天徳寺由来紀」にある「六祖の先例」を描き、さらに河野の菩提寺時代の多幸山天徳寺の住持の名前、南源の名前が羅列されている。

三大寺院起記が書かれたのは慶長十七年以降であることは明らかであり、興国二年以降については急速に実態を失っていった無量光院について執筆者も語るべき材料が何もなかったのであり、執筆者の関心事は実質的

には「古代の西光寺」と興国二年に姿を消していった「鎌倉時代中期から末期に最盛期を迎えた無量光院弥勒寺」にあったようである。

弥勒寺と西光寺の因縁は推古四年に遡る。

「推古四年　浮名郷就田津　野田井保徳威里王楯別當神護　西光精舎　」（705名藍天徳寺由来記）

「推古四年宇城名郡就田津之奥野田并徳威里　王楯　神護法水院西光寺　」（601三大寺起記）

「白鳳九年庚辰四月十五日詔當寺列大寺之部以官符充伽藍修補及僧侶費　」（705名藍天徳寺由来記）

「白鳳九年庚辰四月咸例大寺　扶桑史曰　国司散位大夫乎智宿祢玉純　奉勅三大伽藍建営曰　弥勒西光予樟以官府治之　」（601　三大寺起記）

「天長五年戊申冬十二月　詔當寺外神護豫城共定額寺預　同七年庚戌九月庚辰　詔與外二寺共為天台別院」（705名藍天徳寺由来記）

「天長五年戊申十一月預定額寺同七年庚戌九月庚辰為天台別院是類聚国史所載之三大名藍也」（601三大寺起記）

「建久二年辛亥正月兵衛佐源朝臣頼朝寄付寺領井河上郷餘戸谷山林廿二町来目郷古矢野戸里平井水田三町八反浮名郷野田并保徳威里水田二町二段棟別銭及境内四至傍爾竹木赦免御教書幷国守護伊予介河野通信判形賜下　」（705名藍天徳寺由来記）

「建久二年辛亥正月兵衛佐源頼朝公寺領段銭赦免山林竹木之事　温泉井河上郷久米高野郷浮名郷野田并保和気安城保温泉江戸里地所進退之御教書幷々国守護職河野四郎通信奉行黒印賜之　」（601三大寺起記）

推古四年では弥勒寺側は西光、予城をそれぞれ精舎と呼ぶが、西光寺側は自分らを西光寺と称する。天武九年では西光寺側は自分ら含む三大伽藍が皆、例大寺扱いになったと主張しているが、弥勒寺は西光、予城の存在を無視している。弥勒寺が推古四年以降、西光、予城に触れるのは定額寺、天台別院になった時だけである。永仁二年の記事は「351名藍」にも記録されているが、先に触れた元弘三年の文書は「三大寺院起記」だけが伝えるものである。すなわち、無量光院の伝承は勅願道場多幸山天徳寺には伝わらなかったのであり、その伝承は別のルートから「三大寺院起記」として伝えられたものである。

論者は「三大寺院起記」の編集者は多幸山天徳寺にとっては外部の者であり、法水院西光寺に関心がある人物であろうと考えている。西光寺はその立地条件から河上郷餘戸谷の無量光院弥勒寺と親密な関係にあったのであろう。「三大寺院起記」は天徳山弥勒寺金剛華厳坊や多幸山天徳寺とは異なる視点から書かれた資料である。このように天徳寺とは異なる立場に立つ西光寺或いは龍穏寺などでも、飛鳥時代厩戸皇子による創建の伝承が伝わっていることは注目される。すなわちこの弥勒寺伝承は江西山天徳寺で恣意的に創られたものではないことは明らかである。

「560江西山天徳寺来由記」に次のようなメモが書かれている。西光寺と多幸山天徳寺と折り合いが悪かったことが分かる。

「　天正十五丁亥十一月拝志浮穴吉原三郷ノ内ニ有之当寺領地ニ対シ紀州高野山支院香積道音西光三寺領所執事ノ為ニ争論起リ既ニ領主小早川左衛門督隆景公判明其文中曰曩ニ香積道音西光之三寺ハ崇徳院ノ御宇保延五己未秋八月浮島神宮ノ別当ニ置カレシ十二坊ノ長タリシガ故アリ文中三年秋七月河野刑部太輔殿同伊与守殿一宇ヲ建営　登霞寛覚理成大法王崩御ニ付香火院料ニ寄進トアル既其状中判明ナリ西ハ土居限リ云云トアリ且又寺院ノ事ハ其本山ノ定矩モアレハ総而決断遷延ニ及而已ナリ是偏ニ和睦ヲ結事祈望云云此地ノ争ヒ終ニ福島左衛門太夫殿ノ時ニ至リ没収矣　双方失策而悔後　」

(560江西山天徳寺来由記)

第四節　天徳山弥勒寺の終焉

延元という時代、脇屋義助の伊予下向

一　古代寺院・弥勒寺の終焉

永仁二年、弥勒寺は寺領を没収され、以来寺運は衰退していった。しかし天徳山弥勒寺の七百有余年の歴史が終焉を迎え、「後村上天皇之勅願道場　多幸山天徳寺」として再発足するのはそれからまだ半世紀先の事であった。おそらくその間、弥勒寺は徐々に衰退していたが寺に直接かかわる大きな事件はなかったようである。しかし、弥勒寺の外の世界は激動の時代だったのである。そして永仁二年から半世紀後の興国二年のある日突然、弥勒寺の終焉が言い渡される——という衝撃の事件が起きる。この第四節では弥勒寺に決定的な影響を与えることになった弥勒寺の外の世界の動きを見ることにする。「508南山霞鈔」、「601三大寺」などもほんの僅か外の世界を垣間見ているが、外の世界をきちんと語っている資料としては「503芳闕嵐史」があるだけである。永仁二年から興国二年までの半世紀に起ったことで弥勒寺に大きな影響を与えることになった出来事といえば……「後醍醐天皇（在位　文保二年（一三一八年）～暦応元年／延元四年（一三三九年））の登場」、「朝廷内に臨済宗が進出した事」、「長く弥勒寺の檀越を務めてきた河野一門がこの大きな時代の波に翻弄された事」……などを挙げることができる。

本節では、延元の戦乱の中で脇屋義助の伊予下向が急遽決まったこと、足利尊氏の天龍寺造営に刺激されるように多幸山天徳寺創建のことが決まった事……を紹介する。

二　多幸山弥勒院天徳寺　創建前夜……北國の役、木の目峠の悲劇

※参照　資料編　その一　【鳳闕亂諍　建武の中興　北国の役　南北朝始まる】【建武の中興　北国の役　南北朝　巳午の遺傳】

元弘の兵乱（元弘元年九月〜延元二年三月）……河野宗家・河野通盛、土居、得能氏らそれぞれの立場で参戦する。

元弘元年九月、後醍醐天皇が笠置で捕らわれた時、生け捕られた北面の武士どもの中に河野左近将監通村の名がある。得能通村（得能氏最長老）である。それから二年後、得能氏の戦いが始まった。元弘三年二月十三日、閏二月十一日、三月十一日と三回行われた星岡合戦である。得能氏は星岡合戦で長門探題を亡ぼすという大功を立て、建武の中興がなり後醍醐帝が御所に還幸された時は、足利勢五千餘騎に次ぐ二千餘騎の軍勢を率いて従った。得能氏の栄光の一瞬であった（芳闕嵐史、正慶乱離志）。

一方、河野通盛は、京都・六波羅合戦で鎌倉方武将として戦い、持明院殿（光厳天皇）から臨時の宣下あって対馬守になされ御剣を下される……という名誉に輝く（太平記「三月十二日合戦の事」）。それから僅か三年後、事態は大きく動く。延元元年五月　湊川合戦……楠、新田勢は足利勢に敗れ、建武の新政の体制は崩壊する。足利高氏の大軍と戦って敗れた河野通盛は湊川合戦それに続く叡山攻めには足利方武将

として復活する。得能氏が長門探題を滅亡に追いやった星ヶ岡合戦からわずか三年後のことである。建武の中興は瓦解し後醍醐帝は都を逃れ吉野へ臨幸、延元元年（建武三年）十一月南北朝時代が始まる。その時、叡山で主上と別れた新田、得能勢は越前へ向かうがそこで悲劇は起こった。

「北國の役、木の目峠の悲劇、金崎城落城」である。延元元年十一月、土居通増、得能通言ら三百人は木の目峠を指して進むが、雪の中で敵に囲まれ、彼らは全員、自ら腹を貫いて死んだ。得能通村（弥太郎伊予入道々治）、通綱ら三十二名は土居通増、得能通言らと分かれ無事金崎城に入るが、彼らも翌延元二年三月六日の足利方の総攻撃で全員、自刃する。土居・得能一族の中心人物、星ヶ岡合戦以来、六年間、後醍醐天皇の為に戦い、金崎城で討死したのである。

この悲劇が興国二年三月の多幸山天徳寺創建の大きな推進力となったのである。興国二年三月とは北国の役から四年後、後醍醐天皇が崩御されてから半年後の事である。すなわち、『過る延元の冬春、北國の役に戦没したる官軍の義士卒等が魂魄を招き祭らしむるが為め（芳闕嵐史）』に後村上天皇の詔は発せられ、大伽藍の再建立となったのである。

木の目峠、金崎城からは夫々、全滅の直前に国元に使者を走らせている。木の目峠からは二人の家臣が戦場を逃れ、本国の屋形に帰り報告した。残された土居・得能一族は、得能通村の奥方、その孫・通政を補佐して、道前道後の境の中山城、温泉奥の城に立て籠っていたのであるが、使者の知らせを受けると、土居通増、得能通言ら三百人の士卒は既に亡くなったと判断し、国中の喪を発したのである。今日、東予地区を中心に広く瀬戸内の島々から徳島にかけての地域、すなわち当時の得能氏の勢力圏に伝わっている「巳午（ミンマ）の風習」はこの時の一族の受けた衝撃を今に伝えるものである。　※参考　資料編その一　建武の中興

得能氏の後裔は後年、天和、貞享年間には通増、通言、通村、通綱らの三百五十忌を（453過去帳　江西山天徳寺）、天明五年には河野伊与入道々治　瑞光院殿御嫡男備後守通綱　瑞雲院殿御嫡孫瑞岩寺殿の四百五十年追吊を江

西山天徳寺で行っている（560天徳寺来由年譜第二草）。

三　延元という時代

南朝暦で元弘、建武に続くのが延元であり、延元元年十一月南北朝時代が始まる。延元四年八月には後醍醐天皇が崩御された。その時、吉野の朝廷では、そのトップから地方の軍事組織の末端に到るまで、大きな動揺が走った。得能通政は「急ぎしかるべき大将を四国西国」に派遣するよう緊急の奏上を行う。その結果、後醍醐天皇が亡くなられてからわずか半年後の興国二年三月に古代寺院・弥勒寺の運命を決定付ける後村上天皇の綸旨が発せられ、また軍事組織の動揺を抑えるため脇屋義助の派遣という大きなテコ入れが同年四月に行われたのである。

伊予という小さな世界の事件であるが、何故このようなことが起こったのか、伊予の事件を理解するには当時の伊予の置かれた状況を広く見る必要がある。主要な関係者は、得能氏を初めとする伊予の南朝勢力を初め、吉野の朝廷、そして脇屋義助、大舘左馬介氏明らの新田氏一門、更には足利尊氏であり、興国二年に彼らが置かれていた状況を南北朝時代が始まった年に遡って確認することが必要である。以下、中央の動き、地域の動向などテーマ別に年表風に紹介する。用いる主な資料は「芳闕嵐史」、「太平記」である。

【吉野朝廷　足利尊氏の動向】

建武三年二月六日、巳の刻、摂津豊島河原にて合戦始まる　　（503芳闕）

同月廿五日　廟議を以って建武の年号は武家の栄を増す字訓なれば、公家にては不吉の号なりとて、改

元して延元の年号を用いられる。（503芳闕）

延元元年五月廿五日　楠正成には湊川に陣を取り、……正成は力戦尽きて、正季をはじめ一族十三人、手の者六十余人皆自害して失せにけり（503芳闕）

延元元年五月廿七日　主上には、また叡山へ臨幸あり、……足利尊氏には、入洛して、花園の上皇を東寺へ請迎奉りて、持明院方の皇統を立てんとす。この勢いに連れて天下多くは朝敵になりしとなり……高師直らを遣わして山門を攻めしむ（503芳闕）

延元元年六月十日　尊氏の計らいにて光巌上皇の御弟豊仁親王を以って即位（光明天皇）八月　花園院を本院と称し光巌院をば新院と称す（503芳闕）

延元元年九月中旬　皇軍を督せしめ給わんために、尊真、満良親王を征南将軍に任して、懐良親王を征西将軍に任して、四国九州へ御進発あり（503芳闕）

延元元年十月十日巳の刻。主上には腰輿に召され、（山門より）今路を西に還幸あり。……主上には足利尊氏に欺かれ……花山院に押し篭め奉り……降参をするところの武士は、将軍方の諸大名へ預けられるも、皆禁囚の身となりしたりけり、ここに菊池肥後守は警護の緩みし隙を窺うて本国の肥後の國へ逃げ下る。また、大舘左馬介氏明は伊予の国へ逃げ下りて、……義兵を起さんと企てしかば、弾正太郎通政を取り立て、……河野弾正大弼通言の意志を継がしめぬ（508南山）

延元元年十一月五日　足利尊氏大納言に任ず。（503芳闕）

建武式目十七ヶ條を定めて、天下再度武家の世とはなれり（503芳闕）

延元元年十一月二十八日　花山院に禁囚ならし給う主上には、その夜、闇に潜みて都を逃れ出て……大和の国吉野へ臨幸なり給う。……旧臣ら集まりて警護怠りなく、これよりこの吉野の御所を南朝と号し奉る。延元の年号をまた用いらる、これより南北朝に別れたり（503芳闕）

延元二年正月、三王を守護奉り、伊予の国司として四條有資卿を下される（503芳闕）
延元二年十二月二十八日　奥州の国司、北畠顕家軍勢十萬予騎を引率し、鎌倉を攻る（503芳闕）
延元三年五月二十二日　北畠顕家の軍勢は大敗、……顕家の首を掻き取り京都へおくる……
五月二十二日　安部野にて討死し給う（太平記十九巻「国司伊勢国を経て芳野殿へ参る事」）（503芳闕）
延元四年四月辛亥日、南朝改元興国の号とす。暦応二年は興国元年己卯歳也（503芳闕）
延元四年八月一八日　後醍醐帝には吉野の皇居において崩じ給う（503芳闕）
暦応二年八月　後醍醐天皇の崩御が伝わると無窓疎石が尊氏に進言し、光厳上皇の院宣を受け亀山上皇が仮御所としていた地に天龍寺開創
延元四年十月　義助敗軍して美濃の国へ落ち行き、それより伊勢を経て吉野へ参る（503芳闕）
延元四年十月……筑紫には、菊池肥後守武重……皆義心金石の如くにして、一度も翻らぬ者共なり。速に継躰の君、遺勅に任せて、御位に即参らせ、国々へ綸旨を成下され候えかしと奏し奉りたり……（503芳闕）
延元四年十月……当寺執行吉水の法印宗信　偸かに参内して申しけるは、「先帝崩御の□、勅を残されて、第七の宮を御位に即け奉り、朝敵追伐の御本位を遂げらるべしと、諸卿綸言を含ませ玉ひし事、いまだ日を経ざるに、諸卒退散して隠遁の御企てありと承り及ぶこそ、心得がたく候へ……なかんづく、世の危ふきを見て命を軽んずる官軍どもを数ふるに、まづ上野国には新田……四国には土居、得能、……この外般々の輩をば数ふるに遑あらず、彼らは皆義心金石の如くにして、一度も翻らぬ物どもなり、身はまた不肖に候へども、宗信かくて候はん程には、当山に於いて何の畏怖か候ふべき。何様まづ御遺勅に任せて、継体の君を御位に即け奉り、国々へ綸旨をなしくだされ、朝敵退治の御謀を急がるるべし」と詞を残さず申しければ、……人々退散の思いを翻し、吉野の山中はまた閑かにぞなりにける
（太平記　二十一巻「諸卿分散の事」）

延元四年十一月五日　南朝の群臣相議して……新帝には御幼主の故に御座あれば、百官冢宰に任せて、三年の間政を聞し召されず、万機悉く北畠大納言源親房卿の御計らいとして、洞院左衛門佐實世、四条中納言隆資卿の両人、専ら諸事を執奏せらる　（503芳闕）

延元四年十二月一七日　……脇屋刑部卿義助朝臣方へ綸旨をなされ、先帝の御遺勅他に異なる上は、故義貞朝臣の例に替わらず、官軍恩賞以下の事相計らひて奏聞を為すべきの由、宣下せられけり

同年十二月、北國より吉野に還りある脇屋刑部介義助へ故く義貞の例に替わらず、官軍恩賞以下の事相計ふて奏聞を為すべきのよし宣下せらる、また、四国にある得能弾正太郎通政へは、故通綱の例に替わらず官軍恩賞以下の事相計ふて奏聞を為すべきの由、御遺勅他に異なる綸旨を賜わる

（太平記　二十一巻「御禊大嘗会の事」）

（503芳闕）

興国二年三月六日　新帝詔　弥勒寺を多幸の岡へ移し、法華天台門を禅門になされたり

河野通政には、国司四條有資卿と謀りて、吉野の庁に奏上、急ぎしかるべき大将を四国西国に下しおかれなば……然らざるときには官軍衰微のほども覚束なし……庁議の上、脇屋義助を四国へくださるべきことにさだまれり

（503芳闕）

＊　後醍醐天皇崩御の前後、芳闕嵐史では年号の表記に混乱がみられる。延元四年四月改元を書きながら後醍醐帝崩御を伝える記事の年号表記は延元四年八月である。他の記事も延元を用いている。記事の配列についても、混乱がみられる。延元四年四月の「改元興国」の記事は、原本では「延元四年十月義助、伊勢を経て吉野へ参る」の記事の後に書かれている。この一行の記事は筆の濃淡などその前後の筆跡と異なるが、その配置からして、あとから書き加えられたものでないことは明らかである。ところが「義助が吉野へ参った事、その義助に綸旨が出された事」

は延元四年の事として描かれ、それに続いて起った「多幸山天徳寺の事」、「義助の伊予下向」は興国二年の事として扱われているのである。実は興国元年の表記のある記事は芳闕嵐史の中には見当たらないのである。

「義助の伊予下向」及びそれに続いて行われた「千町ヶ原合戦、世田山合戦」は太平記、芳闕嵐史の双方に描かれている。太平記（文献29）第二十二巻「佐々木信胤敵になる事〜篠塚伊賀守振舞の事」という「暦応三年四月一日〜八月二十四日」にかけての物語と、芳闕嵐史に「興国二年三月六日〜九月三〇日」にかけての事として描かれた内容が完全に一致するのである（後述）。

※参照　後述……【新田義貞、脇屋義助の動向】

すなわち、日本史年表（文献32）では、興国改元を延元五年、暦応三年のこととするが、太平記、芳闕嵐史の世界では「芳闕嵐史の興国二年の記事」と「太平記の暦応三年の記事」が完全に一致するのである。この本論では芳闕嵐史に準拠し、興国改元は延元四年・歴應二年(一三三九年)四月であり、翌歴應三年(一三四〇年）は興国二年とする。混乱を招く恐れがある場合は西暦を付記する。

＊　太平記・「巻二十一　諸卿分散の事」……この記事は帝崩御して日も経っていないのに、諸卿、諸卒が動揺し隠遁、退散の動きのあること、吉野朝廷の中枢が大きく動揺していることを語る。事態を察知した吉水の法印が急遽参内して長口舌を振るったのである。……太平記は全般的に独特の虚構潤色の多い表現が多く、意味もあいまいになることがあるが、この太平記の「諸卿分散の事」の記述は事態の説明として非常に明瞭である。逆に、芳闕嵐史は記事、特に宮中の記事が簡潔であることは全般的な特徴であり、この延元四年十月の芳闕嵐史の記事もその一例であるが、この場合、唐突に各地の南朝勢力を紹介し「速に継躰の君、遺勅に任せて、御位に即参らせ」ることを論じていて、肝心の背景の説明……帝の崩御で宮廷内が動揺していること、吉水の法印の登場など……重要な宮中が全く抜け

ているのでこの記事の意味が理解できない。対するに太平記では、吉水の法印は宮廷内の憂うるべき状況を指摘し、さらに各地の南朝勢力を紹介し、その上で宮廷が直ちに行うべきことを論じているのである。先帝が八月一八日に崩御されてから次の体制が定まったのは三か月後の十一月五日である。あまりに悠長である。

一般に太平記と芳闕嵐史の双方を読み比べることにより、その理解に役立つことが多い。これらの記事に続いて、芳闕嵐史では「大将の派遣の奏上」「興国二年三月六日　弥勒寺の事」、「脇屋義助の伊予下向の事」の記事に進む。非常に唐突な感じのする記事の配列である。太平記では後醍醐天皇崩御の後、吉野の朝廷内部では公卿らが大きく動揺していることがリアルに描かれているが、それとまったく同様なことが伊予の南朝方の武士団の中で起こったのである。その動揺はまだ若い得能通政や四條有資らでは抑えられるものではなかったのである。そこで急遽「大将の派遣」を奏上したのである。「然らざるときには官軍衰微のほども覚束なし」、急を要する事態だったのである。それに対しての吉野の朝廷の対応が「多幸山天徳寺創建の事」と「脇屋義助の伊予下向」だったのである。吉野の朝廷としては、脇屋義助、大館左馬介や得能氏がもって、西国四国の南朝勢力の結集・再編を期していたのであろう。(後述)

＊　太平記・「巻二十一　御禊大嘗会の事」で脇屋義助に綸旨が与えられた事が語られているが、得能氏についての記事はない。対して芳闕嵐史では得能通政に対し、脇屋義助に与えられたのと同様な綸旨が与えられたことを語っている。全体的に太平記では得能氏に関する関心は薄いことが感じられる。河野通盛に対する遠慮であろうか。

＊太平記・「巻二十二　義助朝臣芳野殿へ参る事」では脇屋義助の格別の宣下を与えるに当たって御幼主を補佐すべき首脳陣に微妙な認識の違いがあったことをわざわざ紹介している。長谷川端の現代語訳を抜粋し紹介する(文献29)

「……義助は、さる九月十八日、美濃の根尾城を攻め落されて、……吉野殿に参上された。すぐに参内して天皇に拝謁申し挙げたところ、天皇はことのほかお喜びで、……北國合戦での忠義溢れた功績……を感心しておっしゃり、敗れた無念さについてはまったくお触れにならなかった。……おりしも殿上の間に諸卿が参上してお仕えされていたが、話のついでに、洞院右大将實世があざけって『そもそも義助は越前の合戦に負けて、美濃国へ逃げた。そしてその国さえもまた追いはらわて身の置き所もなくなって、ここ吉野山へ参上したのを、帝はお褒めになって、官位・俸禄をさしあげられたことは、全く持って理解できないことです……』とおっしゃり笑われた。四条中納言隆資卿はじっとこの言葉を聞いておられたが、控え目にお話しはじめた、『このたびの宣下、帝のお考えになられるところは、道理に適ったものかと思われます。そのわけは、義助は北國の合戦で勝利を逸しなされたことは、まったく義助の戦いのまずさによるものではありません。ただ帝のご運がいまだ熟していなかったことと、帝の直接の採決が武将の権威を軽くしてしまったことに原因があるのです……孫子の事……』

洞院右大将實世と四条中納言隆資が思わず漏らした「本心」と思われる。二人は当時の宮廷内の最高実力者であるが、両者の時代認識、脇屋義助に対する評価は大きく異なっている。洞院實世は新田義貞、脇屋義助と共に金崎城に籠城した経験者である。その後、洞院實世は東国の責任者となり、四条隆資は畿内、西国関係の責任者になっていったと論者は考えている。脇屋義助はその後、伊予へ転戦することになるが、四条隆資は越前の合戦に負け吉野へ逃げ帰った義助を受け入れ、洞院實世も新田一族の有力者・義助の西国転戦を了解したと思われる。

【新田義貞、脇屋義助の動向】

延元元年十月十日巳の刻、……東宮には……北へ行啓なさる。……七千余騎にて龍駕の前後を打ち囲む。

延元元年十月十三日　新田義貞ら、恙なく敦賀津に着く。春宮に一の宮ら、金崎城へ入れ奉る

延元二年二月、金崎城は援軍の望みも絶たれて孤立の籠城となり、兵糧も尽き果てる。

延元二年二月丙子の夜半、総大将なる新田左中将義貞、舎弟脇屋右衛門佐義助、洞院左衛門督実世ら七名、金崎城を忍び抜けさせ、杣山の城へぞ移らせける　（503芳闕）

延元二年二月五日「金崎城落つる事」……新田左中将義貞・舎弟脇屋右衛門佐義助・洞院左衛門督実世ら七名、城を忍び抜け出でて、杣山へぞ着き給ひける　（太平記十八巻）

延元二年三月六日　金崎城にては食尽きにければ……足利高経、諸口の兵将に命じ……攻め入る。……河野入道、同備前守の父子は搦手より攻め入る敵を支えて、半時ばかりも戦いけるが、今や早精力も尽きて数多深手を負いければ攻め口を一歩も引き退かず、三十弐人腹切って同じ枕にぞ伏したりける　（503芳闕）

延元三年正月　北畠顕家、新田義興ら上洛の路次、濃州に到り青野ヶ原にて桃井直常らと合戦……此の月には新田義貞・脇屋義助らも杣山の城より打ち出て、越前府の城を攻め取る。新田の勢、大いに北國に振う、義貞京都を攻めるの志ありて、其の用意最中なり　（503芳闕）

建武五年（延元三年）正月の始め、新田左中将義貞朝臣、越前の府の合戦に打ち勝ち玉ひて……勢ひまた強大になるにけり　（太平記二十巻「越前黒丸城合戦の事」）

延元三年七月一六日　脇屋義助、北國の兵を集めて、越前の國黒丸の城を攻め落とす。

延元三年閏七月初二日　新田義貞、越州の黒丸の城を攻める……義貞自ら士卒を励まして、寄手の兵を追い払んとし、……流れ矢に当たりて斃る　歳三十七なりしと　舎弟脇屋右衛門佐義助は敗軍の勢を集めて、越前の府に帰る　（503芳闕）

建武五年（延元三年）閏七月二日　義貞今は叶はじとや思われけん、腰の刀を向いて、自ら腹掻き切って畔の影のぞ臥し給ひける　……脇屋左京大夫義助は……「……大将の最後の所にて同じく討死せん」との

玉ひけれども、士卒皆あきれ迷ひて、ただ茫然たる外はさしたる義勢もなかりけり……昨日まで三千騎余りし外様の軍勢、一夜の程に落ち失せて今日はわずかに五百騎にだに足らざりけり……七月五日の暮程に……当國の附へ還り玉ふ
（太平記二十巻「足羽合戦義貞自害の事」）

延元四年十月　城主・足利尾張守高経、京都へ注進して加勢を請うに、尊氏大勢を遣わし合戦に及びければ、義助敗軍して美濃の國へ落ち行き、それより……　脇屋義助、伊勢を経て吉野へ参る。これにより、義助に従う北國の城々皆敗軍して攻め落とされ、数年の戦功空しくなりたりけるは惜しむべき事どもなり
（503芳闕）

延元四年十二月十七日　脇屋刑部卿義助朝臣方へ綸旨をなされ……官軍恩賞以下の事相計らひて奏聞を為すべきの由、宣下せられけり
（太平記　二十一巻「御禊大嘗会の事」）

暦応三年四月一日　四国の通路開きぬとて、脇屋刑部卿義助は勅命を蒙って、四国・西国の大将を承って下向とぞ聞こえし
（太平記　二十二巻「義助西国下向の事」）

興国二年四月一日　義助は勅令を蒙りて四国西国の総大将を承け……

同四月廿三日　今張の浦に着きて国府の城にいれられけり
（503芳闕）

＊「義助西国下向の事」については次項に示す如く、暦応三年、興国二年の事として太平記、芳闕嵐史の記述は正確に一致している。一方、太平記・「御禊大嘗会の事」では、脇屋義助が吉野へ戻り、延元四年十二月に宣下の記事があり、それに引き続いて越前では「南朝方勢力」が活動している様子が描かれている（右・年表では省略している）。越前では小規模な親新田勢が活動を続けたのは事実と思われるが内容は混乱している。一見、脇屋義助自身が越前で活動しているかと思われる文章もあるが、これは越前に残された「親義助派の軍勢」の活動と考える。吉野へ戻った脇屋義助は延元四年十二月十七日に綸旨を受けてから、約三か月後、心身を休める間もなく、伊予への下向を命

じられ、伊予到着後一か月でなくなるのである。

【伊予の動向】

延元元年九月中旬　皇軍を督せしめ給わんために、尊真、満良親王を征南将軍に任して、懐良親王を征西将軍に任して、四国九州へ御進発あり　（508南山）

延元元年十月十一日　土居備中守、得能左近将監らは木の目峠を指して越え行けるが……大雪に降り囲まれ道を失い……足利の勢に執り囲まれ……自ら腹を貫いて死すれば、これに従う士卒ら三百人皆感じて殉死をばなしにける……　（503芳闕）

延元二年正月　伊予の国司として、四条大納言隆資卿の子息・四条少将有資卿を下される　（503芳闕）

延元二年二月　大舘左馬介氏明を伊予国、道前の守護職になさりけり　（503芳闕）

延元二年三月六日　河野入道、同備前守は金崎城の搦手より攻め来る敵を支えて……攻め口を一歩も引き退かず、三十弐人腹切って同じ枕にぞ臥したりける　（503芳闕）

延元三年三月八日　尊真親王なくなる　（506文中亂離鈔）

延元三年　去年、北國にて討死せしものらの一類、悲憤の余り、夜に日をついで馳せ参る。その勢三千余騎に及べり　……官軍大いに振う。　（503芳闕）

延元三年戊寅十二月六日『天下静謐　御祈願之事　相催諸国末寺幷塔頭之僧侶ら抽丹誠可被致　海内安祈念旨依　院宣執達如件　左少将有資　花押　天徳山弥勒寺上人　』　（601三大寺）

延元四年八月　徳河の御所に居給う征南将軍の宮満良親王には、土佐の國を征し給わんため、御進発ありける、河野弾正大弼を大将として……同十二月己亥の日、大高坂城を責め落とし、同五年の正月、潮江山

に戦い、吉良、佐武の勢を打ち破り、猛威を大いに振う（503芳闕）

延元四年十二月　また、四国にある得能弾正太郎通政へは、故通綱の例に替わらず官軍恩賞以下の相計ふて奏聞を為すべきの由、御遺勅他に異なる綸旨を賜わる（503芳闕）

（興国二年正月の頃）……伊予國より専使馳せ来て、「急ぎ然るべき大将を一人撰んでくだされば、御方に対して忠戦を致すべき」の由を奏聞したりしかば、脇屋刑部卿義助朝臣を下さるべきに、公議定まりにけり（太平記　二十二巻「佐々木信胤敵になる事」）

（興国二年正月の頃）伊予道後の守護職、河野弾正大弼通政には、国司四条少将有資卿と謀りて芳野の庁に奏上して「急ぎ然るべき大将を一人撰ばれて、四国西国の総督に下し置れなば、国々の官軍皆忠戦をつくすべきのよし、然らざるときは官軍衰微のほども覚束なしと存じ奉る云々」を奏聞に達したりければ、庁議の上、脇屋刑部卿義助朝臣を下さるべきに定まれりされども下向の路次海上陸地は皆敵の有なれば、如何にして下るべきと評議定まらざりけるところに、……天幸……佐々木塩飽三郎左衛門尉、宮方へ降参して去る月廿三日小豆島へ押し渡り義兵を挙げられければ、茲にはじめて大将進発の道開けたり（503芳闕）

興国二年辰三月六日　茲に新帝の詔りによりて、僧慧玄禅師を主僧として温泉郡天徳山弥勒寺院を温泉の北部、多幸の岡へ移さしめ、過る延元の冬春、北國の役に戦没したる官軍の義士卒等が魂魄を招き祭らしむるが為めに弾正大弼に詔りありて、大伽藍を再建立ありたり　此古伽藍は昔推古帝御宇法興六年冬年十月厩戸皇子勅命を受て、建立草創の所なりしが、近年衰敗してありしを今度再興して法花天台門を改めて禅門になされたり（503芳闕）

興国二年四月一日　義助は勅令を蒙りて四国西国の総大将を承け……

同四月廿三日　今張の浦に着きて国府の城にいれられけり

興国二年五月四日丁巳　脇屋刑部卿義助の俄かに疾病を発し、僅か七日にして死にたり（503芳闕）

暦応三年四月一日　……四国の通路開きぬとて、脇屋刑部卿義助は勅命を蒙って、四国・西国の大将を承って下向とぞ聞こえし

四月二十三日、伊与国今張の浦に送り着け奉る（太平記　二十二巻「義助西国下向の事」）

五月四日　……国府に座られたる脇屋刑部卿義助、俄に病を受けて、身心悩乱し玉ひけるが、僅か七日を過ぎて、ついにはかなくなり玉ひにけり（太平記　二十二巻「義助朝臣病死の事」）

興国三年五月　無品懐良親王には、伊予國より九州に下向して、薩摩の國の津に御着あり（503芳闕）

正平三年正月　無品懐良親王には、肥後国宇土の津に着御ありて後、益城郡御船を経て菊池郡に入らせらる（503芳闕）

＊　延元元年末、尊真、満良、懐良三親王の宮には伊予の國に下向された。三親王を補佐するのが国司・四条有資の役割である。四条有資の文書は愛媛県史（文献52）には六件ある。内五件が延元二年三月から六月に集中している。残りの一件は延元五年（興国二年）三月一七日である。天徳寺資料としては愛媛県史とは別に「延元三年一二月六日天徳山弥勒寺上人宛の文書（601三大寺）」、「興国二年三月六日　綸旨　左少辨（花押）（401古文書、609来由第一草）」、「興国二年三月十八日　寄進　天徳寺（609来由第一草）などがある。。懐良親王の文書（文献52）は四件あり、延元三年十二月から興国元年（延元四年）十月の間のことである。

尊真親王については芳闕嵐史にはその後の動向が書かれていない。「508南山霞鈔」の裏に「506文中亂離鈔」なる一文がある。明らかに得能通義の書き込みであるが、注目すべき内容も含まれる。尊真親王に関しては「懐良共下向長圓寺殿　延元三年三月八日葬野間大井庄長円寺」とある。愛媛県大西町藤山に尊真親王の陵がある。

満良親王は文中三年では御健在で覚理法王の御叔父宮として行動し、「延元四年正月征南将軍満良親王依命、河

野弾正大弼通政修補矣之」(巻六)、「延元四年正月十一日征南将軍満良親王依命、浮穴屋形河野弾正大弼□□」(巻六百)という奥書がある大般若経が発見されている(文献3)。

四　多幸山天徳寺創建の詔　義助西国下向の事

延元四年十二月十七日、脇屋刑部卿義助(太平記)、得能弾正太郎通政(芳闕)はそれぞれ、「官軍恩賞以下の事相計ふて奏聞をなすべきの由」というほぼ同様な綸旨を賜わっている。

芳闕嵐史では興国二年、太平記で暦応三年と使い分けているが、「太平記……義助西国下向、義助朝臣病死の事、大舘左馬助の事、篠塚伊賀守振舞の事」の内容は一部は、他の多くの事例と同様に「故意に加えた虚構潤色の多い」がそれを除くと芳闕嵐史には殆ど同じストーリーが見えてくる。

戦場の場面では潤色の有様まで殆ど同じ表現が用いられている。太平記、芳闕嵐史の編纂に当たって、相互に情報交換があったと思われる。太平記が「義助西国下向の事」に関して、芳闕嵐史を写していることは明らかである。愛媛県東部での戦いであるから、太平記では地名のミスもあるが止むをえないことであろう。

芳闕嵐史では「三月六日・多幸山天徳寺創建の詔」の後に、「義助西国下向の事」が描かれている。太平記では太平記では「三月六日・多幸山天徳寺創建の詔には触れていない。

塩飽三郎左衛門尉が宮方へ降参した「去る月廿三日」がいつかはっきりしない。おそらく、興国二年二月であろう。得能通政は延元四年十二月にあった「御遺勅他に異なる綸旨」を受けた後、伊予國から使いを走らせて、緊急の奏聞をしたのである。おそらく、興国二年正月早々のことであろう。

……「急いで大将を派遣してもらいたい、それができないと官軍の勢いは衰微してしまう……」

弾正大弼通政は四条少将有資卿と謀って、このようなせっぱつまった緊急の奏聞を行ったのである。

興国二年三月六日に後村上天皇の詔があって、天徳山弥勒寺はその長い歴史を閉じ多幸山天徳寺に生まれ変わるのであるが、この弥勒寺に関わる伝承は、芳闕嵐史の中では後醍醐天皇崩御、その後に行れた伊予の南朝方を鼓舞することを目的になされた脇屋義助の伊予下向という軍事作戦を述べた一節の中で簡単に述べられているものである。すなわち、弥勒寺に関わる詔の件は、「軍事体制の強化」という大目的遂行途中で、「足利尊氏の後醍醐天皇の菩提を弔うための天竜寺造営」の動きを知った吉野朝廷側が急遽「北國の役に戦没したる官軍の義士卒等が魂魄を招き祭らしむるが為め」加えたプロセスであろう。

後醍醐帝が八月に亡くなられた時、吉野の朝廷では諸卿、諸卒が動揺し隠遁、退散の動きが起こった。その時は吉水の法印が急遽参内して長口舌を振るい、公卿を励まし説得し、楠木、和田らが軍勢を率いて参内することで事態を押えたのである。一種のクーデターである。

……楠木帯刀左衛門尉、和田和泉守が官軍を率いて馳せ参り皇居を守護し奉り他事なき体にみえしかば、人々退散の思いを翻して、芳野の山中はまた閑かにぞなりけり（太平記二十一巻・「十月　諸卿分散の事」）……

伊予でも、後醍醐天皇崩御のことはすぐに伝わり、讃岐の細川氏と厳しく対峙している伊予の南朝勢にも激しい動揺が起こり、若い弾正大弼通政、四条有資ではその動揺を抑えきれず、このような緊急の奏聞が行われたのであろう。それに対して朝廷は脇屋義助の伊予下向を（おそらく、正月中に）決定したのである。脇屋義助は東国の出身であり、敗軍の将として昨年十月に戻ったばかりの将である。その彼を西国に派遣すると決定したことは、事態の緊急性、南朝方の人材不足を語っている。下向を決定したが、「下向の道、海上も陸地も皆敵陣」という状況で脇屋義助は急ぎ渡海したいが方法がない。

そうした時、更に追い打ちをかけるように、京からは足利尊氏、夢窓疎石の後醍醐天皇の菩提を弔うための天龍寺創建の話が吉野に伝わったのである。足利尊氏の動きは素早かった。後醍醐帝の崩御が伝わると尊氏は無窓疎石の進言を受け、天龍寺開創に動き出したのである。軍事的なテコ入れ、体制の整備の構想は「義助下向」として基本方針は決まったのであるが、それもすぐには実施でる情勢ではない。また、後醍醐天皇の菩提を弔うのは南朝の人々の役目であり、また南朝としては北國の役に戦没したる官軍の義士卒等……新田氏、得能氏が大勢亡くなった……を弔うこともまだ、できていない。そうした中で急遽決定されたのが三月六日に弾正大弼に詔した「大伽藍再建立」の事であった。

伝統ある官寺の性格を変えるということは、檀越・得能通政にできる発想ではなく、国司でも提案することも憚れる案件であろう。延元二年正月　国司として伊予に入国した四条少将有資卿はその後、活発に動き、延元三年十二月六日には天徳山弥勒寺上人も接触している。それらを通じて得られた情報は父君・四条中納言隆資卿に伝えられていたはずである。この三月六日の詔をこれを主導したのは四条中納言隆資卿である……と考える。

おそらく、四条中納言隆資卿は、多幸の岡が「是古世々之天皇温泉行宮之古蹟而存此名称以謂也（705名藍天徳寺由来記）」という所縁、無量光院と金剛華厳坊という二つの勢力に弥勒寺は分かれていた状況などはよく承知していたと思われる。そしてまた、正中年間以降、急速に深まっていった朝廷と臨済宗の関係、後醍醐帝と夢窓疎石、関山慧玄、授翁宗弼（万里小路藤房）の関係を十分承知していて法花天台門にかわるべき禅門を選択したのであろう。ただ、多幸、金剛華厳坊、無量光院の位置関係は正確には理解していなかったかもしれない。

吉野の朝廷は、軍事的てこ入れ「義助下向」と並行して北國の役に戦没した義士卒の魂魄を祭るという精神的・宗教的てこ入れを急いだのである。本来は「義助下向」が先行すべき案件であったのであろうが、渡海できないという状況の下「大伽藍再建立」の詔に先を越されることになるが、やがて「義助下向」も実現する。だが、南朝としては非常に不運なことであるが、赴任後まもなく、脇屋義助の病死という思わぬ事故が発生、それに乗じた讃岐の細川氏の侵入を招き、八町ヵ原の合戦で得能勢は大敗、興国二年九月三日には大舘左馬介氏明も世田山城で討死するという悲劇がまっているのである。これ以降、得能氏が中央に出兵することは一度もない。伊予における讃岐の細川氏との抗争もその主役は河野宗家であり、得能氏が主役になることはない。得能氏の受けた打撃は非常に大きかったのである。

第二章

多幸山天徳寺

推勅願道場　興国二年辰三月六日

503 芳闕嵐史

「多幸山天徳寺建立　大将派遣要請　脇屋義助伊予下向」が一連の事柄として記述されている

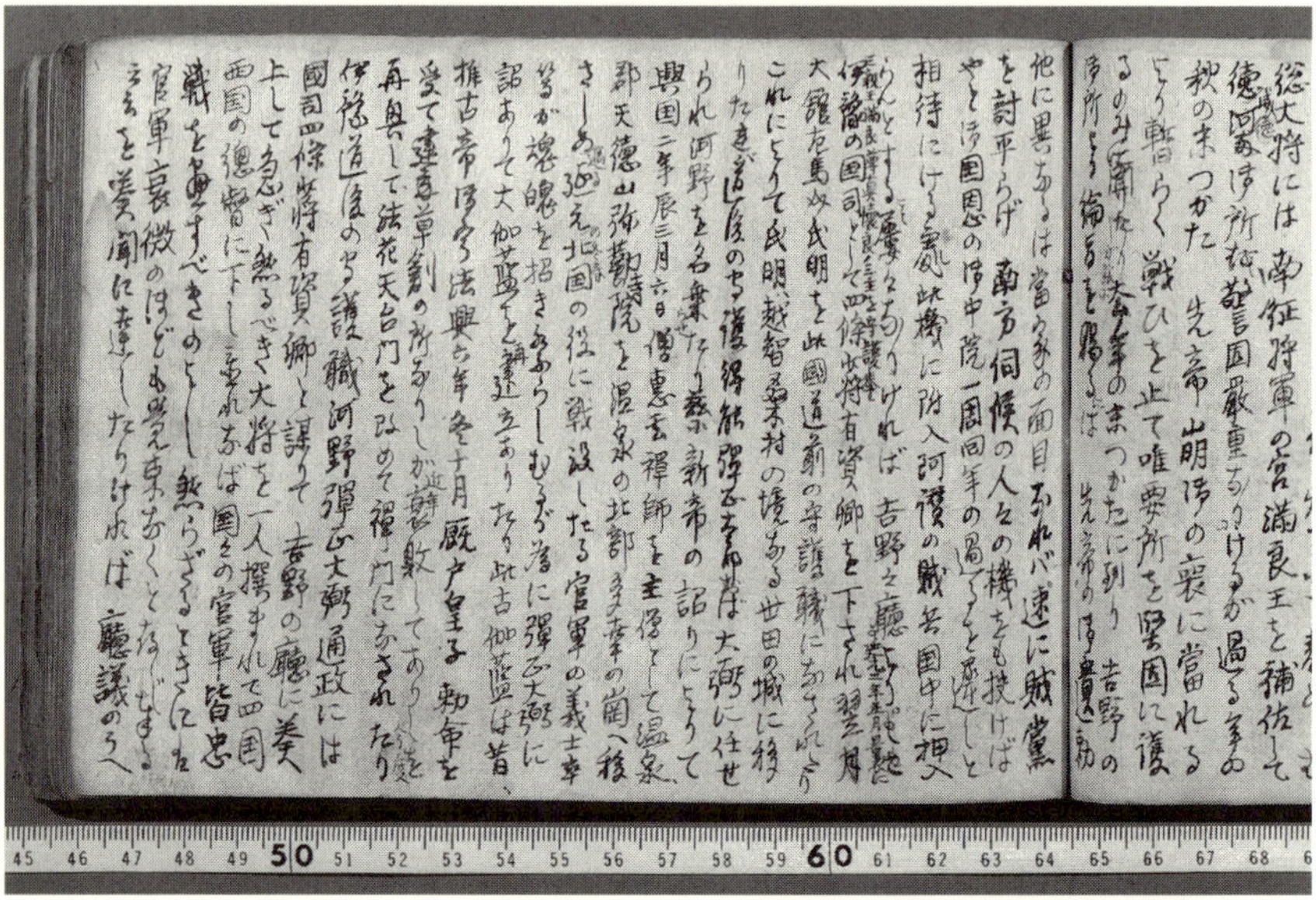

(興国二年三月、新帝の詔により慧玄禅師を主僧として大伽藍再建立、北国の役の戦没者を祀る。得能通政、四條有資と謀って至急、総督を派遣するよう、吉野の庁へ要請)

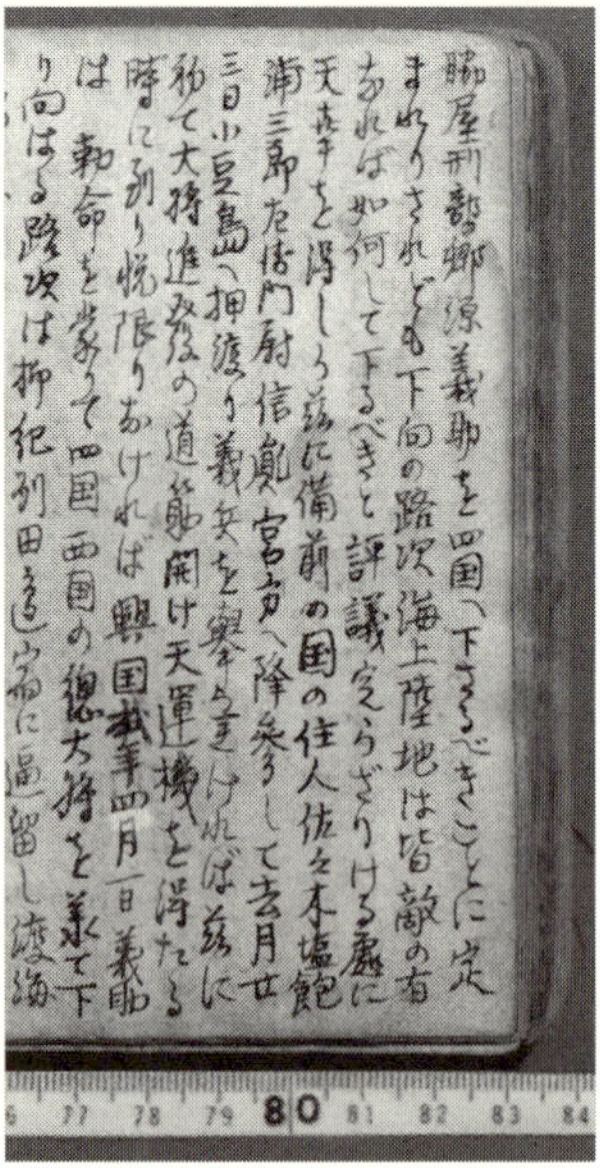

(吉野の庁では、脇屋義助伊予下向を決定、大将進発の道筋開けて興国二年四月、義助「四国、西国の総大将」として進発)

第一節　勅願道場　多幸山天徳寺開山　慧玄禅師

一　はじめに

興国二年三月六日、弥勒寺は多幸山天徳寺として再発足することになり、得能弾正大弼は詔を請けたのである。前章ではどのような時代の流れの中で、この詔が出されたのかを紹介した。厩戸皇子の時代に創建された弥勒寺は、七百有余年の天徳山弥勒寺としての歴史を閉じ、「後村上天皇之勅願道場　多幸山天徳寺」として再建立されることになったのである。新しい寺院は臨済宗の寺院に衣替えを行う。朝廷が臨済宗を受け入れて間もない時期である。

時代は南北朝の動乱の時代に入った。朝廷、或いは檀越・得能氏、河野氏にとって、非常に厳しい動乱の時代であった。新たに発足した多幸山天徳寺もこの動乱に無縁ではいられなかった。多幸山天徳寺再建立と並行して行われた「脇屋義助伊予下向」を核とする伊予の軍事体制の刷新・強化の構想は、脇屋義助の思わぬ病死（興国二年五月四日）、それを機会に伊予に侵攻した細川勢に得能方は大敗（千町ヶ原合戦）、それに続く大舘左馬介氏明の世田山城での討死（九月三日）……で完全に失敗したのである。

大檀那・得能通政としては、政治的・軍事的に弱体化した得能氏を如何に導いていくか、勅命を請けた多幸山天徳寺再建立の件を如何に実現させるか、大きな課題が残った。本論では、南北朝時代の天徳寺の歩みについて考えたい。南北朝時代の得能氏の動きについては「第三節・芳闕嵐史の世界、得能氏の選択」で考える。明応九年に編纂された「705　名藍天徳寺由来紀」では得能氏に対して「大檀那」という肩書を与えている。第一章では河野、得能氏が天徳寺に対して行ってきた役割を「檀越」と表記してきたが、第二章以降は、「檀越」の代わりに「大檀那」と表現することにする。

二　後村上天皇の勅願道場　多幸山天徳寺　創建

芳闕嵐史によると、「南朝方の四国西国における軍事体制強化」と並行して、「大伽藍の再建立」の勅命が発せられた。脇屋義助下向が行われようとしている最中、興国二年三月六日に後村上天皇から得能弾正太郎通政に綸旨が下されたのである。「503芳闕嵐史」、「705名藍天徳寺由来記」、「400古文書」などいくつかの資料が多幸山天徳寺創建時の様子を語っている。「古文書」は「写し」である。

①　503芳闕嵐史……

「茲に新帝の詔りによりて、興国二年辰三月六日、僧慧玄禅師を主僧として温泉郡天徳山弥勒寺院を温泉の北部多幸の岡へ移さしめ、過る延元の冬春、北國の役に戦没したる官軍の義士卒等が魂魄を招き祭らしむるが為に弾正大弼に詔ありて、大伽藍を再建立ありたり……

※参照　資料編　その一【多幸山天徳寺創建　法花天台門を改めて禅門　脇屋義助伊予下向】

②
705豫州道後名藍多幸山弥勒院天徳寺由来記……
興国二年庚辰三月六日後村上天皇　敕詔国司四条少将有資卿并国守護河野弾正大弼通政等
移伽藍於温泉北部多幸岡時　……是古世々之天皇温泉行宮之古蹟而存此名称以謂也……
宝祚延長国家安寧之勅願所不而　延元之乱順難戦没忠魂之義霊招祭之道場而
国威長久之浄院式法厳重而遺典不朽之名藍也……」
※参照　資料編　その一【興国二年後村上天皇　移伽藍於多幸岡】

③
510関西臨済録抄……
道後多幸山天徳禅寺者　後村上天皇勅願之道場而　興国二庚辰龍集春三月六日　……河野通政等　受詔同郷
弥勒山定額寺移大伽藍　……安厝之遺蹟也　開山主僧慧玄禅師綸旨下賜　……
又同年同月三日塔頭弥勒院外十七院衆徒等　朝敵退散　御願成就　宝祚安泰、抽精誠云々、
叡感之綸旨下賜存尚今
※参照　資料編　その一【文中三年伽藍兵燹　明徳四年細川家寺領悉被没収　寺運衰替矣】

④
609多幸山天徳寺来由年譜第一草　当山起元之事
興国二庚辰三月六日有詔　延元之乱、北国之役忠死霊魂　慰祭永遠国威之典　於為令遺蠕斯伽藍矣……
「寄進伊予国天徳寺　国内吉原郷大谷保浮名郷高野保同郷田井保拝志郷別府庄地頭職等之事
興国二年庚辰春　三月十八日　四條少将有資　（花押）」
「伊予国道後多幸山　僧侶可被抽　天長地久　朝敵退散　御願成就　宝祚安泰、精抽之状如件
興国二年庚辰秋九月三日　左少辨　（花押）

天徳寺衆徒等中　」
「　定　勅願所　多幸山天徳寺
一　山門下午之事
一　山内殺生禁制　幷　竹林等之事
犯前條於輩者可處　厳罰者也
辰秋九月十八日　　越智宿祢　通政　（花押）

⑤　401古文書　後村上天皇　御綸旨之写
「豫陽道後多幸山天徳寺住職之事　所有　勅請也
殊仏法招隆可奉祈　寶祚延長者依　天気執達如件
興国二年庚辰春三月六日　　左少辧　（花押）
慧玄和尚禅室　」

⑥　402古文書　越智通政　寄進状　（抜粋）
「豫州温泉郡多幸山弥勒院天徳寺々領之事　有　詔
寺院境内内山林幷田畠　御寄進之状
一　伽藍左右後之三方山林　但東西六町餘……
一　田畠　和気郡吉原郷大谷保内太子将……
右御寄進地内殺生禁制竹林伐取之事
山門下馬之事

右者軍勢以下甲乙人等於乱入狼藉之輩者、可處重科之状　如件
　興国弐かのへ　たつのとし　弾正大弼
　　卯月八日　　　　　　越智宿祢通政　（花押）
　天徳寺長老　」

これら資料の内容は、「三月六日　天徳寺創建の勅願、恵玄を主僧とする綸旨」、「三月一八日国衙からの寄進、四月八日得能通政からの寄進」、「九月三日天徳寺衆徒を鼓舞する有資の文書」、「九月十八日　山内の規則を記した通政の定」などである。

こうして、古代寺院・弥勒寺は終焉を迎え新たに多幸山弥勒院天徳寺として発足することになったのである。勅命で具体的に指示しているのは次のようなものであった。

……寺院を温泉の北部、天皇温泉行宮之古蹟・多幸の岡に移す
……法花天台門を止めて禅門に、それも当時急速に朝廷内部に影響を与えるようになった、最も新しい仏教・臨済宗に改める
……主僧には慧玄禅師
……寺の名を天徳山弥勒寺から多幸山弥勒院天徳寺に改める　……ことなどである。

宗旨も立地も新しくするという事は、金剛華厳坊と無量光院という対立するグループを一本化することが詔の狙いの内に含まれていたのではあるまいか。また、新しい立地・・多幸の岡が「多幸是古世々之天皇温泉行宮之古蹟」という特別なところであったことを強調する記述も注目される。厩戸皇子、乎智益躬らの「伊與村熟田津石湯豫戸谷ト霊地　大伽藍肇建営」の地もここであろうか。

興国二年九月三日付けの「天徳寺衆徒に宛てた有資の文書」がある。九月三日は丁度、世田山に籠る大舘左

馬介が暁天を期して主従一七騎城戸押しひらき、……戦い尽きて皆刺し違えて斃れた日である。動揺する寺の衆徒を押えるためであろう。

これらの資料に描かれた多幸山天徳寺再建立の目的・趣旨は次の（i、ii）の二つである。

（i）『宝祚延長国家安寧之勅願所』、『仏法招隆可奉祈　寶祚延長者』

（ii）『北國の役に戦没したる官軍の義士卒等が魂魄を招き祭らしむる』、『延元之乱順難戦没忠魂之義霊招祭之道場』

「名藍多幸山天徳寺由来記」、「関西臨済録抄」、「後村上天皇　御綸旨」では（i）の文言が目立つ。官寺としての天徳寺の基本的な性格を規定したものである。それに対し、「芳闕嵐史」、「名藍多幸山天徳寺由来記」、「来由年譜第一草」では、国家安寧という公的な目標だけでなく、特定の人々の霊……「北國の役」で戦没した人々……の霊を祭るという私的な性格を加えている。「芳闕嵐史」に至ってはこの第二の目的・意義しか書かれていない。最も公的な資料である「401御綸旨」にはこの第二の目的には触れていない。「芳闕嵐史」は「四国西国防衛体制強化」の一環として多幸山天徳寺再建を語っているのである。

この第二の目的は後村上天皇の代理者・国司四条少将有資が口頭で表明したものであったのかもしれない。口頭で述べられた一節が、編集・伝来の経緯を異にする二つの資料・「芳闕嵐史」、「名藍多幸山天徳寺由来記」にあるということは、この有資の口頭表明が列席者の心に深く響いたことを意味するものであろう。

「戦没した人々」には得能通村、通綱ら三十二名、土居通増、得能通言ら三百人らだけでなく、新田氏に従って金崎城の籠城した将兵、越前の合戦で戦死した将兵らが含まれるものであり、大きな犠牲を払った得能氏、これから伊予へ下向しようとする脇屋義助を慰め、鼓舞することが天徳寺再建立の大きな目的であった事は明らかである。得能・新田氏の祖先、将兵の霊を祭るという機能を「官寺」に新たに加えたのである。「多幸山天徳寺再建立」は「脇屋義助下向」と同時並行して行われた。
勅命と並行して、進められていた脇屋義助を核とする軍事体制の刷新の構想は、脇屋義助の突然の病死、それに続く讃岐・細川氏の侵攻と千町ヶ原合戦、世田山城合戦の敗北で、完全に破綻し大檀那・得能氏は大打撃を受けた。讃岐との境・川の江から今治まで東予地区一円、周防、安芸の諸島に広がっていた道前地区の得能氏の勢力は実質失われ、得能氏の勢力はほとんど道後、久米、浮穴地区に限られることになったのである。得能氏にとって、弥勒寺を多幸の岡に移す、すなわち、多幸の岡に新たに伽藍を造営する、或いは既存の伽藍を移設することは非常に大きな負担を強いられることであったが、得能氏にとってもはや、多幸山天徳寺造営を行わないことは論外であった。軍事力を失った得能氏にとって南朝の綸旨を無視し、自分たちの祖父の霊を祭ることを放棄することは得能氏の正統性を自ら捨てることになり、それは許されることではなかった。得能氏にとっては厳しい現実の中で如何に勅命を果たしたらよいか、重い課題が残ったのである。遺された道は河野宗家との和解しかなかったのである。

※参照　第二章第三節　芳闕嵐史の世界　大檀那・得能氏の選択

三　同時代に創建された正法山妙心寺、多幸山天徳寺、霊亀山天龍寺

多幸山天徳寺は後村上天皇の勅願で禅門（臨済宗）として発足した。この臨済宗は武家には十三世紀初めから受け入れられるが、朝廷が受け入れるのはかなり遅れ、十四世紀からである。

南浦紹明・大應国師　延慶二年　示寂　没後、国師号が贈られる。禅僧としては初めの事例

宗峰妙超・大燈国師　大徳寺開山　建武四年　示寂

花園法皇の帰依をうける。自分の没後、関山慧玄を師とするよう法王に遺言

関山慧玄・大定聖應國師　妙心寺開山　　天徳寺開山　　延文五年　示寂　甲州生
　南浦紹明（大應国師）、宗峰妙超（大燈国師）に師事
　元徳二年、宗峰妙超から印可を受け、「関山」の号を授けられる。
　「応灯関」は南浦紹明、宗峰妙超、関山慧玄と続く法系を指す。現在、日本臨済宗の主流。

夢窓疎石・夢窓国師　天龍寺開山　　観応二年　　示寂
　南浦紹明と同時代の人物・高峰顕日の法嗣で、足利尊氏に認められ、天龍寺を創建その法系は十五世紀に栄えた「五山派」の主勢力をなす

花園天皇　文保二年　後醍醐天皇に譲位　宗峰妙超に師事し（初見元亨三年《文献10》）、印可を受ける。

正法山妙心寺　　開創　建武四年　開基・花園法皇　開山・関山慧玄

後醍醐天皇　正中二年八月、禅僧疎石を南禅寺の住持に勅して、天皇之より禅学に傾き給ふ（503芳闕嵐史）。
　元徳二年（一三三〇年）の頃、天皇と宗峰妙超、関山慧玄の接触があった（文献10）。

足利尊氏　　夢窓疎石に帰依。
　暦応元年　夢窓疎石の勧めに従い、各国に元弘以来の戦没者を弔う一寺一塔（安国寺と利生塔）を建てる。
　暦応二年十月、光巌上皇、尊氏・直義の奏請により、後醍醐天皇の菩提を弔うため、亀山殿を禅刹とし暦應寺（後、天龍寺）を開く　　　主僧　無窓疎石

授翁宗弼（1296—1380年）　　天徳二世　　妙心二世　後醍醐天皇の重臣藤原藤房（万里小路藤房）であるといわれる。宗弼の法諱、授翁の道号は宗峰妙超から授けられ、関山慧玄に師事して、延文元年（正平十一年・一三五六年）関山慧玄より印可される　　　　　　　　　　　　　　　　（文献9）

多幸山天徳寺、「臨済宗妙心寺派大本山正法山妙心寺（京都洛西）」の創建の伝承を以下に示す。

「多幸山天徳寺」

①　創建　開基・後村上天皇（九十七代　大覚寺統）、興国二年　（503芳闕嵐史、705名藍多幸山天徳寺由来記）

②　法系　開山・関山慧玄、二世授翁宗弼、三世無因宗因、四世日峯宗舜、五世義天玄承、六世雪江宗深　（705名藍多幸山天徳寺由来記）

「正法山妙心寺」

①　創建　開基・花園法皇（九十五代、持明院統）、建武四年

②　法系　開山・関山慧玄、二世授翁宗弼、三世無因宗因、四世雲山宗峨、五世明江西堂、六世拙堂宗朴、七世日峯宗舜、八世義天玄承、九世雪江宗深、九世雪江宗深、十世景川宗隆、十一世悟渓宗頓、十二世特芳禅傑（1419～1506）、十三世東陽英朝……

「503芳闕嵐史」、「705名藍多幸山天徳寺由来記」は全く異なる経緯をたどって編集されたものであるが、多幸山天徳寺の創建についてはほぼ同じ内容を伝えている。更に中央にまで視点を広げると、ほぼ同じ時期に関山慧玄を開山とする正法山妙心寺が創建された。「天徳寺開創伝承」と「妙心寺開創伝承」はほとんど同時期の物語であり、「応灯関」の系譜を語っていること、大覚寺統、持明院統と皇統は異なるものの、共に天皇家とのつながりを語っていることなども同じである。「天徳寺開創伝承」を考えるに先立って、花園法皇の妙心寺、後村上天皇の天徳寺の創建伝承がタイミング的に並立可能であったか否かが問題になる。

元弘三年（一三三三年）九月　伊予国得善寺創建　施主得能通言　開山大定聖應国師　（629得善由緒）
建武元年（一三三四年）三月　藤原藤房卿遁世（授翁宗弼）　宗峰妙超、関山恵玄に師事　（503芳闕嵐史）
建武四年（一三三七年）花園御所の地に妙心寺開創・開基・花園法皇、開山・関山慧玄
暦応元年（一三三八年）足利尊氏、夢窓疎石の勧めに従い、各国に元弘以来の戦没者を弔う　（文献9）
一寺一塔（安国寺と利生塔）を建てることに着手
暦応二年（一三三九年）八月　後醍醐天皇の崩御が伝わると無窓疎石が尊氏に進言し、光厳上皇の院宣を受
け亀山上皇が仮御所としていた地に天龍寺開創　（天竜寺HP）
興国二年（一三四〇年）三月　詔　多幸山天徳寺創建　開基・得能通政、開山・関山慧玄　（503芳闕）
暦応四年（一三四一年）七月　天龍寺・地鎮祭を行う　（天竜寺HP）
暦応五年（一三四二年）正月　花園法皇院宣　関山慧玄に仁和寺花園御所跡を管領せしめる　（文献9）
康永二年（一三四三年）関山恵玄は京の戦乱を避け浜松に草庵を営んだ。正法山明心寺の前身　（web）
康永四年（一三四五年・貞和元年）八月　天龍寺落慶法要　（天竜寺HP）
貞和三年（一三四七年）七月　花園法王は関山慧玄に「花園天皇宸翰御置文」を下賜。……
……「妙心寺造営の願を成就してくれる人物は慧玄を置いてほかにない」……　（文献9）
観應二年（一三五一年）八月　光厳上皇は慧玄に妙心寺再住の院宣を下賜
再住した慧玄はこれより学徒の指導に専心　（文献9）
延文元年（一三五六年）授翁宗弼　関山慧玄より印可
延文五年（一三六〇年）十二月　関山慧玄　示寂
文中三年（一三七四年）四月　多幸山天徳寺伽藍罹兵焚
文中三年　第二世授翁宗弼大和尚諱藤房卿　遁世住當院時　法覚上皇奉収崇喪而

後転住洛西正法山妙心寺　法嗣無因宗因継　天徳第三世……（705名藍）
天授六年（一三八〇年）三月　授翁宗弼　示寂
明徳四年（一三九三年）一月　管領職細川家之有沙汰　當寺領被全没収（705名藍、文献9・妙心寺）
応永六年（一三九九年）足利義満　妙心寺没収
應永十七年（一四一〇年）六月　無因宗因　示寂

元弘の動乱の頃から臨済宗は急速に朝廷に浸透していった。「629得善寺由緒」という資料がある。宝永三年に天徳寺から寺社奉行所に出された資料の控えである。得善寺は寛文八年に江西山天徳寺末となった寺である。「629得善寺由緒」によると、元弘三年（一三三三年）九月、得能通言は星岡寺（後の得善寺）を創建、開山は大定聖應国師（慧玄）である。鎌倉幕府が亡び後醍醐帝が内裏に還幸、得能通綱が「伊予国を総領して河野氏を名乗る」ことを許される得能氏の栄光の一瞬から三ヶ月後のことである。藤原藤房卿が遁世したのはそれから半年後の事である。その後、建武四年・妙心寺開創、暦応二年・天龍寺開創があり、興国二年三月には御村上天皇の綸旨は発せられたのである。多幸山天徳寺の主僧を撰んだのは幼帝を補佐する四条隆資らであろうが、非常に短期間に人選をせねばならない当時の状況からすると、候補は結局夢窓疎石か関山慧玄に絞られたはずである。さらに当時、無窓疎石は足利尊氏に密着し、一寺一塔、天龍寺などに深く関わっていたから、吉野の朝廷としては、外さざるをえず、結局、主僧としては関山慧玄しかいなかったことになる。この当時、慧玄らは一寺に留まることなく、よく動いている、浜松に行ったという伝承もある。慧玄も建武四年・妙心寺開創の際の開山とされているが、先の年表に依れば、彼が妙心寺に常住するようになったのは貞和三年、或いは観応二年以降と思われる。或いは、天徳寺開山慧玄は後世にいう奉勅入寺、勧請開山のような形であったかもしれない。興国二年に何らかの形で慧玄が天徳寺創建に関係することは可能である……と考える。

また、妙心寺に伊予の天徳寺創建の伝承が伝わっていないことも一つの問題である。しかし、開創後、妙心寺、天徳寺は夫々、非常に厳しい状況に曝されたのであり、妙心寺に至っては実質、廃絶されたのである。このような状況の下、伝承が天徳寺、妙心寺の相互に伝わっていないことをもって伊予の伝承を否定することはできない。

「開創伝承」以外に、天徳寺の住持が妙心寺住持を継ぐという「天徳寺法系伝承（六祖の伝承）」も検討すべき問題を含む。この伝承の原典は「705豫州道後名藍多幸山弥勒院天徳寺由来紀」である。

論者の結論から述べると……

関山慧玄、授翁宗弼、無因宗因のころ、彼らは何らかの形で、天徳寺、妙心寺の双方の関係を有していたが、明徳、応永の時代、無因宗因の代の時に、天徳寺、妙心寺は夫々細川、足利氏の弾圧を受け、以来、天徳寺は得能通範寄進の観音堂によってかろうじて継承できたのであり、妙心寺に至っては実質廃寺となったのである。明徳以後、両寺の交流は全く途絶え、いつしか、慧玄、宗弼、宗因の頃にあった交流の記憶も忘れ去られていったのである。半世紀後、妙心寺は再興の機会が訪れ、文明十九年には「宗門無双の名刹」とする綸旨を下賜されるまでになる。それから三年後の延徳二年、更に時代は大きく動いた。伊予の多幸山天徳寺は河野通宣によって再興されたのであり、更に主僧として曹洞宗・石屋派の月湖禅師が招かれた。その上で河野通宣は天徳寺を円満裡に官寺から私寺とし、河野家の菩提寺にすべく種々の関係先と接触調整を行っていったのである。延徳二年（一四九〇年）～明應九年（一五〇〇年）の間の事である。その結果「705名藍多幸山天徳寺由来記」が編纂され、その末尾に天徳寺を荘厳するため、妙心寺・特芳禅傑の手により六祖の伝承が書き込まれた……と考える。

無論、荘厳の為とはいえ、ゼロから描くことはできない。関山慧玄、授翁宗弼、無因宗因の三名ついては伊予の天徳寺に伝承があり、それをもとに、日峯宗舜、義天玄承、雪江宗深を加えたと思われる。

※参照「第三章第一節　豫州道後名藍多幸山弥勒院天徳寺由来紀　河野通宣による菩提寺・天徳寺の創建　附六祖の先例」

「705名藍多幸山天徳寺由来記」は天徳二世・授翁宗弼は萬里小路中納言藤房卿の遁世した姿であるとする（次項・「文中の兵乱」参照）。妙心寺資料でも妙心二世授翁宗弼は萬里小路中納言藤房卿の遁世した姿であろう（文献9）といわれている。藤房卿は建武元年に遁世したのち、宗峰妙超、関山慧玄に師事する。彼は後醍醐天皇と非常に縁の深い人物であり、又、興国二年の頃は、彼は藤房卿改め・授翁宗弼は関山慧玄の周辺で修行中であったと思われる。藤房卿を良く知る南朝の首脳陣からすると、ぜひ、関山慧玄、授翁宗弼を伊予の天徳寺の主僧に招きたいとするのは当然の成り行きであったと思われる。天徳寺資料では藤原藤房卿（万里小路藤房）について正中二年から建武元年の遁世まで、後醍醐帝との交流を子細に語っている。

※参照　資料編　その一【建武の中興　北国の役　南北朝　巳午の遺傳】

無因宗因については天授二年の頃、伊予にいたことを思わせる次のような伝承が伝わっている。

「久昧部徳威原古墳碑文　今聖霜経而文字磨滅不詳故天徳寺弥勒院鳳塔之記ニ濾寫之……
天授二年丙辰歳□□四月十二日　天徳弥勒院主無因謹誌
豫州家重臣参河守越知通興河内守橘正隆民部少輔紀宗成　以下五百三拾二人姓名不載
謹建塔焉
（717久昧部徳威原古墳碑文　《祖満判　天徳寺由来禄集》）

「応灯関」の流れをくむ臨済宗はこうして興国二年に伊予に伝えられ、多幸山天徳寺になったのである。伊予に伝わった臨済宗系寺院の中でも古いグループに属する。應燈関の法系を引く妙心寺派寺院としては多幸山天徳寺が一番古い。「450　多幸山天徳寺秘事（寺譜）」を見ると、天徳開山聖應国師以下、天徳七世悟谿宗頓までの名を連ね、そのあとには独秀乾才、快川紹喜、南化玄興、湖南宗嶽など妙心寺東海派の名前が並び、江西山天徳寺を開いた南源には「嗣湖南宗嶽・前月桂二世・中興天徳開山・南源宗薫」と呼ぶ。すなわち、河野通宣によって天徳寺で一度失われた應燈関の法系が南源禅師によって復活したのであり、南源禅師は悟谿宗頓の法系、東海派の法系を継ぐ直系であること強く主張しているのである。

伊予に進出した臨済宗系寺院全体としてみると、聖一国師円爾を流祖とする東福寺派が早い。弘安三年の開創と伝えられる大福寺（土居町）、元弘二年、元から帰国して間もない鉄牛景印を迎え臨済宗寺院として迎えた観念寺、建武三年正堂士顕を迎えて開創したという善應寺などがある。鎌倉建長寺の南浦紹明の流れとしては、元弘元年を開基とする宗昌寺（松山市　八反地、開山・大蟲宗岑）、貞和年中開創の大通寺（松山市　下難波、開基・河野通朝、開山・峰翁祖一）などがある（文献21）。

※参照　付表　第一【多幸山天徳寺、江西山天徳寺　寺譜】

四　文中の兵乱

多幸山天徳寺の歴史で特筆すべきことは「文中の兵乱」と「明徳の弾圧」の二つである。

文中三年甲寅四月十日　有故覚理法皇有以御潜幸
　将軍方武将　武田陸奥守信春　小笠原兵庫頭政長……等之兵亂入河野伊豫守通定　拒之防戦不克去時伽

藍羅兵焚　方丈庫裡宝塔塔頭十二舎灰燼……法皇御負疵退……神護法水院同十二日崩御　奉法號贈　圓
崩即空陛下大禅定法水院殿登霞金輪覚理天霊大尊……
第二世授翁宗弼大和尚諱藤房卿　遁世住當院時　法覚上皇奉収崇喪而後転住洛西正法山妙心寺
法嗣無因宗因継　天徳第三世……
（705名藍）
※参照　資料編　その一　【文中三年伽藍兵燹　明徳四年細川家寺領悉被没収　寺運衰替矣】
文中三年正月の初めより法王には温泉郷湯の北、多幸山天徳寺弥勒院に潜匿座し玉ふ……
四月十日、南方の公卿、武臣輩の楯籠るところの、多幸山天徳寺の伽藍を焼……法王御傷を負せらる
……同十二日、法水院神宮寺に入崩御
（503芳闕）
※参照　資料編　その一　【文中三年　将軍筑紫親征　長慶院崩御】
※参照　「第二章第四節　文中の兵乱」

文中三年、大きな兵乱があり、天徳寺伽藍羅兵焚、伊予に御潜幸されていた覚理法皇が崩御された、第二世授翁宗弼は法王金輪覚理の葬儀を行い、後を天徳第三世・無因宗因に委ね妙心寺へ移ったという。芳闕嵐史は興国二年の緊張した軍事情勢の中で天徳寺が創建されたことを語るが、その後の天徳寺の推移などには全く触れていない。文中三年の兵乱に関しても武家の立場で兵乱に到った経緯、伊予での戦況が詳細に描かれているが、天徳寺のありようについては触れていない。それに対し、名藍天徳寺由来記は完全に寺の立場から、興国二年に創建された寺の姿を語った後に、文中の兵乱で天徳寺が多大な被害の様子を子細に語り、授翁宗弼が法王金輪覚理の葬儀を行った事などを語っている。文中三年における伽藍の様相など、誇大に飾って表現した可能性は配慮する必要はあるが、これらの記事から多幸山天徳寺は文中三年までにはある程度伽藍も整備されていたことが推測される。しかし、興国二年から文中三年の間、得能氏が天徳寺の造営を実際に行うには当時の

政治・軍事情勢からして、河野宗家の了解・承認がなければ絶対不可能であった。後日、明応九年には河野宗家は平和裡に得能氏などの関係者から多幸山天徳寺の名跡を完全に譲り受けることに成功するが、そこに至る前提として興国二年から文中三年の間、得能氏と河野宗家の間には、天徳寺を巡って「妥協、密約」が結ばれ、得能氏が多幸山天徳寺の整備を進めることのできる環境が整っていたと考えざるをえない。

※参照（第二章第三節　芳闕嵐史の世界　得能氏の選択）

五　妙心寺、天徳寺の弾圧

延元元年十一月に南北両朝に別れてから、半世紀後南北合一がなった。得能氏は、新田、脇屋の一族を湯山の奥に匿った。その後、すぐに細川氏による天徳寺の弾圧、足利義満による妙心寺の弾圧が始まる。

元中八年　古本鳳闕亂諍號字議不穩而憚作芳闕嵐史（503芳闕嵐史　奥書…得能通義書込み）

明徳三年閏十月二日　南北一統成就（503芳闕、文献32）

明徳三年の冬の頃、南北御和睦ありし後は、南方の大将らの行く末を探ることに厳重により、今はこの地にも潜居し難しとて、従兄義治及び一族ら苦慮のあるところへ、予州より土居、得能の一族ら旧交を慕い使節来たりし……（503芳闕嵐史）

明徳四年正月廿二日　新田、脇屋一族出羽羽黒山出立（503芳闕・508南山）

明徳四年一月廿五日　管領職細川家之有沙汰當寺領被全没収　自是寺運大衰敗矣（705名藍）

明徳四年四月廿五日　有故四国管領細川家有沙汰　寺領悉被没収　寺運衰替矣　（510関西臨済・609第一草）

明徳四年　「佛性寺」……伊予に侵攻した細川氏により寺領すべて没収　（文献21）

明徳四年四月廿五日　新田義宗、脇屋義治一族。伊予入国、得能通範湯山の奥に匿う　（503芳闕・508南山）

得能通範はひそかに河野通能（通堯の嫡子・亀王丸）に謀り、その了解を得る　（508南山）

明徳五年三月朔浮名館河野備後守入道通範法名了雲當寺観音薩埵之堂宇再建営而寄附田三段……祈二世安楽子孫長久處也　（705名藍）

明徳の頃　得能通範の嗣子・通興は南北御和睦のころ将軍家に降りて鎌倉に送られ本国を遠ざけられて、父入道了雲と別れて下野国都賀郡板橋を領しける。　（503芳闕）

応永六年　幕府軍、堺城を攻略、大内義弘討死　（文献32）

応永六年　応永の乱の時、時の妙心寺七世・拙堂宗朴が大内義弘と師檀関係にあったことを理由に足利義満により弾圧され妙心寺はその名前も失う。以後、約三十年間の妙心寺史の空白期間となった。その間、妙心寺の管理は南禅寺の廷用宗器に移り、「龍雲寺」の寺号で管理される。　（文献10）

応永十七年六月四日宗因大和尚遷化　依之日峯継妙心又義天玄承継天徳第五世　（705名藍）

応永二十年　得能通興、鎌倉の下知に叛いて伊予に戻り河野六郎対馬守に属する　（503芳闕）

延享四年　関山慧玄を祀る微笑塔が返還され関山派徒は日峯宗舜（～1448）に妙心寺の中興を託す。　（文献10）

嘉吉三年　……南北の御違約となりしは……左馬頭通興は……京に上り、日野一位藤原有親卿を諫め……楠河内守と共に精兵を率い、内裏に攻め入り神器を奪い……比叡山に楯籠り……日野有親、楠、越智ら同所中堂に於いて自害（禁闕の変）　（503芳闕・「薫遺之増手加」）

宝徳三年　……南山秘録選抜……鳳闕亂諍大尾　日野有親在判　（503芳闕…得能通義書込み）

享徳四年　四条殿下の秘蔵書から芳闕嵐史を写す

日野中納言殿下執事従六位　前大和大椽蔵人介入道宗信（503芳闕…奥書）

応仁元年　日峯宗舜、義天玄承、雪江宗深らの尽力、細川勝元の外護があって復興した妙心寺であるが、応仁の乱で焼失。（文献10）

文明十九年雪江宗深らの尽力で妙心寺は復興、後土御門天皇から特芳禅傑に「宗門無双の名刹」とする綸旨を下賜され、妙心寺再興は名実ともになる。（文献10）

延徳二年　雖然沈傾世為国亂伽藍壊敗矣　国守護河野伊豫守従三位下兼刑部太輔越智宿祢通宣　大嘆之奏上御宇天皇後土御門院延徳二年庚戌六月十七日當山伽藍再建営寺領如舊三百貫之地有寄付焉　尊宿月湖禅師請迎而為主僧称再中興（705名藍）

永正六年二月　妙心寺は後柏原天皇から「紫衣勅許」の綸旨下賜を得て、独立本山としての立場を確実にする。（文献10）

天徳寺は明徳四年に細川氏により寺領をすべて没収された。新田、脇屋一族を匿ったことと関連した処置と思われる。佛性寺も寺領すべて没収されたという。新田、脇屋一族の件に関係したと疑われたのであろう。出羽羽黒山出立、伊予入国、寺領悉被没収の日付は不自然である。なにか伝承の誤りがある。

天徳寺はその後、約百年間、得能通範了雲が再建寄進した観音堂と若干の田地により、維持されたのである。その再興は文明十九年に「宗門無双の名刹」の綸旨を下賜された妙心寺に遅れる事三年、延徳二年に河野通宣により伽藍再建と三百貫之地寄付が行われ復活したのである。河野通宣による天徳寺再興は「湯築城城下」の整備を意図したものと思われるが、中央の動きを十分知っている守護大名・河野通宣は「妙心寺の再興、宗門無双の名利」を十分意識して天徳寺再興を行い、更に自家の香華院にした可能性がある。天徳寺の河野宗家の菩提寺としての再出発を祝って作られたのが「706豫州道後名藍多幸山弥勒院天徳寺由来紀」である。得能通範了雲は自分が再建寄進した観音堂に「707　豫州霊山天徳寺観音祠堂記」という板書を納めているが、その板書の裏面に「706由来記」は書かれ納められたのである。「706由来記」は多くの関係者から祝われて再出発したことを示すものである。

妙心寺は足利義満の弾圧により、応永六年に没収されて天台宗門跡青蓮院に管理させ、当時青蓮院にいた義円（後、還俗して六代将軍・義教となる）に付与、第六世住持拙堂宗朴は青蓮院に幽閉されたという。さらに足利義教の時、妙心寺の管理は南禅寺の廷用宗器（義満の叔父）に移り「龍雲寺」の名で管理される。妙心寺にとって応永六年から永享四年の間はその名前も失った寺史の空白の時代である。永享四年（一四三二年、廷用宗器は当時、南禅寺にいた根外宗利を呼び、「花園は汝が祖の遺跡であるから返還する」旨を伝え、当時犬山の青龍寺瑞泉寺にいた日峯宗舜を第七世住持に迎え、細川勝元の外護もあって復興は進み、文明十九年には特芳禅傑は後土御門天皇から「宗門無双の名刹」とする綸旨を下賜され妙心寺の再興は名実ともになったのである。

第二節　蔵山判　合本　芳闕嵐史

一　はじめに「芳闕嵐史」について

天徳寺には桐箱に納められ大切に保存されている資料「503芳闕嵐史」がある。
※参照　巻頭グラビア「芳闕嵐史」
芳闕嵐史は「鳳闕亂諍　昔保元の内亂に君臣兄弟争い起りて三綱の道亂れ治らず……」という書出しから始まる。左に芳闕嵐史の奥書を示す。
『原本者四条殿下御秘蔵書　吉水院北窓燈下寫畢
享徳四乙亥龍宿仲秋吉辰　日野中納言殿下執事従六位上　前大和大椽蔵人介入道宗信
此度右写本ニ憑洛西正法山妙心寺玉鳳院北窓ニ於テ写之畢
慶長元丙申年十一月冬至日　　桒門　南源薫　執筆　（花押）』
芳闕嵐史はこの奥書から慶長元年十一月冬至日、妙心寺玉鳳院で南源が書写したことが分かる。
この奥書の次に別の書込みがある。この書き込みの筆跡は、本文や先の奥書のそれとは全く異なる。
『　　南源薫曰

古本鳳闕亂諍號字議不穏而以憚作芳闕嵐史亦
曰古本末文有元中八年辛末秋八月十五日故四條大納言藤原朝臣有資
吉水院法印阿闍梨圓胤義有大僧正等倶南山秘録選抜
寶徳三年辛未歳次清和吉辰
芳闕乱離諍大尾　　　　日野有親　　在判』

二　「芳闕嵐史」について

「503芳闕嵐史」は不思議な書である。

天徳寺は明治四十四年頃から一切、資料公開を断ってきた。天徳寺の関係者や研究者による「天徳寺資料への書込み」などが契機になったと思われる。戦後は秘蔵されていた「芳闕嵐史」を借り出した京都の某大学教授がその返還を渋ったことなども資料非公開を決定付けることになった。「芳闕嵐史」は天徳寺に秘蔵されている。

「500合本　芳闕嵐史」は、芳闕嵐史、南山霞鈔、伊予国造家越智姓河野氏系譜……この三つの資料をこの順に合本にしたものである。伊予国造家越智姓河野氏系譜は蔵山和尚の研究書である。これらを重要な文書と認識して、丁寧に表装を改めたのは蔵山和尚である。芳闕嵐史、南山霞鈔の編纂された経緯は奥書などからそれぞれ明確であるが、合本に収められている芳闕嵐史、南山霞鈔がこの形になった経緯は別途検討すべきである。芳闕嵐史はその筆跡は複数あり、また、「薫註標畢、薫遺之増手加」などで始まる慶長元年以降に書き足したと思える文章も、その前後の文章と一体のものとして書かれている。すなわち、慶長元年以降、誰かが数人の人を使って清書したものと思われる。それが南源の時代になされたのか、後世に行ったのか、別途検討を要する。

芳闕嵐史は約七十丁程の史料である。内、弥勒寺、天徳寺創建を語るのはわずか九行、文字数にして一八四文字である。文中の兵乱も全体は詳細であるが、天徳寺に関わる記載としては、文中三年正月に法王は天徳寺に潜んでいた事、三行、四十文字、四月に天徳寺が焼き討ちされたこと、二行、三十五文字があるだけである。すなわち、弥勒寺を改め天徳寺を創建した経緯、時代動向に関する記事は詳細であるが、弥勒寺、天徳寺の創建の記事は限られる。

※参照　「第一章　第四節　天徳山弥勒寺の終焉」
　　　　「第二章　第四節　文中の兵乱　覚理法王崩御、天徳寺兵焚」

南北朝時代を扱った資料としては、正慶乱離志、太平記、芳闕嵐史などが有名である。

正慶乱離志は正慶元年十二月~正慶二年四月七日の短期間であるが、崩壊直前の六波羅探題、鎮西探題が扱った資料として貴重である。

太平記は明治期には「太平記は史学に益なし」とまで極言された史料である。西園寺源透、景浦直孝、長山源雄などの戦前に活躍された方々は太平記を引用することを避けている。戦後になると、太平記の再検討が行われ、

……太平記は物語的、小説的な効果をあげようと、作者が故意に加えた虚構潤色の多いことも否定できない、人名では数多くの増補が為されたと思われるが、作品の性格は殆んど変質していない。細かい部分に違いがあっても幕府成立までの過程をほぼ正しく書かれている（文献28）……と評価されるまでになっている。近年では南北朝時代における比較的一貫した正確な歴史書であると認められている（文献29、30）。足利直義の監督下で玄恵を責任者とし恵鎮を中心とする律宗の僧の集団によって法勝寺を拠点に編纂作業が行われ、足利幕府はこの「太平記」を幕府の準正史にしようとしたといわれている。

芳闕嵐史は、西園寺源透により、

『偽書にして内容は南朝方の行動を詳記したるものにして頗る珍書とす。然れども偽書にして揑造敷衍虚飾多きをもって大いに斟酌するを要す、文中珍重すべき記事あり、星の岡戦争の如き全然正慶乱離志と同一、大いに考証を要するなりとす。原本は松山天徳寺に在りしも今や所在を知らず（文献15　大正五年）』と評価された。太平記も史学に益なしと拒否されていた時代の評価である。「今や所在を知らず」という意味は南源自身の写本という意味であろうか。景浦直幸は
『長慶天皇御終焉の地は諸説紛々であって、決定しがたい。しかし、応永元年八月一日崩御説が史料も多く一番確からしい。大正十五年十月二十一日、長慶天皇を大統に列し給う旨、御公表せられ、今では議論の余地がないことになった（文献16）』

とする立場である。芳闕嵐史には長慶天皇が文中三年四月十二日伊予で崩御されたとする記事がある。これが戦前、芳闕嵐史を「偽書」として忌避する原因となったと思われる。戦後になると、研究者の関心は「南朝史観」への反発もあって「文中の兵乱」から離れ、さらに「南朝関係資料は全て偽物」だとする忌避感もあり、結局「芳闕嵐史」に関する考証は全く行われていない。

「芳闕嵐史」は七十丁という長大な資料であるが、右のような評論もあって以来、伊予の歴史研究では全く取り上げられていない。

それに関して川岡勉は『天徳寺文書（乾・坤）について（文献3）』で、

『「芳闕嵐史」などは俗書にすぎないとされ、長慶下向伝説（文中二年九月半ば）についてもまともに検討されることは無かった。しかし、前掲した大般若経奥書などに、南朝勢力の動きが断片的に見出せるのも事実である。天徳寺や伊予の南朝勢力の歴史に関しては確実な史料が決定的に不足しているが、それが長慶下向と結びついて語られることの意味については、慎重に検討を加える必要があるだろう』と評論されておられる。「前

掲した大般若経奥書」とは、長慶天皇が崩御したという四月のわずか三か月前の文中三年正月、長慶天皇が伊予で南朝勢力と接触したことを示す史料である。

『……光林寺大般若経に「奉納浮穴大明神　浮穴屋形河野伊予守通定」（巻一二七）、「文中三年正月十一日奉納浮島宮　金輪法覚理大王」（巻九十七）、「文中三年正月十一日　法覚理大王御奉納之内」（巻三三〇）、「金輪法覚理大王御奉納　浮島宮六百巻之内　文中三年正月十一日　奉勅　浮穴屋形少将河野伊予守通光」（巻五百二十八）……（文献3）』

また芳闕嵐史では征西府と明の交流が義満の怒りを買い文中三年の変の原因になったことが述べられている。北朝方による征西府の制圧は、顕徳二年に今川了俊を九州探題とし、了俊は翌文中元年には博多、大宰府を制圧することに成功している。その過程で博多に到着した明使を抑留、明使は翌文中二年六月に上洛、そこで征西府と明の交流が義満の知る事となる。怒った義満は諸国の軍勢を動員し、翌文中三年三月には将軍親征が行われたのである。覚理法王の伊予下向、伊予での崩御……はそうした動きの余波として起きたことを芳闕嵐史は述べている。近年大明実録の研究などから、当時はごく限られた人しか知らなかったと思われる征西府と明の交流、それらが引き起こした幕府方の対応などについて、芳闕嵐史が正確に状況を把握していたことが明らかになってきている。これらが何を意味するのか、慎重な検討が必要である。

文中三年の兵乱以外にも、元弘の兵乱（星の岡戦争）、延元元年十一月から後醍醐帝崩御、その翌興国二年（暦応三年）九月、世田山合戦に至る記事、正平二十一年の河野通直の筑紫渡海、康暦元年の佐志久原合戦など伊予に関連する記事が多いことは芳闕嵐史の大きな特徴である。

富水道人が「星の岡戦争の如き全然正慶乱離志と同一」と評価されているが、確かに太平記、正慶乱離志、芳闕嵐史の内容は非常によく対応したものである。星の岡戦争について、この三者を比較すると、太平記の関心事の幅は広く、星の岡の件も時代の動きの一つとして書かれたに過ぎない。正慶乱離志も亡ばんとする組織の中で書かれたもので貴重であるが、長門探題が亡ばんとする直前になされた第三次の合戦の記事は中途半端に終わっている。記事の全体の流れは同じでも、それぞれの都合で、或いは視点の違いから内容が選択されていることがある。星の岡戦争では太平記では第一次合戦しか取り上げていない。星の岡戦争の全体像をきちんと描いているのは芳闕嵐史だけである。正慶乱離志、芳闕嵐史と比較照合することにより、星の岡戦争の全貌が明らかになる（文献7）。

延元元年から興国二年（暦応三年）にかけての記事は、太平記、芳闕嵐史の両者を比較することが可能であり、検討する上で非常に有効である。

後醍醐帝崩御の後のあった「諸卿分散の事（太平記巻二十一）」の場面は、太平記・芳闕嵐史の両者とも掲載しているが、互いに全く異なった視点で描かれている。論者は太平記を読んで初めて芳闕嵐史の記事の意味を理解することができた。論者が見るに、一般的には……太平記は物語的、小説的な効果をあげようと、作者が故意に加えた虚構潤色の多い。物語的、小説的な表現が強いため、その記事がいつの事なのか、あいまいになっていることが多い。それに対し、芳闕嵐史の表現は太平記に比べるとそっけないくらい簡潔であるが、事件が起きた月日などは明確に記述されることが普通である。しかし、この「諸卿分散の事」の場合は、あまりにもそっけない芳闕嵐史の記述の理解を太平記に援けられた例である。

太平記は貞治六年十二月七日に将軍義詮が亡くなり、細川頼之が天下の管領職となり、御幼稚の若君を補佐する体制ができたところで終わる。以降については太平記とは比較できないが、文中の兵乱のような、一見異様な事件も、先に述べたように芳闕嵐史の記事は検討に値するものである。河野通直の筑紫渡海、康暦元年の佐志久原合戦については、芳闕嵐史は予章記と比較することが可能である。

本論『天徳寺史稿』では「芳闕嵐史」は天徳寺に伝わる資料の中でも貴重なものの一つであり、かつ、その編纂には延元、興国年間に伊予の歴史に深く関わった国司四条少将有資卿が深く関わった……とする理解の元に「芳闕嵐史」を紹介する。

「505南山霞鈔」は「500合本　芳闕嵐史」にある。序文に「慶長八年、妙心禅室龍泉庵北窓燈下の輯録　桑門薫　執筆」とある。当時、徒弟として土居了庵が彼の周辺に居た。南山霞鈔の序文は南源自身が書いたと思われるが、本文は了庵の話を聞きながら、或いはその草稿を見ながら輯録したものであろう。芳闕嵐史は中央（吉野）で編纂されたものであるが、南山霞鈔は土居家に伝わった南北朝動乱の記録である。南山霞鈔は「目録」が添えられ、全体を二十一の章節分けられていて読みやすい。その最後の章が「豫州道後天徳寺建立の事　附河野家衰敗の次第」である。河野通直の竹原での死、その後の天徳寺での河野遺臣の別れの場面など興味深い。

三「芳闕嵐史」の特徴　編纂の経緯を考える

太平記（文献29）は全四十巻で、観応二年・観応の擾乱までの約二十年間を一巻から二十九巻に、三十巻から四十巻で貞治六年まで十五年間を語る。章の数からいうと、元弘から観応までが約75%、観応から貞治までが25%を占める。芳闕嵐史では、巻というまとまりがないから、ページ数でみると、観応までが65%、貞治までが14%、残りが応永四年までが26%という割合である。

南北朝時代と言っても、記事の量からすると、太平記、芳闕嵐史両者とも、元弘の兵乱から観応の擾乱までの記事が中心である。太平記は貞治六年の「中夏無為の代になりて、目出たりし事どもなり」の記事で終るが、芳闕嵐史では、貞治六年以降、約三十年間の時代も語っている。

芳闕嵐史は南朝史を語るとはいえ、南朝の中核である吉野の朝廷に関する記述(政治情勢など)は少なく、あっても簡潔な表現である。宮廷内の動きに関する記述は。例えば後醍醐天皇崩御の記述ではわづか十行ほどである。代わりに当時の諸国の南朝方の勢力の説明、新体制での軍事面につき、脇屋、得能、筑紫の西征将軍の宮、遠江におられる妙法院の宮、伊予におられる南征将軍の宮、満良親王、楠、奥州の新国司、顕信、名和……らの名前を羅列し、新体制における軍事体制を詳細に記述する。この記述は「諸卿分散の事・太平記巻二十一（文献29）」に対応するものである。太平記では舞台の状況を子細に説明している。吉水の法印宗信が参内して後醍醐天皇崩御で動揺している公卿を説得しているのである。それに対し、芳闕嵐史ではその法印の話の軍事情勢の話だけを紹介しているのである。この事件は、結局、四条隆資が吉水の法師や和田、楠の軍事力を動員して行ったクーデターであると思われる。興国の頃、東国で活躍した北畠親房に関する記事、吉野と東国を結ぶ拠点となる伊勢を巡る記事などは殆どない。軍事面でも、畿内の記事は詳細であるが、東海、北陸、関東など東日本の記事は比較的簡単であり、また延元元年以降、中央での活躍が全くない伊予の得能氏の記事が突出し、関東一円で活躍した新田、脇屋氏に関わる記事は少ない。畿内の戦いとしては、正平三年三月、楠正行が戦死した四条畷の戦い、正平七年三月に行われた八幡合戦など詳細な記述がある。楠正行の父・正成が湊川合戦に出陣する際、吉野に参った時は中納言四條隆資を通じて奏聞している。正平年間の二つの戦いも、公卿の責任者、大将は共に四條隆資である。得能氏、楠氏など共に四條氏が関わった記事は詳細である。

すなわち、芳闕嵐史は南朝史というには非常に偏った内容のものである。芳闕嵐史は全体として見ると、宮廷問題よりも軍事面に記事は偏り、軍事問題でも東日本よりも畿内、西日本の記事に偏っているという特徴がある。こうした記事の偏りから、芳闕嵐史は「南朝の正史」といえる性格のものではない。編纂された経緯も明らかでないが、芳闕嵐史の奥書、得能通義の書き込みなどからすると元中八年には現在には現在に近い形になっていたのかもしれない。ただ、明徳四年後圓融上皇崩御以降の文章の雰囲気はそれまでとは変わっている。後世（例えば、南源）の書き込みと思われる。

芳闕嵐史の記述は、正慶乱離志のように情報を日記のように整理したものではない。情報を時系列で書き連ねたような部分もあるが、大半は一応は「小さなテーマ」毎に纏めたようになっている。但し後世にできた「太平記」や「南山霞鈔」にある「……の事」というような「見出し」、「節」に相当するものは全くない。しかしある程度は「テーマ」でまとめて書いたと感じられるところもある。南北朝という時代が動いている中で、ある程度「テーマ」のまとまりができた段階で、少しずつ整理していったのであろう。そんな作り方をしているため、記事の重複が発生したり、記事の配列が前後したりしている。

その論調は南朝側に与している事は明らかであるが、感情に走ることは少なく全体として非常に冷静であり、将軍方の動向、時流を子細に観察している。元弘年間の星岡合戦の記事は全体として太平記、正慶乱離志の記事と整合性のとれたものであり、興国二年の伊予下向、八町ヶ原の合戦、岡部出羽守の奮戦に至っては文章の細部まで酷似している。

太平記の編修グループと芳闕嵐史のそれは、互いに情報を交換し合っている……と推測される。

征西府に関する記事は遠隔地であるにも関わらず比較的詳細であり、情報は正確である。文中三年四月、覚理法王が伊予で崩御された事件に関しては、ことの発端が征西府の大明国との交流にあることを論じている事が印象的である。そこでは大明國との関わりに関する記述など、当時ごく限られた人しか承知していないはずの事を正確に論じており、二十世紀になって始めて研究が進んだ大明実録の記事と良く合致するものであり注目される。この文中三年の記事は、伊予の得能、征西府、畿内の将軍……の動きが関係することであるが、それらの情報は芳闕嵐史の編集機関にはバラバラに入ったもののはずである。編集機関がそれを今ある形に整理したものであり、冷静な情報の判断力、整理力が必要である。

征西府関係の情報を芳闕嵐史の編集機関が如何にして入手していたのだろうか。

得能氏は興国年間以降は中央に出兵した様子は全くないが、吉野には連絡将校のような存在の人物がいたようである。芳闕嵐史の編纂グループと良く連絡を取りあう関係にあったことは確かである。河野通堯の鎮西へ下向、覚理法王の突然の伊予下向に対し、直ちに行った筑紫の勢力との連絡……などの事例に見れるように、得能氏は筑紫とも常時、連絡を取り合っていたと思われる。芳闕嵐史に描かれた得能氏は官寺・弥勒寺の檀越という立場ではなく、政治的、軍事的に吉野の朝廷と密接に関わりあうようになった伊予の武士団として描かれている。吉野の芳闕嵐史の編集機関が筑紫と連絡を取るに当たって得能氏経由も利用していたのかもしれない。

論者は、「芳闕嵐史」は当初は四条中納言隆資が収集した資料を整理することから始まったと推測している。

後醍醐天皇崩御の後は吉野の朝廷では、新帝はまだ御幼主であられたので三年の間、政は聞し召さず、萬機悉く北畠大納言源親房卿の計らいとして、洞院左衛門佐実世、四条中納言隆資卿、両人が諸事を執奏する……という体制をとった。北畠大納言源親房は吉田定房、萬里小路宣房と並んで「後の三房」と言われ、後醍醐帝の信任も厚かった人物であり、萬機悉く北畠親房の計らいにすることは自然の成り行きであったと思われるが、芳闕嵐史に描かれたその新体制に関する記事は実質わづか四行だけである。北畠親房は最高責任者であったが、延元、興国の五年間、彼は東国対策に没頭している。そして北畠親房が責任者となって活躍した東国での記事は芳闕嵐史では皆無である。北畠親房の活躍が結局実を結ばなかったこともあるが、得能氏関係は千町ヶ原の敗北、文中三年の兵乱など、決して得能氏にとって名誉ではない寧ろ不名誉な事件が、詳細に語っているのと対照的である。芳闕嵐史は吉野の中核近くにいる人物により編纂されたものであるが、「神皇正統記」を執筆した北畠親房とは無関係に編纂されたと思われる。すなわち、北畠親房（1293～1354）は南朝の総責任者であるが、彼についての記事は次に示すものだけである。

「延元四年八月、後醍醐帝には吉野の皇居において崩じ給ひ……北畠大納言源親房、補佐し奉りて洞院の実世、四条中納言隆資諸事を執奏す。この親房は顕家の父にて、博識才学の良大臣なりと世に稱しける……正平六年（観応二年）（足利方の）京都の兵士僅かにして、危うまりけるにより義詮は南帝へ礼を厚うして和睦を図る……百官皆吉野へ参る。吉野伺候の輩、皆官位昇進あり、北畠大納言源親房は准后の宣旨を蒙る。これ南帝の舅にて大勲功あるゆえを以ってなり　……芳闕嵐史」

洞院左衛門佐実世（1308～1358）は、日野資朝らが開いた無礼講（注・この件については芳闕嵐史には記述はない。、芳闕嵐史は実質的には元弘元年九月の笠置山行幸から書き起こされている。）にも参加し、その後新田義貞率いる東海道軍に参加した人物である。竹の下の戦いに敗れ帰京、北畠顕家率いる奥州軍に参加、金崎城籠城戦、脇屋義助と共に北陸で活躍……などの経歴から新田氏と縁が深かったと思われる。無礼講、竹の下の戦い、北陸で活躍など、洞院左衛門佐実世の主な活躍の舞台については芳闕嵐史では全く語られていない。

四条中納言隆資（1259～1352）が芳闕嵐史で描かれているのは、天武の中興がなった元弘三年六月十七日の石清水八幡宮の参詣の場面、正平三年正月の四条畷の合戦、正平七年の八幡の合戦である。石清水八幡宮の参詣の行列は「天下の壮観を尽しぬ」といわれたものでその先頭には一番に赤松入道、二番に殿法印良忠、三番に四条中納言隆資と続き、続いて畿内近国の勢廿萬余騎が続いたという。湊川合戦では新田、楠木勢が敗れた時、彼は男山に籠って高師直軍を防いだという。八幡の合戦では「大納言隆資　八幡の合戦に討死」と簡単に記している。執奏・四条中納言隆資のことであろう。延元二年正月には四条少将有資が国司として伊予へ入り、同年三月十一日には観念寺に、延元三年十二月には天徳山弥勒寺上人に文書を発行するなどの活躍を開始している。四条少将有資は四条中納言隆資の子で、兄・隆貞は護良親王の側近として活躍した人物である。北畠親房、洞院実世、四条隆資、三人の活躍の実績から、自然と北畠親房は総責任者であり、且つ東海、関東、奥州担当となり、洞院実世は北陸、美濃担当、四条隆資は畿内・四国担当と役割分けされ、自ずとそれぞれの人脈、連絡網を有するようになったと想像される。四条隆資は畿内・四国担当から、さらに筑紫へとその分担範囲が広がったのであろう。畿内担当とは楠氏との連絡、将軍家・北朝関係の情報の把握の仕事も含まれる。正平七年四条隆資討死以降の四条家の動向は不明である。衰退しつつある吉野朝廷に於いて、体制を改めるのは困難であり、おそらく四条家の後継者が畿内・四国・九州との連絡の役割を四条家の家職のようにして引き継いでいったのであろう。そしてその隆資の後継者、或いはその近辺の者が四条家に蓄積された情報を私的に整理したのが「芳闕嵐史」ではなかろうか。代々の吉水院法印が支援したというようなことはあるが、その規模は「太平記」の恵鎮教団とは比較にならない小規模な内輪の存在だったのであろう。文中三年の覚理法王崩御の件は、ことの重大さから吉野の朝廷ではそれを隠ぺいすることにしたのではなかろうか。四条家もそれを了としたものの、資料はそのまま隠匿し、後日「鳳闕亂諍」に書き加えたのであろう。

結論として「芳闕嵐史」編纂の責任者は四條有資と吉水院法印と思われる。有資が「鳳闕亂諍」の編纂者だとすると、得能関係の記事が異常に多いということ、その記事はしっかりしたストーリーを有していること、宮廷内の記事が単純であることも理解できる。また、延元、興国年間の記事の多くは彼自身が伊予で関わったことであり信頼性は高いものである。四條有資の没年ははっきりしない。元中八年以前に亡くなっている。四條有資没後はその後継者があとを継いだのであろう。

結論として本論の立場は、……芳闕嵐史は、南朝の中核で軍事部門(畿内・四国担当)を担当した四條有資及び、その周辺の人物が、自分たちの活動の記録をベースに、それに宮廷内で得られた情報も加えて編纂したものである。その意味では家譜に過ぎないものであるが、北畠親房、洞院実世と並んで南朝のトップを務め、激動の時代の軍事部門の責任者であった四条隆資らの記録がまとめられたもので貴重である。南朝の正史という認識はなかったと思われるが、結果として南北朝動乱の記録を南朝側の視点から記録に残した編纂者の努力を評価したい。一次資料ではない編纂物であるから、誤情報の混入はまぬかれないと思うが、太平記にあるような虚構潤色はほとんどない。例外は「八町ヶ原合戦」の場面の記述である。芳闕嵐史では全く例外的な感傷的ともいえる論調で詳細に述べている。この合戦が得能氏の運命を決定づけた敗戦であったからであろうか。

第三節　芳闕嵐史の世界　大檀那・得能氏の選択

一　千町ヶ原合戦・敗戦後の　得能通政の選択

元弘の兵乱で得能氏が旗揚げしたのは、河野家の総領職を巡る不満が大きかった。

※参照　資料編　その一　【鳳闕亂諍　建武の中興　北国の役　南北朝始まる】

しかし、千町ヶ原合戦で細川頼春に敗れ弱体化著しい得能氏は伊予国外での活躍はおろか、国内でも河野通盛と河野宗家を争うことは全く不可能になった。

興国二年以降、中央での得能氏の活躍は全く見られない。それは他の宮方の武士もほぼ同様である。芳闕嵐史では次のように語っている。

「正平七年三月八幡合戦……この戦いは三、四日の間も、もちこたえなば四国よりは、土居、得能の軍勢、九州よりは菊池……数百の兵船にて馳せ加わるべきを、敵にこの事の知れたるにより、単兵急に夜攻にせられ敗走なりしは、南方の聖運未開にして、諸国の官軍力を落とせしは口惜しかれ……

正平十六年　十二月三日　細川清氏と楠正儀ら都へ攻め入る……元弘の昔の如く天下の武士皆苓落してありければ、皆附須ひて宮方に進軍せんずらんと思ひけるに案に相違して進で参る武士こそなからめ、茲に築後の菊池……、伊予の得能伊予守通定、土居備中守通村、周防の大内、越中の桃井、新田武蔵守義定、脇屋右衛門佐義治其の一族共国々に多しと雖ども、或いは道を塞がれ、或いは勢ひいまだ到らざるを知りしにや、誰一人も上洛する間合いにならざりし……正平十七年九月廿三日……斯波氏経、九州の探題に任じて下向す。少弐大友等と豊後の府に會合して、長者ヶ原に於て官軍を挟撃せしも、斯波氏経が勢、却て敗北し、……氏経は大友氏と共に高崎の城に楯籠り、……少弐は岡の城に拠り……遂に宮方両城を抜く。斯波氏経、力窮り此合戦には宮方より伊予の国、河野の一族土居得能等が勢、兵船数艘にて海濱より放火し、津々浦々残る隅なく攻立られ、遂に氏経大敗して京都に遁れ帰る、これより九州の宮方威勢を震う（503芳闕）」

正平七年は、足利尊氏、直義の兄弟不和の中で起こった事件である。正平十六年は将軍義詮の時代、細川清氏と佐々木道誉の争いの中で起こった事件である。いづれも敵失の中での事件であるが、南朝方は結局成果をものにすることができなかった。例外は筑紫の情勢であり、征西府はこの頃から力をつけていく。伊予国内でも、興国二年において東予地区で細川氏と対峙したのは得能氏を中心とする勢力であったが、興国二年以降になると、讃岐の細川氏と対峙するのは河野通朝、通堯らであり、完全に河野宗家の役割になっている。得能氏は河野氏に従う形で細川氏と対峙している。伊予国内では、得能氏は南朝側として将軍方の宗家と対峙することは全くない。伊予国内で南朝側として戦ったのは文中三年の時のように国外の北朝側勢力から本拠地を攻撃を受けた時の受け身の防衛戦だけである。伊予国外の活動としては、得能氏はすでに上洛する力はないが、豊後では南朝方としての旗幟を明確にし海賊としての力を発揮して斯波氏経を攻撃している。それから三年後、正平二十年「通尭筑紫流漂之事」があり、得能氏は通尭を鎮西へ案内している。

このように弱体化した得能氏にとって勅命を受けた多幸山天徳寺の創建を、いかにして推進するか、重い課題であった。興国二年以後、南北朝合一までの伊予の歴史は、将軍方の河野宗家、南朝方の得能氏の対立といった元弘・建武年間の延長のような図式では全く理解できない経緯を辿っている。興国二年の千町ヶ原合戦以後、早い時点で河野宗家、南朝方の得能氏は何らかの妥協の道を選んだようである。河野・得能氏の妥協の道、密約・「檀越の盟約」とは、次のような内容を含むものだったと思われる。

……得能氏は伊予国内では宗家を争う望みは捨て、通盛をリーダーとする河野一門に復帰する、

……得能氏は伊予国外に出ると、南朝方としての姿勢をそのまま堅持するが、河野宗家はそのような得能の表裏を使い分けを黙認する……

……得能氏が勅願道場・多幸山天徳寺の維持管理について責任をもつが、河野氏も檀越の一人として勅願道場・多幸山天徳寺を尊重する……

ことで両者は和睦した。この事は足利体制のもと不安定な立場にあった河野宗家にとっても受け入れる価値のあることだったのである。この和睦は、東予地区を失い、その権威を大きく失墜した得能氏にとって、過去にあった栄誉を偲び、勅命を実行に移し、家の権威を主張する唯一の道だったのである。

この密約は後年に佐志久原合戦、外様三屋形衆となって結実していった（後述）。

和睦に到る経緯、和睦の具体的な内容など全く不明であるが、両者は先に示したような姿勢を誠実に守ったのである。河野系図（452　多幸山天徳寺秘事附属　河野家系図）では、得能通政について「湯築城退浮穴館」とあるが多幸山天徳寺の維持管理権を得能氏が持つ代わりに、湯築城及びその周辺の管理権は河野宗家に譲らざるを得なかったのであろう。河野氏は代々、天徳山弥勒寺の檀越として活躍してきた。近くは河野通信、通有の事例もあり、宗家としての立場からも「弥勒寺の系譜を継いだ多幸山天徳寺を檀越の一人として尊重する」事は全く異論のないことであった。

こうした取り決めのもとで、得能氏は興国二年の後村上天皇の勅命・天徳寺の再建立を果たすことができたのである。この密約の時期は不明であるが、興国二年以後、早い時期になされたと論者は考えている。この密約、信頼関係はその後、弾正少弼通直の時代まで少し形は変わっても継続している。

『……天文十七年戊申春三月十八日、此国の守護河野弾正大弼越智宿祢通直、同一族得能新蔵人通景等、二氏の忠節節義の正直なりし昔を感泣して、各々の墳墓の邉りに霊神を祭祀する祠殿を二箇所に建営して、是を上下の新田明神と號しけり……（505南山霞鈔）』

こうした両者の関係は、一世紀後に起こった予州家と総領家との争いとは全く異なる様相を呈した。河野宗家と得能家は元弘年間には互いに対立する立場に身を置き、双方夫々見事な戦功を挙げ、太平記や芳闕嵐史に華やかに取り上げられたのである。しかしそうした時代は短く、又両者は戦場で直接争う事もなかった。一方、予州家と総領家の陰湿な争いは半世紀に及び、直接戦火を交えたのである。然し予州家と総領家の場合も細川氏という強力な外敵を前にすると両者手を結んだことは注目される。

移設すべき伽藍対象は金剛華厳坊と無量光院の双方であった。現在の湯築城跡近辺にあったと思われる金剛華厳坊の場合、多幸との距離は八〇〇m程度であるが、横谷の無量光院では、多幸との距離は直線距離で5㎞以上ある。金剛華厳坊の場合、伽藍移設はある程度は進展した可能性はあるが、移設するには経済的負担があまりにも大きい天徳山無量光院弥勒寺の場合は伽藍移設はほとんど実行できず、伽藍は朽ちるに任された可能性が大きい。真言宗横谷山東河寺には次のような伝承がある。

……文中三甲寅、武田、小笠原氏が横谷行宮に侵攻、世に云う行宮の合戦があり、一山ことごとく焼失した。合戦の二年後、天授二丙辰年、河野伊予守通定、通範は地蔵院及び毘沙門堂を石手寺庄北山山麓に移して、横谷行宮合戦の戦亡者慰霊の大法要を行った……

この伝承では「横谷行宮の合戦」という表現をしているが芳闕嵐史によると文中三年、行宮は天徳寺、安養寺などが使われていた。侵攻した軍勢は、天徳寺、寶巌寺、安養寺は次々と焼き討ちされたが、横谷越えをした軍勢が「横谷の伽藍」を襲った様子はない（503芳闕）。文中三年の段階で横谷にはまだ伽藍は残っていたのかもしれないが、攻撃の対象になるようなものではなかったのである。無量光院の伽藍を多幸岡に移すのは実際には無理な指示であった。文中三年、細川氏の焼き討ちにあった時の記事に多幸山天徳寺に「無量光堂」という御堂があったという記録があり、横谷の無量光院を移すこともある程度は進められたと思われる（705名藍多幸山天徳寺由来紀）。以後、天徳寺資料からは横谷の無量光院の痕跡は見当たらない。歴史から姿を消していった。

それから百五十年後、河野通宣の時代、明応九年、河野と得能両者の密約は改められることになる。この時、河野氏は天徳寺の官寺としての性格に終止符を打ち、多幸山天徳寺を河野宗家の菩提寺にすることに成功する。その時点で寺の維持管理権は河野宗家に集中されることになる。多幸山天徳寺に対する朝廷、妙心寺、得能家、河野家の立場が大きく変わることになるが、それら関係者が互いに納得したことを記録に残したのが、「705豫州道後名藍多幸山弥勒院天徳寺由来紀（明応九年十一月）」である。

※参照　「第三章第一節　豫州道後名藍多幸山弥勒院天徳寺由来紀と六祖の先例」

二　芳闕嵐史の世界　南朝ネットワーク

先に「正平七年三月八幡合戦」を紹介したが、この合戦は「観応の擾乱」の時の事である。……正平七年二月、足利政権内の内紛に乗じて北畠顕能、楠正儀らは京を攻め、北朝の本院光嚴、新院光明、主上崇光、東宮直仁らを車に乗せ吉野の奥の賀名生の御所に押し込め、南帝・後村上天皇は男山石清水八幡へ行幸まで進出する。しかし三月には足利義詮が反撃、五月十一日には芳闕嵐史編纂者の一人と考えられる四条大納言隆資が討死する。連れ去られた北朝の帝らが帰京されるのは十年後の延文二年である。……

延元年間、湊川合戦、北國の役など、多くの戦闘が行われたが、暦応、興国以降は北朝方が圧倒的に優位をしめる。観応の擾乱の時には、既に地方の「親南朝勢力」には大船団を組んで上洛するという力はなく、南朝側には将軍側の度重なる内紛にも乗じる力を有していなかったのである。そういった状況の許で吉野の朝廷、地域の親南朝勢力は生き残り、それは明徳、元中年間に南北朝合一がなされるまで約五十年間変わることはなかった。伊予の得能氏も地域に生き残った親南朝勢力の一つである。多幸山天徳寺も明応九年、河野氏の菩提寺に変わるまで地域の親南朝勢力であった得能氏を大檀那として存在し続けたのである。

地域の弱小勢力が動乱の時代を単独に存在し続ける事は困難である。生き残るためには地域の大勢力との間で「河野・得能氏の密約」のようなものを結ぶ必要もあるが、更に「南朝側」という「アイデンティティ……南朝側としての一体感」を保って存在し続けるにはそれら弱小勢力間を結ぶネットワークのようなものが必要である。ネットワークには、「吉野の帝」・「帝を補佐する公卿」・「各地の親南朝勢力」が要素としてあり、更に彼らを結ぶ情報網・「南朝ネットワーク」が存在して初めて、吉野の朝廷、地域の勢力はそれぞれは弱小勢力であるのも関わらず、長く「南朝側」という「アイデンティティ」を保って存在し続けることができたのである。

……正平十七年、九州探題・斯波氏経を豊後に破る……正平二十年、湯月城を細川頼之に奪われた河野通堯は得能通定、通範を引き連れ鎮西へ逃れる……、文中三年吉野の乱を避けて、覚理法王が伊予へ避難されたときは急遽、筑紫の御所へ御使者を遣わさし、菊池らと連携する……建徳二年貞世らの攻撃に苦戦している征西将軍は東国に座します中務卿宗良親王の御所へ御詩を送る……明徳三年の冬の頃、南北御和睦ありし後は、得能氏は新田義治らの元へ使節を送り、彼らを伊予へ迎え入れている……南北朝合一後、将軍家から下野国に所領を貰い本国から引き離されていた得能通興は二十年後の応永二十年になって鎌倉の下知に背いて伊予へ戻り、それから三十年後には嘉吉の変に参加する（後南朝）……

右に書いた事柄は芳闕嵐史からの抜書であるが、ここに示した事例は全て、いざというときすぐに対応できるネットワークが存在して初めて実現できる事柄である。正平二十年、河野通堯が筑紫に脱出できたのは、三年前の得能氏の豊後での活躍があったからである。文中三年の兵乱の際は、法王、公卿には多くの「武臣団」がついてきている。新田、村上、結城、里見、名和、和田、河野父子らの面々である。吉野が将軍方の軍勢に強襲された時、吉野に駐留していた彼らはとっさに公卿らとともに逃れてきた者たちであり、従者もごく少数であったと思われる。南朝側の大敗北となった十津川の合戦の中、帝、皇子を守護した人々の中に河野伊予守父子の名がある。得能通定、通範であろうか。彼らは「吉野に駐留し、地域の勢力を代表する連絡将校」のような存在であったのであろう。彼ら「武臣団」もこのネットワークの重要な要素だったのである。こうした下部組織も備えた「ネットワーク」であったがために、南北朝合一によって、上部組織・「吉野の帝」・「帝を補佐する公卿」が消滅した後も「南朝ネットワーク」は自律的に機能し、「明徳四年の新田・脇屋一族の伊予入国」、「嘉吉の変」などが実現したのである。

「建徳元年、粟田有盛左中将兼大弐を受任して九州に下り征西将軍の宮に属し賊を図る　……

建徳二年九月二十日　貞世ら豊筑の二國を援助せしめてより、肥後の國を迫執せんとする勢いによりて、征西親王の宮には諸将を遣わし迎撃せしめ給うに互いに勝敗有りければ、宮の御焦慮なかなかの御事にてありける

同年二年秋、親王の御和歌に

日にそへてのかれむとのみ思うみに

いとど浮世のことしげきかな

この和歌は、鎮西より便宜に任せて東国に座します中務卿宗良親王の御所へ贈り給いし御詩なり

……

応安五年三月、今川貞世入道了俊は筑紫にて菊池武政と合戦、征西将軍の宮、自ら今川入道了俊を征し給う、戦い毎に宮方勝利ありしかば、肥後守武政をして、捷を吉野の行宮に奏せしめ給う……

文中三年三月　……この頃、伊予の國にては、得能の家嫡たる河野伊予守通定、同通範の父子、去秋吉野の乱を避けて、公卿武臣諸共に覚理法王を守護……久米郡山内保の御所に黒木の宮を造り……筑紫の御所へ御使者を遣わされしに、折柄菊池肥後守武光には、去月病死いまだ日の立ざりしこと申し来る、寅の正月を約して御使者をぞかえされける（503芳闕）」

建徳元年（一三七〇年）、建徳二年（一三七一年）、応安五年（一三七二年）、文中三年（一三七四年……芳闕嵐史からの同時期の記事の抜粋である。南北朝時代も後半、今川了俊が九州探題に任じ、博多を制圧する頃の資料である。粟田有盛が如何なる人物か不明であるが左中将というかなり高位の公卿であり、彼が大弐として筑紫に下るという。大弐とは大宰府の次官であり、「少弐」の上官である。建徳の頃、筑紫では武家側の攻撃を受け、征西府側は厳しい状況にあり、おそらく征西将軍を補佐する者の下向を吉野へ奏聞していたのであろう。三十年前、伊予へ送り出したのは武官・脇屋義助であったが、今回は文官を送り出したのである。

建徳二年秋、今川了俊の攻撃を受け苦戦している最中、便宜に任せて東国に座します中務卿宗良親王の御所へ御歌を贈っている。中務卿宗良親王は長く東国で活躍され、応安七年に吉野へ戻られた方である。この信書を宗良親王は何処で、何時頃受けといったのか、不明であるが、当時、征西府は東国の拠点や吉野とかなり頻繁に連絡を取っていたのである。
「

伊予と筑紫の南朝勢力も密に連絡を取り合っている。文中二年、吉野から逃れた覚理法王らの一行が宇摩に入ったのは九月半ばの事である。事件を伝える伊予からの使者が筑紫に入ったのは菊池武光が亡くなった十一月の翌十二月である。伊予と筑紫の連絡網も機能していたのである。寅の正月（来年・文中三年甲寅の正月）

を約して伊予からの使者は文中二年末に帰国したのであろう。寅の正月の約束は果たされなかった。文中三年は征西府は今川了俊の猛攻を受け、存亡の危機に陥ったのである。伊予への対応など到底できる状況ではなかった。

文中三年伊予では覚理法王崩御という大事件（後述）、筑紫では征西府は壊滅状態に追い込まれるが、芳闕嵐史をみると、その後も彼らは吉野（四條家）との連絡を絶やしていないのである。以下、事例を数件提示する。

弘和三年三月二十七日、懐良親王　八代高田の御所において薨去

元中九年十月、行宮北朝ご講和……征西府においては、古行宮の正朔を奉じ南朝の年号を用いる

応永四年　親王八代に座ます……同八月二十二日、大内、大友等八代城を攻める。将士没落、親王には、五条左馬頭頼治が所領、筑後の国、矢部の大杣に御渡らせ、遂に彼の地にて薨去　……

応永四年も南北朝合一後の事柄であるが、別に得能と新田氏の例を示す。

「明徳三年の冬の頃、南北御和睦ありし後は南方の大将らの行く末を探ることに厳重により、今はこの地にも潜居し難しとて、従兄義治及び一族ら苦慮のところへ予州より土居、得能の一族ら旧交を慕い使節来たりしより……明徳四年四月二十五日、伊予の国温泉の奥山幽谷の地に移住……（503芳闕）」

新田、脇屋の一族が正平二十三年身を隠してから二十四年後のことである。南北朝合一で行き場を失った彼らの元に土居、得能の使者が到着し、伊予に招いたという話である。結局約五十人という大勢の新田一族が伊予に隠れることになる。このように大勢の亡命者を匿うというようなことは、河野氏の了解なしでは到底できないことである。幕府に情報が漏れた場合、河野氏も責任を問われることになる。現に細川氏に疑念が持たれ、多幸山天徳寺、佛性寺（文献21）の寺領が没収されるという事件が起きている。吉野に駐留する「地域の勢力を代表する武臣団」の中で培われた新田・得能氏のネットワークが二十四年後も機能したという話である。二十一世紀に生きる者としては、俄には信じがたいことであるが、温泉の奥山幽谷の地には今でもこの伝承に

関わる遺構、遺物、伝承が多数伝わっていることも事実である。こうした「ネットワーク」に乗って、吉野に集まった情報を整理したのが芳闕嵐史である。

三　南北朝時代　外部勢力の伊予への侵攻と河野氏・得能氏の関わり

南北朝時代、外部勢力による伊予侵攻は何度も繰り返される。河野氏或いは得能氏が関わった合戦としては次のものがある。

（ⅰ）興国二年（一三四〇年）九月　八町ヵ原の合戦、世田山城合戦
（ⅱ）貞治三年（一三六四年）十一月　河野通朝　瀬田山城で討死
（ⅲ）正平二十年（一三六五年）　河野通尭　筑紫流漂之事
（ⅳ）文中三年（一三七四年）四月　武田、小笠原勢の伊予乱入と覚理法皇崩御
（ⅴ）康暦元年（一三七九年）十一月　佐々久原合戦
（ⅵ）康暦二年（一三八〇年）十一月　北寺の和議

（ⅰ　興国二年八町ヵ原合戦）は得能氏と細川氏の戦いであり、河野氏は全く無関係である。それから二十四年後（ⅱ　貞治三　河野通朝　瀬田山城で討死）の舞台は（ⅰ）と同じであるが河野氏と細川氏の戦いであり、得能氏は無関係である。

（ⅲ　正平二十年河野通尭　筑紫流漂之事）から河野、得能氏、両者の関係に明確な変化がみられる。

前年に父を失った河野通尭は今岡通任、村上師清らに助けられて筑紫大宰府に渡る。この時、乃美島、八代島に陣を取っていた得能通定、同通範ら得能勢はそれを全面的に支援している。彼らは三年前に豊後から九州探題・斯波氏経を追った勢力である。征西将軍と対面、通尭は名乗りを通直と改める。河野通堯は二年後に帰国して領国を回復する。河野通堯の姉妹は、西園寺左衛門督公俊妻、得能右馬介通定妻　になっている。「河野通尭　筑紫流漂」の時の縁であろう。興国二年の八町ヵ原の敗戦以来、進めてきた「河野・得能氏の妥協の道、密約・檀越の盟約」は確かなものになってきたのである。文中三年、武田、小笠原勢の伊予乱入に事件の約十年前である。

(iv　文中三年武田、小笠原勢の伊予乱入)……この時は河野通尭は非常に慎重な行動をとっている。将軍義満の九州親征の露払い・宮方の押えとしての武田、小笠原勢が伊予に侵入する。彼らと得能氏との戦場になったのはまさに河野通尭のひざ元であった。河野通尭は十年前の筑紫流漂の際、得能氏から多くの支援を受け、筑紫のいた時は南朝方として働いたことも事実である。しかし、この文中三年の兵乱の時は河野通尭は全く動かなかった。得能氏にも将軍方にも味方しなかった。彼が動いたのは覚理法王が崩御され、南朝、北朝の両軍が戦い疲れた時であった。

「……武田勢は敗軍を集めて堀江の浜へ引き退き、湯の奥城へ寄せたる敗走の兵と一手となりて、小笠原勢を援けしところに、河野刑部大輔通直の英断によるを以て和睦となり南方の余党、赤嶽城に引き退き、伊予の国は河野刑部大輔通直へ賜るところとなりたりけれ……(503芳闕)」

「伊予の国は河野刑部大輔通直へ賜るところとなりたりけれ」とは、文中三年から五年後、康暦元年七月八日に足利義満より守護職補任の下文を受けたことをいう。

(v　康暦元年十一月　佐々久原合戦)……芳闕嵐史の編者は、文中三年の時の河野通尭の行動をやむを得ないと是認するも、心底釈然としないところもあったようである。

「康暦元年閏四月十四日、洛中騒動して諸国の武士等は武具を帯て将軍義満の花の御所へ馳来る。二階堂中務……使を……細川武蔵守頼之が館へ遣し、管領の職を止めて讃岐の国へ退かしむ（康暦の政変）。其弟、頼元等一族皆勘気を蒙らしむ。頼之は京を出る頃。剃髪して名を常久と改む。

同年五月五日、伊予の国の押領主たる河野刑部大輔通直は、去る應安の中、苦戦屡々の後、讃阿の敵を退け本領をとり返したるを悦び居しかども、一族土居、得能党が黨、意見を殊にするにより、今に本領安堵の将軍家より御教書をも賜わらざりしを思えば、舊料の程とぞ、心もとなく懐う所へ、細川入道常久、阿波、讃岐の勢を発し、伊予の国を攻め従えんとて、宇摩の郡河の江の城を攻落し……金子の城を追落とし、劔山の城に戦う黒川肥前入道寄手を追退け、赤嶽城中山城よりは浮名殿の一族得能兵庫介千七百餘騎を率ひて道後へ攻入敵を支へたり……河野刑部大輔が先陣の大将、得能伊予入道右馬頭通定が勢と合戦初り……遂に河野勢利を失ひて桑村郡佐々久原に引退き陣を取、……西園寺左衛門督公俊が一千七百餘騎に突合いて激戦したるが、速佐々久原には細川常久七千餘騎にて攻入り今を限りと烈しく戦ふ由を聞、得能通定、西園寺公俊等河野通直を救はんと馳付處、味方の勢は散々に切敗れ……遂に十一月六日、河野讃岐守通直を初め同姉の婿宇和の旗頭西園寺左衛門督公俊、通直妹婿浮穴の館、得能伊予守通定の従弟、同苗新左衛門尉、……一柳五郎三郎、……稲葉七郎……以下三百餘人佐々久の岡に討死したるこそ愍れなり……（503芳闕）」

「康暦の政変」で中央から追われた細川頼之であるが、彼のその後の行動は素早かった。河野通尭は康暦元年七月八日に足利義満より守護職補任の下文を受けるのであるが、頼之は讃岐へ帰国後直ちに軍勢を整え、五月には伊予へ侵攻するのである。十一月五日には佐々久原合戦となる。この外敵との戦いで得能通定は河野通尭とともに戦い討死する。

四　北寺の和議と「三屋形、十八家」

（vi　北寺の和議）…………河野通尭が敗死してから一年間北寺の和議が成立するまで、残された河野一族は通直の遺児を守って高縄山山中・伊座城に籠ったのである。足利義満は、康暦元年五月の細川頼之の伊予侵攻に対し、七月八日には守護職補任の下文、九月には、細川頼之が逆意を誅せしむべき由の教書を出し、河野家保護の立場を明確にする。河野通尭死後も翌康暦二年四月には亀王丸へ伊予國守護職安堵の教書、十一月には「将軍義満公の厳命」を出し、河野と細川両家の和議が成立する。更に暦應二年十二月には義満は、細川頼元（頼之の養嗣子）に伊予国守護職を干犯しないよう指示を与えている。

この「康暦の政変」の最中、「檀越の盟約」は効果を発揮する。通定は義兄・河野通直とともに戦い両者とも討死する。後に通直の嫡子・亀王丸、鬼王丸が残された。この時、河野家臣団は「家老十八家（河野の十八家衆）」を撰び幼い当主を護る体制を固める。これは恐らく、康暦二年四月十六日、亀王丸へ伊予國守護職安堵の教書が下された際、将軍家からの指示もあって作られた仕組みであろう。この時、この十八家衆とは別に「外様三屋形衆」が設けられ、得能家は三屋形衆の一人になる。予章記長福寺本では「三屋形衆」を「十八将番頭」と認識している。

後世につくられた河野分限録では、この「十八家」は一種特別な「家格」として、「御一門三十二将、御寄合衆八将、御家老衆」などと並んで、「御侍大将十八将」として認識されている。「十八家」の中には「能島、来島、忽那、得居、平岡」などそれまで河野一門と認識されていなかった名前も出てくる。筑紫流漂やその後の細川との闘いの中で河野通尭と苦難を共にし配下になっていった者達であろう。河野通尭の時代は苦難の時代であったが、鎌倉以前の河野一門とは異なる新しい河野一門が形成された時代でもあったのである。その際、得能家は「十八家」とは別の「三屋形」の一人として位置付けられたのである。得能通政以来の「檀越の盟約」が河野一門の中でも特殊な位置づけの家柄として公認されたことになる。

五　南北一統　新田義宗、脇屋義治　豫州へ下向病死の事

南北一統の翌明徳四年、天徳寺、佛性寺の所領が細川氏により没収されるという事件が起きる。

「……　明徳四年癸申一月廿五日管領職細川家之有沙汰當寺領被全没収自是寺運大衰敗矣　祈二同五年三月朔浮名館河野備後守入道通範法名了雲當寺観音薩埵之堂宇再建営而寄附田三段三畝三歩焉世安楽子孫長久處也……705名藍)」

「……　明徳四年、佛性寺（松山市菅沢）は伊予に侵攻した細川氏により寺領のすべてを没収された……嘉吉二年　河野（得能）通興が建立した石宝塔がある……（文献21）」

「豫州道後名藍」、「伊予の古刹・名刹」は事件の背景を何も説明していないが、芳闕嵐史、南山霞鈔には得能氏が新田義宗、脇屋義治とその一族を伊予の國温泉の奥山幽谷の地へ匿ったという不思議な記事を載せている。南北朝合一で、身の置きどころを失った新田氏、脇屋氏の遺族約五十名を得能氏が自分の在地に匿ったという物語である。この事件は「檀越の盟約」、「南朝・ネットワーク」があって、始めて有り得る事柄である。当時の情勢からすれば、亀王丸改め河野通能は得能氏から報告を受けていたはずであり、彼は了解したのである。当時の政治情勢からすると、通能は非常に危険な行為をしたことになる。現に、天徳寺、佛性寺は細川氏

から新田氏、脇屋氏の件で疑われ、寺領を細川氏によって没収されたのである。屋形衆・得能通範からの頼みを河野通能は拒否できなかったのであろう。

※参照　資料編　その一　【新田義宗、脇屋義治　豫州下向　南北一統】　明徳四年（503芳闕嵐史）

第四節　文中の兵乱

一　文中の兵乱

興国二年の天徳寺創建から三十年後に事件は起きた。「文中三年の兵乱」である。文中三年四月に多幸山天徳寺は戦火を浴び、大きな被害を受けた。前年、吉野から伊予へ避難してきておられた覚理法王が御疵を負われ、崩御されるという大事件に発展してしまった。……

503芳闕嵐史によると、この事件の背景には征西府、大明国、三代将軍義満、楠正儀……など関係している。そして事件の直接の原因は、「征西府と大明国の接触」、「それを知った足利義満の激怒」であるという。この事件は伊予国内では長慶天皇にまつわる伝承は広く残されているが、本論ではこの事件発生の六年前にまで遡って、503芳闕嵐史の記述を中心にこの伝承を紹介したい。

資料編　その一　【将軍筑紫親征　覚理法王伊予落行】　文中三年　（503芳闕嵐史）

【多幸山天徳寺伽藍兵焚　長慶院崩御】　（706名藍天徳寺由来紀）

二　年表　文中の兵乱・前段　中夏無為～文中三年・奉納浮島宮　金輪法覚理大王

文中三年四月、将軍方の西征府攻撃と並行してなされた安芸の将軍方勢力の攻撃を受け、天徳寺伽藍兵燹、法王金輪覚理崩御、得能通政殉死……という大事件が起きた。この事件は、一時筑紫に遁れていた河野通直が伊予に戻り、細川氏を追い復権を果たした正平二十三年から四年後に起きた事件である。貞治六年から文中三年正月まで、すなわち事件の直前までの五年間の関係者の動向を「芳闕嵐史」の記事を中心に、「南山霞鈔」、「日本中世史年表（文献32）」、川岡勉の報告（文献3）などと比較して、年表にしたものを以下に示す。年号表記は原本のままとし、西暦を併記した。西暦との対比は吉川弘文館年表（文献32）に依る。

正平十七年（一三六二年）九月　斯波氏経、九州の探題に任じて下向、……氏経が勢、敗北し豊後の国府に退く、……得能ら、兵船数艘にて海浜より放火し、津々浦々残る隅なく攻め立てられ、遂に氏経大敗して、京都に遁れ帰る、これより九州の宮方威勢を震う　（503芳闕）

正平二十一年（一三六六年）　征西将軍の宮には、伊予の住人、河野通直に命じて、兵船数百艘を以て豊後、周防、豊前、長門の沿海の地を略せしめ給う　（503芳闕）

貞治六年（一三六七年）十一月二十五日　中夏無為の代になりて目出かりし事どもなり　（文献29太平記）

十二月、義満、左馬頭に任ず、

貞治六年

歳僅かに十歳なり、細川頼之顧托を受けて、幼君を補佐し天下を以て己が任とするも政道に私なし、これによりて法條を立て是非を決断し、文才あるものを挙げて、義満の前に侍らしめ、善言を以て教え導く……北朝の世となりて珍しき義挙なりと人々申しあえり　（503芳闕）

応安元年（一三六八年）二月、足利、禅僧中津、妙佐の二人を大明国へ遣わす、今年大明大祖の供武元年にあたれる、僧中津を絶海と号し、妙佐を汝霖と号す、此の二人は文才ある人なり　（503芳闕）

正平二十三年（一三六八年）三月、南帝後村上天皇崩御に付き、皇子寛成親王を即位奉り、これ長慶天皇の謚號を後年、後亀山院より贈られ、これを太上天皇と崇め奉る御方なり　（503芳闕）

応安元年（一三六八年）四月、足利義満元服ありしが、細川頼之加冠の識を行う　（503芳闕）

正平二十三年（一三六八年）六月ノ始ニ御暇給テ、（河野通直）豊前根津ノ浦ニ御出、同四日通任カ舟ニテ御乗初也　同三十日松崎へ取上ル……　（文献39予章記　上蔵院本）

応安二年（一三六九年）正月　楠正儀は故あって武家に降参するべき由によりて将軍義満、教書を贈る

同三月　楠氏の加勢として京都より細川右馬助頼元、赤松判官らを南方へ遣わさる　（503芳闕）

正平二十四年（一三六九年）三月　明の洪武帝、楊載らを大宰府に派遣し、懐良親王に国書を呈し、倭寇禁止と朝貢を要求　（文献32明実録）

建徳元年（一三七〇年）　この頃、南朝の宮、懐良親王には皇威を振ふて大明国へ使者を遣わす、此船のに伊予の國河野の幕下村上山城守、南参河守等これを務めしめむ、其状表に日本国王良懐と書せらる此返翰及大明より日本へ来る使者をも皆筑紫にて處断し京都へは遣らざるより大明には懐良親王を真の日本国王なりと思ふ事なりとぞ聞へたり　（503芳闕）

建徳元年（一三七〇年）明、趙秩を大宰府の懐良親王に派遣　（文献32明実録）

応安三年（一三七〇年）十一月　和田和泉以下南方の楠正儀が要害へ寄せて屡々合戦、細川頼之大軍を催し南方へ発向す　……さて、楠正儀は武家に降参するといえども、其の一族ら猶正成、正行が遺訓を守り、南帝のために忠を竭すものありけるといえども、当時の勢いにて皆水泡となりしは、口惜しきことどもなり　（503芳闕）

建徳二年（一三七一年）この年、懐良親王、祖来を使者とし、臣と称して明に入貢　（文献32明実録）
応安四年（一三七一年）二月、鎮西にては菊池肥後守以下を討たんと京都にて評議最中なり　然るところ去る建徳元年、粟田有盛左中将兼大弐を受任して九州に下り征西将軍の宮に属し賊を図る
建徳二年（一三七一年）二月十九日　九州探題今川了俊　京都を発す。　（文献32）
建徳二年（一三七一年）義満、皇軍の隆盛に趣くを恐れて、今川伊予守貞世入道了俊を九州探題として、又大内介義弘をして同介に定められ、之を援助なさしむ。貞世等豊筑の二国を侵略せしめてより、肥後の國を迫執せんとする勢によりて、征西親王の宮には諸将を遣し迎撃さしめ給ふに互いに勝負ありければ、宮の御焦慮なかなかの御事にてありける　（503芳闕）
応安四年（一三七一年）五月　細川頼元　南方へ発向　（503芳闕）
応安四年（一三七一年）八月　南方の兵、蜂起して楠正儀が要害を攻めるによりて、京都より多く加勢を遣わさる　（503芳闕）
建徳二年（一三七一年）九月二十日　……この和歌は、鎮西より便宜に任せて東国に座します中務卿宗良親王の御所へ贈り給いし御歌なり……　（503芳闕）
十二月十九日　了俊　豊前國門司に渡る　（文献32毛利家文書）
応安五年（一三七二年）三月　今川貞世入道了俊は筑紫にて菊池武政と合戦　征西将軍の宮自ら今川入道了俊を征し給ふ……文中元年の頃なりしが、今川了俊、又兵を起して菊池と戦う、大内介義弘も再び兵を挙げて今川了俊を救ふが為、筑前国博多に到る。大友少弐、又是と共に宮方に叛く　（503芳闕）
文中元年（一三七二年）五月　明使仲猷祖闡・無逸克勤、博多に到着、今川了俊に抑留される　（文献32隣交徴書）
文中元年（一三七二年）八月十二日了俊、大宰府攻略、懐良親王、筑後高良山に逃れる　（文献32入江文書）

文中二年（一三七三年）征西将軍の宮には今川了俊及び大内介義弘等を討たしめ給ふ　菊池これを奉じて合戦屡々なり（503芳闕）
文中二年（一三七三年）三月　将軍方には細川左衛門佐氏春に軍勢を差し副え、南方退治のため摂津の尼崎に陣す。（503芳闕）
文中二年（一三七三年）六月二十九日　明使仲猷祖闡・無逸克勤、上洛（文献32花営三代記）
文中二年（一三七三年）六月　大明國の使僧仲猷無逸、鎮西與り京都に上る。（義満）嵯峨に居らしめしが、其趣を聞くに既に大明國より大日本國へ使者を三度迄遣したるに、事判明せざるより此度、両僧を使者として此地へ遣はされたるよし伸れば、将軍義満聞て大いに驚き、これは全く筑紫にて菊池肥後守擁護する所の征西将軍の宮に押へられたるものなる事を了れりて、将軍義満大いに菊池を怨みで自ら進発して討平げんことを図る（503芳闕）
文中二年（一三七三年）八月十日　細川氏春・楠木正儀ら幕府軍、河内天野行宮を攻略、長慶天皇、吉野に退去（文献32後愚昧記）
文中二年（一三七三年）八月、南帝寛成天皇には遁世し玉ふて、御弟の宮、熙成王に御位を践祚を譲替しむ云々。それは、此春より将軍方の賊将細川左兵衛氏春等吉野へ攻来り、賀名生十津川の合戦遂に南方敗れ、味方の諸将及公卿は散乱……小船に乗せ奉らせて淡路を右に見給フテ阿波の國富田の庄に着き給ひ伊予の國へ落行給へり。（503芳闕）
文中二年八月二十九日　明使帰途につく　義満、明、高麗人捕虜百五十人を明に送還（文献32花営三代記）
文中二年九月、大明国の両使僧は将軍義満の返翰を得て帰唐するなり（503芳闕）
文中二年九月の半の頃おい、宇摩の関守……この事をさとり浮穴の館へ使者を馳せ参らす……土居、得能の党ら大いに驚き、……玉川の里の伽藍に遁れ来たり給ひしが　此処にも居給いしとて……

竜岡を越え、奈良原の山中に潜み給う　……

また、この頃、先に吉野を没落したる公卿及び武士には、楠、和田。恩地、野田、北畠、新田、村上らの一族たち、河内の国、天野に陣をとりて、京勢の陣へ夜討ちして、たびたび要害を敗りしかば、京勢は一先づ出張を引き退き皆京都へ帰りける　（503芳闕）

應安六癸丑年九月　覚理法王には公卿武士を召倶せられて、和州十津川及び紀州高野に潜匿ありけるが遂には北軍賊兵の知る處となりて、此月高野の聖僧弐人案内して伊予国越智郡神部の山に落来り玉ふて、高野玉川の里（愛媛県越智郡玉川町）、旗寺に潜居座し給ふをあやしみて、仁木兵部大輔の襲う處となりて鴨部の里に陣を取、一萬余騎を以て戦はんとする處に河野通直、得能通定闇夜に逆寄して一戦に討破りにければ仁木勢は其處に溜り得ず……今張の津より讃州へ逃畈りたり……　（505南山）

文中二年十一月十六日　菊池武光　没　（文献32）

文中二年（一三七三年）十二月　将軍義満には九州発向の評定あり……仁木義長をして、伊勢の國の北畠氏を押えしむ……山名氏清をして、南方の余党、和田、楠らが一族を押えしむ。武田陸奥守信春、小笠原兵庫頭政長をして伊予の国の河野、土居、得能、金谷らを押えしむ。……この頃、伊予の國には、……河野伊予守通定、同兵庫介通範の父子、……久米郡山内保の御所に黒木の宮を造り、御叔父宮、征南将軍満良親王を当國久昧山の奥なる黒嶽の城より呼せ征西将軍の宮は法皇のためには御叔父にあたり……筑紫の御所へ御使者を遣わされしに、折柄菊池肥後守武光には去月病死いまだ日の立たざりしこと申し来る、寅の正月を約して御使者をぞかえさる……　（503　芳闕）

文中三年　正月の初めより、法皇には温泉郷の北、多幸山天徳寺弥勒院に潜匿座し給うて、軍謀企て怠らず、同じ處に潜み給うは御心もとなしとて、安養寺に遷し密かに忍びたまいにけり　（503芳闕）

文中三年正月十一日　古文書　写し

「温泉郡多幸山弥勒院天徳寺ハ　覚理大上法王御願寺　被御祈祷　精誠之上者、弥可被抽忠節、
尚於當寺幷寺領等軍勢以下　甲乙人等　不可致乱妨狼藉、若到有違反之輩者、
任　綸旨　可處重科之状　如件　　文中三甲寅年　左少将
正月十一日「越智宿禰通定」（花押）
天徳寺塔頭　定額坊、日勢院　御中　」（403古文書）
文中三年（一三七四年）正月十一日　今治市玉川町法界寺蔵・宝積寺大般若経　奥書
「奉納浮島宮　金輪法覚理大王」（巻九十七」
「文中三年正月十一日　法覚理大王御奉納之内」（巻三三〇）、
「覚理法王御奉納文中三年正月十一日浮穴屋形少将河野伊予守通光（巻五百二十八）」（文献3）

三　南帝寛成天皇には遁世、予州に崩玉ふ

義満は貞治六年九月、病の父義詮から政務を譲られた。十二月には左馬頭に任ず、歳僅かに十歳、補佐は管領・細川頼之である。芳闕嵐史では細川頼之を非常に高く評価している。南帝寛成天皇即位という事件はこの新体制発足後、すぐ行われた。

……応安元年二月、足利、禅僧二人を大明国へ遣わす、応安二年正月楠正儀が武家方に降伏するという変事……この二件が「文中の兵乱」の導火線になったと論者は考えている。

応安元年二月には禅僧中津、妙佐を建国されたばかりの大明国へ派遣した。頼之の補佐のもと行われたのであるが、義満としては実質、最初の政務であり、明国との正常な関係の樹立を重要案件として重要視していた

のである。だが、結局明国からは何の返事も戻って来なかった。さらに彼らは国内問題としては正平十七年の斯波氏の敗退以降、隆盛を極める征西府への対策が今後の重要な課題であるという認識も持っていた。そして建徳二年には今川了俊を九州探題、大内介義弘を介として九州に送り込んだのである。

管領・細川頼之はこの新体制発足前の正平十九年から南朝側の重鎮・楠正儀との接触を試みているようである。その工作が応安二年になって実を結び、楠正儀は武家方に降伏した。楠正儀は父・正成、兄・正行亡き後、楠家の家督を継いだ人物で、正平年間には一時、京都奪還に成功したこともある、南朝方の先鋒ともいえる武将である。楠正儀が武家方に走った時、楠の一族の大半は南朝方として残った。武家方に走った正儀は北朝側の和泉・河内の守護になる。そこで始まったのが、楠正儀と南方に残った楠一族の争いである。翌応安三年十一月「和田和泉以下南方の楠正儀が要害へ寄せて屡々合戦」がその初めである。細川家は楠正儀を積極的に支援し、南方退治に取り組んでいる。「応安三年十一月、細川頼之大軍南方へ発向」、「応安四年五月、細川頼元南方へ発向」、「文中二年三月　細川左衛門佐氏春、南方退治のため摂津の尼崎に陣す」などである。この連年の細川氏の攻撃に対し、吉野側は有効な防衛の手立てもなかったであろう。特に文中二年には、三月から八月までという異常に長い攻撃が行われている。三月から八月まであるが、五か月連続の攻撃は不自然である。芳闕嵐史の文章は、春の攻撃があり、ほとんどそれに続くようにして改めて、八月にも再び、攻撃があったと理解すべきと考える。

建徳二年に行われた今川了俊の九州探題任命はすぐに具体的効果を現わした。博多を制圧した今川了俊は文中元年五月に博多に到着した明使を抑留することに成功したのである。しかし、今川了俊は事の重要さをきちんと認識しなかったようである。或いは大宰府攻略戦に追われ放置されていたのだろうか。明使が上洛し義満に会見したのは博多に上陸してから一年後の文中二年六月である。丁度、文中二年三月以来、細川勢による南方退治が進められていた最中のことであった。この時、義満は初めて明国と征西府の交流の事実を知って義満は激怒、吉野攻撃を直接指示した可能性が強い。激怒した義満の命令を受けた吉野攻撃軍の攻撃は猛烈なものであったであろう。後愚昧記がいうように、三年前に南方から将軍方へ移ったばかりの楠木正儀も攻撃軍に参加していたとすると、吉野側は逃げ隠れもままならず、味方の諸将及公卿は散乱……という事態も起きたと思われる。春の攻撃の痛手から立ち直っていない吉野側としては逃げ惑うしかなかったのである。

正平二十三年に即位したばかりの南帝・長慶帝は、将軍方の執拗な攻撃を受け、文中二年八月に遁世し玉い御弟の宮、熙成王に御位を譲り、覚理法皇は御弟の宮と別れて伊予へ脱出するが、兄弟両人が北朝に捕らわれる危険を避けたかったのかもしれない。この時の覚理法王一行には「関白北畠殿、日野中納言殿、関白北畠殿御息子、前大納言四条殿御息子、洞院前内大臣、門脇中納言、ほか武臣には、和田、楠、河野、越智、土居、得能、結城、三条、新田、村上、錦織、児島、矢野、井門、里見、名和、太田、門脇、高市、金谷らの面々」が附き随っていた。河野、越智、土居、得能の名前もある。彼らの存在があって、此の緊急の事態の中、ともかく伊予までお連れすることができたのである。芳闕嵐史には文中二年九月の記事に続いて、「先に吉野を没落したる公卿及び武士」の話を載せている。この記事からは。吉野で完勝した京勢の余裕のある行動が見て取れる。自分らの吉野攻撃が「覚理法皇は伊予へ脱出」を引き起こしたことを全く気付いていない。

文中二年九月の中頃、吉野を逃れた覚理法皇は伊予の宇摩に到着される。四国の細川勢は何かがある……と怪しんで東予地区を移動中の一行を攻撃するが全く中途半端に止めている。覚理法皇がおられる……と確信を持った行動ではなかったのであろう。予期しない事態に土居、得能の党は驚き、慌てるが、ともかく、追尾する細川勢を振り切り、一行を匿い、征南将軍満良親王、筑紫の御所に連絡をするという一連の措置を急いだ。征西府と相談を……と使者を走らせるが、当時の征西府は今川了俊の攻撃にさらされ、十一月十六日には征西府を支えてきた菊池武光が病死したこともあり、到底それに応じられる状況ではない。今川了俊の攻勢をどう食い止めるかで精いっぱいである。とりあえず「寅の正月」……文中三年甲寅の正月……を約して使者を帰らせている。

こうした事態の推移の中で、征西府対策の重要性も明らかになり文中二年十二月には将軍義満九州発向の作戦会議が行われ、諸大名の役割も決定された。さらに文中三年三月には「速やかに将軍の進発あるべし」と十萬余騎の軍勢は作戦開始、義満は安芸の国に進む。この軍事行動が筑紫における征西府の壊滅、伊予における覚理法王の崩御につながったのである。

翌文中三年正月には多幸山天徳寺に潜匿座し給う。正月十一日には覚理法皇一行が文中三年正月の頃、伊予におられたことを示す痕跡は浮穴の浮島宮に奉納された大般若経奥書に残っている（文献3）。

四　征西府と大明国の接触

正平十七年には新任の九州探題・斯波氏経は得能氏ら宮方の勢に攻撃され、遂に京都へ逃げ帰っている。その頃から征西府は九州に威を震う。斯波氏経が京都に逃げ帰って以来、征西府は隆盛を迎え、建徳元年以降、博多は征西府の勢力圏に入ったのである。河野通尭の筑紫渡海、征西府による明使の拘束、明との交流はそうした状況の下で行われたのであり、通尭が筑紫を離れたのは今川了俊の九州探題任命の約三年前のことであった。

元服した足利義満にとっては、楠正儀も降伏してきた後、残る問題は征西府だけという認識もあったのであろう。義満は征西府の動きを注目していた。応安四年二月に鎮西の菊池肥後守をどうするか、京都で評議している最中に南朝の「粟田有盛左中将兼大弐」が受任して九州に下り征西将軍の宮に属することになったという情報が入る。粟田有盛が如何なる人物か不明であるが、左中将という高位の公卿であり、彼が大弐として下るという。大弐とは大宰府の次官であり「少弐」の上官である。おそらく征西府側が征西将軍を補佐する者の下向を吉野へ奏聞していたのであろう。こうした征西府の動きも義満の征西府に対する危惧の念を高めることになり、今川了俊を九州探題、大内介義弘を同介に……という体制を定め征西府対策を急いだのである。

彼らが京都を出発したのは建徳二年二月である。今川了俊は翌年・応安五年三月には筑紫で菊池武政と合戦し、博多まで進出している。丁度その時、文中元年五月　明使が博多に到着、今回、彼らを抑留したのは征西府ではなく、今川了俊であった。明使が上洛を果たし、義満に会ったのは博多に到着してから一年後、文中二年六月である。明使の話を聞き、それまでの征西府と明の交流の経緯を知った義満は激怒し、筑紫親征を決心したのである。細川頼之が主体的に進めていた南方退治は今川了俊の九州作戦より二年ほど早くから行われていた。しかし、寛成天皇を遁世にまで追いやり、伊予へ落行させた吉野攻略戦が行われたのは、文中二年八月義満が明使から事の経緯を聞かされた直後のことである。

義満は文中二年八月二十九日、明使を帰国させるが、その時、明、高麗人捕虜百五十人を明に送還する措置を取る。自分こそが「王」である……と明使に強く印象付けたいがためであろう。

文中二年十二月には将軍義満は九州発向の評定を開く。その場で伊予の河野、土居、得能、金谷らを押える役割は武田信春、小笠原政長に与えられる。文中三年三月になると、「速やかに九州発向……」と方針は決定され、諸国の軍勢十万余騎を動員して、将軍は京都を進発、四月には将軍義満には安芸の国に到る。実際に筑紫に入ったのは、山名、赤松、細川らであり、義満は安芸に留まっていたようである。文中三年九月には菊池は降を請うて和平が整い、義満は洛に帰る。一方武田、小笠原に七千余騎が与えられ、宮方の押えとして伊予へ向かったのである。そして文中の兵乱が起こったのである。

五　文中の兵乱・後段　多幸山天徳寺伽藍罹兵焚　法皇崩御

義満の九州発向の前駆として、四国勢の征西府支援を押えるため武田、小笠原勢を伊予に派遣されたのである。伊予での戦いは文中三年三月の末から道前道後の境の中山城付近から始まり、そこで得能勢の思わぬ必死の抵抗にあったのである。その戦闘の最中に覚理法王崩御という大事件に発展してしまった。武田、小笠原勢はこの戦闘の中でそのような思いがけない大事件を起こしたことに全く気付いた様子はない。その戦いの中で多幸山天徳寺の伽藍も兵焚にあい、多くの伽藍が焼失した。

文中三年二月の中頃、徳威三島の宮にも遷り忍び給う（503芳闕）

文中三年三月の中頃……菅生の山の辺りなる大宝寺の理覚坊に潜み居り給うとぞ（503芳闕）

文中三年三月　将軍義満、筑紫の宮方、皇威を震うにつき、この侭になりおいては、四国中国宮方、日々に増長するのを、おそれあれば速やかに将軍の進発あるべしとて……一族の大名三十九人の軍勢に諸国の勢を差し副え、十万余騎におよべり。山名諸氏、赤松一族先陣して同年四月将軍義満には安芸の国に到る……この頃、将軍義満公は、筑紫の宮方を討ち平げ給わんとて、其勢十万余騎にて進発なるべき最中なれば、当國へも武田、小笠原に七千余騎を差し副え宮方の押えとして向かわせらる　……三月の末つかた、小笠原勢は東予の方に攻め入らんとて……

文中三年四月八日　道前道後の境なる中山、十門、大熊、文台、赤嶽の諸城を抜き取らんと戦うところに、毎度寄せ手は敗北しあれば、ここに武田勢は宇和、喜多の地を固めて、九州への地を閉ざしたりしが、小笠原勢を援けんため、御井津へ攻めいる

文中三年四月十日　南方の公卿、武臣の輩の立て籠りたるところの多幸山天徳寺の伽藍を焼き、次に宝巌、

安養両寺の伽藍を焼き去り、横谷越え正観寺及び旗寺の伽藍を焼き払い、久米岡に於いて南方勢と血戦、征南宮傷を負い本陣へ引き給う……寄手は此の勢いに乗り、河野伊予守が立籠る湯の奥城に攻めよせる……一手は星岡に戦う　南方利を失い、平井明神の鼻城に、また戦うと雖も寄手烈しきこと急にして、遂に徳威原に退き激戦し、法王御傷を負わせらる。同十二日、法水院神宮寺に入り崩御給う、これを徳威の岡、南山へ葬し奉る。殉死の大将は通政以下和田、北畠の面々なり……武田勢は敗軍を集めて堀江の浜へ引き退き、湯の奥城へ寄せる敗走の兵と一手となりて、小笠原勢を援けしところに、河野刑部大輔通直の英断によりを以て和睦となり、南方の余党、赤嶽城に引き退き、伊予の国は河野刑部大輔通直へ給わるところとなりたりけれ……

（503芳闕）

文中三年四月十日　有故覚理法皇有以御潜幸将軍方武将武田陸奥守信春小笠原兵庫頭政長二木兵部大輔義尹等之兵亂入河野伊豫守通定拒之防戦不克　殆失半遂官軍大敗

（531名藍天徳寺由来紀）

文中三年四月十一日附　浮穴の徳威荘王栖蓮華渓法水院にて崩御給ふ事……法皇には熊野山中大宝寺及道後湯の北部天徳寺、同東部安養寺の伽藍等に潜匿座しまし、また旗寺西光寺の伽藍にも隠れ玉ふが、……四月九日十日十一日の合戦……法皇には曩に御疵を蒙り負はしめしが頓に崩御座し玉へ……斯くなりたる由を宮方には吉野の御所へ御注進なりしぞと聞へにけれ

（505南山）

文中三年四月十二日　円崩即空陛下法王霞金輪覚理天霊

後村上帝第一皇子御諱寛成法諱覚理諡尊號長慶院太上法王

於伊與國浮穴郡徳威□神護法水院崩御

（451多幸山天徳禅寺秘事）

文中三年四月十二日

表……「日勢院殿　前豫州太守義感澹山了空大禅定門覚位」

裏……「河野弾正大弼越智宿禰通政　文中三甲寅年四月十二日於豫州道後来目部徳威原没矣

孝子伊予守通定建塔供養矣焉　（442位牌）」

＊　四月十日、戦闘が始まる時点でどこが行宮であったのか芳闕嵐史は語っていない。行宮も徳威三島の宮、大宝寺、安養寺、天徳寺などを転々と移り変わっている。得能通政は法王を守り、得能氏の根拠地に近い横谷、或いは平井明神の鼻に潜んで居たのだろうか。戦闘は得能通定が守る「南方の公卿、武臣の輩の立て籠りたる多幸山天徳寺」から始まった。文中三年の頃、天徳寺はこうした方々を収容できるだけの伽藍を有し、侵攻した敵対勢力にとって、焼き討ちする価値のある規模の寺院になっていたのである。天徳寺伽藍の多くが焼失した。北軍小笠原勢の一隊はその後、宝巌寺、安養寺、正観寺、旗寺を焼き払い、戦場は星岡、平井明神の鼻、徳威原と移っていき、法皇御傷を負われ、十二日、法水院神宮寺で崩御された。南山霞鈔によると、伊予側は事態を吉野へ注進したという。

主将得能通定は天徳寺の防衛戦に敗れ、湯の奥城へ逃れた。平井明神の鼻、徳威原とは標高６００ｍほどの山の反対側である。彼は行宮があったと思われる平井の方へ撤退することはできなかったのである。天徳寺、宝巖、安養両寺周辺はすでに河野宗家が支配する領域であったと思われるが、河野通直は全く動いていない。河野通堯が筑紫から戻り、復権を果たしてから僅か四年目の出来事である。彼の行動は慎重であった。河野通直が和睦を仲介したのは戦闘が平井で北軍が勝ち、奥の城で南軍が勝利し、双方戦い疲れた時点である。

「河野刑部大輔通直の英断によりを以て和睦となり、南方の余党、赤嶽城に引き退き、伊予の国は河野刑部大輔通直へ給わるところとなりたりけれ　（503芳闕）」

その時点まで中立を保っていた河野通直の英断で和睦したという。「伊予の国は河野刑部大輔通直へ給わるところとなりたりけれ（芳闕）」とは、康暦元年七月に河野通直は義満から守護職補任を受けたことを指す。南朝側としては残念であるが、事の成り行き上、通直の行動を承認せざるを得なかった無念さが表れている。

第三章

多幸山天徳寺

河野氏菩提寺　明應九在庚申歳十一月甲子吉祥之日

河野氏による天徳寺の菩提寺化と牛福丸歿月日の謎

443 日勢院殿（得能通政）、天徳寺寺殿（河野通宣）、後天徳寺殿（牛福丸）の位牌

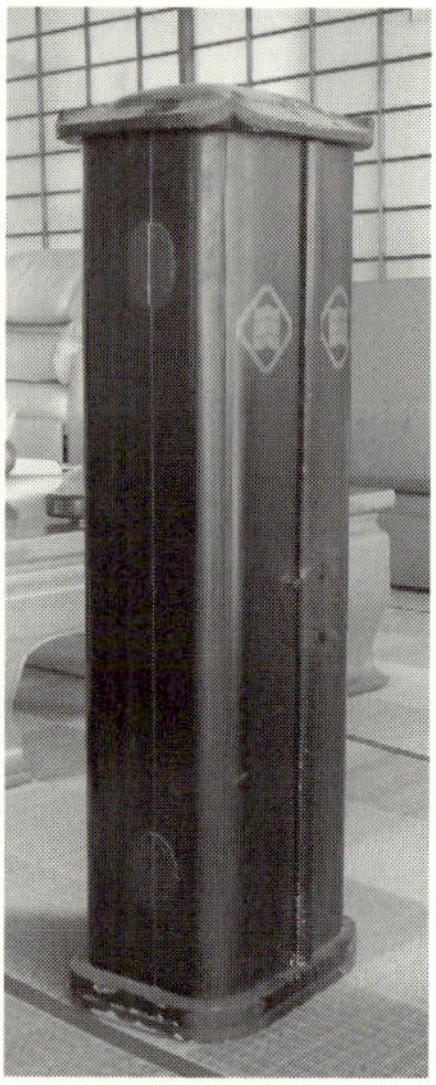

444 河野通宣　龕

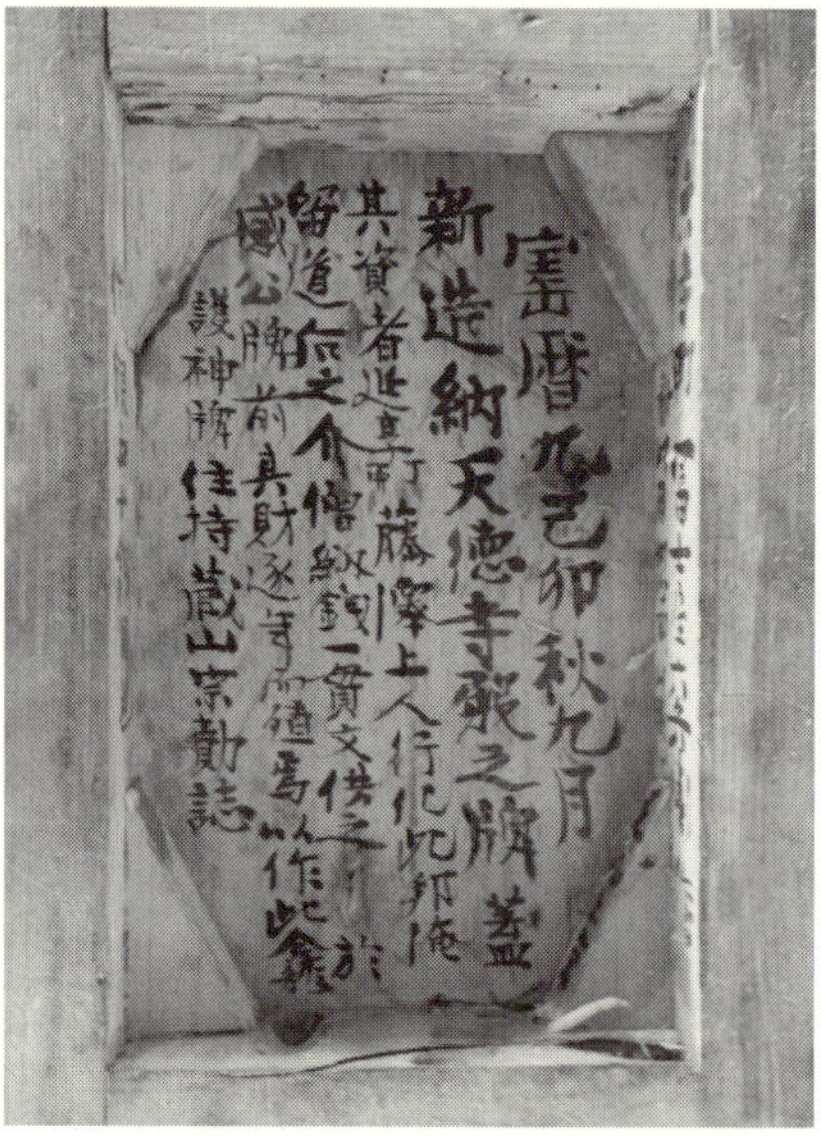

444 龕の由来　（延享四年、遊行上人から頂いた納銭を原資として蔵山和尚が京に発注）

河野通直位牌裏面（文字が消されている。かすかに「四月」の字が見える）

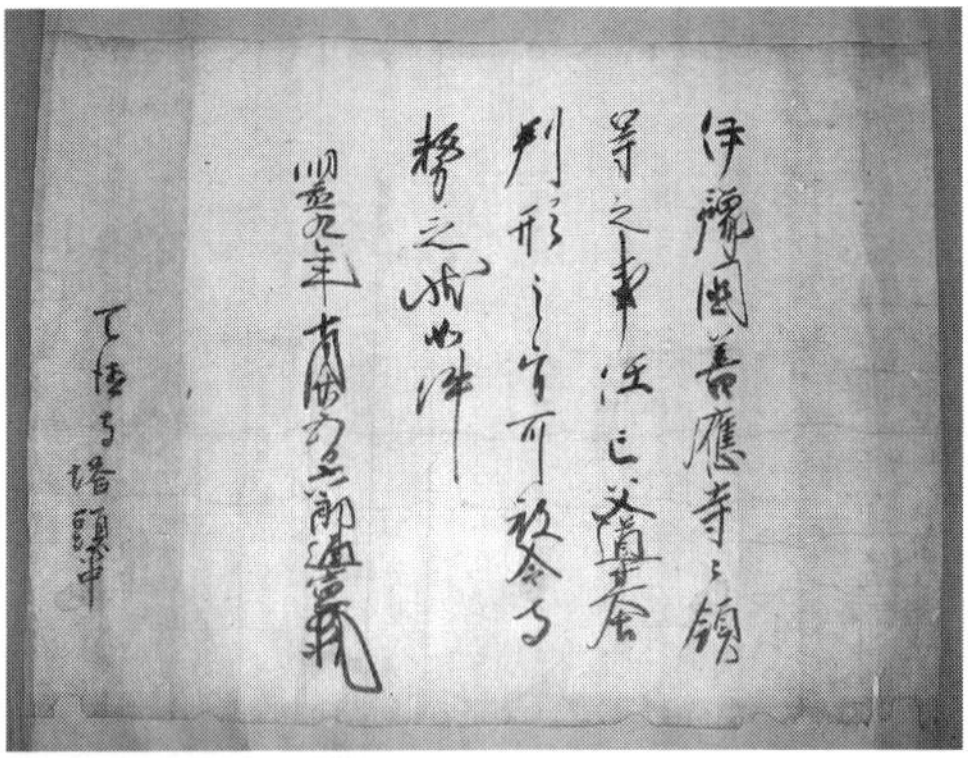

404 伊予国善應寺所領の事
(明応九年七月廿六日
河野通宣　天徳寺の善應寺からの独立を宣言した文書)

451 天徳禅寺秘事
(寺譜、河野系図、過去帳が合本になっている)

451- 2秘事（寺譜）
(天徳開山　妙心開山大定聖應国師・開山慧玄　から始まる)

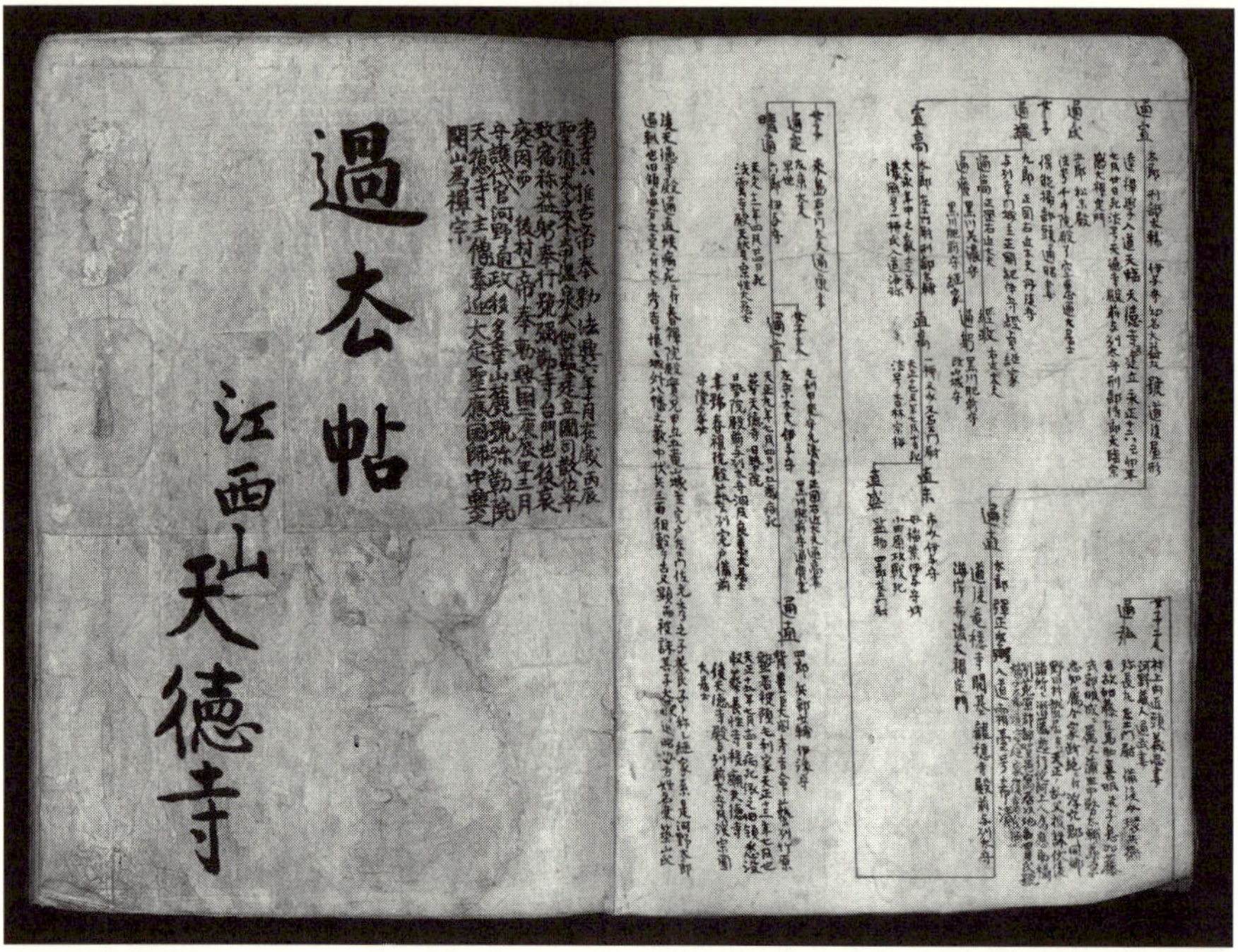

452 河野系図
（得能通弘が納めたと思われる。牛福丸の没月は七月）

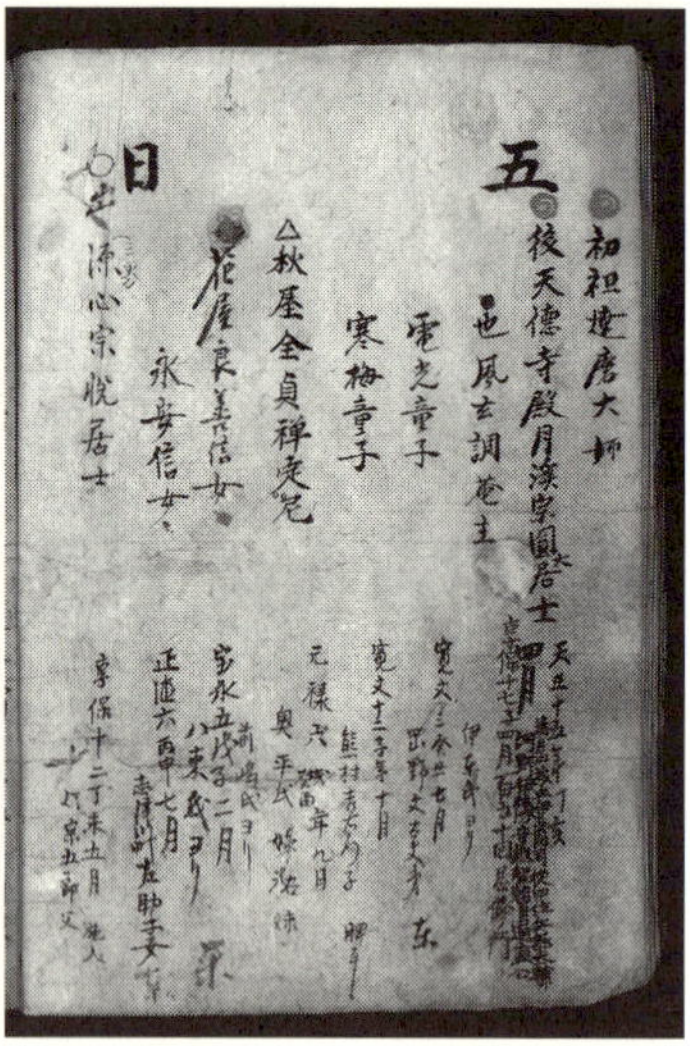

453 過去帳
（後天徳寺殿通直　牛福丸の没月日は四月五日）

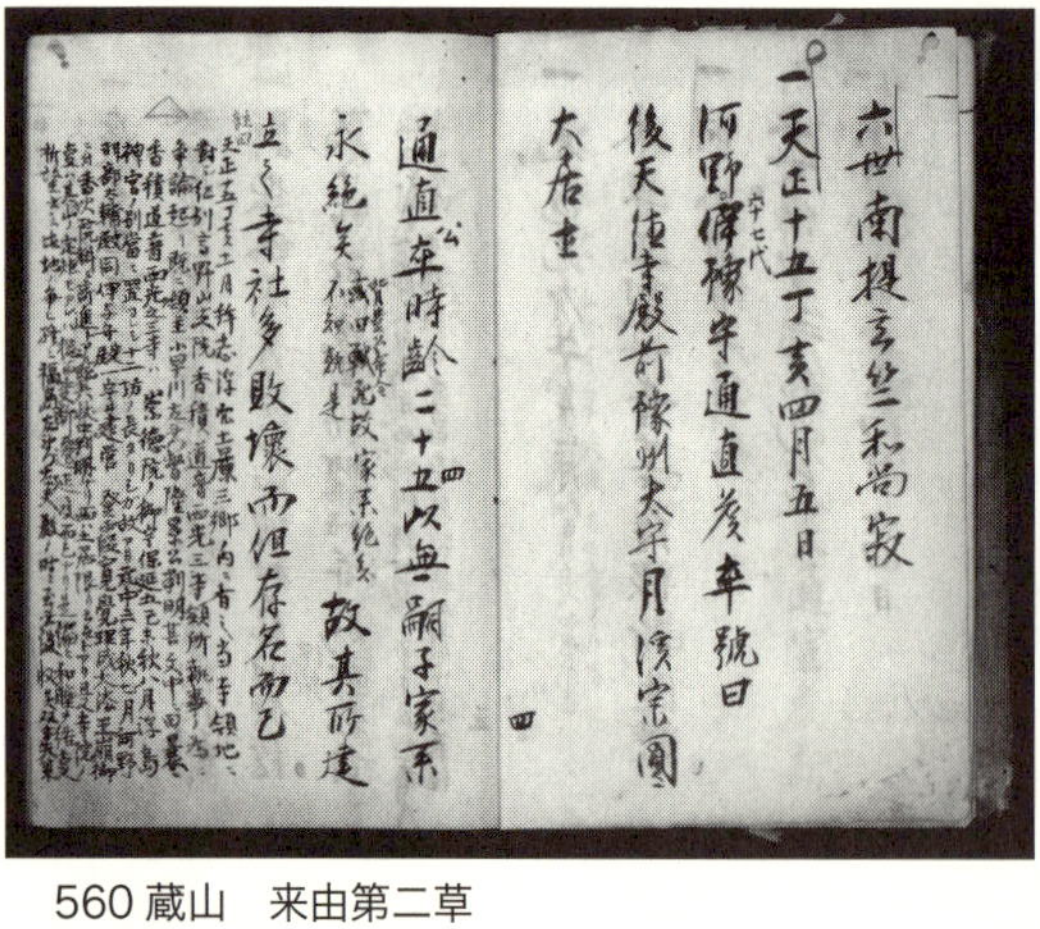

560 蔵山　来由第二草
（牛福丸の没月日は天正十五年四月五日）

第一節　豫州道後名藍多幸山弥勒院天徳寺由来紀

河野通宣による菩提寺・天徳寺の創建　附　六祖の先例

一　「豫州道後名藍多幸山弥勒院天徳寺由来紀」の伝来

江西山天徳寺には……推古四年の天徳山弥勒寺草創から始まり、興国二年に勅願道場・多幸山天徳寺になった……という伝承が伝わっている。江西山天徳寺は多幸山天徳寺の後身である。

この天徳山弥勒寺、中興多幸山天徳寺を語る天徳寺資料は多々あるが、論者の見るところ、原典と言える資料は次の二つである。

① 503芳闕嵐史　……慶長元年十一月冬至　南源薫　妙心寺で寫す
② 508南山霞鈔　……慶長八年冬至の日　桑門　薫執筆　妙心禅室　輯録
③ 705豫州道後名藍多幸山弥勒院天徳寺由来紀　……明応九年十一月　鳳皇塔院主　主閲

「705名藍天徳寺由来紀」は多幸山天徳寺から江西山天徳寺に伝わってきたものであり、「503芳闕嵐史」は江西山天徳寺開山・南源和尚が江西山天徳寺に持ち込んだものである。後世、江西山天徳寺の時代に作成された主要な「天徳寺由来」としては次の二つがある。

④　510南源和尚教衆　臨済録抄　……南源　慶長十七年
⑤　609多幸山天徳寺来由年譜第一草　……蔵山　十八世紀中ごろ

いずれも、利用した原典は明記されていないが、「六祖の先例（後述）」など「706名藍天徳寺由来紀」特有の内容を含むことなどから、「510、609」の原典は何れも「706　名藍天徳寺由来紀」である。天徳寺資料の中には芳闕嵐史を原典として作られた「天徳寺由来」は見当たらない。

三つの原典は、推古四年の天徳山弥勒寺草創、興国二年に勅願道場……という伝承の骨格は一致しているが、元来、芳闕嵐史は多幸山天徳寺草創の一瞬を語る資料として貴重であるのであり、その中で天徳山弥勒寺草創にも簡単に触れているが、天徳山弥勒寺、多幸山天徳寺を語る資料としては情報量が非常に少ないのである。南山霞鈔は桑門薫執筆とあるが、元資料は土居了庵のものと考える。すなわち得能、土居氏の南北朝の戦いを土居氏が書いたものであり、吉野の中央で書いたものでもなく、「706名藍由来記」のように、河野氏の依頼で妙心寺の名前で作られたという公的なものでもない、得能・土居氏という民間の者が書いた記録というという意味で異色の存在である。しかし、寺の由来としては四行ほどの記述があるだけである。

従って、「天徳寺由来」の原典は実質的には「705名藍天徳寺由来紀」に限られるといってよい。

「700祖満版　天徳寺来由録集　保存資料」の中に、保存資料第五号として「705豫州道後名藍多幸山弥勒院天徳寺由来紀」がある。不思議な資料である。保存資料の中には「705名藍天徳寺由来紀」と「706天徳寺観音祠堂記」という二つの資料がある。その書き出しの部分と末尾を左に示す。伝来の経緯が書かれているが複雑である。

『天徳寺宝物古板判観音堂記曰（長五尺二寸幅一尺二寸五分）　文字彫刻有之
豫州霊山天徳寺観音祠堂記
……

明徳五甲戌龍宿称生念一日　備後入道了雲　諱通範
（706天徳寺観音祠堂記）』
『伊豫舊蹟史曰
天徳寺宝物古板判裏記曰（長五尺二寸幅一尺二寸五分）
豫州道後名藍多幸山弥勒院天徳寺由来紀
……
明応九在庚申歳十一月甲子吉祥之日　　洛西花園鳳皇塔院主　主閲
天徳九世主郭融室　執筆
（705名藍天徳寺由来紀）』

「706天徳寺観音祠堂記」は「宝物古板判」に書かれていた文書であり、「705名藍天徳寺由来紀」はその「宝物古板判」の裏に書かれていたのである。その「宝物古板判」だというものは現存するが、表裏とも文字は全く識別できない。

「明徳四年癸申一月廿五日管領職細川家之有沙汰　當寺領被全没収　自是寺運大衰敗矣
同五年三月朔　浮名館河野備後守入道通範法名了雲　當寺観音薩埵之堂宇再建営
而寄附田三段……　祈二世安楽子孫長久處也
（705名藍）」

観音堂は明徳四年に細川氏により所領没収された翌年、備後入道了雲通範が若干の所領と合わせて再建したもので、明応九年の時点において天徳寺としても、或いは大檀那・得能氏にとっても、非常に大切な存在であったことが分かる。その観音堂に大檀那・通範が書いた観音祠堂記を刻んだ宝物古板判があったという。そういう大切な宝物古板判の裏面には、明応九年に洛西花園鳳皇塔院主が主閲した「豫州道後名藍多幸山弥勒院天徳寺由来紀」を天徳九世主郭融室が書いたという。天徳九世主郭融室は義安寺の開山（勧請開山であろうという）として祭られている人物である。「705名藍天徳寺由来紀」は非常に大切な宝物古板判の裏面に書くに値する大切なものと認識されていたことが分かる。名藍天徳寺由来紀は妙心寺がその制作に関わっている。そうして書かれた「天徳寺由来紀」が「伊豫舊蹟史」に記録され、さらに明治二十五年頃、祖満和尚の指示で書写され、「天徳寺来由録集」の初めに、ほかの五件の資料と一緒に「保存資料」として「705名藍天徳寺由来紀」として綴じられ、今日まで伝えられたのである。

「608伊予旧蹟史」という「伊豫舊蹟史」と同じ表題を有する資料が「600碧岩判　天徳寺来由録集」にある。「608伊予旧蹟史」を一読すると、それは「705名藍天徳寺由来紀」及び「511関西臨済録抄」からの抜粋であることは明らかである。すなわち、「608伊予旧蹟史」は「伊豫舊蹟史」とは別物であり、その原本でもない。「608伊予旧蹟史」ができたのは慶長十七年以降、松平藩・藩政期の初期の事であろう。

「513関西臨済録抄　追補集　聖應国師宝瑞鈔」は次のような書き出しから始まる。

『　関西臨済録抄　追補集　聖応国師宝瑞鈔ニ曰

豫州道後多幸山弥勒院天徳寺草創之誌中ニ人皇三十四代　推古帝四年即法興六年冬十月歳在丙辰……』

「513」の出典は「豫州道後多幸山弥勒院天徳寺草創之誌」であると表明している。これが「豫州道後名藍多幸山弥勒院天徳寺由来紀」を指していることは明らかである。

以上の事から、「豫州道後名藍多幸山弥勒院天徳寺由来紀」なる資料は、多幸山天徳寺から江西山天徳寺に伝えられ、慶長十七年、南源が臨済録の講義提唱した時には、南源はそれを利用することができたことは推測できる。

「700保存資料」の中の「705名藍天徳寺由来紀」、我々はそれを以て、「豫州道後名藍多幸山弥勒院天徳寺由来紀」に近いものと推論するしかできない。

※参照　第三章第四節　南源臨済録抄、　関西臨済録抄

第四章第一節　幕末に編纂された「翠岩判・天徳寺来由録集」

第五章第三節　祖満和尚の「天徳寺来由録集」

※参照　『資料編　その1　元資料で読む天徳寺の歴史』

「705名藍天徳寺由来紀」は分割されているが、全文を掲載されている。

二　「豫州道後名藍多幸山弥勒院天徳寺由来紀」の性格、「祝いの文書」

この「705多幸山弥勒院天徳寺由来紀」は以下のような構成・内容のものである。区分、表題などは論者が便宜的に付けたものである。【括弧】の記述は、論者にとって印象的であった字句を抜出したものである。

草創の物語　①　推古四年の弥勒寺草創の物語

②　白鳳九年の例大寺に始まる年表風に整理された古代史

③　興国二年の多幸山天徳寺草創の物語

……【遺典不朽之名藍也】

文中の兵乱　④　文中三年の覚理法王崩御の物語

……【崩御奉法號贈　……大禅定門尊儀立牌】

六祖の先例　⑤　六祖の先例の物語

……【自當寺重先規威継妙心寺以是當派関西第一之称名刹也】

天徳寺再興　⑥　河野通宣による天徳寺再興の物語

……【誠関西無二之名藍而可謂嘉　嗂實是鎮護国家之寶寺也】

⑦　奥書

……【洛西花園鳳皇塔院主　主閲】

河野通宣によって再興された多幸山天徳寺を以て、河野菩提寺としたことを明記する文書は江西山天徳寺にはないが、河野通宣・天徳寺殿、河野通直（牛福丸）・後天徳寺殿の位牌、享保三年・天徳寺殿二百年忌、享保十七年・後天徳寺殿百五十回忌修行などの記録もあり、天徳寺は明らかに河野家の菩提寺として機能している。慶長八年、加藤嘉明は荒れた多幸山天徳寺を天臨山龍穏寺と江西山天徳寺という二つの寺に分けて再建した。河野時代の多幸山天徳寺の住持を務めた石屋派曹洞宗系の僧は天臨山龍穏寺に入り、加藤嘉明が自分の参禅の師として招請した臨済宗系の南源和尚が多幸山天徳寺の名跡を継ぎ、山号を江西山と改め寺に入ったのである。龍穏寺縁起では河野通宣が多幸山天徳寺を「菩提寺」にしたと明記している。

『……龍穏寺の前身は天徳寺である。天徳寺の前身は、古く奈良朝に遡るべき舊刹であるが其由来は今知ることができぬ。……延徳二年に道後湯月の城主、河野通宣。道後祝谷、字多幸の地を相し、天徳寺を建て、曹洞宗の耆宿月湖契初禅師を請じて開山とし、寺領三百貫を寄付して菩提寺とした。……やがて嘉明は山越に梵刹を立て、天徳寺と龍穏寺を移した。天徳は南源禅師を以て開山とし、龍穏は大仙を以て中興とした。（文献14）』

「705多幸山弥勒院天徳寺由来紀」とは、何者であるのか。結論から述べると、

……河野通宣は天徳寺を再興するとともに、寺を河野家の菩提寺にした。「豫州道後名藍多幸山弥勒院天徳寺由来紀」は官寺天徳寺の諸関係者が河野通宣の行為の正当性を認め、河野家・菩提寺として新たに発足する多幸山天徳寺を祝った「祝いの文書」であり、それを百年前に備後入道了雲通範が奉納した宝物古板判裏に記

し、先人に報告したものである……

「豫州道後名藍多幸山弥勒院天徳寺由来紀」の前半では天徳山弥勒寺時代の歴史を詳細に語っている。後村上天皇の勅願により、天徳山弥勒寺が多幸山天徳寺として再発足した際に天徳山弥勒寺の伝承が多幸山天徳寺に伝えられ、明応九年に多幸山天徳寺が河野家菩提寺として再発足した際、こうして伝わった伝承類が整理され、「705名藍多幸山弥勒院天徳寺由来紀」にまとめられたのである。「多幸山天徳寺由来紀」という表題であるが、肝心の多幸山天徳寺の記述は実質的には「草創の物語」と「文中の兵乱」だけである。

明徳五年以降は「六祖の先例（後述）」が描かれているが、実質的には内容がない。明徳四年の細川氏の弾圧以後、得能通範了雲が再建寄進した観音堂と若干の田地により、辛うじて余命を保っていたのが実態であろう。天徳寺資料で天徳寺と妙心寺の関係を語る資料としては、「多幸山天徳寺由来紀」で語られているこの「六祖の先例」が初出である。「多幸山天徳寺由来紀」とは独立に「芳闕嵐史」で関山慧玄が語られている。関山慧玄は天徳寺開山であり、妙心寺開山でもある。従って天徳寺と妙心寺の関係は自明のようであるが、実際には天徳寺と妙心寺の関係を語る南源以前の資料としては「多幸山天徳寺由来紀」しかないのである。しかし、その中で語られる「六祖の先例」については問題がある（後述）。史実ではない。論者は妙心寺側の責任者が「多幸山天徳寺由来紀」を書き上げるにあたって、明徳四年以降の記事として「六祖の先例」の記事を挿入し、天徳寺、即ち河野家への（お祝い）としたのであろう……と推測している。奥書では洛西花園鳳皇塔院主とあるだけで、妙心寺側の責任者が誰であったか明記されていないが、特芳禅傑であろう……と推測している。彼が脱稿したばかりの東陽英朝の「正法山六祖傳」を意識しながら書き加えたのではなかろうか。「705名藍天徳寺由来紀」については、資料編で以下の四編に分けて全文を掲載した。

※参照　資料編　その一【勅詔厩戸皇子　大伽藍肇建営】　推古四年　（705名藍由来記）

【古代寺院弥勒寺の終焉　多幸山天徳寺創建】　興国二年　（705名藍由来記）
【多幸山天徳寺伽藍兵焚　長慶院崩御】　（705名藍由来記）
【関西無二之名藍而可謂嘉喈實是鎮護国家之寶寺也】明應九年　（705名藍由来記）
【河野家菩提寺　多幸山天徳寺再建　河野通宣】　（560天徳寺来由年譜第二草）

三　河野通宣による天徳寺中興と、菩提寺・天徳寺の創建

明徳五年三月朔　浮名館河野備後守入道通範法名了雲　當寺観音薩埵之堂宇再建営　（705名藍）
文明十三年（一四八一年）石手寺本堂、山門等、修理・再建作事惣成敗　……　得能通光
文明十四年（一四八二年）予州家・河野通春。湊山城で死去
文明十七年（一四八五年）通直、大山寺・三重塔造営
延徳二年（一四九〇年）雖然沈傾世為国亂伽藍壊敗矣　国守護河野伊豫守従三位下兼刑部太輔越智宿祢通宣
大嘆之奏上御宇天皇後土御門院（在位1464～1500）延徳二年庚戊六月十七日當山伽藍再建営寺領
如舊三百貫之地有寄付焉　尊宿月湖禅師請迎而為主僧称再中興　（705名藍）
（註・河野当主は通直であるが、通宣への家督委譲が進む。通直は出家して道冶、道基と称す）
明應八年（一四九九年）兵火に炎上した臨済宗大應派の寺・獅吼山大通寺の再興に当たって、石屋派の僧・
玄室守腋を招き、大通山安楽寺として再興する。　（文献21）
明應八年頃（時期不詳）　垂味里一宇建立　得能寺　雲凉禅師　童名興丸（通光の末弟か、）
河野通直寺領五拾貫寄付　戦死者追悼　（越智宿禰系図　文献42）

明應九年（一五〇〇年）正月　河野通直死去　善應寺に葬る　（404文書）
明應九年（一五〇〇年）七月廿五日「伊予國善應寺々領等之事　任亡父道基判之旨　可被令寺務之状　如件
六郎通宣（花押）「天徳寺塔頭御中」（404文書）
明應九年（一五〇〇年）十月廿五日有故風早縣河野郷善応寺有兼務解除之令以後独立許畢
十月廿五日河野六郎通宣以判形善應寺領等可放寺務云々賜状（705名藍）
（610第二草）
明應九年十月
「奉寄進宝剣一振　長二尺八寸　在銘　備前国長船六郎左衛門尉　祐光作
裏銘ニ曰　寛正六年八月　トアリ
大願主　豫州浮名號中土居堀内殿　得能伊予守通光公（天徳寺什物）」（610第二草）
（註・「610第二草」には右のメモだけ残されているが、「752天徳寺明細帳」では明応九年十月の記事として明記されている）
明應九年（一五〇〇年）十一月朔　當山大檀那……備後入道了雲公六世嫡裔得能蔵人頭……通景……天山郷
拾二貫幷荏原郷十八貫合三拾貫之地充寄付（705名藍）
明應九年（一五〇〇年）十一月「甲子吉祥之日　洛西花園鳳皇塔院主　主閲　天徳九世主郭融室　執筆」
（705名藍末尾）
永正六年（一五〇九年）四月十九日「吉原郷大谷作職之内、屋敷五段之事、
寺家可被進退之状、如件　通宣（花押）　天徳寺」（610第二草、605文書）
永正十六年（一五一九年）七月廿日　通宣侫卒
『天徳寺殿前豫州太守刑部侍郎天臨感公大禅定門』（560第二草、443位牌）
大永四年（一五二四年）八月廿日　天徳中興開山尊宿月湖契初禅師遷化（560第二草）

天徳寺、妙心寺は南北朝一統後、四国管領細川家、足利義満によって弾圧され、妙心寺は名前も失う。妙心寺に復興の機会が訪れたのは、延享四年関山慧玄を祀る微笑塔が関山派徒に返還されてからで、雪江宗深らの尽力、細川勝元の外護もあって、文明十九年には妙心寺は後土御門天皇から特芳禅傑に「宗門無双の名刹」とする綸旨を下賜され、妙心寺再興は名実ともになる。

天徳寺の本格的復興は妙心寺より遅れる。河野宗家が湯築地区を根拠地とするのは室町時代前期と言われている。丁度細川氏により天徳寺の寺領が全て没収された頃のことである。細川氏の弾圧後、得能通範了雲により観音堂が再建され、天徳寺は維持される。河野氏が湯築地区の経営に本格的に乗り出すのは更に遅い。応仁・文明の乱以降である。文明十三年、河野通宣は得能通光を作事惣成敗に任じ、石手寺山門を再建している。この時期の河野氏と得能氏の関係を示す場面である。文明一四年には長く続いた豫州家との争いも決着がつき、河野通宣としては湯築城及びその周辺の整備を進めていった。

延徳二年、河野通宣は多幸山天徳寺の復興に乗りだす。天徳寺は官寺の伝統を引く古寺であり、古代から檀越として河野家も深く関わってきた寺である。その経営に檀越が乗り出すこと自体は官寺での古来からの慣習であった。しかし、興国二年得能通政が勅命を受けて以来、得能氏が檀越として深く関わり、一方河野氏は殆ど関わってきなかったという現実がある。通宣はまず、後土御門院へ伽藍壊敗、河野氏として再興したこと、寺領も三百貫之地を寄付して当初の姿に戻したことを奏上している。その奏上により官寺・天徳寺を再建したことに関し朝廷のご了承を得たことになったのであろう。更に月湖禅師請迎の件も合わせてお許しを得たと思われる。河野通宣は天徳寺を再建するにあたり、主僧を妙心寺からではなく、曹洞宗石屋派の僧・月湖禅師を招いた。朝廷も経済的に一番困窮していた時期であり、このお許しを得るには左程問題はなかったと思われる。月湖禅師は龍慶寺四世（安藤嘉則　私信）といわれるから、曹洞宗石屋派は十五世紀中ごろには今治・大浜に進出していたと思われる。隆慶寺は大浜八幡宮の別当寺（慶長年間、今治城築城の折、城下の寺町に移される。

現・米屋町）である。通宣は明応八年に臨済宗の寺・獅吼山大通寺を再興する際も、石屋派の僧・玄室守腕を招いて大通山安楽寺として再興している。通宣の父・教通は十五世紀中ごろ、来島の在城していたこともあり、通宣は早くから龍慶寺と親密な関係にあったと思われる。

天徳寺を再興した後、河野通宣の次の目標は天徳寺を河野家の菩提寺にする、すなわち官寺であることを廃し、私寺にすることであったと思われる。関係先の承認を得て菩提寺にすることに成功したのは、明應九年十一月で、全ての関係者に承認されたことを先人に報告し、後世に残すため「多幸山天徳寺由来紀」が編纂され奉納された。「多幸山天徳寺由来紀」の編集に当たっては妙心寺を煩わせている。河野通宣の行動のどこかから妙心寺との関係ができたことを意味する。当時、天徳寺と妙心寺の関係をある程度、認識していたのは天徳寺観音堂を拠点に多幸山天徳寺を守ってきた僧だけであろう。妙心寺側は知らなかった事柄である。河野通宣が天徳寺の再建を進める段階のどこかの時点で、妙心寺と天徳寺の関係も段々理解でき、妙心寺とのつながりを深めていったのであろう。当時、京の妙心寺は管領・細川氏の外護を受け、朝廷からは「宗門無双の名刹」とする綸旨を下賜された寺であった。守護大名・河野氏としては、妙心関山慧玄を開山とする「勅願道場・天徳寺」を「曹洞宗石屋派」の寺にした上、更に官寺であることを廃止する事にあたっては妙心寺の了解を得るための相当な配慮・苦心があったはずである。妙心寺は土岐氏とも関係が深い。河野通宣は土岐氏を通じて工作した可能性もある。

河野通盛を祭る善應寺は東福圓爾の流れを汲む寺で應燈関の流れ・妙心寺とは立場は異なるが、臨済宗の一派である。河野通政の天徳寺再興に対しては微妙な立場にあったのである。

得能氏にとっては、多幸山天徳寺は「後村上帝の勅願により、北國の役で戦没した人々の霊を祭る」寺院であり、又勅命を受けて得能通政が大檀那として造営し、明徳以降は得能通範が観音堂を再興して寺を守ってきたという実績がある。河野氏が天徳寺の伽藍を再建、寺領三百貫を寄付、更に主僧に月湖禅師を招く……その延長として菩提寺にする……この一連の行為は得能氏から「北國の役で戦没した人々の霊を祭る」祭祀権を奪い取ることに繋がり、得能氏は複雑な立場に置かれる。

通宣の父・通直（教通）からの家督の移譲は早くから徐々に行われていたといわれているが、天徳寺を再興したという延徳二年は、まだ父・通直健在の時である。父・教通（通直、道基）や善應寺は天徳寺を菩提寺にすることに反対だったと思われる。

しかし、湯築城及びその周辺を河野氏の拠点に仕上げるには、「勅願道場・天徳寺」を河野氏の菩提寺にすることは河野通宣にとって、妥協できない一線であったと思われる。しかし、それには問題が多かった。結局彼は十年の歳月を懸けて天徳寺の菩提寺化を慎重に進めていったのである。

河野通宣は結局、慎重に二段階に分けて事を進めている。延徳二年の頃、伽藍再建を行うがその後十年間以降、目立った動きはない。十年かけて関係者を説得していたのであろうか。「垂味の得能寺」はこの間に建立したのであろう。

『雲涼禅師　出家　豫州温泉郡桑原郷垂味里一宇建立　號得能寺　従河野刑部太輔通直　為寺領五拾貫地寄付　為戦死者追悼　（文献42）』

通直(教通)名前の寄進になっているから、教通健在の時、延徳二年〜明応八年の頃行われたのであろう。元来、多幸山天徳寺は「延元の冬春、北国の役に戦没したる官軍の義士卒等が魂魄を招き祭らしむるがために」勅命で造られたものであるが、この得能寺は、河野氏が得能氏の為に資金を提供し、湯築地区（石手河右岸）から二㎞ほど離れた地に戦死者追悼の寺を造ったのである。興国二年の詔で謳い上げた天徳寺の性格、機能の一端を得能寺に移したことになる。その結果、河野氏からすれば湯築地区に残っていた得能氏の最後の権益対象を石手川左岸に遠ざけることに成功し、天徳寺に対する河野家の裁量権が確立していったのである。得能氏としては河野氏による天徳寺の接収を最終的には受け入れざるを得なかったのである。

明應九年正月、父・河野通直死去を善應寺に葬ってから半年後の事である。明應九年七月から十一月の事である。事態は急速に動いた。

①『伊豫國善應寺々領等之事、
任亡父道基判形之旨、可被令寺務之状、如件
明應九年七月廿五日六郎通宣
「天徳寺塔頭御中」
（404古文書　善應寺々領）』

②『明應九年十月廿五日有故風早縣河野郷善応寺有兼務解除之令以後独立許畢
（705名藍）』

③『後土御門院明應九庚申年十月廿五日河野六郎通宣以判形善應寺領等可放寺務云々賜状
（610天徳禅寺来由年譜第二草）』

①は、本来、善應寺に与えられた安堵状の正文（文献３）であるが、何故か、宛名だけ異筆で天徳寺塔頭御中に書き換えられている。善應寺に与えられた安堵状を六郎通宣が回収し改めて天徳寺塔頭に与えたのであろう。これが「②　十月廿五日、善応寺有兼務解除之令以後独立許畢……」の内容であろう。①、②、③は河野通宣が天徳寺を善應寺とは独立した存在であることを認めたことを示す資料である。

名藍多幸山天徳寺由来紀が書かれたのは「明應九年十一月甲子吉祥之日（十三日）である。②、③で善應寺関係の問題が解決したことを妙心寺が確認して、それから名藍多幸山天徳寺由来紀を書き上げたのだろうか。

延徳二年に河野通宣が天徳寺の伽藍を再建し三百貫の地を寄付したその時点までは、その天徳寺は一応得能氏が所管する勅願道場であった。天徳寺を河野氏菩提寺にするための最後の難関が、善應寺と得能氏を説得し、了解を得る事だったのである。それを河野通宣は一時的に天徳寺を善應寺預かりの寺というような形式にして

天徳寺を再興したのであろうか。その後、河野通宣は天徳寺を独立させることを善應寺に認めさせ、安堵状を回収し、改めて天徳寺に安堵状を渡したのである。これで天徳寺は自分で寺領を管理する経済的にも独立した寺になっていったのであろう。それが②、③に云う十月廿五日なのだろうか。

名藍多幸山天徳寺由来紀が書き上げられる直前、得能氏との最後の調整が行われている。

明応九年十月には得能通光所縁の刀奉納の奉納が行われ、明応九年十一月朔には得能通景が所領を天徳寺に寄進された。「通光の刀」は大切に保存されている。得能氏としても菩提寺の件を最終的に受け入れ、天徳寺に「お喜びの印」として寄進、刀奉納が行われたのである。この時点で天徳寺は得能氏が管理する「勅願道場・天徳寺」から性格が変わり、湯築地区に立地する「河野宗家・菩提寺・天徳寺」になったのである。関係者の了解が得られたことを確認し、新たに菩提寺として発足する天徳寺を祝う事を目的として、直ちに「豫州道後名藍多幸山弥勒院天徳寺由来紀」は編纂され、観音堂に納められたのである。それは「明應九年十一月　甲子吉祥之日」であった。「706名藍天徳寺由来紀」を天徳寺宝物古板判裏の書き上げたのは天徳九世主郭融室である。彼は護国山義安寺の開基（彼は勧請開山であり、開山は天徳十世徳翁亭であろうとも云われている。）として祭られている人物である。

「豫州道後名藍多幸山弥勒院天徳寺由来紀」はそうして発足した菩提寺・多幸山天徳寺が正当な存在であり、関係者の祝福を受けて発足したことを洛西花園鳳皇塔院主の名を以って宣言した「祝いの文書」である。

河野宗家の菩提寺になる……という事は、得能氏と天徳寺の所縁も切れるという事である。享禄三年に河野弾正少弼に隠れて得能通遠が天徳寺の住持に接触しているが、この例外を除くと、明応九年以後、得能氏が天徳寺に接触できたのは一五〇年後の事である。河野家が滅び、加藤家が去り、天徳寺は広く一般人の檀家を認めるようになってからの事である。

享禄三庚寅年　春正月十一日浮穴屋形得能近江守通遠国務争論　為河野弾正少弼通直侯
　於越智郡明神山城討死三月廿三日法号　定額院殿徳雲昭山大居士　(560蔵山第二草)
享禄三庚寅　十一月二十三日　定額院殿徳雲昭山大居士　得能蔵人頭没　(453過去帳)

四　「六祖の先例」

「六祖の先例」と「河野通宣による天徳寺再興の物語」は以下のような物語である。

『當寺中興大開山慧玄大定聖應国師　延文五年庚子十二月十二日遷化
第二世授翁宗弼大和尚諱藤房卿遁世住當院時　法覚上皇奉収崇喪而後
転住洛西正法山妙心寺　法嗣無因宗因継天徳第三世又
宗弼大和尚天授六年庚申三月廿八日遷化　以依之宗因継妙心　又日峯宗舜継天徳第四世……
應永十七年庚寅六月四日宗因大和尚遷化　依之日峯継妙心　又義天玄承継天徳第五世
文安五年戊辰正月廿六日宗舜大和尚遷化　依之玄承継妙心　又雪江宗深継天徳第六世
寛正三年壬午三月十八日玄承大和尚遷化矣依之宗深継妙心　又悟谿宗頓天徳第七世
文明十八年丙午六月二日宗深継大和尚遷化矣　宗頓継妙心　以上七世　自當寺重先規威継妙心寺
以是當派関西第一之称名刹也　(705名藍天徳寺由来紀)』

「六祖の先例」とは、論者が便宜上付けた用語である。……「妙心寺の大和尚が遷化すると、天徳寺の住持がその跡を継ぐ……」ことを先例として、その先例が「慧玄、授翁、無因、宗舜、玄承、宗深、宗頓」と繰り返されたという。この「六祖の先例」が文献上確認できるのは、「706多幸山天徳寺由来紀」が最初の事例である。ここに描かれた「六祖の先例」は天徳寺の重要な伝承の一つとして、後世に造られた天徳寺資料でも描かれるものである。

『……而後明徳四年癸申四月廿五日有故四国管領細川家有沙汰　寺領悉被没収　寺運衰替矣
後土御門院御宇延徳二年回復矣
第三世無因宗因　応永十七庚寅年六月四日遷化矣
第四世日峯宗舜　文安五戊辰年正月廿六日遷化
第五世義天玄承　寛正三壬午三月十八日遷化
第六世雪江宗深　文明十八年丙午年六月二日遷化
第七世悟谿宗頓　是迄皆従当寺洛西正法山妙心禅寺昇転法嗣以為先例、爾後有故失之
河野刑部大輔通宣公延徳二庚戌年六月十七日再建　寺領回復　主僧尊宿月湖禅師請迎　中興開山矣　是第八世也　第九世廓室融　第十世徳応亭　第十一世樵岩栄　第十二世仙叟壽　第十三世南提玄竺　第十四世梅叟　第十五世叟就　第十六世南源恭薫也
（340関西臨済録抄）』
『……是迄世々従天徳寺洛西妙心寺轉住為定例処有故敗矣
（609多幸山天徳寺来由年譜第一草）』
『……明徳五年三月了雲諱通範候観音堂再建ス……当山中興大開山慧玄大定聖應国師以来悟谿宗頓大禅師迄七世代々当寺ヨリ洛西妙心寺住職ニ栄転ノ先規アリ是勅使ヲ忝フスル吾門ノ規模ナリト謂ヘシ然ルニ明徳年中寺領没収ノ為此例中絶ス……
（752大正元年　明細帳）』

南源の（340関西臨済録抄）では「六祖の先例」の部分は同じであるが、「以是當派関西第一之称名刹也（706名藍天徳寺由来紀）」というような「祝いの文言は姿を消している。天徳寺伝承では妙心六世雪江宗深が亡くなると、天徳七世悟谿宗頓がその跡を継ぐが、妙心七世悟谿宗頓が亡くなった時の多幸山天徳寺住持は月湖契初禅師（曹洞宗・石屋派）であり、宗頓の後継にはなれない。妙心・悟谿宗頓の後継は特芳禅傑である。その現実を踏まえて、先例が失われたことを「爾後有故失之」と表現している。この表現は天保年間に編纂された「609天徳寺来由年譜第一草」にも用いられ、その見直しを行ったのは明治時代の祖満和尚が初めてである。すなわち、明徳の時の細川氏の弾圧以来、「705　名藍」では「寺運衰替」と表現しているのを祖満和尚は「此例中絶」と著わし、中絶説を主張している。すなわち明徳の時以来この先例は失われたとする。開山・南源の言葉を直すのであるから、宗門としては勇気のいることであったが、明治という時代はそれに踏み込むことを要求していたのである。

多幸山天徳寺は「六祖の時代」の中頃、明徳四年に寺領を失っており、延徳二年に通宣により再興されるまでは得能通範が再建した観音堂で漸く余命を保つ存在であった。一方、妙心寺も拙堂宗朴の時代・応永六年に足利義満の弾圧があり寺としての実態を失う。妙心寺に復興の機会が来たのは延享四年であり、以後細川勝元の外護もあり復興は進み、文明十九年には「宗門無双の名刹」とする綸旨を下賜されるまでに到った。そうした天徳寺・妙心寺両者の実態から「六祖の先例」がそのまま行われたとは思えない。「六祖の先例」は花園鳳皇塔を含む関係者による創作と考えざるをえない。

（705名藍天徳寺由来紀）とは別系統の弥勒寺、多幸山天徳寺を語る原典・（503芳闕嵐史）にも「開山　関山慧玄」の名前がある。（705名藍天徳寺由来紀）の「六祖の先例」は創作であるが、多幸山天徳寺が「應燈関の系譜」と無関係であったのではない。妙心寺鳳皇塔院主が祝いの文章を創作した時「六祖」を題材に選んだのは、多幸山天徳寺が「妙心寺の六祖」の中の何人かのメンバーと関係を持っていたことを妙心寺鳳皇塔院主が認識していたことを示している。

論者は……妙心寺の関係者は河野通宣と接触を重ねるうちに、天徳寺が、関山慧玄、授翁宗弼、無因宗因らと関係があることを知り、驚愕したであろう。その感激を膨らませ、日峯宗舜、義天玄承、雪江宗深と書き足していったのが「六祖の先例」であろう……と考えたい。

妙心寺住持の世代は、開山関山慧玄、二世授翁宗弼、三世無因宗因、四世雲山宗峨、五世明江西堂、六世拙堂宗朴、七世日峯宗舜、八世義天玄承、九世雪江宗深（文明十八年 1486 示寂）、十世景川宗隆（1425 ～ 1500 示寂）、十一世悟渓宗頓（1416 ～ 1499）、十二世特芳禅傑（1419 ～ 1506）、十三世東陽英朝（1428 ～ 1504）と言われている。住持在任の正確な年代は分からない（文献10、一部、妙心寺に電話確認）。

一方、妙心寺の関係者が書いた「705名藍天徳寺由来紀」に描かれている「六祖の先例」とは、「慧玄、授翁、無因、日峯、義天、雪江」の六名と悟渓からなる。

「六祖の先例」と「妙心寺住持の世代」を比べて明らかなことは、四世雲山宗峨、五世明江西堂、六世拙堂宗朴、八世景川宗隆の四名が抜けている事、「六祖の先例」に挙げられた六人の名前は明応五年に脱稿した東陽英朝の「正法山六祖傳（文献10）」に丁度一致するという事である。

雪江宗深は「妙心寺再興開山」と言われた人物で、関山派の聖地としての妙心寺づくりに尽力した人である。雪江宗深は四名の法嗣を出す。景川宗隆（龍泉派、開山塔所の微笑庵）、悟渓宗頓（東海派、授翁宗弼塔所の天授院）、特芳禅傑（霊雲派）、東陽英朝（聖澤派）である。雪江宗深は文明七年、それまで終身制であった妙心寺の住持を「三十六箇月を限り輪次に焼香致さしむるものなり」と輪番住持制を設け、さらにその住持期間を三十六ヶ月とした。四名の法嗣で印可を与えられたのは、景川宗隆（寛正五年）、悟渓宗頓（応仁元年）、特芳禅傑（文明五年）、東陽英朝（文明十年）である。彼らは雪江宗深の生前から、順に妙心寺の住持を務めたと思われる。

「705名藍天徳寺由来紀」では何故か、東陽英朝の「正法山六祖傳（文献10）」にいう六祖と悟渓宗頓の名前しか出てこない。明応九年、「705名藍天徳寺由来紀」でこのような「六祖の先例」を描いた妙心寺側の人物は誰であろうか、……更に、想像を膨らませたい。

編纂に当たった実務者は別として、編纂の責任者は延徳二年～明応九年の頃の妙心寺の住持経験者で、明応九年ころ健在であった人物を考えたい。……論者は特芳禅傑を最有力候補と考えている。

特芳禅傑は雪江宗深示寂の翌年・文明十九年、後土御門天皇から「宗門無双の名刹」とする綸旨を下賜された人物である。「705名藍天徳寺由来紀」にある「以是當派関西第一之称名刹也」という表現がこれから作られたのかもしれない。特芳禅傑の前任者・悟渓宗頓は明応八年に亡くなった。特芳禅傑はその綸旨、先年亡くなった悟渓宗頓を思い、明応五年に脱稿したばかりの（兄弟弟子、後輩）東陽英朝の「正法山六祖傳」を意識しながら……六祖・天徳七世・悟渓宗頓……関西無二之名藍……を書いたと思いたい。

第二節　南源和尚教衆　関西臨済録抄

一　松が岡文庫で発見された南源臨済録抄

安藤嘉則（駒沢女子大・教授）が松が岡文庫で「510南源和尚教衆　臨済録抄（以下、南源臨済録抄）」を発見、さらにその冒頭に天徳寺の由来に関する記述があることを見出された。安藤嘉則は平成十九年九月三日に松山市天徳寺を訪れ、そこに伝わる伝承を調べられて「510南源和尚教衆　臨済録抄」にある天徳寺の由来に関する記述が、それら天徳寺伝承の原典であることを確認されたのである。

※参照　「安藤嘉則　南源恭薫の臨済録抄と天徳寺資料について（文献1）」
「安藤嘉則　中世禅宗における公案禅の研究（文献2）」
巻頭グラビア「510南源和尚教衆　臨済録抄」

公益財団法人・松ヶ岡文庫は鎌倉市にある。鈴木大拙の発願に賛同する有志（明石照男、石井光雄、岩波茂雄、安宅弥吉、小林十三、五島慶太、近藤滋彌、酒井忠正）により昭和二十年に設立され、昭和二十一年二月に財団法人として発足した。鈴木大拙博士（1870～1966）の蔵書が中心でおよそ七万冊におよぶ貴重な専門書が収められている。内禅書約一万冊である。安藤嘉則はこれら蔵書の目録整理作業中に青緑色の表紙の「南源臨済録抄」を見出され、そこに天徳寺草創の伝承が語られていることを発見されたのである。「南源臨済録抄」一丁の白紙裏面に「宗悦」の印があり、「南源臨済録抄」はある時期、柳宗悦が持っていたことが確認できる。本来、上下二巻あったと思われるが発見されたのは下巻で、上巻は発見されていない。

伊予史談会蔵書に「元治元子歳仲秋日改之『天徳寺書籍目録』江西嶠　知事」という表題の資料がある。中に「南源和尚教衆　全」の記載があり、それは今回発見された「南源臨済録抄」の事と思われる。すなわち「510　南源和尚教衆　全」は幕末・元治年間の頃までは天徳寺に伝わっていたのである。後年、蔵山和尚が、「520　南源薫和尚年譜（蔵山編）」を編纂したが、そこに記載された「慶長十七年　壬子　春、師評臨済録其本之尾記事焉、其本尚在江西」がそれに相当する。

明治十年から明治十九年の間、天徳寺は無住に近い惨状を呈し「寺什器宝物等散乱少なからず」という状況になったことがある。その後、明治十九年八月、末寺、檀徒が協議を重ね、末寺浄福寺の祖満和尚がともかく、天徳寺に在住し法務を務めることになる。この明治十年から明治十九年の間に「南源和尚教衆　全」は流出したのであろうか。この「南源和尚教衆　全」を柳宗悦が入手し後日、松が岡文庫に納めたのである。

柳宗悦（1889～1961）は民芸運動で著名な人物であるが、宗教哲学にも深い関心を持っていた。彼の学習院高等学科在学中の英語教師が鈴木大拙である。以来両者の交流は生涯続いた。昭和二十三年に鈴木大拙博士より「松ヶ岡文庫理事長」を委託された。彼が集めた佛書の一覧を記した「佛書目録　宗悦蔵（松が岡文庫蔵）」には「南源臨済録抄」が「六・〇〇」で購入された記録が残っている。

松ヶ岡文庫は東慶寺の一郭にある(現在、経営的には松ヶ岡文庫と東慶寺は無関係である)。東慶寺は松山藩・加藤家にとって因縁の深い寺である。

……元和元年大阪城落城。秀頼は自害。秀頼の娘七歳は東慶寺に入った。後の天秀尼である。養母である千姫が後盾になったという。

加藤家お家騒動……会津若松四十万石・加藤明成。寛永十六年家老堀主水は一族郎党を引き連れ脱藩、高野山へ逃れるが、結局加藤家に引き渡され処刑された。彼らの妻子は東慶寺に逃れた。加藤明成は旧主君筋に繋がる天秀尼に妻子らの引き渡しを強く要求するが、天秀尼は千姫を通じて家光に訴え、妻子たちをかばい通した。それから四年後、加藤家は石州一万石に改易……（文献45）

二　「南源臨済録抄」に書かれた「関西臨済録抄」

奥書には南源の自筆で

「臨済録抄　下　墨付　九十七丁」とあり、続いて

「此臨済録抄壱部但分之為上下二巻者也　於豫陽松山城下江西山天徳寺書写焉　筆者　叉澤柱越桂茂萇充巨此九人之禅侶也　上巻亦此衆也　慶長十七年壬子四月十日　南源恭薫記之」

と記されている。

注目されるのは、本来白紙であるべき二丁表裏を使って、天徳寺草創の伝承が書かれていることである。それに続いて三丁目初めからから上巻から続く臨済録講義の本文が書かれている。すなわち、上巻から下巻へと続く臨済録講義提唱の間に、一丁分だけ次の四編よりなる天徳寺草創などの伝承が語られているのである。

（i）……512関西臨済録抄　附属聖応国師法孫寺譜伝之巻」

「関西臨済録抄　附属聖応国師法孫寺譜伝之巻曰

曰予州道後多幸山天徳禅寺者　後村上天皇勅願之道場而興国二庚辰龍集春三月六日当国司四条少将有資卿

同守護河野備後守兼弾正大弼越智宿禰通政等　受詔同郷弥勒山定額寺移大伽藍……」

(ii)……513関西臨済録抄　追補集　聖応国師宝瑞鈔

「関西臨済録抄　追補集　聖応国師宝瑞鈔ニ曰
豫州道後多幸山弥勒院天徳寺草創之誌中ニ
人皇三十四代推古帝四年即法興六年冬十月歳在丙辰詔シ玉フテ厩戸皇子ヲ以テ伊與国ニ趣カシム……」

(iii)……514南源恭薫禅師者

「南源恭薫禅師者　洛西正法山妙心寺　再住畢　是妙心開山大定聖応国師七世嗣悟渓宗頓……」

(iv)……515当江西山陰有櫻大樹

「当江西山陰有櫻大樹　曰正月十六日花開　此東北皆山也　東尤嶕嶢而高是夕陽之地……」

「聖応国師法孫寺譜伝之巻」で多幸山天徳寺創建から第十六世南源に至るまでの間の天徳寺の歴史が語られている。その中で佐志久原合戦に触れているが、明らかに言い間違いをしている。その間違いのまま、九人禅侶によって書写され、その言い間違いを訂正した跡なども見られる。少なくとも、「附属聖應国師法孫寺譜、追補集　聖應国師宝瑞鈔」の部分は南源が講義の中で語った寺の来由を会下の僧が筆録したと思われる。「南源恭薫師者、江西山有桜大樹」はその後、書き足された可能性がある。

天徳寺には数種類の天徳寺草創の歴史を語る資料が伝来しているが、ここに発見されたのは書かれたのが近世前期に書かれ、天徳寺資料としては古いものであり、かつ書かれた経緯が非常に明確であること、後世の改竄の害を受けた可能性がない……という意味で、天徳寺の歴史を研究するにはこの資料は非常に貴重である。以降、この四編を「510南源和尚教衆　関西臨済録抄」と総称する。

※参照　「第四章第一節　開山南源恭薫　開基加藤嘉明　」
　　　　「第五章第二節　祖満和尚の来由編纂　」

※参照　資料編　その一　【文中三年　伽藍兵燹　明徳四年細川家寺領被没収寺運衰替】
　　　　【加藤左馬助嘉明侯、與南源禅師懇和親】

三　「関西臨済録抄」の原典

南源が書写した芳闕嵐史は天徳寺の来由も語られているが、主として南北朝の動乱を朝廷と武士団としての立場から語ったものであり、対して関西臨済録抄では天徳寺の来由を寺の立場からより詳細に述べている。関西臨済録抄で語られる寺の来由に関する知識は芳闕嵐史から得られた知識を明らかに凌駕している。関西臨済録抄には芳闕嵐史以外に原典があったことは確かである。

「705豫州道後名蘭多幸山弥勒院天徳寺由来記」は以下のような文言から始まる。

『伊予旧跡史曰　天徳寺宝物古板判観音堂記曰
豫州道後名蘭多幸山弥勒院天徳寺由来記　恭惟當山草創沿革選要者抑
人皇三十四代　推古帝御宇四年在法興六丙辰……　』

「512関西臨済録抄　追補集」は以下のような文言から始まる。

『関西臨済録抄　追補集　聖応国師宝瑞鈔ニ曰
豫州道後多幸山弥勒院天徳寺草創之誌中ニ
人皇三十四代　推古帝四年即法興六年冬十月歳在丙辰……』

論者は「512臨済録抄」に云う「豫州道後多幸山弥勒院天徳寺草創之誌」は「705豫州道後名蘭多幸山弥勒院天徳寺　由来記」を指すと考えている。「推古四年の伝承」、「興国二年の伝承」は芳闕嵐史、由来記が初出である。南源は「705由来記」を引用するにあたって、由来記をそのまま引用するのではなく、何か別の資料も引用しながら完全に自分の言葉で話している。六祖の没年は「705由来記」では総て北朝の年号を用いている。二祖宗弼大和尚の場合も「由来記」では天授六年と北朝暦で表示されているが、「南源臨済録抄」ではなぜか、康暦三庚申と南朝暦で表現している。

「六祖」に関しては妙心寺で修行した南源には東陽英朝の「正法山六祖傳」を既に承知していたが、由来記の「六祖の先例」をほぼそのまま紹介し、その終わりに「是迄七世皆従当寺洛西正法山妙心禅寺昇転法嗣以為先例、爾後有故失之」として、月湖禅師を第八世として紹介し、「512臨済録抄」末尾は「第十六世南源恭薫也」として、自分が天徳寺の「関山派」の法系を復活させたことを宣言している。

「(興国) 同年同月（九月）三日塔頭弥勒院外十七院衆徒等　朝敵退散御願成就祚安泰、抽精誠云々　叡感之綸旨下賜存尚今、」という記事を「南源臨済録抄」では紹介している。この文書に関しては「臨済録抄」の記述が初出で、これは「705由来記」にはなく、その後、「609天徳寺来由年譜第二草」、「601三大寺院起記」などに引用されているものである。

先に、訂正の事例として紹介した「佐志久原合戦」の記事は河野氏が主人公で天徳寺とは無関係であり、

「705由来記」には紹介されていない。佐志久原合戦の件は南源が誤って講義の中で芳闕嵐史の知識を述べたため、錯綜したことになったのである。

第三節　河野家菩提寺 多幸山天徳寺の歴史 通直没月日の不思議

一　天臨山龍穏寺

龍穏寺縁起に次のような記述がある。

『……龍穏寺の前身は天徳寺である。天徳寺の前身は、古く奈良朝に遡るべき舊刹であるが其由来は今知ることができぬ。……延徳二年に道後湯月の城主、河野の屋形通宣。道後祝谷、字多幸の地を相し、天徳寺を建て、曹洞宗の耆宿、月湖契初禅師を請じて開山とし、寺領三百貫を寄附して、菩提寺とした。……通宣、永正十六年七月廿日卒し、天徳寺に葬る。法謚を天徳寺殿天臨宗感大禅定門という。実に当山の開基……弾正少弼通直、薙髪して湯街北丘の別荘に入り、之を龍穏寺と號した。是即ち此寺名の濫觴……屋形晴通卒し、其弟通宣立ちしも多病にして……天正九年七月四日卒し、天徳寺の塔頭日勢院に葬り、法諱を日勢院殿洞月良恵大禅定門と號した。通宣退隠と同時に、野間郡池原の舘、近江守通吉の子牛福丸を以て家督とした。之が最後の通直である……天正十三年……名家も滅亡……天徳寺も亦衰弊した。……

（文献14『大正十二年　龍穏寺縁起略縁起　西園寺透識』）

『……慶長二年四月七日八世中叟和尚遷化セラレ大仙和尚、九世ト為テ天徳寺ニ住ス。是時ニ當テ左馬介新ニ松山ニ城ヲ築ク偶々左馬介ノ姉姻河口兵右衛門逝リ之ニ於テ左馬介ノ使者来リ告テ曰ク河口兵右衛門ヲ葬ラント欲ス然レドモ如何セン新府寺ヲ建立スルニ遑アラズ伏テ乞フ　中陰ノ間貴寺ヲ借テ供養セント。大仙和尚止ナキヲ得ズ諾シ自ハ僧堂ニ居リ蘭叟和尚ハ方丈ニ在テ威権恰モ住持ノ如クスルコト数月、大仙和尚前約ヲ以テ之ヲ責ム　左馬介復タ使者ヲシテ来リ告ゲシメテ曰ク新ニ一ヶ寺ヲ建立シテ蘭叟ヲ移サント欲ス然レドモ城営ノ構ヘ未タ就カズ暫ク湯ノ上龍穏寺舊跡ノ亭ニ居セヨト　大仙和尚計ノ出ズル所を知ラズ遂ニ居ヲ此ニ移ス慶長七年山越ニ郷ニ於テ各々寺境ヲ賜フ凡テ十三ヶ寺ナリ　然ルニ天徳寺ハ左馬介草メ造テ祖先ニ牌ヲ安置シ寺領百石ヲ寄進シ蘭叟ヲ住セシム　……（文献38『明治二十八年　取調御届書　曹洞宗　龍穏寺』）

龍穏寺に伝わる伝承には、天徳寺と共有するものと、龍穏寺のみに伝わり天徳寺に伝わっていない伝承がある。

『その前身は奈良朝に遡る……延徳二年……河野通宣……曹洞宗の耆宿月湖契初禅師……寺領三百貫……通宣、永正十六年七月廿日卒……法謚　天徳寺殿天臨宗感大禅定門……通宣立ちしも……天正九年七月四日卒し、天徳寺の塔頭日勢院に葬り、法諱を日勢院殿洞月良恵大禅定門と號した。……名家も滅亡……天徳寺も亦衰弊した』とする伝承は天徳寺に伝わる伝承、例えば「510関西臨済録抄」、「560天徳寺来由第二草　貴謙渉筆」と同じである。しかし

『通宣が天徳寺を菩提寺にした事……弾正少弼通直に関わる事……大仙和尚の事……嘉明の姻族河口兵右衛門死し、之を天徳寺に葬り、清家の蘭叟和尚を方丈に入らしめた事……』などについては天徳寺には全く伝わっていない。中でも「左馬介ノ姉姻河口兵右衛門、蘭叟和尚」の件は加藤嘉明入国に伴い多幸山天徳寺が江西山天徳寺と天臨山龍穏寺になった時の経緯を語る資料であり貴重である。蘭叟和尚、河口兵右衛門は実在の人物であり、この龍穏寺伝承は当時の状況の一端を語ったものでありおそらく事実である。ただし、龍穏寺側は蘭叟和尚を江西山天徳寺の開山と認識しているが、それは間違いで開山は南源和尚であり、蘭叟和尚は妙心

寺側の先発隊のような存在であるに過ぎない。又、その年代設定については龍穏寺の記録には混乱がある。天徳十五世中興天徳八世中叟就和尚が亡くなったのは慶長八癸卯四月十六日である（560来由第二草）。その後継・天徳八世大仙和尚については天徳寺資料は何も語っていない。加藤嘉明は慶長七年正月に松山城築城に着手、天徳寺の再興を表明し南源禅師に入院を請うのが慶長八年八月である（510南源臨済）。同年十一月には南源は上京、十二月十九日には「出世正法山妙心寺」の後陽成天皇の綸旨を受ける。その頃妙心寺で雲居膺和尚、南源和尚は旧交を温め、その席に加藤嘉明も同席したことがある。加藤嘉明も南源に前後して上京したと思われる。そうしたことから河口兵右衛門の葬儀を口実にして蘭叟和尚が天徳寺の方丈に入ったのは慶長八年四月から八月の頃と思われる。（南源が没したのは元和八年三月九日、河口兵右衛門は元和八年八月七日に改葬されている。兵右衛門の死亡年月は確認できない。川口兵衛門の改葬は二世・蘭叟紹秀和尚の初仕事のように見える。蘭叟和尚が方丈に入ったのは八月ごろだったのか……）

『一英玄了居士　元和八年八月七日加藤左馬介殿家頼　川口兵右馬』（453天徳寺秘事）

『加藤侯重臣川口兵衛門死葬　兵衛門者藤侯姪外叔也　江西山中其五輪塔于　今有』（560第二草）

すなわち南源が松山へ入る前に、或いは同じ頃、蘭叟は松山に入り強引ともいえるやり方で石屋派多幸山天徳寺から江西山天徳寺への諸事の引継ぎを実行した可能性が強い。多幸山天徳寺は河野家滅亡から加藤家による再興までの十六年間、ともかく曹洞宗石屋派の僧により、伽藍は守られていたのであり、いわゆる廃寺にはならず、多幸山天徳寺には延徳二年から慶長八年の間の種々の資料があったと思われる。しかし結局、江西山天徳寺に伝えられたのは、観音堂関係の仏像、古板版などの遺物、古文書若干、通政・通宣・牛福丸の位牌などである。蘭叟が限られた条件の下で選び、抜出したものだけが江西山天徳寺に伝えられたのであろう。弾正少弼関係の記録・遺物は天徳寺には一切、伝来していない。それらは龍穏寺の名を継いだ大仙和尚らに伝えられたのであろう。後年、蔵山和尚は「560蔵山・江西山天徳禅寺来由年譜第二草」を執筆し、通宣の多幸山天徳寺再興から南源の江西山天徳寺再興の間の経緯をまとめている。その中で蔵山和尚は伊予守通直にも触れているが、結局「至慶長九年再興時年数八十一年之間事歴我山失記録不存者記之」と書いている。多幸山天徳寺時代の記録が失われたことを嘆いているのである。「560天徳寺来由年譜第二草」では弾正少弼や龍穏寺に関わる記事はないが、開山・月湖契初禅師から天徳十五世中興八世中叟就和尚までの石屋派時代の天徳寺住持歿年月日などの記録がある。蘭叟和尚が方丈にあった位牌から書き写してきた記録が遺っていたのであろうか。左京大夫通宣侯は日勢院、即ち多幸山天徳寺に葬られたのであるが、その没年については、蔵山は「失われた」という。河野家滅亡期の混乱した状況をうかがわせるものである。曹洞宗石屋派の僧も、弾正少弼の隠居所・龍穏寺へ移住し、更に後日山越に移ったこともあって、それらの時に多くの記録が失われた可能性がある。

こうした経緯から龍穏寺と天徳寺の両者の関係はその発足当初から芳しくなかったことが推察される。慶長八年、外から新しく招かれた妙心寺派の僧・南源和尚に天徳寺の名跡は引き継がれる。蘭叟紹秀和尚は元和八年三月南源和尚没後、一度その跡を継ぐが翌九年には嘉明の再三の慰留を振り切って退院、尾州白林寺の開山となる。この時蘭叟紹秀和尚の資料は全て処分された。多幸山天徳寺の記録も失われた可能性がある。天徳寺資料では龍穏寺に関する記述は全くない。

そうした状況ではあるが、天臨山龍穏寺と江西山天徳寺に伝わる由緒……古く奈良朝に遡るべき旧刹、延徳二年・河野通宣・月湖契初禅師・寺領三百貫、法諡、通宣の没年月日……の骨格部分については、二寺に伝わるそれは一致する。また天徳寺資料では「菩提寺」という表記は見当たらないが、龍穏寺は明確に菩提寺と認識していることも注目される。

なお、江西山天徳寺には慶長八年以前の南源についての記録がない。なにか事故で失われた可能性もある。蔵山和尚が月桂寺と共同で編纂された「520年譜」、「530語録」があるだけである。

このような状況の許、慶長八年八月には南源和尚は加藤嘉明が入院し山号を多幸山から江西山へ改めた。寺號はそのままである。この時点で「多幸山天徳寺」はその歴史を閉じたのである。

二　河野宗家菩提寺・多幸山天徳寺の歩み

延徳二年庚戌六月十七日　……雖然沈傾世為国亂伽藍壊敗矣国守護河野伊豫守従三位下兼刑部太輔越智宿祢
通宣大嘆之奏上　御宇天皇後土御門院　延徳二年庚戌六月十七日當山伽藍再建営寺領如舊三百貫之地有
寄付焉　尊宿月湖禅師請迎而為主僧称再中興　（705名藍）

延徳二庚戌年六月十七日　河野刑部大輔通宣公再建　寺領回復　主僧尊宿月湖禅師請迎　中興開山矣
是第八世也　第九世廓室融　第十世徳応亭　第十一世樵岩栄　第十二世仙叟壽　第十三世南提玄竺
第十四世梅叟　第十五世叟就　第十六世南源恭薫也　（510関西臨済）

明應九年　七月廿五日「伊予國善應寺々領等之事　任亡父道基判之旨　可被令寺務之状　如件
六郎通宣（花押）　天徳寺塔頭御中」　（404古文書）

明應九年　十月廿五日　有故風早縣河野郷善応寺有兼務解除之令以後独立許畢　（705名藍）
十月廿五日　河野六郎通宣以判形善應寺領等可放寺務云々賜状　（610蔵山第二草）

明應九年　十月　得能伊予守通光ヨリ長剣一振ヲ寄付あり　（752明細帳）

明應九年　十一月　甲子吉祥之日　豫州道後名藍多幸山弥勒院天徳寺由来紀……
洛西花園鳳皇院主　主閲　天徳九世主郭融室　執筆　（705名藍末尾）

永正六年　四月十九日「吉原郷大谷作職之内、屋敷五段之事、寺家可被進退之状、如件

通宣（花押）　　天徳寺」　　（610蔵山第二草、405古文書）

永正十六年　七月廿日　大檀越河野通宣侯卒
　天徳寺殿前豫州太守刑部侍郎天臨感公大禅定門　　這牌在于今　　（560蔵山第二草）

大永四年　八月廿日　住山三十五年也　中興天徳第八世
　開山月湖契初禅師遷化　　（560蔵山第二草）

享禄三庚寅年春正月十一日　浮穴屋形得能近江守通遠　国務争論為　河野弾正少弼通直侯
　於越智郡明神山城討死三月廿三日　法号定額院殿徳雲昭山大居士　　（560蔵山第二草）

享禄三年庚寅十一月二十三日　後定額院殿徳雲昭山大居士　得能蔵人頭殿没　　（453天徳寺過去帳）

享禄四年　（湯釜銘文）……天辛卯小春如意吉辰修覆　多幸山弥勒院天徳禅寺
　徳應亭（天徳三世）撰書　　（文献57）

天文五年　八月朔　二世廓室融和尚寂　　（560蔵山第二草）

天文十七年　三月十八日　弾正少弼通直、得能新蔵人通景等、二氏（新田、脇屋）の忠節節義の正直なりし
　昔を感泣して各々墳墓の辺に霊神を祭祀する祠殿を二か所に建営して是を上下の新田明神と号しけり　　（508南山）

天文十八年十一月七日　三世徳翁亭和尚寂　　（560蔵山第二草）

永禄三年　十一月四日　四世樵岩榮和尚寂　　（560蔵山第二草）

元亀元年　三月六日　本尊正観世音菩薩像新造　或修覆　　（560蔵山第二草）
　八月廿二日　五世仙叟寿和尚寂　　（560蔵山第二草）

元亀元年庚午三月六日　本尊正観世音菩薩像新造　或修覆　　（560蔵山第二草）

元亀元年　八月廿二日　五世仙叟寿和尚寂　　（560蔵山第二草）

天正九年七月四日 塔頭　日勢院 河野六十六代左京大夫通宣侯　新建此院於天徳境内
　左京通宣侯卒号日勢院良忠大居士　　　亡日月年共失　（560蔵山第二草）
　　或記曰　天正九年七月四日後日勢院殿洞月良榮居士　（560蔵山第二草）
天正十一年四月廿四日　六世南提玄竺和尚寂
天正十三年九月　兵部太輔兼伊豫守通直　湯築山の城を引退く。　（508南山）
天正十五年丁亥四月五日　河野伊豫守通直公　有故　藝州竹原庄長生寺に於て自害　一門臣下ニモノ悲嘆ノ
　餘リ遺髪ヲ當寺に埋葬ス　後天徳寺殿前豫州太守月渓宗圓大居士　（622明治十七年上蔵院）
天正十五年四月五日　兵部太輔兼伊予守通直、親戚なる芸州毛利宍戸小早川三氏の招きにより同国郡竹原の
　庄に蟄居して三氏らの周旋に任せ内府へ愁訴の最中、通直不幸にして、四月五日死去せられにければ、
　同所弥海山へ葬る　（508南山）
天正十五年丁亥四月五日　　河野六十七代伊豫守通直侯卒号曰
　後天徳寺殿前豫州太守月渓宗圓大居士 通直公卒時齢二十四以無嗣子家系永絶矣　背豊公命令或曰　戦
　死故家系絶矣　不知孰是　（560蔵山第二草）
天正十五年　　七月十四日　　河野通直　四郎　兵部少輔　伊予守　病死
　後天徳寺殿予州前太守月渓宗圓大居士　（452秘事附属　河野系図）
天正十五年　　七月十四日　河野伊豫守越智朝臣通直　初め　兵部太輔　又　弾正少弼
　長生寺殿予州前太守月渓宗円大居士　（622明治十七年上蔵院）
天正一五年十一月……当寺領拝志浮穴両郷分者香積道音西光三寺領混入争論屡々而不止　遂裁断双方共被没
　収　寺運衰傾　不而已　総而河野家所建立之寺社多敗壊而存名而已　（610翠岩第二草）
慶長元年十一月、南源は妙心寺玉鳳院にて「芳闕嵐史」を書写　（503芳闕）

慶長六年辛丑九月廿二日　天徳十四世中興七世梅叟芳和尚寂　（560蔵山第二草）

慶長七年正月十五日加藤嘉明松山築城、起工　（文献54　加藤嘉明）

慶長八癸卯四月一六日天徳十五世中興八世中叟就和尚寂　河野家没跡己未寺宇遂年壊乱　（560蔵山第二草）

慶長八年秋頃　……蘭叟紹秀和尚は南源薫和尚に先立って、伊予に入国し、加藤嘉明の姻族河口兵右衛門の
葬儀を行う名目で多幸山天徳寺の方丈に入る　（文献14）

慶長八年八月　豫州松崎城主加藤左馬助嘉明侯與南源禅師懇和親　或日嘉明対南源　欲豫州松山城築謀要点
師請迎而初引縄　旧湯築松崎両城　移築今松山也　于時慶長八癸卯歳秋八月也　時藤侯不忍見天徳寺宇
荒廃　鐘魚瘖唖聲　遂相脩今処再三経営而一新　且附荘田百石幷山林寺院　敷地免除　諸雑費皆営霜
而特屈請再南源薫和尚焉　（510南源恭薫禅師者）

慶長八癸卯年　加藤嘉明侯旧松前城及湯築城合移今松山　藤侯初対議南源師　而向加津岡
師自張城郭形縄　藤侯感謝餘天徳寺伽藍於西方距□六丁移江西山麓　堂塔再三経営一新而附　荘田百石
諸雑費皆自官営辦矣　特屈請　南源薫和尚　而以為　中興開山之祖　因改山號江西　寺號存舊名　鐘瘖
唖聲遂相攸今処　南源和尚有入寺之偈　題曰　應豫州松山城主典廏公之　請住天徳
柱杖担来白髪秋　塹吾行履別無求
単丁住院江西月　老去同参具眼鷗　（610翠岩　第二草）

慶長八年十月　加藤嘉明　家臣や住民と共に松前より松山へ移る　（文献54　加藤嘉明）

慶長八年十一月　南源和尚上京　同十二月十九日　後陽成院皇帝之有聖旨出世正法山妙心寺其綸旨之書在于
今秘江西山　又雲居希膺与南源和尚有舊好掛錫此山中加藤侯引見之而皈崇焉　（610翠岩　第二草）

三　河野家菩提寺・多幸山天徳寺　その後

多幸山天徳寺は現・文教会館（松山市道後）付近にあった。「湯之町廃寺」があったところである。「北國の役に戦没した官軍の義士卒等が魂魄を祀る」ために興国二年に創建された「妙心寺派の勅願道場」である。明徳四年、細川氏に寺領を没収され以後衰退する、以後得能通範が再建した観音堂に依り命脈を繋いだ。一方、河野氏は室町時代の初め頃、その伝統的な拠点・北条河野郷から離れ、道後の地に本拠地を移す。その道後の地の整備が本格化するのは文明十四年豫州家・河野通春を破った頃からであり、宝巌寺、石手寺、大山寺などの整備を進める。湯築城の内堀を造ったのもこの頃であろう。延徳二年、河野通宣は曹洞宗石屋派の月湖禅師僧を招き、天徳寺を再建する。明應九年には妙心寺、善應寺、得能氏らの承認を得て天徳寺を河野宗家の菩提寺として再発足させた。

以後、天徳寺は得能氏の管理から離れ、以後天徳寺に関わるのは原則、河野宗家のみになった。得能氏も原則入寺を許されない特殊な寺になったのであるが、勅願道場多幸山天徳寺を造営した得能通政の位牌（442位牌）はそのまま今に伝えられている。以来、藩政時代、江西山と山号が変わってからも天徳寺は河野家の菩提寺として機能し続ける。次に示すのは享保年間、天徳寺で行われた河野通宣、河野通直（牛服丸）の法事の記録である。

（453過去帳　江西山天徳寺）

享保三戌七月　天徳寺殿天臨感公禅定門　二百回忌大施餓鬼　大旦那河野通宣永正十六年七月廿日

享保十七子四月　後天徳寺殿月渓宗圓大居士　百五十回忌　修行　天正十五年丁亥四月五日

湯月山城主伊予国司従四位兵部太輔　河野伊予守越智朝臣通直公

藩政時代、幕府から許しを得て全国を遊行している遊行上人であるが、この時代、上人は河野所縁の地へ参詣することは藩に対して遠慮している（文献8）。そうした時代、延享四年五月九日、伊予を回国していた遊行上人五十一代賦存は天徳寺へひそかに使いを遣わし香奠を遣わしたことが「遊行日鑑（文献41）」に書き残されている。天徳寺が河野氏の菩提寺であり、時衆の祖・一遍上人ゆかりの寺であることを遊行上人側は強く意識しているのである。蔵山和尚はいただいた香奠を原資として「天徳寺殿の厨子」を新たにした。その経緯が厨子の底に書き残されている。

「当所了音寺（龍穏寺）、天徳寺へ密〻ニ而為墓参、等覚庵被参候、忍故ニ役人中へ無沙汰也、是ハ御先祖御位牌有之候、鳥目壱貫文ツ〻香奠遣候（文献41　遊行日鑑）」

「京寺町　冨士屋六兵衛　作　勲時用妙心開山遠忌而上京　宝歴九己卯秋九月新造納天徳寺殿之牌蓋　其資者延享丁卯　藤沢上人行化此邦掩留道后之　介僧納銭一貫文供之　於感公牌前其財逐年而殖焉以作此龕護神牌住持蔵山宗勲誌　代銀五十銭目也（444　河野通宣　厨子）」

得能家が再び天徳寺と関係を持つようになるのは河野家滅亡後、江西山天徳寺になってからである。次に示す過去帳の記事がその最初の事例である。

寛文十年（一六七〇年）七月十五日　天真院本源貞性大姉　得能備後（家）元　奥平次郎大夫母
（453過去帳　江西　天徳寺）」

例外が一つある。

「享禄三年庚寅十一月二十三日　後定額院殿徳雲昭山大居士得能蔵人頭殿没　（453天徳寺過去帳）」

「享禄三庚寅年春正月十一日　浮穴屋形得能近江守通遠　国務争論為河野弾正少弼通直侯
於越智郡明神山城討死三月廿三日　法号定額院殿徳雲昭山大居士（610蔵山第二草）」

「享禄三年三月廿三日　明神山城主近江守通遠戦死　在世中当山ヲ帰依有ヲ以テ第九世廓室大和尚法號ヲ諡ル定額院殿徳雲昭山大居士（751寺籍調査表　明治二十九年）」

「453江西山天徳寺過去帳」……十七世紀に編纂されたものである。通遠とは得能通景の嗣子、実・重見通種の弟（452天徳寺秘事　附属河野系図）。得能通景は三十年前、新たな体制の発足する多幸山天徳寺の門出を祝して、三十貫の地を寄附した人物である。享禄年間、河野家重臣・府中石井山城主・重見通種が大内氏に内通し反乱を起こし、河野通直が派遣した来島通康により鎮圧、通種は周防國へ逃亡……という事件が起きた（大永・享禄の乱……通種はその後弘治元年厳島合戦の際、自害）。一方、通遠は戦死を覚悟し、ひそかに天徳寺を訪れ法號を貰ったのである。この時代になっても、得能一族には天徳寺に対する特別の思い入れがあり、これを承知している天徳寺の主僧が通遠の来訪を受け入れたのである。通景は晩年、天文十七年弾正大弼通直とともに日浦を訪れ、新田、脇屋氏の忠義節義の正直なりし昔を感泣して、各々の墳墓の辺に霊神を祭祀する祠殿を建立、新田明神と号した（505南山）。

享禄四年、多幸山弥勒院天徳禅寺徳應亭は弾正少弼の求めに応じ、「道後湯釜銘文」を書いている（文献57）。彼は「706名藍天徳寺由来紀」を執筆した天徳九世主郭融室の法嗣である。弥勒院という院号を略している資料が多いが、彼の肩書は「名藍天徳山弥勒寺」の伝統を引き継いだことを強く意識していたことを示している。

弾正少弼通直に関わる記録は天徳寺には一切残されていない。龍穏寺に引き継がれたのであろう。河野左京大夫通宣は日勢院に祀られたという。日勢院は天徳寺の院の一つである。従って天徳寺に位牌が残されるべきだが、蘭叟和尚の時には既に位牌などの遺物、記録は失われていたのである。

「亡日月年共失　或記曰　天正九年七月四日　後日勢院殿洞月良榮居士（610蔵山第二草）」

四　最後の河野家当主　河野牛福丸通直　天正十五年丁亥年四月五日没

河野牛福丸通直の没月日については、天徳寺資料の中で二種類ある。四月五日説と七月十四日説の二つである。以下、通直の没月日を語る資料を紹介する。「⑩豫陽河野家譜」「⑪海南漂萍秘録」は天徳寺とは無関係の外部の資料であるが参考として加えた。

①「位牌　……彼のお位牌は裏面が不自然に加工され（削られ、その上に漆）、かろうじて「四月」と思われる文字がわずかににじみ出てその存在が窺えるだけである。（445牛福丸の位牌）」

②「後天徳寺殿前豫州太守月渓宗圓大居士　天正十五丁亥四月五日
湯月山城主　伊予國司従四位兵部太輔　河野伊予守越智朝臣通直公　（453過去帳）」

③「……天正十五年四月五日死去さられにければ同所珎海山へ葬りける、法號　長性寺殿前豫州太守月渓宗圓大居士を贈らる、ここに一族臣家の面々等悲嘆の余り御遺髪及什宝の器具等本国道後天徳禅寺に送葬してより法號を後天徳寺殿前豫州太守月渓宗圓大居士を贈られる　（508南山）」

③「天正十五丁亥四月五日　河野六十七代伊豫守通直侯卒号曰後天徳寺殿前豫州太守月渓宗圓大居士
（560蔵山第二草）」

⑤「天正十三乙酉年九月豊太閤秀吉公依命、小早川左衛門佐隆景攻豫州河野通直幷一門封被召放
通直芸州竹原庄蟄居中、同年十五丁亥年四月五日自害矣　同所埋葬　號　長性寺殿前豫州前太守月渓宗圓大居士、御遺髪収当寺、號　後天徳寺殿、霊屋建営焉　又小早川氏領伊予国、同十五年正月小早川氏封移筑前名島其跡福島左衛門尉正則于玆於而河野家断絶通直侯齢二十四無嗣子家系永絶矣　（610翠岩判第二草）」

⑥「天正十三年九月本国を退き芸州沼田の庄竹原に蟄居中不幸にして同十五年七月十五日（イ本四月五日トアリ）
病死し給ひ同所長性寺に葬り法號を長性寺殿前豫州前太守月渓宗圓大居士と贈り給う
一族臣下の者とも悲嘆のあまり御遺髪を本国道後天徳寺に送迎して葬り奉りぬ法號後天徳寺殿前豫州太守月
渓宗圓大居士を贈りぬ……　（604花乃隈遠音の轡　第五の巻）」

⑦「通直　四郎　兵部少輔　伊予守　天正十五年七月十四日　病死　葬長性寺　移廟天徳寺
後天徳寺殿前豫州太守月渓宗圓大居士　（452天徳寺秘事・河野系図）」

⑧「天正十五年丁亥年四月五日
後天徳寺殿豫州前大守月渓宗円大居士河野伊豫守通直公　（622上蔵院）」

⑨「天正十五年七月十四日卒　始メ兵部太輔　又弾正少弼ト云ウ
長生寺殿豫州前太守月渓宗円大居士　　河野伊豫守越智朝臣通直
天遊永寿逆修　河野左京太夫通宣室　通直ノ母
芸州甲立城主　宍戸安芸守女也
為菩提三百年回忌　（622上蔵院）」

⑩天正十五年夏国家再騒動……以小早川隆景代于加筑前、福島正則賜其跡之由巷説矣、……同七月九日出湯
築城……頃日太守依御不例、而……入浴有馬温泉給、三七日而後詣于紀州高野山……其後赴芸州隠蟄于竹原
給……万事雖任御心如此以後者ヶ月不興、一日無慰御心之期是偏寄思於台命なり、異例日増容顔時衰、……
十五日御違例増危急、不及否之御沙汰……致種々祈誓、雖被加数家医療、更無其験、即夜逝去給。……
（文献18　豫陽河野家譜）

⑪「海南漂萍秘録に云……通直は此敗聞に接するや諸士の赤心を推し我不運を憾み涙を呑で慟哭し遂に自刃し
て歿せり　実に天正十五年四月五日なり……　（文献36海南漂萍秘録）」

四月五日説を唱える資料・①、②、③、④、⑤は全て、天徳寺の内部資料というべき性格のものであり、七月十四日説を唱える資料・⑥、⑦は天徳寺の外で造られ、後日天徳寺に伝えらたものである。⑥は（イ本）として四月五日説に触れている。「⑦天徳寺秘事・河野系図」は松平藩の時代になって得能次郎左衛門通広、或いは得能弥三郎が天徳寺に納めたものであろう。通広の祖父は得能通慶、父は通弘である。通慶は「八幡の藪事件」で誅罰に処せられた人物、通弘は通慶が亡くなった後、摂津へ逃れ、後に加藤嘉明、明成、蒲生忠知に仕え、蒲生家断絶後、野田村に蟄居した人物である。この河野家滅亡の時代を熟知している通弘が残したこの系図は通直の没月日を七月十四日、法諱には「後天徳寺殿」と書かれている珍しい例である。

「622上蔵院資料　追善高野山上蔵院墓所」は、得能通義が明治一七年陰ノ七月十二日に一族を引き連れ、高野山上蔵院へ参った時の記録である。通直の三百年回忌であるという。明治十七年四月十日に得能通綱、土居通増に正四位追贈を受けたからその記念という意味もあったかもしれない。明らかに得能通義の個人的な資料であるが、通義没後、遺族が彼の机に残された天徳寺関係の資料一式（620）を天徳寺に戻したときに紛れ込んだものである。（622）に押された印章は得能通義のものである。高野山上蔵院は明治二十一年の大火により焼失するが、ここにあるのは焼失以前の上蔵院との関わりである。「622上蔵院」は二枚の資料（仮称・資料甲、資料乙）からなる。資料甲、資料乙は紙のサイズが異なる。

資料甲の表・「高野山上蔵院　御執事所」、「経費五圓奉納」、「通義以下、嫡子、同姓分家　五人、印

資料甲の裏・「控　長生殿通直、七月十四日卆」、「天游永寿逆修、通直、母」、「為菩提三百年回忌」

資料乙の表・「日勢院殿河野通政」、「天徳寺殿河野通宣」、「後日勢院殿河野通宣」の没年月、法諱

資料乙の裏・「後天徳寺通直、四月五日歿」、「松花院加藤嘉明」の没年月、法諱

が書かれている。これらの資料は得能通義が高野山参詣の為に準備した資料であろうか。得能通義は、長生殿

通直と後天徳寺通直が異なる歿年月日を有することを認識していたのである。

資料乙の裏に押された大きな印章は通義のものである。彼がこの印章を用いた例は「627聖観世音菩薩略縁起」の中で「627・72松山西国第七番　観音堂営繕志□芳名　山越　信□」にある。彼が個人的に非常に重要なものと認識した資料に用いた印章であろう。

③、⑥、⑩、⑪はいづれも土居了庵が関係する。同一人物の編纂物であるにも関わらず、四月五日説七月十四日説が混在している。

「③南山霞鈔」は、慶長八年冬至　南源和尚が妙心寺龍泉院にて輯録したものであるが、彼の徒弟であった土居了庵から聞いた話をまとめたと思われる。

「⑥花乃隈遠音の轡　第五の巻」……末尾のメモから土居了庵の作品と確認できる。

「⑩豫陽河野家譜」はその末尾に「此書ハ天正十五年八月　春禅院殿依命、土居入道了庵而今岡陽向軒一忍居士撰」とあり、了庵の作品である。

「⑪「海南漂萍秘録」……その末尾の記事から慶長五年ころ伊予に居た人物で、築山、得能、和田、土居に近い人物の作品と思われる。おそらく、土居了庵の著作であろう。南山霞鈔の終わりは「豫州道後天徳寺建立の事　附　河野家衰敗の次第」である。論者は「海南漂萍秘録」「豫州道後天徳寺建立の事　附　河野家衰敗の次第」は共に土居了庵が書いたものであり、その一つを南源に渡し、一つは手元に残したのでは……と思っている。

※　参考　「第四章第二節　南源宗薫を巡る人々」

土居了庵は八幡の藪事件、天徳寺における河野家臣団の別れの場を身近に、或いは直接体験したと思われる人物である。その了庵が関わった資料では③、⑥、⑪は何れも、四月五日説であり、春禅院殿依命で作られたという公的な性格を有する「⑩　豫陽河野家譜」だけが七月十四日説に固執する。

河野牛福丸通直の没月日については、何か「政治工作」があったと思わざるをえない。

五　「八幡の藪」事件　牛福丸の後継者・河野通軌

「508南山霞鈔『豫州道後天徳寺建立し事　附て　河野家衰敗の次第』」、「604花乃隈遠音の轡　第五の巻」

「海南漂萍秘録（文献36、『続　温故録』）」

この三つの資料は天正十五年四月五日の前後に起った河野家の最後を語る挽歌である。「海南漂萍秘録」は大正十三年に発刊された資料集・「続　温故録」の中にある。天徳寺資料ではないが、その中で「河野家譜」の紹介に続いて海南漂萍秘録が紹介されている。「海南漂萍秘録に云　牛福丸家を継て……」で始まる記事は、南山霞鈔を理解する上で貴重である。

なお、天徳寺資料中にも「718海南漂萍秘録」という記事があるが、「718」は興国二年の多幸山天徳寺創建の話を紹介したものである。「花乃隈遠音の轡」は「南山霞鈔」に類似している。

次に「508南山霞鈔」、「文献36　海南漂萍秘録」を抜粋して示す。

※参照　資料編　その一　【八幡の藪　河野通直十五年四月五日死去（508南山霞鈔）】

「南山霞鈔……河野通直……、同十五年四月五日死去せられにければ、同所珎海山へ葬りける法號長生寺殿与州前太守月渓宗圓大居士を贈らる、茲に一族臣家の面々等悲嘆の餘り御遺髪及び什宝の器具等本国道後天徳禅寺に送葬してより法號を、後天徳寺殿豫州前太守月渓宗圓大居士を贈られるは、是河野六十五代の頭領絶果嗣子無ければ御母春禅院殿には、中国の太守毛利大膳太夫大江元就の孫娘にして、藝州甲立五竜山の城主宍戸安藝守の息女なれば、其甥七郎なる但馬守景好を迎へて河野の家を継がしむ、諱を通軌と改めたり……斯の如く継嗣子通軌をして愁訴するも、豊太閤の憤怒甚しくして遂に河野の舊領豫州及び周防、芸州、備後の諸島に至る迄少しも返され給はざれば、此一族郎従或は臣下の者に至る迄、皆浮浪の身になり行ぬれば、各々が悲憤激意を起し、茲に河野但馬守通軌を始め、得能備後允通慶、土居左京亮通真、栗上因幡守通宗、松末美濃守通為、枝松太郎通栄、井門宗左衛門尉義安、南山城守通具、和田左衛門尉通繁、……此外普代重恩の氏族郎従六千三百餘人の内、死を顧ざる一騎當千の勇士僅か三百人、鬱憤を晴らさん為陰謀を企て、豊太閤の九州へ征伐の途次を窺ひ、八幡の藪中に屯伏して各々狙撃し、怨を一戦に晴らし刺違へて死せんものと一諾したりけるが、事果さずして遂に首謀の七将、河野、得能、土居、南、栗上、和田、大野は誅罰に處せられ、此外十七士は戦場に討死し、此外は亂れて散々行末の知れざりしとぞなりたりけれ

此騒動の早くも本国に告る者ありけば、首謀等が親子兄弟等此禍の罹るを畏れて皆古郷を離れ、他国の知音を問ひ求め各々姓名を偽り名乗りて、適意に潜居の地を探り求め、或いは武者修行となりて宣き主人を求めんとするもの多し……河野累世の菩提所天徳寺に総集して、各々今後の良策を談合しけるこそかなしけれ

嗚呼惜しむべき河野の家なる哉……慷慨悲涙に溢れ恨むらくは、此れ豊臣氏にして、罹る憂ひに苦しむ、忽ち浮浪の身となり、余が子孫等いかでか人口の笑いを恥じざらんやと、同志憤激涙に沈みし處を気の毒に察視して、當寺の主僧梅叟芳禅師泰然として、諸士の席末に進み出で、諸氏公い可に歎くなかれ……衆公ゆえなくして斯く家を亡ぼさしめたるは、其罪豊公に報ゆざらんはなし、天の咎め彼豈何ぞ十年を保ち難からん、……その辦舌水の流るるが如く、老僧の衆を諌め励ましぬれば各々快然として、愁眉を開き、各家祖先の霊位の前に額づき礼拝終わりて、父子兄弟朋友相互に再会を告げ、哀別を知らせ合い、各々適意の地へ向け、離散をぞしたりけれ

（508南山霞鈔）」

南山霞大尾　南山霞鈔

「……海南漂萍秘録に云　牛福丸家を継て河野伊予守兼兵部大輔通直と云、天正十三年九月九日豊太閤秀吉の為に伊予国を没収せられたるにより、毛利輝元、吉川元春、小早川隆景の招に応じ安芸沼田本庄に蟄居。毛利の吹擧により内府へ哀訴嘆願幾重も運ぶと雖も遂に許容なくして断絶す。茲に毛利家評議して河野通直の母は春禅院殿と号して毛利元就の孫女なれば、此血筋を以て河野の家を継興さしめんと河野の家へ相談ありけるが何れも故障なきを以て五龍山の城主宍戸安芸守元家が孫にあたる安芸守隆家には毛利元就の女を配し生せし子一男三女あり長男を宍戸安芸守左衛門佐元秀と云、長女を伊予太守河野刑部大輔通宣室、二女を吉川治部少輔元長室、三女を毛利中納言輝元室なり。また宍戸元秀の長男備前守元継は備中鬼身の城主なりしが、其弟但馬守景好を以て河野通直の養子として伊予受領の事を愁訴すると雖も、更に内府聴許せざるを以て、通直初め但馬守通軌（宍戸景好諱を改む）、春禅院殿（但馬守通軌の義祖母実は叔母なり）、浮穴館得能備後守通慶、戒能藤兵衛尉通次、南山城守通具、平岡遠江守通倚、河野壱岐守通資、和田左衛門尉通繁、松末美濃守通為、枝松太郎左衛門尉通栄、大野山城守直昌、土居兵庫頭通建、土居左京允通真、井門宗左衛門義安、栗上因幡守通宗、久枝肥前守通盛、垣生加賀守盛周、正岡右近太夫通経、三好長門守秀義、三善内蔵助秀勝、大内伊賀守信恭、名加石見守通時、仙波大炊介貞高、佐伯河内守惟之、戒能備後守通盛、大西弾正通秀、……（略）……等累世恩顧の士道前道後各所の寺院に密会評議して各郡より選抜の武士三百人を芸州沼田本郷へ送り毛利宍戸二氏へも密告し、一隊は船に乗り、竹原湾の要所に備へ一隊は竹原珍海山の麓八幡藪中に潜伏して秀吉の到るを待つ

既にして秀吉は予定の如く乗船を竹原湾に止め上陸して雲龍閣に入るを見るや河野但馬守通軌、得能備後守通慶、戒能藤兵衛尉通次、和田左衛門尉通繁、南山城守通具、平岡遠江守通倚、大野山城守直昌、土居兵庫守通建、土居右京通真、松末美濃守通為、枝松太郎左衛門尉通栄、大内加賀守通恭、井門宗左衛門義安、仙波大炊介貞高、佐伯河内守惟之、大西弾正通秀、黒川肥前守通廣、井上三郎左衛門通重の十八人は藪中より踊出で

雲龍閣の三方に攀じ登り縦横に奮撃せしが衆寡敵せず或は戦死し或は自殺して一人も生還せし者なし又河野壱岐入道、粟上因幡入道、大野隼人正、得能刑部、重見美濃八倉兵庫高井伊豆伊藤若狭垣生肥前入道牛淵美作池内丹後伊東刑部田窪式部東河内入道相原土佐守白石宮内宮崎刑部合田弥八郎中村帯刀松田美作守森讃岐宮脇新左衛門尉高市修理桑原摂津入道稲葉越後拝志四郎別府大学村上左衛門吉岡修理高市図書允越智駿河三郎三好長門守正岡右近入道等は敵の囲む所と為り竹原湾の船中にて自殺せり其他の諸士は此場を遁れ去り各自に便宜の地に潜匿したり

通直は此敗聞に接するや諸士の赤心を推し我不運を憾み熱涙を呑で慟哭し遂に自刃して歿せり　実に天正十五年四月五日なり　秀吉は此変を見て厳重に処分を命じ怱々竹原湾を去り九州に発向せり　既にして河野通軌、得能通慶、河野通資、戒能通次、戒能通森、和田通繁、土居通建、土居通真、粟上通宗九人は首謀者とし死屍に就て首を刎ね沼田本庄に於て梟首の刑に処せられたり

当時大逆の罪を犯したる者は其妻子は死刑に処せられ其父母兄弟は流罪に処するの定律なれば河野一族は父母妻子何れも離散して知音に寄食し又は山谷の間に潜匿して苦心焦慮の内に歳月を送るの身とは為りにける中に就て河野通軌の嫡子大蔵通昭は母の実家築山家に匿れ居たるが本姓を廃し築山大蔵と改称し、武者修行の身にて諸国を廻り遂に剣鎗の奥儀に達し河野流の元祖となり又外祖父宍戸家に伝る宍戸司箭流の奥儀を究め中興の祖となる。慶長三年豊臣秀吉没するの後ち福島左衛門太夫正則に仕え新知千石を領せり。得能通慶の嫡子太郎通弘は母兄弟と共に浮穴館を去り浮洲太郎亦徳威又太郎と改称し、摂州兵庫の遊行寺に潜匿しけるが同寺の領地菟原郡都賀野村の庄官となり居たるが慶長五年三月末弟八郎通明に職を譲り母妻子を携え本国浮穴郡野田井なる浮穴館址土居屋敷に帰任す同年九月藝州より宍戸善左衛門尉、村上掃部頭能島内匠曾兵庫介等兵を率ひ加藤左馬介嘉明が関ヶ原出陣の留守に乗じ伊予郡松前城を攻めんとて古三津に陣す。浮穴郡荏原郷吉岡城に於て河野家の諸浪人戒能、平岡、正岡、伊藤、相原、榎村井上、久枝、以下百餘人郷民を招集し其勢五千余人芸

州勢に應じ戦闘日を累ねしが通弘奇計を巡らし加藤家の老臣佃次郎兵衛尉十成に通じ鎮撫の功を以て新知千石を領したり、又戒能通次の弟三郎左衛門尉通邑は山中に潜匿して戒田と改称す、和田通繁の男太郎通勝は紀州高野山上蔵院に潜匿し居たるが、慶長三年十一月久米郡吉井郷東土居に帰住し吉井太郎左衛門と称す。土居通真の弟了庵は僧となり京都妙心寺に在りしが土居家の絶へんことを懼れ本国に帰り還俗して柏谷に潜匿し地名を取て柏谷氏と称せり。栗上入道通宗の男左衛門通賢は土州幡多郡月山の麓に潜匿しけるが、慶長五年伊予郡余戸に帰住し阿沼太郎右衛門と称す、南通具の男太郎左衛門通存は筑前国箱崎庄に潜匿して東野太郎と称す、其他の諸族も皆姓名を変じて所々に潜匿し、或は農商と為り或いは武家の奉仕して各其家を存して祖先の祭祀を奉じたりける。

（文献17『海南漂萍秘録』）

「南山霞鈔」は「八幡の藪」事件の後、急遽、行われた天徳寺総集の場面を、情感を込めて描く。土居了庵が描いた河野氏一門の挽歌であろう。

主僧梅叟芳禅師が登場する。河野滅亡後、次の三名の和尚により天徳寺は守られていたのである。

天正十一年　四月廿四日　　六世南提玄竺和尚寂
慶長六年辛丑九月廿二日　　七世梅叟芳和尚寂
慶長八癸卯　四月一六日　　八世中叟就和尚寂

「海南漂萍秘録」は八幡の藪は竹原湾に隣接する雲龍閣の麓であるという。竹原・礒宮神社境内であろう。当時、礒宮神社（竹原田ノ浦一丁目）の西側は直接海に面した岩場であったと思われる。北方、五百mほどのところに長生寺がある。八幡の藪事件後、伊予を出国した関係者、遺族のその後の動向を語っている。八幡の藪事件後、国を後にした者も、慶長三年九月に秀吉が亡くなると帰国を始める。河野通軌の嫡子築山大蔵通昭は慶長三年には福島正則に仕える。得能通弘、慶長五年三月帰国。和田通勝、慶長三年十一月帰国、栗上通宗、慶長五年十月帰国。その外、戒能通邑、戒田に改称、南通存、東野太郎と改称、土居了庵も帰国し柏谷氏と改称などの例を紹介している。

「南山霞鈔」、「海南漂萍秘録」双方が語ることは、

「天正十三年九月に湯築城を引き退いた事」、すなわち「伊予の国を没収されたこと」、「六千三百人の氏族郎従から選抜された三百人の軍団が編成され、芸州沼田本郷に押し掛けた事」、「軍団の中の一部の首謀者は九州征伐の途次の秀吉を狙い八幡の藪に潜み、龍雲閣を襲撃した事」、「襲撃者十数人は全員、討死した事」、「一部の首謀者は誅罰された事」、「その首謀者の中には河野通軌もいたこと」、「襲撃に直接参加しなかった者も敵に襲われ、乱れて散々……多くは此場を遁れ去り各自に便宜の地に潜匿、戦死者、自殺者が出た事」、「通直の死は四月五日であること」、……などが語られている。更に「海南漂萍秘録」は「通直の死はこの八幡の藪事件が直接の原因であり、自刃した」という。九州征伐の途中の秀吉は天正十五年三月十三、十四日、三原に立ち寄ったという。秀吉を狙って龍雲閣襲撃があったのは天正十五年三月十五日であろう。

「海南漂萍秘録」の「八幡の藪事件」について、論者は次のように推論している。

……天正十三年九月に伊予国を没収された

……毛利の吹擧により内府へ哀訴嘆願……遂に許容なく、天正十四年上期には河野家「断絶」がほぼ確定的になる

……天正十四年八月には小早川隆景は秀吉、輝元の要請を受けて九州へ進発する。河野通直は湯築城を立ち退いた時点で、河野家当主としての実権を失っているのであり、小早川隆景は自身の伊予進発後の伊予国の体制を整備しておく必要に迫られた。

……小早川隆景は旧国人衆を温存したまま、九州へ島津征伐のため、伊予を後にしている。隆景がいない伊予では、「少人数の隆景直属の安芸衆」だけでは、河野時代の国人衆の動きを規制することは殆ど、不可能であったであろう。

……そうした状況の許、「河野の家を継興ため河野の家へ相談し、何れも故障なきを以て天正十四年夏には宍戸景好を河野通直の養子とすることが決定していたと思われる。

……当主になった河野通軌の大きな役割は「伊予受領」交渉の責任者であった。

……養子が決定したその時点で河野通直は隠居となったのであり通軌が当主である。通直が毛利輝元、吉川元春、小早川隆景の招に応じ安芸沼田本庄に蟄居するようになったのもこの頃であろう。

……河野通軌による愁訴も、内府聴許せざる……事態は動かない……河野家当主・河野通軌も、「伊予受領の事」を掲げ、それを推進しないかぎり、彼らをコントロールすることは困難であったと思われる。

……宇和喜多山方衆、野間衆、越智衆、桑村衆……などの単位で河野恩顧の士が密会評議して、武士三百人を撰ぶ。……河野時代の国人衆のまとまりがまだ機能している

……名簿には通直、通軌、春禅院三名の名前から始まる。

三百人の名簿は哀訴嘆願を行うための一種の「一揆」賛同者の名簿のようなものであろうか。

この「一揆」は何処の、誰に愁訴するつもりなのか、はっきりしたあてもなく、動き出す。

……通軌や河野時代の有力者は一揆のリーダーに担がれる。通直、春禅院は別として、通軌は継嗣子になった時の経緯もあり、遁れることはできなかった。

……三百人の本隊は沼田本庄へ向かっている。これは小早川氏の根拠地であり、小早川氏への嘆願が狙いだったのだろうか。

……秀吉襲撃が行われた「竹原珍海山の麓八幡藪」とは、現在の竹原市田ノ浦の礒宮八幡神社付近である。

……八幡の藪に潜伏し、討死したのはわずか十八人であり、三百人の中のリーダー格の者だけである。

……十八名は上訴するつもりで少人数で潜伏していたとおもわれるが、上訴など許されるものではなく、秀吉の親衛隊に発見され、そのまま戦闘となり討死したのであろう。

……当時、通直は春禅院と共に長性寺近辺に居た。伊予における「一揆」の動きを警戒する現地の小早川氏らは通直が一揆に担がれることを恐れ実質軟禁状態にあったと思われる。すでに隠居し、実権も影響力もほとんどなかった通直は「一揆」の件もほとんど知らなかったのではあるまいか。事件があったと思われる礒宮八幡神社にも近いが、当時、竹原には雲霞のごとく、秀吉の大軍が駐留していたのであり、十八人を囲んで行われた戦闘などの異変に全く気付いていなかったと思われる。

……事件が通直に伝わったのは半月後のことであった。

「此敗聞に接するや諸士の赤心を推し我不運を憾み涙を呑で慟哭し遂に自刃して歿せり」

……小早川隆景不在の中で行われたこの事件に対し、伊予の少人数の毛利家臣は非常に曖昧な処置しか取れなかったであろう。沼田本庄に於て梟首の刑に処せられた一揆の中心人物の遺族については、流罪に処すも、残りは不問に付したと思われる。南山霞鈔にいう天徳寺総集はそうした状況の元に行われたのである。

……後日、菩提所天徳寺に総集した者は主に、「一揆」の首謀らが親子兄弟らであろう。

……天徳寺に残る御位牌は天徳寺総集の後、春禅院が中心となって手配したものであろう。

……河野家譜にある「七月十五日年二十四病卒」説は、事件が迅速に穏便に処理されたのを聞いた小早川隆景の指示で考え出されたものであり、残された河野の関係者もそれを了解したのであろう。

……事件後、事件に関わった者の責任を追及した形跡は全くない。土居了庵なども僧となり妙心寺に潜むが天正十五年八月には許されて、春禅院殿から「予陽河野家譜」の編纂を命じられている。

……一年後、天正十六年四月廿七日、通直母は少数の河野の遺臣を連れ高野山へ参り、そっと一周忌のお参りをしたのである。

……土居了安は、意識的に事件を前半と後半に分け、後半だけを南山霞鈔の最終場面に載せ、情感を込めて河野氏一門の挽歌を書き上げたのである。挽歌では通直の死と、八幡の藪事件の前後関係がぼかされている。

……「[508]南山霞鈔」はその序文にあるように「慶長八年冬至の日、妙心寺龍泉庵北窓燈下」で南源が（おそらく、了庵の草稿をもとに）輯録したものであるが、「海南漂萍秘録」も事件の関係者のほとんどが亡くなったその頃、事件の前半を記録に残すことを意図し、極力冷静に書き上げたものであろう。

第四章

江西山天徳寺

参禅道場　慶長八葵卯年八月

560 江西山天徳禅寺来由年譜第二草」の描く加藤嘉明、南源宗薫、雲居希膺

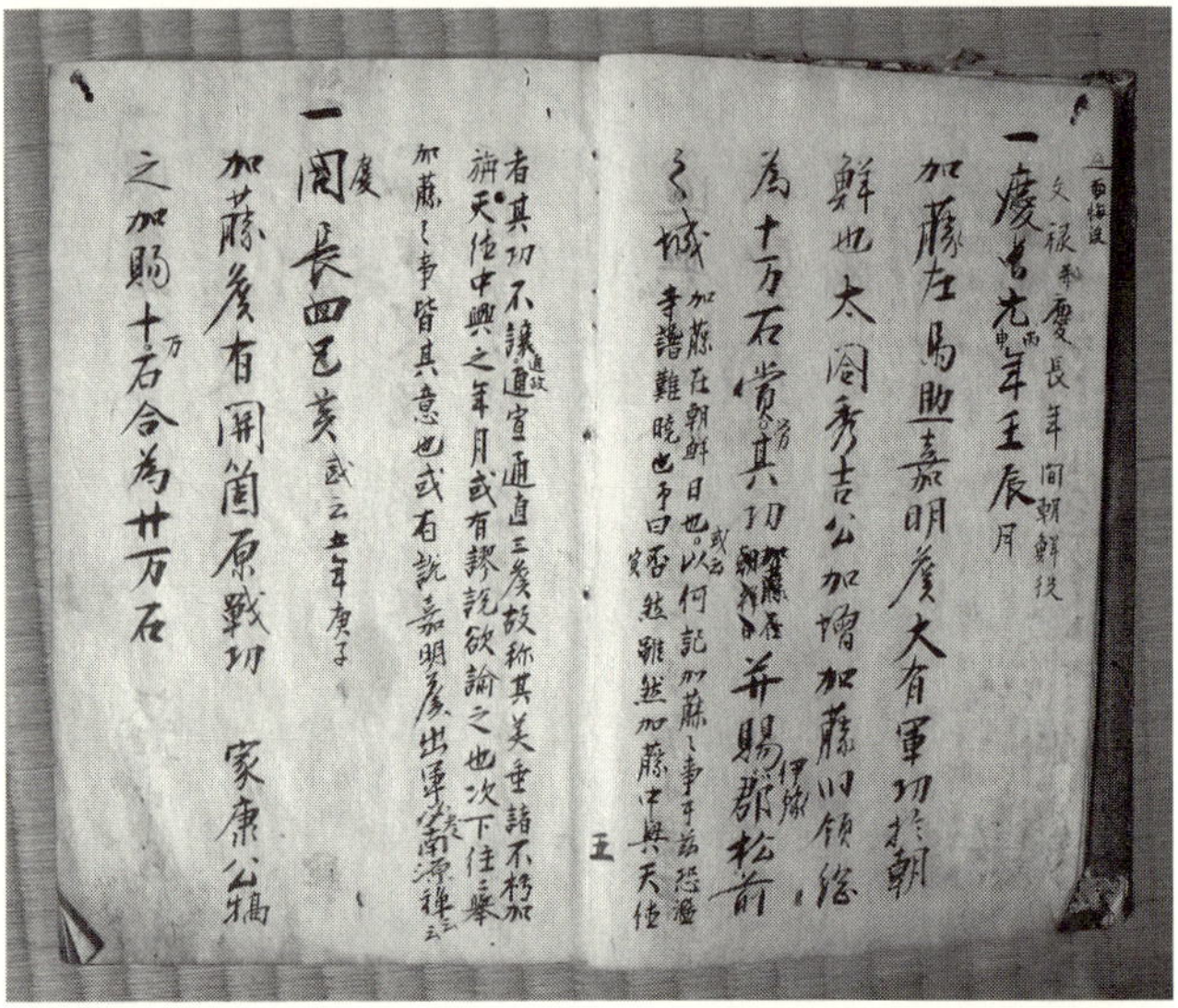

文禄並慶長年間　加藤左馬助の戦功　……嘉明侯出軍必参南源禅云云

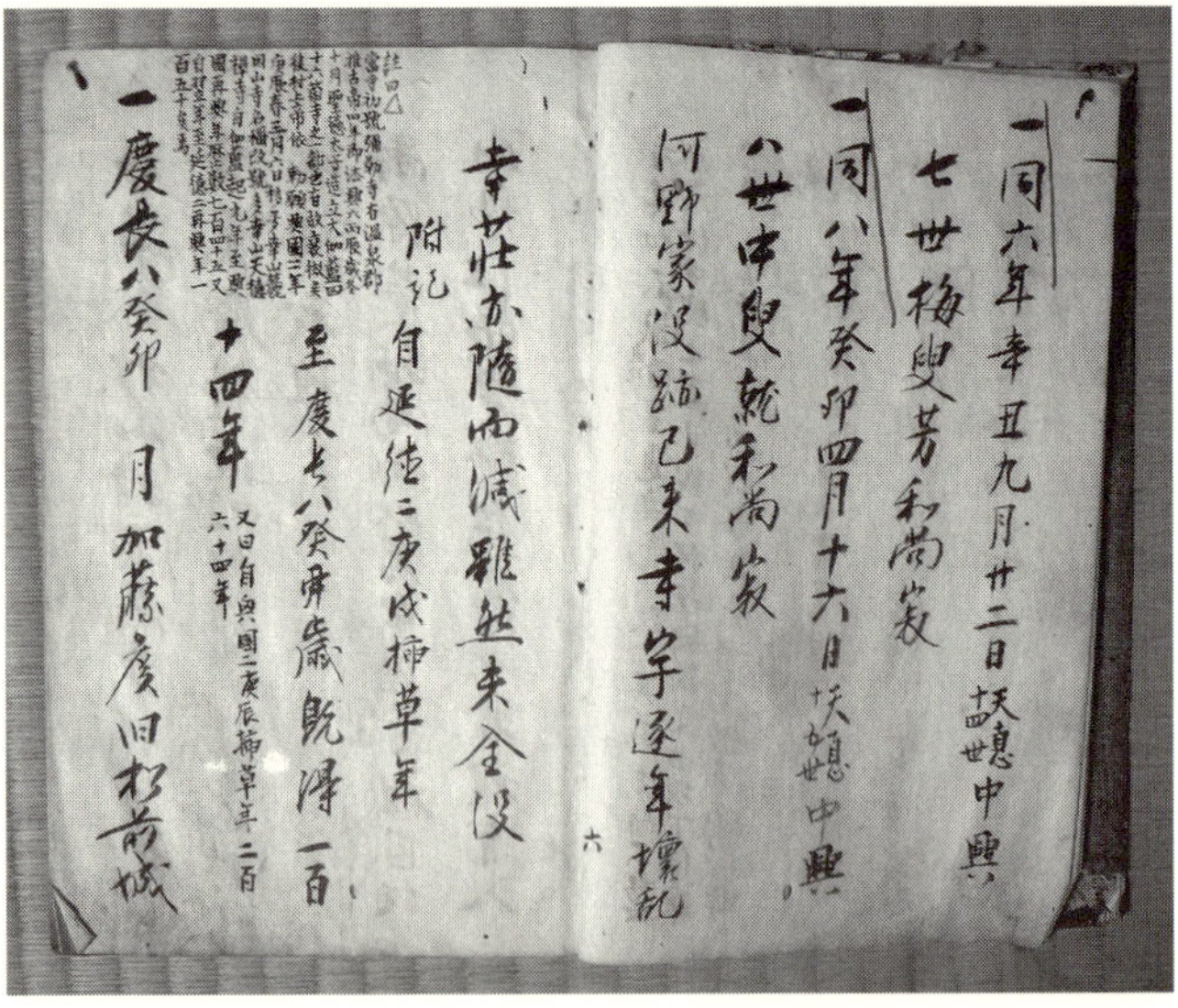

慶長八年四月　天徳八世中叟就和尚寂、河野家没跡己未寺宇逐年壊乱

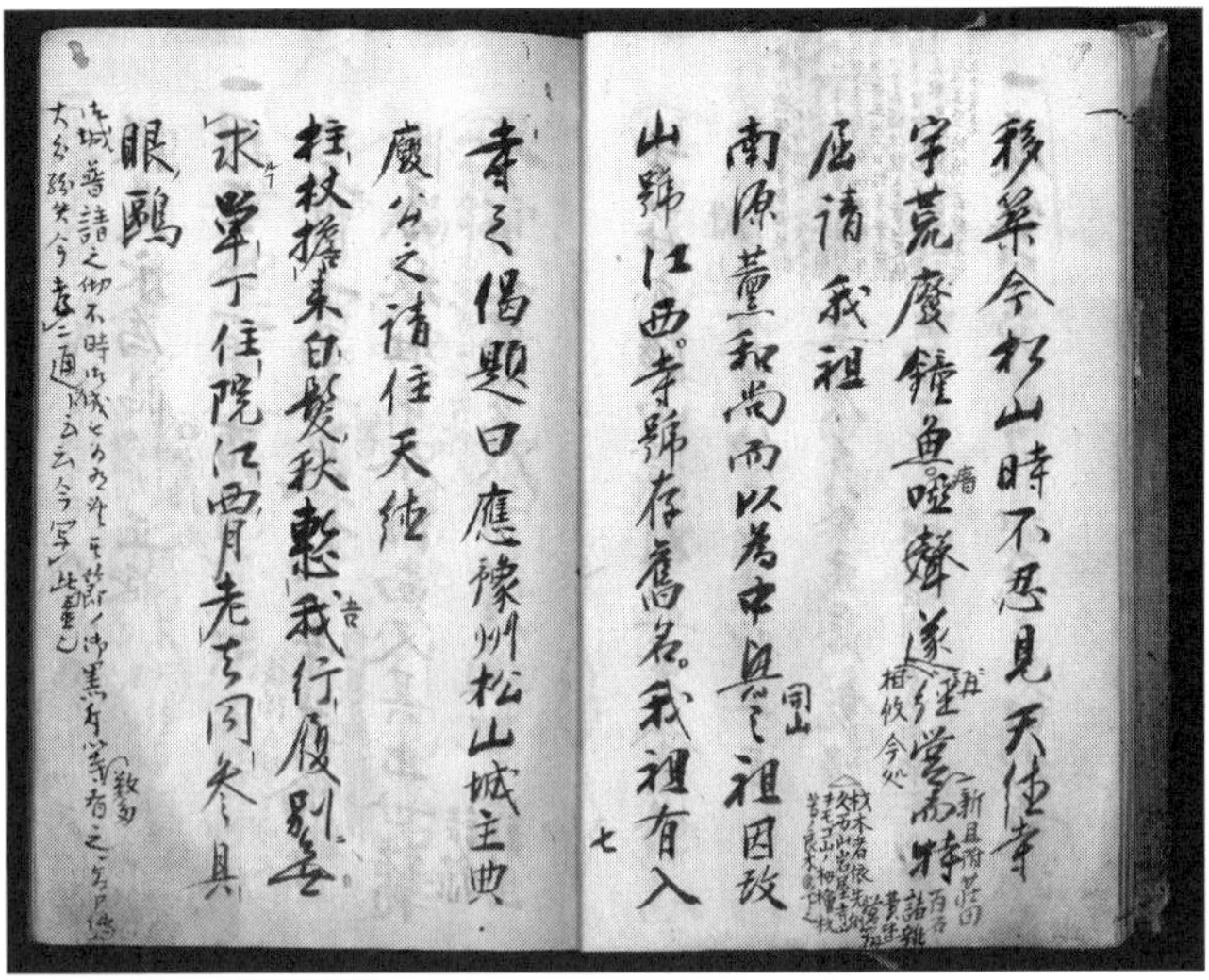

慶長八年　加藤侯旧松前城移築今松山時不忍見天徳寺宇荒廃……
新且附荘田百石諸雑費皆営辨………　南源薫和尚而以為中興開山

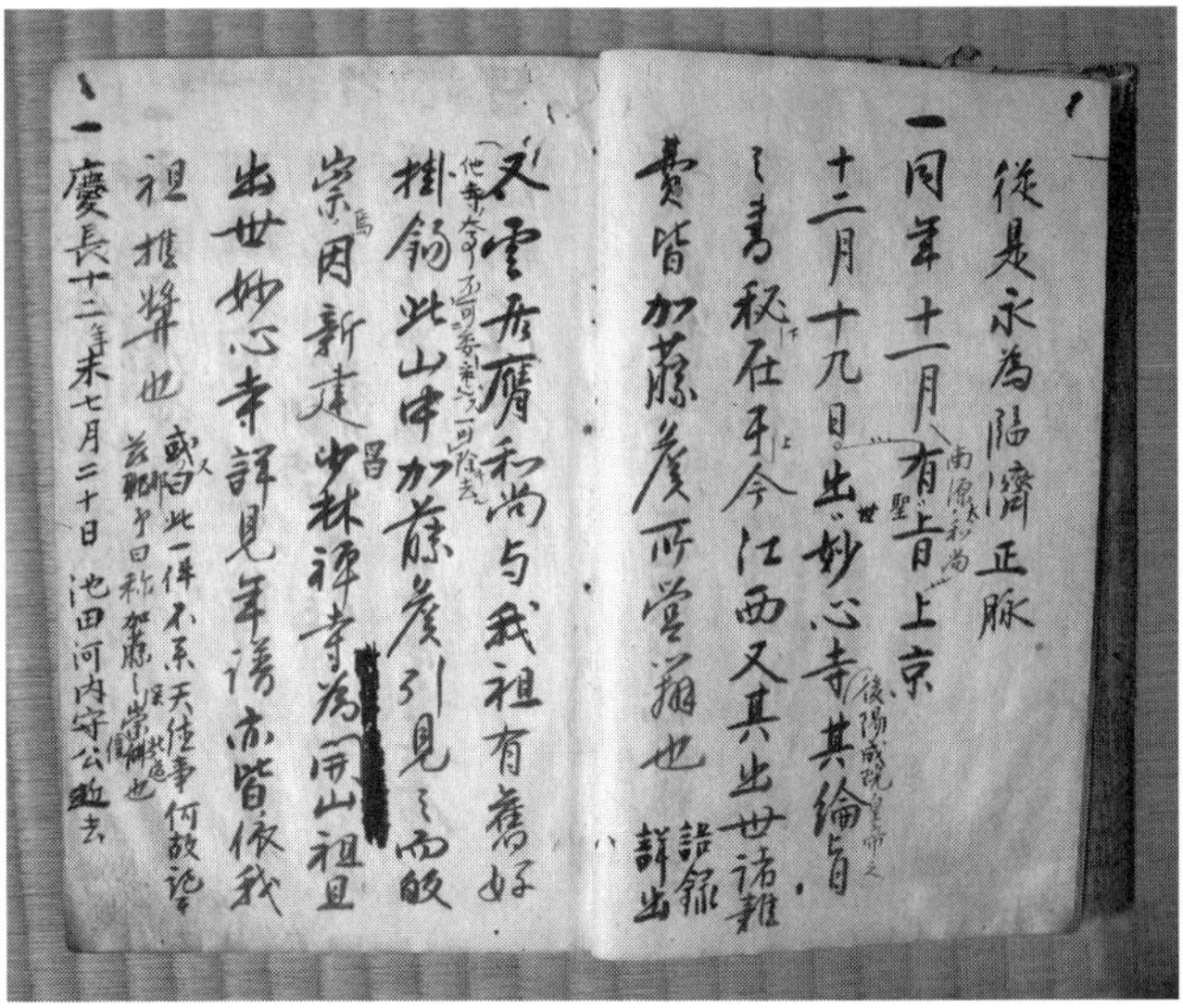

慶長八年十一月南源大和尚上京……出世妙心寺慶長
………又雲居膺和尚与我祖有旧好……掛錫此山中加藤侯引見之
而皈崇焉因新建昌林禅寺為開山

第一節　嗣湖南宗嶽前月桂二世　中興天徳開山　南源宗薫

一　南源宗薫　妙心寺　南源の育った環境……

中興天徳開山・嗣湖南宗嶽前月桂二世・南源宗薫（1565～1622）、永禄八年甲州生。妙心寺東海派の快川、南化、湖南禅師に学ぶ。没年　元和八年三月九日　五十八歳

松ヶ岡文庫蔵「耆舊帳」に記された妙心寺世代中に「第百十一世南源宗薫」とあり、妙心寺第百十一世として名を連ねている僧である（文献1）。

次に南源を開山、中興開山とする寺を紹介する。（573開山法孫寺号略記）

江西山天徳寺	松山城北		開山南源薫和尚
福成寺	喜多郡長浜	海東山	開山同上
景徳寺	温泉郡味酒村	松岩山	開山同上
正寿寺	風早郡神田村	栄松山	中興南源和尚
西明寺	同郡　上難波村	大雄山	中興南源和尚
徳禅（或作善）寺	久米郡	天神山	中興南源和尚

寒松院　　　　温泉郡味酒村　　　開山同上
大正院　　　　久米郡平井谷村　高棚山　開山南源和尚

彼の周辺の主要な関係者を紹介する。
天徳開山・妙心開山　大定聖応国師　関山慧玄　延文五庚子十二月十二日遷化
快川紹喜大通智勝国師（天正十年四月示寂）東海派の傑僧
南化玄興定慧圓明国師（慶長九年示寂）　快川の法嗣、快川亡き後、安土桃山時代の妙心寺を支えた。
　元亀二年に遡る稲葉氏との縁（文献12）　『大通智勝佛』……大山祇神の本地佛
天正九年　快川和尚の国師号として「大通智勝」を奏上
天正十七年　一柳氏、妙心寺大通院建立、住持・南化
天正十九年　捨丸（茶々の子、二歳病死）の葬儀を行う　豊臣大名とのつながりを深める
慶長二年　稲葉氏、妙心寺智勝院建立　主僧・南化
湖南宗嶽三舟圓観国師（元和六年示寂）　快川、南化の弟子　臼杵・稲葉氏の月桂寺 開山
　南源にとっては師であり、兄弟子でもある
蘭叟紹秀和尚　嗣鰲山景存・天徳二世　元和八年入院、同九年自ら退院を願う・白林寺（弐百石）開山
明堂宗証和尚　嗣湖南宗嶽・天徳三世　寛永十二年十二月晦日　窃退院　江西山開山・建金剛山江西寺
雲岩全祥和尚　嗣南源宗薫・前月桂三世・天徳中興
雲居希膺和尚　土佐幡多の人、妙心寺で修行中、慶長八年、南源を介し加藤嘉明に会う。
　元和四年から寛永四年まで約十年、松山留錫　昌林禅寺開山
加藤家会津へ転封の時それに従う。

加藤嘉明、慶長八年　松山城築城の際、江西山天徳寺再建、　南源を主僧に招聘

快川紹喜、天正十年四月三日恵林寺山門で火定。八十一歳であったという。戦国武将とかかわりを持った妙心寺僧の例は多い。室町時代に遡ると細川勝元（1430～1473）の外護を受けた日峰宗舜、義天玄詔、戦国時代、武田信玄と快川紹喜の二人の例なども有名である。快川は天正五年慧林寺にて、一人の門下生に「宗薫」の〝諱〟を与えた。南源十二歳の修業時代のことである。やがて、南源は「快川の弟子南化」を師とする。（時期不詳、天正九年前後か）

南化玄興、秀吉時代の妙心寺を支えた傑僧である。出自は近江生れ、浅井長政の子・秀頼の叔父、或は「美濃の一柳氏」出身、或いは土岐氏の出、とも云われる。南化玄興は稲葉、一柳とは早くから交流があったこと、南化、稲葉、一柳は河野氏に対して深い思い入れがあったことが注目される。快川紹喜に「大通智勝」なる国師号を授与されるよう朝廷に働きかけ、更に国師号の勅書の文案も彼が作った。快川の死の前年のことである。大通智勝仏は「無門関第九則」でいう大通智勝仏であり、「河野氏の氏神・大山積神」の「本地仏」である。天正九年から十年は丁度、南化は妙心寺住山であった。天正九年九月六日正親町天皇から快川和尚に大通智勝国師の号が与えられた。国師號の進言や武田勝頼の首が洛中にさらされた時、引き取って妙心寺で供養したのは南化である（文献11、12）。

岐阜には悟谿宗頓の法嗣・独秀乾才を開山とする妙心寺派の寺・崇福寺がある。信長が岐阜に入ると織田家の菩提寺となった寺であり、信長の頃の住持は快川紹喜である。その寺の記録によると、稲葉一鉄は永正十六年頃この寺で修行をしていたという。

稲葉一鉄（永禄十年、信長に仕える）は南化の奉勅入寺を待っていたかのように、元亀二年、岐阜・大垣市揖斐川の西岸に稲葉氏菩提寺・華渓寺を建立、南化を開山に迎えた（勧請開山快川、二世南化）。これを縁に

南化は「江西の虚白」と自称している（天正二年）。その後、「江西」は南化の弟子にとって「師」を象徴する字句になる。「江西山　天徳寺」の山号はこれに由来する。

後日、一柳氏、稲葉氏はそれぞれ妙心寺大通院（一柳氏、南化の隠居所　天正十七年）、妙心寺智勝院（稲葉氏、隅切三の瓦が印象的、慶長二年）を建立している。天正十八年四月に亡くなった一柳伊豆守直末の葬儀は大通院で行われ、南化玄興が導師を務めた。慶長六年には南化玄興は一柳監物直盛寿像賛を書き与えている。重要文化財「稲葉一鉄像」の脇差には隅切三の紋が描かれている。天正のころの南化、稲葉、一柳の動きをみると、彼らは「河野氏の本地仏・大通智勝仏」に対する特別な思いを共有していたと思わざるを得ない。得能通慶の嗣子・通弘が天徳寺に納めたと思われる「452多幸山天徳禅寺秘事・附属・河野系図」によると、一柳、稲葉氏の出自は河野氏である。すなわち、一柳直高の父・宣高（刑部太輔・通宣の弟）は大永年中之乱の時、美濃へ走り一柳氏を号したという。また、通生の子・通高が稲葉氏の祖で一鉄はその孫、小田原攻で戦死した一柳伊豆守直末の母は稲葉一鉄伊豆守の姉である。一柳、稲葉氏は共に出自が河野氏であるだけでなく、一鉄と直末は叔父甥の関係にある。

加藤嘉明は湯築城城下町を新しくできた松山の城下へ移した。河野氏の最後の居城・湯築城跡は慶長八年松山城築城の際、一部の建物、石材などを持ち出したが、その後江戸時代には長く閉ざされ、明治の時代を迎えた。そのため、伝統的な守護大名・河野氏の居城は殆ど破壊されることもなく今日にまで伝えられたのである。戦国の守護大名の居城跡がほぼ完璧に残っていることは全国的にみても稀有なことである。不思議である。

……加藤嘉明は彼の朋友・稲葉氏、一柳氏の河野氏とのつながり、彼が迎えた南源の師・南化、湖南と稲葉氏とのつながり……なども あり、更には慶長八年に始まる雲居膺和尚との縁……加藤嘉明は南源同席のもと、雲居に会い以来、雲居和尚にも深く心酔、昌林禅寺開山にしている。雲居の師は妙心寺幡桃院の一宙東黙であり、一宙東黙は稲葉氏と縁の深い人物である。……嘉明はそのような縁があって、河野家の菩提寺・天徳寺の名を彼の参禅の道場として残すとともに、湯築城跡を破壊することなく閉ざしたのであろうか……

後年、寛永十三年松平定行は松山に入った時、天徳寺住持・明堂和尚と問題を起こしているが、結局南源の唯一の嗣と言われる雲岩和尚を請迎し伽藍を再建し、藩と天徳寺の関係を取り繕っている。松山藩は「608伊予旧蹟史　曰　和気郡山越邑桜谷有精舎曰天徳其初温泉郷熟田津奥餘戸谷天徳山弥勒寺号古伽藍也……（600翠岩判　天徳寺来由禄集）」という調査レポートを作成し、結局天徳寺、湯築城跡を残すという加藤嘉明の路線は継承されたのである。

湖南宗嶽は快川和尚の法嗣の一人である。快川和尚は恵林寺の山門で焼死する。その時、快川和尚は弟子たちに遁れるように指示し、湖南にはいまにも火が燃え移ろうとしている自分の袈裟（火定の袈裟）を与え、法嗣の南化に伝えよと指示。湖南は崇福寺に遁れる。やがて南化の法嗣となった湖南は快川の袈裟を譲られ、稲葉典通に請われて臼杵・月桂寺開山となる。「火定の袈裟」は月桂寺に伝わっているという。南源は湖南宗嶽から月桂寺二世に指名された。南源は快川、南化、湖南の法系を継ぐ直系である。

二　年譜　南源和尚　加藤嘉明との交流

永禄六年（一五六三年）　加藤嘉明は三河で生まれる
永禄八年　南源　甲州生
永禄十年　南化玄興　快川和尚門下の座元
元亀二年　稲葉一鉄、菩提寺華渓寺を建立，勧請開山快川、二世南化
天正五年　快川慧林寺、「宗薫」の諱を与えた門下生　南源一二歳

天正九年　稲葉貞通が母・月桂周芳禅定尼の諸七日を華渓寺で行う。導師・南化
天正九年　九月　正親町天皇から快川和尚に大通智勝の国師号授与
天正十年　四月　快川ら、恵林寺で焼死　……　南化、武田勝頼の首を妙心寺で供養埋葬
天正十一年　二月　南源の師・南化は玉鳳院主を務める。玉鳳院には妙心寺開山堂（微笑庵）があり妙心寺塔頭の中で初めに作られた由緒ある院である。
天正十四年　十一月、加藤嘉明は九州征伐の軍功で二十四歳の若さで城持ち（淡路）大名になる。
天正十五年　四月　河野通直没　河野家滅亡
天正十七年　一柳伊豆守直末は、父の七周忌に当たって妙心寺大通院を建立、南化を住持に招く。
天正十八年　四月　小田原の役で戦死した一柳伊豆守直末の葬儀を妙心寺大通院で行う。主僧南化玄興
天正十九年　三月　尾州妙興寺で一柳伊豆守の一周忌。導師・南化
天正十九年　八月　早死した秀吉の子・捨丸（三歳、母・淀君）の葬儀を行い、更に秀吉は東山に祥雲寺が創建し、南化が開山となる。
文禄二年　八月　捨丸三周忌　妙心寺　住職・南化

＊天正十八年から文禄二年の頃、妙心寺で行われた一連の葬儀を契機に豊臣諸大名と妙心寺の交流が深まっていった。脇坂安治（1554生）、加藤嘉明（1563生）、一柳直盛（1564生）、稲葉典通（1566生・貞通の嫡子）、立花宗茂（1567生）、有馬豊氏（1567生）……彼らは南源（1565生）と同年配の若者たちである。彼らは戦場で互いに知り合い、更に一柳直盛、稲葉貞通、典通などを通じて南化、更には南源とも知己になっていったのであろう。南化玄興、南源、嘉明らが同席した機会はあったと思われる。天正十八年は南源は二十六歳、嘉明は二十八歳の頃である。

文禄四年七月、　嘉明は文禄の役の戦功で六万石の大名として伊予国松前城に入部する。

文禄五丙申年改慶長元　加藤左馬助藤原朝臣嘉明侯大有軍功於朝鮮也
太閤秀吉公加増加藤旧領総為十万石賞労　其功賜伊豫郡松前之城　此城者古河野氏為出張所築也
天正十九庚寅年粟野杢頭秀用領之、文禄四年七月秀用者関白秀次公之黨與也　故伏誅罰除邑矣
其後賜藤侯　加藤侯在朝鮮日也　又曰以何当寺記加藤氏之事　于茲恐濫寺譜暁ル也
予曰実然雖然　加藤中興天徳者也　其功河野通政、河野通宣、同通定、同通直、四侯故称其義垂諸不朽
加旃天徳中興之年月或有謬説欲諭之也
次下往々挙加藤之事皆其意也　又嘉明侯出軍必参南源禅云々　（610翠岩　第二草）

＊　蔵山の時代、彼が加藤侯を取り上げることに批判的な意見もあったのかもしれない。
蔵山和尚が加藤侯は天徳寺にとって非常に大切な人物であるとその意見をたしなめた一文である。「加藤侯　出陣必参南源禅云々」と蔵山和尚は書くが、それは天正十八年の小田原の役、文禄二年　の朝鮮出兵などの時と思われる。

慶長元年　十一月　南源は妙心寺玉鳳院（花園法王を祀る）にて「芳闕嵐史」を書写する。

＊　嘉明が松前城の造営、伊予川の付け替え工事などをしていた時である。南化玄興は一柳氏建立の妙心寺大通院・院主であった。南源はまだ印可前の修業中でおそらく、嘉明と知りあってから五年ぐらい後のことである。嘉明の伊予入部に関連して南化玄興から「芳闕嵐史」についての何らかの示唆があって、印可もまだであった南源の「芳闕嵐史」の書写がなされたのであろう。南源が天徳寺開山として伊予に来るのはその七年後のことである。

慶長二年　稲葉貞通が父・一鉄の菩提を弔う為妙心寺智勝院建立　智勝院は稲葉貞通の法号
慶長三年　五月三日　嘉明、加増、松前十万石の大名になる
慶長三年　五月十二日　南源、湖南から印可

慶長五年　　九月　　関ヶ原の戦い
慶長五庚子年　加藤侯有関箇原合戦功　家康公　犒之加賜　十万石合為廿萬石　（610翠岩　第二草）
慶長七年　　正月十五日加藤嘉明松山築城、起工
慶長七年春　稲葉公の請に応じ湖南和尚、美濃から臼杵へ移る。　（525南源年譜）
慶長八癸卯　四月一六日　天徳十五世中興天徳八世中叟就和尚が亡くなる。
「清家の蘭叟和尚」すなわち江西山天徳寺二祖・蘭叟紹秀和尚が嘉明の命を受け、多幸山天徳寺の方丈で加藤侯重臣川口兵衛門の葬儀を行う。中叟就和尚の後継・大仙和尚は嘉明の指示を受け、弾正少弼の隠居所。龍穏寺に移住　（文献14　龍穏寺縁起）
慶長八年八月　于時豫州松崎城主加藤左馬助嘉明侯、與南源禅師懇和親　或日嘉明対南源　欲豫州松山城築謀要点　師請迎而初引縄　旧湯築松崎両城　移築今松山也　于時慶長八癸卯歳秋八月也　時藤侯不忍見天徳寺宇荒廃　鐘魚瘖唖聲　遂相脩今処再三経営而一新　且附荘田百石幷山林・寺院・敷地、免除　諸雑費皆営霜　而特屈請再南源薫和尚焉　（511南源臨済録抄）
慶長八年　　嘉明侯旧松前城及湯築城合移築今松山　藤侯初對議南源師　而加津岡師自張城郭形縄藤侯感謝餘天徳寺伽藍於西方距□六丁移江西山麓堂塔再三経営一新
而且附荘田百石諸雑費皆自営瓣矣　特屈請南源薫和尚而以為中興開山　（610翠岩版　第二草）
慶長八年　　南源薫和尚而以為中興開山之祖因改山号江西。寺号存旧名
我祖有入寺之偈題曰応豫州松山城主典廏公之請住天徳
柱杖担来白髪秋　慙吾行履別無求
単丁住院江西月　老去同参具眼鷗……　（560蔵山第二草）

＊嘉明と南源の信頼関係が見られる。慶長八年八月、松山城築城の最中、加藤嘉明は当時、湖南宗嶽のもとにいた

と思われる南源を伊予へ招く。加藤嘉明は多幸山天徳寺の荒廃を知って南源薫和尚を主僧に招き、伽藍再興を決めたのである。南源薫和尚は当時まだ四十歳前であったが、白髪だったという。加藤嘉明が天徳寺再興を表明したのは慶長八年八月であるが、加藤時代の天徳寺の堂宇が何時完成したかははっきりしない。現在の方丈、庫裡は延宝四年、雲巖禅師が入院した時、松平定行が建立したものである。稲葉侯の月桂新寺の場合、慶長十年五月に着工、慶長十三年上棟の記録が残る。

天徳寺が月桂新寺と同規模と考えると、天徳寺上棟は慶長十二年頃と思われる。河野氏滅亡後、河野ゆかりの寺々は廃絶に近い状況になったが、多幸山天徳寺は加藤嘉明の手で廃絶は免れ、その参禅道場として江西山天徳寺という名で再発足できた。

慶長八年十一月　南源大和尚上京

十二月十九日　有聖旨出世妙心寺後陽成院皇帝之其綸旨之書秘在于今江西

又其出世諸雑費皆加藤侯所営辨也

又雲居膺和尚与我祖有旧好掛錫此山中加藤侯引見之而皈崇焉

因新建昌林禅寺為開山祖且出世妙心寺詳見年譜亦皆依我祖推奨也

（560蔵山第二草）

慶長八年　勅出世妙心寺名播諸方学侶雲ノ如ニ集

（606南源和尚略行状　寛文六　懶翁）

＊　雲居膺和尚（1582～1659）妙心寺で加藤公引見、雲居は妙心寺幡桃院の一宙東黙の元で修行中であった。一宙東黙は稲葉一鉄の子とも言われる。この時、雲居、嘉明は南源を介して初めて会っている。これが機縁となって、雲居と加藤嘉明・明成家の縁が築かれることになる。

慶長八年冬至　妙心寺龍泉院にて「南山霞鈔」を輯録。

＊「南山霞鈔」には南北朝での得能一族の活躍、河野家滅亡後の八幡の藪事件、遺臣団の多幸山天徳寺での別れの場、彼らを励ます天徳寺住持・梅叟（慶長六年示寂）」などが描かれている。「南山霞鈔」に良く似た内容を有する「花乃限遠音乃轡」の著者・土居了庵は南源の徒弟として妙心寺にいたことがある。おそらく、彼の話をまとめたものであろう。

慶長九年　五月南化和尚寂
慶長九年　十月得能通弘、家の菩提寺再建　中興開山南源　この寺はその後天徳寺末になる。
　寛文八年申七月十二日久米村良生末寺矣ニナル
此寺ハ元弘ノ乱戦場ノ跡ヘ得能弾正大弼通言建立　其後廃荒ナリシヲ十四代之孫又太郎通弘侯御祖父備後守通善侯　奥之城ニ通慶侯芸州竹原ニ於テ戦死□□菩提之為再興寺領五反壱畝廿三歩寄附之状于今秘在　（560蔵山第二草）
慶長十年　五月　稲葉公、月桂新寺を建てる。　慶長十三年月桂寺上棟
慶長十三年　月桂寺　上棟
慶長十七年　四月　臨済録講義提唱　南源の直筆の奥書
「此臨済録抄壱部但分之為上下二巻者也　於豫陽松山城下江西山天徳寺書写焉　筆者　叉澤柱越桂茂莨充巨
　此九人之禅侶也　上巻亦此衆也　慶長十七年壬子四月十日　南源恭薫記之」　（510南源臨済録抄）
慶長十九年六月　海岸山岩屋寺へ詣でる。その往復の道中、繁多寺、久米之八幡宮、浄瑠璃寺、岩屋寺
　就田津宮蓬生亭、天神廟前……で作詞。　（607正法妙心見磨軒風光録抄）
元和四年　雲居禅師松山留錫　（～寛永四年）
元和六年　雲居禅師三十九歳使君明成勧奨於師出世花園　（雲居和尚年譜）
元和六年　湖南和尚示寂豊後月桂寺　我祖絶海灶影前住之数月遂使嗣法雲岩祥和尚

董其席而復帰四月江西
元和六年　遵テ湖南遺命移拠豊後月桂　翌年辛酉秋再奉
（560蔵山第二草）
（572予州松山江西山開山南源和尚略行状……寛文六　懶翁撰之）
＊　湖南の遺命により南源は月桂寺に戻り、月桂二世の立場で湖南宗嶽の葬儀を主催、その後雲岩祥和尚に月桂三世として後を委ね、再び天徳寺に戻った。こうした経緯があるので天徳寺秘事（寺譜）を見ると左のように書かれている。

「嗣湖南宗嶽・前月桂二世・中興天徳開山　南源宗薫和尚」
「嗣南源宗薫、前月桂三世・天徳中興　雲岩全祥和尚」

雲岩全祥は南源の弟子で「其嗣法神足只雲巌祥公一人ノミ」である。同様に南源は湖南の弟子で「其嗣法神足只南源薫公一人ノミ」という存在であったのであろう。すなわち、湖南、南源とも、法嗣は一人しかいなかった。そのため、法嗣を巡る天徳寺と月桂寺との複雑な関係は以後、元禄の頃まで続くことになる。

元和七年七月　元和七年辛酉我祖膺妙心輪差住持之命而七月上船数日而達京
八月　勅使特至山門請師住妙心開堂叢規幷ニ是亦加藤侯所外護也其雑費皆出於侯之府庫
（560蔵山第二草）
元和七年十月　十二日　有使嗣子雲岩出世妙心之事
（525南源薫和尚年譜）
＊　加藤嘉明は結局、元和六年に雲居禅師、元和七年七月に南源禅師、同年十月には雲岩禅師、三名の出世妙心の世話をしたことになる。加藤嘉明の人柄、指向が伺える。
元和八年壬戌三月九日　南源大和尚戢化　妙心寺見磨軒　藤侯聞其訃而慟哭不少也
蘭叟秀和尚與藤侯有旧好藤侯請之住天徳虚席
（560蔵山第二草）

元和八年三月　九日　南源大和尚戩化妙心寺見磨軒　五十八歳
其嗣法神足只雲巖祥公一人ノミ　（525南源薫和尚年譜）
元和九年　蘭叟開山之法徒弟大量活機ニ而本分手段ニテ大罵喝云云申伝候事　有故障退院
藤侯再三留之不可。　遂皈住尾州開白林新寺　以退院之故不立住持牌　（560蔵山第二草）

＊　南源は元和七年に二度目の出世妙心を果たすが、その直後無くなる。「慟哭不少也」……
南源禅師と加藤嘉明、二人の交流は二十歳代から始まり三十年ほど続いた。元和六、七、八年と色々なことが重なり、戦国武将・嘉明の緊張の糸も切れたのであろう。加藤嘉明は南源没後、昔からのよしみ……があるからとして蘭叟秀和尚を天徳二世に迎える。しかし、翌年蘭叟は再三に及ぶ嘉明の慰留にも関わらず、天徳寺を退院、尾州に走り、白林寺の開山になったのである。「不立住持牌」とは住持であったことを示す「住持牌」が外されたことを意味し、寺譜からも消される。白林寺は尾州徳川家が建立した大寺である。蘭叟秀に関する記録は退院の際、全て処分された可能性もある。尾州徳川家に迎えられたことが示すように蘭叟和尚は凡庸な人物ではないことを示している。彼の退院の理由は……彼は「南化玄興・鰲山景存」の法系の人物であったことも一因であろう。慶長八年に伊予にきたのも南化玄興の指示があっての事かもしれない。「其嗣法神足只雲巖祥公一人ノミ」とする天徳寺に違和感を感じたのだろうか。或いは南源没後、加藤嘉明の心は昌林禅寺の雲居禅師にあることを感じ、加藤の参禅の道場・天徳寺を退院したのであろうか。

元和九年　　明堂証和尚来住江西亦是藤侯有旧好也　（560蔵山第二草）
＊　嘉明は改めて明堂証和を招く。彼は湖南宗嶽に学んだ人物で、南源とは同門である。
寛永元年　　十一月朔藤侯重賜免除寺境五段貢賦之状
其状于今秘在天徳勤粧潢而蔵之　（560蔵山第二草）

寛永四年正月　藤侯移封奥州会津幷加賜二十万石合為四十万石
（407「寺屋敷三反之地子」）
寛永四年二月　十日蒲生中務大輔忠知侯領此地然天徳荘田如故
寛永八年辛未九月十二日　加藤侯卒　於奥州会津号曰松花院殿前拾遺左典廏道誉大居士
中興天徳及重除寺境貢賦之故立牌祭之
寛永十一年甲戌八月十八日　於京都蒲生忠知侯卒
（560蔵山第二草）

三　南源宗薫ゆかりの　天徳寺資料　および南源傳、年譜類

南源は次に示すような編纂物、講義録、所縁の資料を残している。これらはいずれも天徳寺の歴史を語る重要な資料である。南源は天徳寺の歴史を後世に残す重要な枠割を果たしているのである。

① 503芳闕嵐史
② 508南山霞鈔
③ 510南源臨済録鈔
　※参照「第三章第二節　南源臨済録抄　と　関西臨済録抄」
④ 607正法妙心見摩軒風光録曰

① 503芳闕嵐史
　※参照「第二章第二節　蔵山版　合本　芳闕嵐史」

「芳闕嵐史」末尾の奥書によると……四条殿下の秘蔵の芳闕嵐史は享徳四年（一四五五年）に書写された。再興されつつあった妙心寺に納められたのであろう。南源は慶長元年十一月妙心寺玉鳳院にて芳闕嵐史を書写する。芳闕嵐史には伊予に関係する記述が多いのが特徴である。加藤嘉明は文禄四年七月、六万石の大名として伊予国松前城に入部する。「芳闕嵐史」を南源が書写したという慶長元年とは嘉明が伊予へ入部した年の翌年であり、南源はまだ印可前の修業僧である。南源の師・南化玄興の示唆があったからであろう。後年、加藤嘉明は南源に厚く帰依し彼を天徳寺開山として伊予に呼び寄せるが、それは慶長八年、芳闕嵐史を書写してから七年後のことである。芳闕嵐史を書写した慶長元年とはその後長く続くことになる嘉明と南源の交流が始まって間もない時期である。

② 508南山霞鈔

「南山霞鈔」は目録、序文、本文からなる。序文の末尾に次の文言がある。

「慶長八癸卯年冬至の日洛西正法山　妙心禅室龍泉庵北窓燈下の輯録　桑門　薫　執筆」

「土居通真の弟子了庵は僧となり京都妙心寺に在り　（文献36　海南漂萍秘録）

「以上花乃隅遠音乃轡と題せる書巻……了一居士ハ河野一族土居兵庫頭通建ニ男了庵　再度南限和尚徒弟ニ成京都花園遊居中編之云々　雲岩和尚雑誌ニ見　（604花乃隅遠音乃轡　第五巻）」

土居了庵は父・通建、兄・通真が「八幡の藪事件」に関与したため、伊予を逃れ、慶長三年まで妙心寺に身を寄せていた。「南山霞鈔」は南源が妙心寺出世を果たし妙心寺に居た時、徒弟・土居了庵の話を聞き、彼の資料を読みながら輯録したものであろう。序文は南源の文章である。目録もおそらく南源が作成したのではなかろうか。本文は土居了庵が提供した資料をベースにしたものであろう。一部は南源が加筆したこともあろうが、実質は土居了庵の作品ともいえる。南山霞鈔は南北朝時代の土居・得能氏の活躍、南北一統の翌年に伊予へ逃れた新田・脇屋氏関係の記録を中心とし、それにさらに河野氏滅亡後にあったという「八幡の藪事件」、「八幡の藪」があった後、道後・天徳寺で行われたという河野遺臣団の多幸山天徳寺での別れなどの秘話を加えた奇書である。

③ 510南源臨済録抄

※参照「第三章第二節　南源和尚教衆　関西臨済録抄」

慶長十七年に南源は臨済録の講義提唱を行う。その講義を会下の僧・九名が分担して筆録したのが「臨済録抄　南源和尚教衆」である。初めの一丁表裏に「関西臨済録抄」から始まる四編の資料があり、天徳寺の来由を語る。その後、蔵山和尚、翠岩和尚、祖満和尚らの代に、天徳寺の来由が種々語られるが、それらの原典になるものである。明治四十年頃、天徳寺資料に対して得能通義が病的な書き込み、改竄を行っているが、この「南源臨済録抄」は明治十年代に流出したもので、柳宗悦に買い取られ、松ヶ岡文庫に納められた為、改竄の被害から免れている。書かれた経緯が明らかであり、天徳寺来由を考えるとき、重要な資料である。

④ 607正法妙心見摩軒風光録抄　（600翠岩判　来由録集）

数編の頌が集められている。

「慶長十九年六月十五日　久万山海岸山岩屋寺岩屋寺途路往復有詩……繁多寺、久米八幡宮、浄瑠璃寺、岩屋寺、就田津宮蓬生亭……帰途下山到浮穴拝志之里渉舟伊与川有由流宜橋古跡有野田幷徳威之里……」などで造られた詩が収録されている。

南源の頃、拝志之里から伊予川を渡ったところに就田津宮蓬生亭なる建物があったという。

天徳寺で作られた南源宗薫を語る資料としては以下のようなものがある。

① 520 蔵山編纂　天徳開山南源大和尚年譜
② 530 南源薫和尚語録　禅諸編　宗勣校
③ 540 蔵山編纂　三舟圓観湖南禅師語録
④ 572 豫州松山江西山開山南源和尚略行状
⑤ 573 開山法孫寺號略記
⑥ 781 愛媛県伊予州天徳寺沙門南源薫傳
⑦ 784 月桂二世南源和尚傳　写月桂寺記録

第二節　南源宗薫を巡る人々

一　雲居希膺和尚

天正十年生・南源より十七歳年下、万治二年没　瑞巌寺中興　……　南源、雲居、嘉明の親密な交流が知られている。それは慶長八年の南源の出世妙心寺が契機となっている。

慶長八年……雲居膺和尚与我祖有旧好　掛錫此山中加藤侯引見之　而皈崇焉　因新建昌林禅寺為開山祖且出世妙心寺詳見年譜亦皆依我祖推奨也　（560蔵山第二草）

元和四年　在高城……去往伊豫松山戻止　天徳寺南源為旧知　懇接待　城主加藤式部少輔明成　聞師故信嚮建宝樹新寺　為師於開天祖　（雲居和尚年譜）

元和六年　雲居禅師三十九歳使君明成勧奨於師出世花園　（雲居和尚年譜）

寛永四年　加藤家の会津転封に従い、会津・弘誓院に住　（雲居略年譜）

加藤嘉明没後加藤家を離れた。　伊達政宗に請われ瑞巌寺中興となる。

二　蘭叟紹秀和尚

龍穏寺略縁起……『慶長八年四月十六日道後・多幸山天徳寺では、八世中叟遷化、大仙和尚（林下）が跡を継ぐ。この時、大仙は嘉明から……逝った姉姻族河口兵右衛門を葬りたい、新府寺を建立する遑がないから、中陰の間寺を借りて供養したい……との申し出があり、やむを得ず僧堂に下がり、方丈には清家の蘭叟和尚が入った。しかし、数月を経ても退去しない、大仙は嘉明に交渉すると、……「新たに一ヶ寺を建立して蘭叟を移すつもりだが、間に合わない。暫く、湯街北山の穏龍寺舊跡に居よ」……との指令があり、やむを得ず穏龍寺の旧跡に移った……』（文献14　文責　田中弘道）

龍穏寺縁起によると、嘉明は「清家の蘭叟和尚」を天徳寺の方丈へ入れ、石屋派多幸山天徳寺の僧・大仙和尚を当時無人になっていた弾正少弼通直の隠居所・龍穏寺へ一時的に移し、更に天臨山龍穏寺を建立し彼らを迎え入れたという。「清家の蘭叟和尚」とは「天徳二世・蘭叟昭秀禅師」のことである。

この蘭叟に関わる事柄の年代について「龍穏寺略縁起」では明記していない。「文献38　龍穏天徳二寺記録」では「慶長二年四月七日八世中叟遷化……是時……」とあり、慶長二年に蘭叟が現れたとも読みとれるが慶長二年は明らかに早すぎる。この経緯については天徳寺資料は何も語っていない。加藤嘉明が松山城築城を開始したのが慶長七年正月、天徳寺資料によると大仙和尚の先代・多幸山天徳寺八世中叟就和尚がなくなったのが慶長八癸卯四月一六日、南源が妙心寺出世を果たし、京で勅使を迎えたのが慶長八年十二月十九日である。「清家の蘭叟和尚」が天徳寺の方丈へ入ったのは慶長八年四月、五月、夏のことと考えたい。

龍穏寺由緒によれば蘭叟和尚は南源が慶長八年に天徳寺入山前に、加藤嘉明の命を受けるかたちで多幸山天徳寺に来たことになる。その後、蘭叟は天徳寺資料によると南源没後、加藤嘉明に請われ天徳二世になるが、一年で天徳寺を退院し尾張へ移る。その時蘭叟和尚に関わる資料類は全て廃棄された可能性が濃い。龍穏寺側の資料からのみ慶長八年の時の経緯を推測することができる。蘭叟和尚が方丈に入ったのはおそらく事実であろう。天徳寺には河野通宣の文書や河野氏の位牌類が伝来しているが、南源が松山へ入る前に蘭叟が入り、蘭叟は強引ともいえるやり方で石屋派多幸山天徳寺から江西山天徳寺への諸事の引継ぎを実行した可能性はある。

蘭叟和尚は鰲山景在（ごうさん・南化玄興の嗣）の弟子で、湖南宗嶽の法嗣である南源和尚とは若干法系を異にする人物であるが、おそらく南化玄興の指示を受け、南源と相前後して（おそらく先行して）松山へ入り、多幸山天徳寺をめぐる事務処理を担当したと思われる。南化はその翌年慶長九年に亡くなっている。慶長八年から元和八年の間の蘭叟の動向は全く不明である。鰲山景在の元へ帰ったのではあるまいか。元和八年三月、南源没後、嘉明は「蘭叟秀和與藤侯有旧好……」といって蘭叟を招き天徳二世になるが、翌元和九年、嘉明の再三の説得を振り払い退院し南化ゆかりの長島山妙興寺に入る。さらに寛永二年尾張藩祖徳川義直創建・東海山白林寺の開山となる。

元和九年癸亥　　蘭叟開山之法徒弟大量活機ニ　而本分手段ニテ大罵喝云云　中伝候事
　有故障退院藤侯再三留之不可。遂皈住尾州開白林新寺
（560天徳寺来由記）

尾州白林寺……尾張藩祖・義直が国家老・成瀬正成の為に寛永二年に創建
　　開基・成瀬正成、開山・蘭叟紹秀　臨済宗妙心寺派……

鰲山景在の法嗣である自分が居るべき場所でないと感じて身を引いたのか、嘉明の気持が雲居にあることを知って身を引いたのか分からない。加藤嘉明は改めて月桂寺から湖南の弟子・明堂証和を天徳三世に招いた。

三　雲岩全祥禅師

※参照「782愛媛県下伊予州天徳寺沙門　雲岩祥傳」

天正四年信州生まれ　月桂三世・天徳中興四世

「……元和六庚申正月七日湖南和尚示寂　豊後月桂寺我祖絶海灶影前住之数月遂使嗣法雲岩祥和尚董其席而　復帰四月江西……（560天徳寺来由記）」

元和六年（一六二〇年）正月七日、南源の師・湖南示寂、湖南宗嶽は天徳寺住持であった南源を後継者に指名した。南源は師の遺命により「月桂二世南源」として師・湖南和尚の法事を主催する。数ヶ月で雲岩に席を譲り雲岩は「月桂三世・雲岩」となる。本来湖南和尚の嗣として月桂寺に留まるべきだった南源は雲岩全祥和尚に後を託して四月には伊予に戻ったのである。南源には法嗣といえる人物は雲岩禅師唯一人であった。南源は自分はまだ五十五歳、嘉明は五十三歳であり天徳寺二世の問題をまだ先の事として楽観視していたかもしれない。しかし南源は三年後元和八年、妙心寺再住を果たした直後示寂。嘉明も寛永四年、南源没の五年後移封を余儀なくされる。

南源、嘉明亡き後、天徳寺住持は明堂証和和尚である。寛永十二年九月松平定行が入国するが、三ヶ月後の十二月晦日、天徳寺・寺荘を半減した。明堂は「是我不徳之所致也」として退院する。明堂はその後、伊勢・鈴鹿に金剛山江西寺に入る。松平定行候は急遽、既に月桂寺を退いて隠居していた雲岩祥和尚を探し、天徳寺に呼ぶ。

「……南源大和尚嫡嗣雲岩祥和尚者　信州人俗姓諏訪侯子也　曽退月桂住摂州生玉天瑞寺　太守定行公聞其道風欲迎之窃命古川如心云々　行捗而迎之師得々　而来董席　太守公不日来駕賀師住院恩遇不浅　又見寺宇

荒廃　有興復之命元之方丈今庫裡悉皆有命所建也　門前馬羈共ニ成　（560天徳寺来由記第二章）」

太守公は入院した雲岩和尚を優遇した。天徳寺・寺譜では、こうして天徳寺に入った雲岩は「天徳中興」と表現する。以来月桂寺と天徳寺は非常に親密な関係を結ぶ。天徳寺、月桂寺の深い交流が十七、十八世紀を通じて継続した。今日でも天徳寺住持は月桂寺のことを「母屋」と称している。

四　得能通弘　得能蔵人介殿御奉行所目録二通　蒲生家中支配帳

明徳九年河野通宣は天徳寺に寺領を附し、得能蔵人頭通景は得能通光の長剣を寄付した。以来、得能氏は公的には天徳寺と接触していない。例外的な事柄として、得能通遠に関する記録があるだけである。

※参照　（第三章第三節　河野家菩提寺多幸山天徳寺の歴史　通直没月日の不思議）

藩政時代になると、得能家は天徳寺と関係を持つようになる。

得能通弘の父・通慶は「八幡の藪事件」で討死、得能通弘は摂州兵庫の遊行寺に潜匿、慶長三年、秀吉が亡くなると、その翌々年・慶長五年三月に帰国。慶長五年九月に起きた「古三津の陣」では得能通弘は佃十成に通じ、鎮撫の功を以て新知千石を領する（文献36）……という。慶長九年十月、南源が開山として江西山天徳寺に入った翌年、得能通弘は南源を中興として家の菩提寺得善寺を再建した。得善寺は元弘三年に得能通言が創建した寺である。慶長五年九月十八日に兵乱で焼亡（629得善寺由緒）。慶長九年の得善寺再建が明徳、享禄以降得能氏が天徳寺の周辺に姿を現した最初である。この時点で得善寺は「南源派流下寺」となる。その後、蒲生家の代になると、寛永四年正月に「当国住居之豪族五家之士」として千石で召抱えられている。

「……当国住居之豪族五家之士……千石　本知浮穴郡祢浮穴館　得能備後、五百石　本知風早郡祢柳原館河野山城、五百石　本知越智郡大三島　三嶋大祝、「三百石　本知野間郡祢佐方館　村上河内、本知周布郡白坂関守頭　河野孫大夫　……　（575蒲生家中　支配帳）」

ここにある得能備後は得能通弘である。寛永十二年からは松平家の時代になるが、彼は松平家にも仕えたようである。

「寛文十年　七月十五日　天真院本源貞性大姉　得能備後（家）元　奥平次郎大夫母」　（453過去帳）

この過去帳の記録は松平藩・奥平家に得能家から嫁いだ人がいたことを示している。奥平家は松山・松平藩初代・松平定行に従って入国した家老の家柄である。寛永、正保の頃、得能家はしかるべき家柄として松山藩で認識されていたことが推測できる。得能通弘が亡くなった年月は確認できない。得能通弘を継いだ人物が得能通廣である。父の跡を継ぐが、延宝年間には致仕する。得能氏は寛文、延宝、天和の頃、南北朝期に亡くなった先祖供養を天徳寺で繰り返し行っている。

寛文三年　　通純追善三百五十回忌　　　　得能次郎左衛門通広　（453過去帳）
寛文八年中七月十二日久米村良生得善寺末寺矣ニナル　（610翠岩第二草）
寛文十二年　兵庫介通範追善二百五十回忌供養　得能弥三郎　（453過去帳）
延宝七年　　通定三百回忌　追善　　　　得能弥三郎　（453過去帳）
天和元年　　土居通増三百五十回忌」追善　施主　得能次郎左衛門　（453過去帳）
天和三年　　通村、通継三百五十回忌　追善　施主　得能弥三郎　（453過去帳）
貞享二年　　通言　三百五十回忌　　施主　得能次郎左衛門　（453過去帳）

享保四己亥八月二十九日　菊叢義栄大姉　得能氏　東ノ石
享保七壬寅九月　永口童女　得能瀬兵衛息女

（453過去帳）

寛文三年の追善供養の主催者は通広である。通弘はそれまでになくなっている。慶長九年に得善寺は再建され、「南源派流下寺」と位置づけされるが、寛文八年には「天徳寺末」となる。この頃になると幕府の宗教政策（檀家制度、本末制度）により「本山末寺」の関係を明確にすることを求められるようになる。さらに天徳寺でも檀家制度を積極的に取り入れるようになる。「453江西山天徳寺過去帳」では得能氏関係者が祭られた事例は享保四年が一番古い。

「享保四」以降、得能氏当主、家人と思しき人々は藩政時代に十二名、明治、大正時代に四名の名を過去帳に見ることができる。得能通弘、通広と思しき人物は確認できない。明らかに得能家当主（信士）と思われる人物に限ると天保三年以降確認することができる。

「451多幸山天徳寺秘事（寺譜）」の末尾に次の書込みがある。

「……祠堂金永代百枚寄付　得能蔵人介殿御奉行所目録二通
　天徳寺大檀那豫州太守河野家御系図　写一巻河野大蔵通昭収之」

一行目、二行目では筆跡が異なるように見える。また、二行目写一巻……も異なる筆跡と思われる。筆跡の違いについては別途検討を要するが、……祠堂金及び得能通弘に関わりのある二通の資料が寺に納められたという。祠堂金や御奉行所目録二通を納めたのは、おそらく得能通広（通弘の嗣）で、その時期は寛文三年（通純追善）か、寛文八年（天徳寺末）か、或いは得能次郎左衛門通広が藩に仕えることをあきらめ、在地の士として生きることを決心した延宝年間という可能性がある。

二通の目録とは、次の二つであろうと推測したい。

（ⅰ）452多幸山天徳寺秘事　附属　河野系図　※参照「付表　第2　付属　河野系図」
（ⅱ）575寛永四年　蒲生家支配帳

天徳寺には「452多幸山天徳寺秘事　附属　河野系図」以外に「506伊予国造家越智姓河野氏系譜」という系譜を持っている（文献4）。この「506国造家河野氏系譜」は「452河野系図」に比べ、大小市命以前の系譜が異常に詳細である。また、親清以前の河野一門の記述も非常に詳細である。一方、通清以降は河野宗家は通堯までしか描かれていないが、通俊流の得能氏は中世末期の通慶（通弘の父）まで描かれている。得能家については天正の頃の人・通慶まで描くのに対し、河野宗家は徳王丸・通堯までしかないのが印象的である。この「506系図」は河野時代の名門を意識する得能通弘の持ち物としてはふさわしいものではない。親清以前の河野一門の記述は建武の親政の時、得能家に集まった伊予の武士団から集めた資料を通堯の頃整理したものではあろう。得能家はそうした資料を元に、野田村に蟄居した得能氏が在地にいながらも由緒ある「武士」の家としての格式を保つことを意図して、得能通慶まで書き足して「506国造家河野氏系譜」原本を造りあげたのであろう。大小市命以前の系譜は蔵山和尚が書き足したのではあるまいか。豫章記系河野系図では、玉興～時高、為綱を一本の家系として描くが、「506国造家河野氏系譜」などの得能系図といわれる系図は競合する二つの家系として描くのが特徴である。玉興～時高流は越智系であり、桑村、大井、野間から風早に進出する、為綱流は伊予、久米、浮穴から風早へ進出する。

「452河野系図」は「506国造家河野氏系譜」に比べ通清以前の記述は非常に簡単であるが二つの家系を描くなど、得能系図としての特徴を示している。通信以降は得能氏だけでなく、宗家についてかなり詳細に河野家滅亡までを描いている。逆に土居、得能氏関係の系図は河野家に比べ、非常に単純な構造を示している。伊予史談会文庫ではもっと詳細に土居、得能氏の系譜を描いたものもある。得能家情報として情報を有していなかったのではなく、意識的に河野宗家中心に描いたものであろう。「452河野系図」は弱体化したとはいえ、河野一門の名門を意識する得能家の持ち物としては「506国造家河野氏系譜」よりも相応しい。河野通直の没年を天正十五年七月十五日としており、河野通直自刃後、小早川隆景あたりから出された指令を受け入れて整理されたものであろう。河野宗家に関しては次のような記述があり興味深い。

……「通生の子・通高が稲葉氏の祖であり、通高の孫が一鉄である」

……「刑部太輔通宣の末弟・宣高なる人物が大永の兵乱の時、美濃へ走り一柳を號した」、

……「宍戸左衛門佐元秀之子養子ト称し継家系是河野太郎通軌也……八幡藪中伏兵三百狙撃事又顕而誅其子大蔵通昭母方姓名乗築山氏」

「575蒲生家中支配帳」なる資料が天徳寺に伝わっている。蒲生家が寛永四年二月十日松山城へ入郭した時の蒲生家中支配帳である。野田村に蟄居後不要になった資料を天徳寺へ納めたのであろう。

五　土居了庵

天正十五年三月　父・通建、兄・通真、八幡の藪にて討死　（文献36）

天正十五年八月　予陽河野家譜……此書ハ春禅院殿依命、土居入道了庵而今岡陽向軒一忍居士撰　（文献18　奥書）

慶長五年　土居通真の弟了庵は僧となり京都妙心寺に在りしが土居家の絶へんことを懼れ本国に帰り還俗して柏谷に潜匿し地名を取て柏谷氏と稱せり　（文献36）

慶長八冬至癸卯年冬至の日　妙心禅室龍泉庵北窓燈下の輯録桑門薫執筆　（505南山霞鈔　序文）

慶長十六年　以上花隈遠音乃轡と題せる書巻　慶長十有六年師走龍集之辰　洛西正法山閑院北窓燈下　戯

墨蛙鳴庵主人了一居士撰之云々記畢　了一居士ハ河野一族土居兵庫頭通建二男了庵　再度南源和尚徒弟ニ成　京都花園遊居中編之云々雲岩和尚雑誌ニ見　（604花隈遠音乃辴）

土居了庵の四代前の祖「土居美作守通安」は「水理玄義」の編述者である。天正十五年三月、土居了庵の父・兵庫守通建、兄・左京亮通真は共に「八幡の藪事件（雲龍閣事件）」で討死している（文献36）。了庵自身は事件に参加していないが、事件の首謀者を近親に持つ了庵は事件後、出国し僧となり妙心寺に入った。天正十五年八月には許され、おそらく竹原に居たと思われる春禅院殿から「予陽河野家譜」の編纂を命じられている。土居了庵は河野関係の多くの著書を遺しているが、春禅院殿からこの任務を与えられた以降、彼は河野氏の歴史を書き残す役割を意識して果たしていたと思われる。長福寺本・予章記 にも、「爰ニ僧有テ能島ノ城ヘ来テ此子細語ケレバト云ヨリ是迄、今岡陽向軒ノ注置分ヲ写ナリ」という書き込みがある。

八幡の藪事件では父と兄が首謀者として誅罰に処せられた土居了庵は、「大逆の罪を犯したる者の妻子は死刑、父母兄弟は流罪に処するの定律（海南漂萍秘録）」と了庵自身が書いた定律に従い、出国して僧になったのであるが、この八幡の藪事件に関してはその後、当事者が厳罰に処された形跡はない。でも秀吉在世中は帰国しないが、秀吉没後、多くの関係者は帰国する。了庵もその一人である。その後、また妙心寺に戻っているようである。慶長十六年には妙心寺にいて、花隈遠音乃辴を書いている。雲岩和尚のメモに彼は南源和尚の徒弟であり、それも再度であるという。

南山霞鈔、海南漂萍秘録は八幡の藪事件の貴重な記録である。慶長三年秀吉没、河野家滅亡から十一年後、八幡の藪事件を含む河野の歴史を自由に語れるようになり、了庵はこの海南漂萍秘録、南山霞鈔の原稿に取り組んでいたのであろう。豊臣、河野、小早川も亡くなった後であるが、多くの当事者がまだ生存している時であり、記録は書いたが公開は避け、秘録としたのであろう。

慶長八年には南源和尚は「南山霞鈔」を輯録しているが、これは土居了庵のような人物の助けが絶対必要である。論者は慶長八年頃も南源和尚の徒弟であり、（それが一度目か再度から不明であるが）妙心寺に居たのであろう……と想定している。

芳闕嵐史は慶長元年にまだ修行中の南源が独自に書写したものであるが、その中に「注に曰　薫遺之増書手加」で始まる「挿入文」がある。これなどは、慶長八年南山霞鈔輯録のおり、土居了庵から聞いた話を書き加えたものであろう。

「花隈遠音乃轡」は芳闕嵐史と南山霞鈔を合わせたような作品であるが、これは慶長十六年、妙心寺で書いたようである。

※参照　「第三章第三節　河野家菩提寺多幸山天徳寺　牛福丸の没月日の謎」

第三節　松平藩時代前期の天徳寺と月桂寺

一　はじめに　藩政時代前期の天徳寺が抱える諸問題

江西山天徳寺は古代の定額寺、中世の勅願道場、河野家の氏寺、加藤嘉明の参禅道場という歴史を引き継いできた寺であった。代々、檀越としての豪族、大名の庇護を受けてきた寺であったのである。そうした天徳寺にとってこの江戸時代は経験したことにない時代であり、そこで生きるためには多くの課題があった。古代から河野、加藤家時代まで続いた寺経営の仕組み、……地域の伝統的な有力者を檀越とし、検領権を有する檀越の庇護の下、寺の経営を行なうという仕組み……は機能しなくなったのである。松平定行は伊予入国直後、天徳寺の寺領を半減した。松平氏から見れば藩内の社寺を公平に見た場合、天徳寺だけは勅願道場として特別扱いにするという古代からのルール、しきたりをそのまま維持することはできない……という信念もあったと思われる。一方、寺の破損修理と寺僧供養の義務を負うという檀越として義務を否定し、寺領管理権だけを振りかざしたとして当然、天徳寺側は強く反発する。藩側としても、河野、加藤時代から続いた藩内の有力寺院の反発の姿勢は好ましいことではない。その事後処理に苦慮することになる。当時、天徳寺が抱えた課題を幾つか示す。

①「法系の維持」……檀越に依存する経営を進めてきた天徳寺にとって、檀越が不在となると、その法系を誰が継ぐのか……ということも問題になった。蔵山和尚以降になると、天徳寺にしかるべき人材がない場合、末寺の合議の下に人選していくというルールも出来てくるのであるが、南源和尚の時代に出来たばかりの江西山天徳寺では藩政時代前期では天徳寺を支える末寺も未成熟であった。それが機能するようになるのは十八世紀以降である。天徳開山南源宗薫和尚、天徳二世蘭叟紹秀和尚、天徳三世明堂宗證座元までは、加藤嘉明が当然の義務としてその人選に当たった。天徳三世明堂が藩の姿勢に反発して退院すると、その後任は松山藩が対応せねばならなかった。それで急遽行ったのが、既に月桂寺三世を引退し隠居していた「前月桂三世・雲岩和尚」の招請である。この人選はある意味では順当なものであった。雲岩和尚は南源和尚の唯一の後継者と目された人物であり、月桂二世の跡を継いで月桂三世になった雲岩和尚としても混迷する天徳寺の住持問題に対して黙示することは出来なかったのである。

しかし又困った前例を作ったことになる。松平定行以降、藩主が住持の任免について表に出ることは無くなった（例外……天明年間、九代・松平定国が行った蔵山、澤瑞に関する件……後述）が住持の任免権が依然として藩主にあるという前例が造られ、更には、元禄の頃・「天徳十世再中興　霊叟指空和尚」までは住持の後継者について全面的に臼杵・月桂寺に依存することになったのである。

②「本寺・末寺制度」の導入を幕府は進めた。江西山天徳寺の場合、妙心寺を本寺にすることが求められることになるが、妙心寺と同様、関山慧玄を開山とし、中興開山は快川和尚の「火定の袈裟」を受領した月桂寺の二世南源を開山として、且つ推古帝以来の勅願道場の伝統を継ぐ……という誇り高い天徳寺にとって「末寺」という字句は簡単に受け入れられるものではなかった。

③「檀家制度」という制度も天徳寺にとっては全く新しいものであった。古代では「勅願所ニシテ国家鎮護ノ霊場（641保存金下賜願書　明治三十年）」であったのであり、その後は河野宗家の菩提寺、加藤嘉明の参禅の道場であった。そうした体制では寺に祀られる人は特定の人に限られていた。それが松平時代になると突然、特別な保護もそして規制もなくなったのである。天徳寺としてはその経営の安定を大檀那以外に広く求めることが急がれたのである。

二　松平家との出会い

河野時代の天徳寺は河野宗家の菩提寺であり、加藤嘉明の時代の天徳寺は嘉明の全面的な庇護の下にあったが松平時代になると突然、領主からの特別な庇護は無くなったのである。加藤、蒲生家の跡を継いだ松平家の宗旨は浄土宗であり、加藤嘉明と異なり臨済宗には関心のない家柄であった。蒲生忠知侯が亡くなり、松平定行が伊予入国するとすぐ事件は起こった。松平定行は入国三ヶ月後の寛永十二年十二月晦日、突然天徳寺の所領を半減したのである。

寛永四年正月　藤侯移封奥州会津幷加賜二十万石合為四十万石
寛永四年二月　十日蒲生中務大輔忠知侯領此地然天徳荘田如故
寛永十一年甲戌八月十八日於京都　蒲生忠知侯卒
寛永十二年乙亥九月従勢州桑名来松平隠岐守定行侯領此地十五万石

十二月晦日寺荘減為半明堂自謂是我不徳之所致也遂窃退院　直至久米郡北方大興寺踰年
時古川如心窃ニ銜　公命而往欲再請住持　明堂不可矣至勢州深溝剏建金剛山江西寺終焉
亦以退院故不立住持之牌

寛永十三丙子南源大和尚嫡嗣雲岩祥和尚者信州人俗姓諏訪侯子也　曽退月桂住摂州生玉天瑞寺
太守定行公聞其道風欲迎之窃　命古川如心云々行捗而迎之師得々而来董席
太守公不日来駕賀師住院恩遇不浅　又見寺宇荒廃有興復之命元之方丈今庫裡悉皆有命所建也
門前馬羈共ニ成
(560来由年譜第二草)

松平時代になると、天徳寺と領主の関係は大きく一転、両者の関係は一種の緊張関係におかれた。月桂寺は稲葉家菩提寺として安定した立場を維持継続できたが、天徳寺は寛永四年に大檀越・加藤家を失い、松平家の宗派は浄土宗であり、天徳寺と領主の檀越関係は無くなったのである。藩と天徳寺の関係は寛永十三年の雲岩祥和尚以降一応安定するが、信頼関係で結ばれるようになるには元禄・宝永の頃である。

松平定行が入国した時の住持は、蘭叟秀和尚退院後に加藤嘉明から招かれ入院した明堂証和尚であった。彼は松平定行の天徳寺寺領半減という処置に反発し、「我不徳之所致也」と言って退院したのである。松平定行は慰留するが明堂宗証は退院し、その後に伊勢鈴鹿の金剛山江西寺を開く。
(451天徳寺秘事)

松平定行は急遽、雲岩祥和尚（月桂寺引退後、摂州生玉天瑞寺に隠居）を探し、天徳寺に迎えた。雲岩が入院すると定行はすぐに寺に訪れ、山林などを寺に加賜し、荒廃していた方丈や庫裏を新たにする処置を講じるなど雲岩を優遇した。嗣南源宗薫前月桂三世・天徳中興雲岩全祥は南源の唯一の弟子ともいわれ、南源の法嗣として月桂寺住持を務めた人物であった。

三　本末争議……妙心寺との争い、松山藩とのわだかまり

特に天徳寺を苦しめたのが「本末制度」への対応があった。延宝四年の頃、妙心寺と天徳寺の間で「本末争議」があったという。詳細は不明であるが妙心寺と天徳寺間の争議である。得能通義が遺した資料の中に次のような書き込みがある。

「興国二年ヨリ三百三十七年之後　本末争議之頃　確定証授與之事
『伊予州和気郡江西山天徳寺者、我開山派之僧徒住持来年尚矣、依之　為當山之末寺者着明也、
永可令　子孫相続至祝祈祷、
延宝四年十月廿日　聖澤院　宗演（花押）……（一部略）……
妙心寺（朱印）　　附　天徳寺　』……
……右者洛西正法山妙心寺舊記有之写　（623明治二十四年　天徳寺来歴　通義）」

得能通義が天徳寺内部の人物として活動するようになるには明治二十五年正月以降であり、この資料は得能通義がまだ天徳寺部外者であった時代、彼が独自に集めた情報である。

「妙心寺舊記」を引用しながら延宝四年の頃、「本末争議」があったことを述べ、「延宝四年十月廿日」の文書を示し、この文書は、論争は決着したことを示す「確定証」として授與されたものであることを述べている。この「確定証」は天徳寺に伝来している文書「415当山之末寺　延宝四年　妙心寺」を示す。「本末争議」については天徳寺には口承はあるが、その論点、経緯などを具体的に記載した資料はない。

天徳寺資料には天徳寺を彩る用語が数多くみられる。

「関西第一之称名刹、関西無二之名藍」……「351豫州道後名藍多幸山弥勒院天徳寺由来紀」

「聖応国師法孫寺」……「341関西臨済録抄 附属聖應国師法孫寺譜傳」

「関西第一之称名刹」など、こうした天徳寺を彩る用語は必ずしも天徳寺自身が創作した用語ではないが、「関西無二之名藍」などの用語で彩られた天徳寺の関係者が有していたであろう強烈な自負心は容易に想像できる。そのこと自体は慶長・元和の頃までは特に問題ではなかったが、寛永十二年幕府から「本末制度」が発令され、妙心寺が幕藩体制の下、臨済宗の本山として認められる時代になると、こうした強烈な自負心を持つ天徳寺と妙心寺間で何らかの「本末争議」が起こったことが想像される。延宝四年の頃あったという「本末争議」がそれである。そうした中で妙心寺から天徳寺に送りつけられたのが「415文書」であった。蔵山はこの文書を寺宝什宝の一つとして「天徳寺文書（坤巻）」にして鄭重に保存している。この一通の文書でこの問題は解決したということではないが、「本末争議」も四代藩主・松平定直（延宝二年〜享保五年、天徳十世再中興霊叟指空和尚（元禄十年入院〜享保九年示寂）、単伝中興鉄帚宗州（宝永五年〜享保元年）の時代に解決したようである。

明治三十年、古社寺保存法関係で県に提出した明細帳・最終判に近いものと思われる「752明細帳」では、「延宝四年十月当時関西独立本山ヲ廃シ京妙心寺末ニ初テナル」と表現している。

次に示したのは霊叟が亡くなり、霊嶽和尚が跡を継いだ時、行われた「式次第（560天徳寺年譜第二草）である。

『（享保）九年甲辰九月十八日師（霊叟指空）以病篤欲隠居

而使霊嶽為嗣席願之於寺社奉行　所　同廿三日免許之

同廿四日辰刻遷化壽六十九　即告　官庁　同廿五日夜火葬山中

十一月十四日天徳廿七世中興十世霊嶽和尚入院　翌日出上京之願　同十八日賜　允容　翌日発錫

十二月朔日於本山職状降下　同廿二日師帰帆　同廿七日

同十年乙巳正月四日如例登城謁公初伸賀正之礼一束一本又再出伸入院之礼　又一束一本如初

二月十四日太守公入駕　賜白銀五枚昆布一折賀師入院也　（560天徳禅寺来由年譜第二草）』

「……師（霊叟）の病厚く隠居し、「霊嶽為嗣席願」を藩に届出て許しを得る。

……藩の免許により、霊嶽和尚は入院（住持になること）する

……上京願いを提出、許しを得て、出立

……「本山」で「職状」を受け取る、

……帰国、新年の定例の新年の登城で「入院之礼」を述べる

……太守公入駕（寺に訪れる）、入院の祝いを賜った……」

この「式次第」は霊嶽和尚が入院するに際し、太守公及び妙心寺の承認を得るという礼を尽くすこと、太守公の承諾を得てから妙心寺へ参り、帰国後、藩主に報告する事……などのステップを踏む。記録に残っている限り、入院に際しこうした「式次第」を踏んだのは霊嶽和尚が最初であり、その後この形式を踏むことは幕末まで続いた。この「式次第」は実質的には天徳寺が妙心寺を本山と認めたことを示し、更に天徳寺、妙心寺、松山藩の三者の関係を規定している。おそらく、鉄帚宗州、松平定直、妙心寺の意向を汲んで考えられた「式次第」なのであろう。こうして松山藩、天徳寺、妙心寺、三者間のわだかまりは霊叟指空禅師（元禄十年〜享保九年）、鉄帚宗州禅師（宝永五年〜享保元年）、松山藩四代・松平定直（延宝二年〜享保五年）らの時代に一応解消に向けて前進したのである。その後、本末関係は少しずつ成熟されていったのである。蔵山の頃になると、本山における諸法会に出仕するようになる。本末関係を妙心寺側から宣言した文書・「415 当山之末寺　延宝四年　妙心寺」は巻物（坤巻）にして鄭重な保存されているが、蔵山の「560江西山天徳寺来由記」や翠岩の「600天徳寺来由録集」ではその文書について一切触れていない。その存在を無視しているのである。この文書が天徳寺の来由で触れるようになった、すなわち妙心寺を本山と表示する用法が来由などに認められるようになっ

たのは実に明治時代以降である。霊嶽、蔵山の時代は妙心寺が住職任免に決定権を有している様子はないが、明治の祖満の代になると、「依願本山妙心寺ヨリ繁山祖満和尚住職ヲ命ズ」というように妙心寺をはっきり本山と認識し、本山より住職を任命される……というように変わっていく。

松平定直は元禄元年千秋寺建立、元禄十二年龍穏寺に僧録を置き曹洞宗寺院を統括させる、元禄十三年、遊行上人の来松に合わせて遊行上人から頼まれていた宝巌寺再建を行い、最後に元禄十四年十月、太守自ら天徳寺を訪れている。

『元禄十四年辛己十月廿五日　　太守公初入江西又賜白銀及昆布一折　師応請講大恵書

同　十五年壬午四月一四日太守入駕講大乗経

同　十六年癸未三月十日新建山門　……（560天徳禅寺来由年譜第二草）』

定直は元禄十二年から十四年にかけて河野氏ゆかりの寺院に対するテコ入れを一気に行っているのである。太守公が天徳寺を訪れたのは寛永十二年の定行以来、実に六十六年ぶりの事であった。その後、四代定直公は元禄十四年初めて天徳寺に入駕されてから、亡くなられる享保五年の十九年の間に十四回、五代定英公は享保五年から享保十七年の十二年の間に五回天徳寺を訪れている。こうした藩主と天徳寺の親密な関係は天明二年まで続く。

四　多幸山　大檀那河野氏幷寺中　結衆等霊簿　天徳禅寺秘事

天徳寺には長い表題を持つ「450多幸山天徳禅寺秘事」という資料がある。中身は三件の異質な資料が綴じ合わされたものである。

451後村上天皇勅願予州多幸山天徳寺秘事
452多幸山天徳寺秘事附属　河野氏系図
453過去帳　江西山天徳寺

この三件の資料は夫々、利用されていた時期、編纂された時期などが異なる。おそらく、蔵山和尚が「451多幸山天徳禅寺秘事」という表題を有する資料に、「452河野系図」、「453過去帳」が綴じ合わせたのであろう。すなわち、「451」、「452（前述）」、「453」は直接互いに関係する資料ではなく夫々独立に検討すべき資料である。本項では「451後村上天皇勅願予州多幸山天徳寺秘事」を検討する。

「451秘事」は、いわゆる「寺譜」、法系を書き記したものである。「付表　第一　多幸山天徳寺、江西山天徳寺　寺譜」は、多幸山天徳寺開山・関山慧玄から明治時代の祖満和尚までの法系を記したもので、次に示した数種の資料により論者が編纂したものである。

「451後村上天皇勅願多幸山天徳寺秘事」
「560天徳禅寺来由第二草貴謙　渉筆」
「615勅願道場　多幸山天徳禅寺譜」
「771多幸山　后江西山　天徳寺譜」

「451秘事」が今ある形になったのは霊叟指空禅師、或いは霊岳宗古禅師の頃である。藩政時代中期、霊叟・霊岳・蔵山和尚のころ、江西山天徳寺は一つの安定期を迎えるが、「451秘事」は藩政期時代前期の天徳寺住持が自分たちの歴史的位置づけをどのように理解しているかを示している。

開山南源は、慶長十七年の「510関西臨済録抄　附属聖應国師法孫寺譜傳之巻」では、六祖、七世悟谿宗頓、

の後は「主僧尊宿月湖禅師請迎　中興開山矣　是第八世也」と述べ、以下石屋派の住職を紹介し、南源自身についいては十六世南源恭薫と表現する。すなわち、石屋派の存在を認めている。それに対して、多幸山天徳禅寺秘事では、六祖の後には、悟渓宗頓、独秀乾才、仁岫宗寿、快川紹喜という妙心寺・東海派の法系、それに続いて月桂開山・湖南宗嶽、月桂二世・南源宗薫、月桂三世雲岩全祥……という湖南、南源を中心とした月桂寺の法系を描き一方、河野・菩提寺時代の月湖禅師の石屋派の法系は一切記載されていない。

南源自身は、月湖禅師を中興開山と評価し、自分をそれに続く十六世南源と認識しているのに対し、「秘事」では、自分たちが聖應国師、悟渓宗頓、南化宗薫らの直系の後継者であるという強烈な自負を表明している。「本末争議」があった延宝四年の頃から本山・妙心寺に対する反発もあって、この「秘事」のような表現をするようになったと思われる。

「615勅願道場　多幸山天徳禅寺譜」、「771多幸山　后江西山　天徳寺譜」は幕末、明治の頃、編纂されたものである。

五　過去帳　江西山天徳寺

左に示した表は「453過去帳江西山天徳寺」に祀られている人数を十年毎にまとめたものである。

承應・明暦頃からは、松平家の家臣やそのゆかりの人物を祀る事例が年に一回という頻度であるが見られるようになり、寛文の頃になると年に四～六件という頻度に急増し、寛文から延享までの八〇年間に約四百件に達する。広く一般の人を受け入れる体制に変わっていったのである。享保年間になると得能氏などの名も見られるようになる。又得能氏についてみると、寛文三年から天和三年の間に五回の先祖の追善供養を行ったことが過去帳に記録されている。こうした動きは寛永十二年幕府が推進した宗教政策の一環としての「檀家制度」に順応した動きでもあろう。

年　代	人数
1597 ～ 1606	1
1607 ～ 1616	1
1617 ～ 1626	3
1627 ～ 1636	6
1637 ～ 1646	2
1647 ～ 1656	8
1657 ～ 1666	22
1667 ～ 1676	34
1677 ～ 1681	36
1687 ～ 1696	50
1697 ～ 1706	48
1707 ～ 1716	52
1717 ～ 1726	53
1727 ～ 1736	61
1737 ～ 1746	36

六　近世前期、豫州・天徳寺と豊後・月桂寺

蔵山の「560来由年譜第二草」によると、慶長年間の南源から寛永年間の雲岩までの四代については、住持をだれにするか、その任命について時の領主、加藤嘉明や松平定行らが主体的に関わっているがその後、雲岩以降は懶翁、月泉と継承されるが領主が積極的に関わった形跡はない。しかし後年、天明二年に蔵山和尚は突然、隠居を命ぜられる、彼の後を継いだ澤瑞和尚も退院を命じられたように、領主に任命権があるという事は変わっていない。蘭叟や明堂など種々の理由があって寺を離れた人もいた、松山藩と寺の間に緊張関係が続いた……そうした藩政時代前期、天徳寺を支えたのは豊後・月桂寺であった。

付表第一・「多幸山天徳寺　江西山寺　寺譜」にあるように、開山南源、天徳中興雲岩全祥以後も天徳寺と月桂寺との人的交流は密であった。江西山天徳寺は「573湖南宗嶽三舟円観禅師派下寺」では清光山月桂寺の次に載せられる格式高い寺であり、そこの住持に関することであるから当時の関係者としては全く当然の事として進められていたと思われる。天徳寺では今日でも月桂寺を指して「母屋」というがこれはこうした事情に中でできた言葉であろう。しかし、地域性、地域毎の自立が進む江戸時代の中ではいづれは、天徳寺も母屋からの自立が求められたのである。

自立が進んだのは元禄の頃からである。元禄の頃になると、本山・天徳寺に後継者候補がいない場合、天徳中興・雲岩和尚、天徳十世再中興・霊叟和尚などを開山とする直系の末寺に人材を求め、天徳寺を維持していく体制が造られていった。

元禄の頃の人・石牛祖言の不慮の死の後、天徳寺は無住持となった。その時はとりあえず、三か月は末寺之衆が交代で処務をこなし、その後末寺からの願を受けて、濃州慈照寺主霊叟和尚を天徳寺住持（元禄十年）になるように計らったのは月桂寺の住持だった月桂六世鉄帚である。

「元禄九年……石牛和尚遷化已来無住持之人……末寺之衆交代監院……末寺衆及諸檀徒輿議而欲請濃州慈照寺主霊叟和尚謀之月桂鉄帚大和尚　帚師即遣其弟宗達首座　於慈照命之叟師応之……

（560天徳禅寺来由年譜第二草）」

石牛祖言、彼は臨済宗妙心寺派の新しい流れ・盤珪琢和尚から学んだ人物であったが不幸にして不慮の事故で亡くなった時のことである。住持不在という緊急事態に当たって、後に残された「末寺衆及諸檀徒」は相談の上、共同して事態に対処するという行動を起し「霊叟和尚」を迎えたいと月桂六世鉄帚宗州に相談し、鉄帚宗州は直ちに手配をして実現にこぎつけたのである。それから十年後、月桂寺を退いた鉄帚宗州は隠居として天徳寺吸江庵に入るのは、こうした経緯があったからである。天徳寺の住持後継者が本山・天徳寺に不在の場合、月桂寺に全面的に依存するのではなく、伊予の天徳寺末寺から適任者を選任するようになったには霊叟和尚以降である。

「末寺衆及諸檀徒」合議の上、後継者を選ぶという慣習は明治十九年にも機能した。明治の動乱の中、天徳寺は無住の危機を迎えた。その際、やはり末寺合議の上、「浄福寺前住　萬谷祖満」を撰び、本山・妙心寺に申請して実現させたのである。

母屋からの自立が遅れた最大の要因は「其嗣法神足只雲巌祥公一人ノミ」というように、南源にとって嗣法神足……自分の跡を任せられる人は只一人だったということであったであろう。その結果、本山を支援すべき末寺の充実が遅れたのである。この事は南源の師・湖南宗嶽も同様で彼にとって、「其嗣法神足只南源宗薫公一人ノミ」という状況であったのだろう。だから湖南は伊予国天徳寺に居る南源宗薫を月桂二世にあえて指名せざるを得なかったのであり、南源はまた雲巌を月桂三世に指名して一人、伊予へ戻らざるを得なかったのである。

この時期、松山藩主は四代・定直（1674～1720）である。彼は元禄十四年天徳寺を訪れ。霊叟和尚は彼の求めに応じ大恵書を講じたという。以来、定直、定英、定喬は頻繁に天徳寺を訪れている。

宝永五年三月鉄帚は月桂寺住持を引退した後、天徳寺に入られた（享保元年没）。翌四月、定直は天徳寺に鉄帚を訪ね「……賜之綾絹等敬信太厚」という。鉄帚和尚は住持になったのではないが、霊叟らに影響を及ぼす立場であり、霊叟は十年間、天徳寺で鉄帚に接することができた。霊叟の跡を継いだ霊嶽も天徳寺での修行時代に鉄帚から直接薫陶を受けることができた。後に鉄帚は「単伝中興・鉄帚宗州」、霊叟は「光明寺中興開山」、「天徳十世再中興　霊叟指空」と尊称される。

こうした経過をたどって天徳寺の経営が月桂寺に頼ることなく安定するのは、霊叟、霊嶽、蔵山の時代である。蔵山が天徳寺に来たのは鉄帚の没後であるが霊叟、霊嶽を通じて強く鉄帚の影響を受けたと思われる。蔵山は月桂寺で学んだ経験はないが、その連帯感は強かったのであり、彼の著作には月桂寺との共同執筆が多いのは、それはそうした流れの中での所産である。こうして安定したかに見えた天徳寺の経営であるが、蔵山和尚の晩年、天明二年、再び混迷した時代を迎える（次節参照）

第四節　蔵山和尚　蔵山の編纂事業

一　蔵山宗勲禅師と「来由年譜第二草」などに描かれた松山藩と天徳寺

蔵山宗勲禅師（1675～1788）、字《あざな》は貴謙、霊嶽禅師の跡を継いで延享二年に天徳寺に入院（住持になること）、天明二年五月に退院、天明八年十月七日に亡くなった（772江西山天徳禅寺歴代譜　大正八年）人物である。彼の出自は上浮穴郡久万の名家・船草家、美川村日の浦にある光明寺は船草家の菩提寺である。光明寺は戦国時代に創立された寺で、初めは曹洞宗龍澤寺の末寺であったが近世に入り天徳寺・雲岩全祥（寛永十三年入院）を招じて臨済宗天徳寺の末寺になった（文献13）。

正徳四年九月　霊叟和尚は光明寺に若干の田地を与え「永遠常住」の寺にした（560　江西山天徳寺来由記）。光明寺は開山・雲岩全祥、中興開山を霊叟和尚とする（573開山法孫寺号略記）。それから六年後・享保五年、九歳の蔵山が天徳寺に入った。船草家、光明寺、天徳寺とつながる縁によるものである。霊叟和尚以前の天徳寺住持はほとんどが豊後・月桂寺の出身であった。伊予の天徳寺或いは天徳寺末寺で修行した者から天徳寺住持に選ばれるようになるのは霊叟和尚以降、すなわち霊嶽、蔵山以降である（付表　第二　天徳寺寺譜）。松平藩前期の天徳寺における鉄帚、霊叟、霊嶽、蔵山の存在は大きい。月桂六世・鉄帚は霊叟の師で月桂退院後、天徳寺・吸江庵に住まわれた人物である。蔵山が天徳寺に来たのは鉄帚の没後であるが霊叟、霊嶽を通じて強く鉄帚の影響を受けたと思われる。蔵山は月桂寺で学んだ記録はないが、その連帯感は強かったのであり、彼の著作には月桂寺との共同執筆が多いのは、それはそうした流れの中での所産である。蔵山の最初の師・霊叟は元禄十年から享保九年の間、天徳寺の住持を務めた人物で以下、天徳寺の法系は、霊叟、霊嶽、蔵山とつづく。天明五年。蔵山和尚退院後、天徳寺の法系は混乱するが、蔵山から五代目、「600天徳寺来由録集」を編纂した翠岩祖蘭和尚は光明寺得堂和尚の法嗣であり、蔵山の法系が復活している。

渋柿色のしっかりした表紙で表には「560江西山天徳寺来由記全記録」と書かれている。ページをめくると「560江西山天徳禅寺来由年譜第二草　貴謙　渉筆　校讐」とあり、延元二年の河野通宣の多幸山天徳寺中興の記事が始まる。蔵山和尚の晩年までの年譜である。蔵山和尚は「560天徳寺来由年譜第二草」を遺して中世・近世の天徳寺の歴史を後世に伝えるのに大きな功績を遺した。その中には彼自身の事績も多く描かれている。以下、(560第二草) などに描かれた蔵山の足跡を追いたい。

※参照　グラビア「江西山天徳禅寺来由年譜第二草」

二　蔵山宗勣禅師　入院

次に示したのは霊嶽和尚亡くなり蔵山が跡を継いだ時に行われた「式次第」である。前節で示した霊嶽和尚が入院した時の「式次第」に非常に似ているし、彼自身の事であるから内容も子細である。蔵山は師の霊嶽和尚の行動に習ったのである。入院後、「太守公入駕」ということまで同じである。違う事としては天徳寺と藩を結ぶ連絡役として、天徳寺側に景徳寺が登場した事である。藩側の窓口は三浦正左衛門である。藩と天徳寺との連絡網が整備されていったのである。
『（延享元年十月七日霊嶽和尚）暁寅刻遷化　壽五十一　天明告之御目付次宗門中諸檀徒及旧故中
十一月七日　景徳梵珠首座持諸末山連署嗣席之願書而行詣　三浦正左衛門宅呈之
三浦者目付也　即寺院御用懸也
十一月十一日　三浦氏以書召景徳於其宅　曰天徳後住之儀御願之通被仰付候
演説之景徳即銜命而直詣御老中奥平藤五郎殿玄関伸謝　又告之諸檀那及親故中
第廿八世天徳中興南源　法嗣　即日十一世蔵山入寺
同十二日　介景徳於三浦氏陳謁太守公而欲奉伸入寺謝恩之礼之意
同十四日　三浦寄書曰　明十五日巳刻三之丸江罷出　入院御礼御請可申可被遊候旨被仰出候
上之旨也　同十五日辰中刻詣三之丸午時　太守公召見　上一束一本　奏者奥平藤五郎殿
了詣諸役人及檀那等
同十六日　介景徳寺出上京之願及拝借銀三貫目
十八日　　上京願者有免許　即刻乞船便於三浦氏
廿一日自御目付所召役僧一人即時使玄覩往謁三浦氏ニ曰借与銀一貫五百目宜於御勘定所可受納云々
即日受納之
十一月廿八日　上船高浜宗桂外力者一人　十二月五日達浪花九日達京
十日　達智勝又皈河口ヤ　十五日垂示了　皈河口屋
十八日　勉詣智勝　十九日巡山當晩智勝和尚為予有展待
廿日大雨故淹留　廿一日至河口屋　廿八日辞京至八幡
廿九日至大坂　　閏十二月八日　皈院　（560第二草）』

蔵山は仏学、儒学、老荘の学に通じ、当時著名な蔵書家であり、書道に達していた。天徳寺と松山藩の親密な関係は元禄十四年霊叟和尚、松山藩四代・定直の代から始まる。定直公は元禄十四年初めて天徳寺に入駕されてから亡くなられる享保五年の十九年の間に十四回、五代定英公は享保五年から享保十七年の十二年の間に五回天徳寺を訪れている。蔵山が住職であった時は、隔年ごと、欠けることなくお成りがあったという。蔵山は定喬、定静から深く敬愛されていたのである。次の一節は岱嶽公・定静に請われて夜を徹して数十帋を書いた話である。書家としての蔵山の一面を描いたものである。

『蔵山一住之間隔年一度ツヽ御成　無欠隔有之従右以後　皆講輔教編中之一章
　　但岱嶽公之時一回被請揮筆　書数十帋而呈之　磨墨人両員来従朝至于
　　午後而休焉其墨者自官辦来……（560第二草）』

次の一節は河野通宣の厨子を新造した時の経緯を書いたものである。蔵山は細かいこともよく記録に残している。「入院の式次第」も数字が多いが、この厨子の件もその一面を示している。この記録は「河野通宣」の位牌を収める龕の底裏に蔵山が書き残したものである。

『京寺町　冨士屋六兵衛　作　勤時用妙心開山遠忌而上京　宝歴九己卯秋九月新造納天徳寺殿之牌蓋　其資者
延享丁卯　藤沢上人行化此邦掩留道后之　介僧納銭一貫文供之　於感公牌前其財逐年而殖焉　以作此龕護神
牌　住持蔵山宗勣誌代銀五十銭目也　（444河野通宣厨子）』

延享四年、遊行上人が使いの僧を遣わして一貫文を納めたこと、それを原資として厨子を造らせた経緯が書き記している。当時、遊行上人が河野所縁の寺社に参ることは藩から禁止されていたのであり、遊行上人は祖・一遍所縁の寺であるから……ということで藩の役人に隠れて使いを遣わしたのである。こうした細かいことまで記録するのも蔵山の一面を示したものである。元禄の定直の時代では遊行上人は自由に河野所縁の社寺を参詣し、宝巌寺は藩の手で再建され、参詣男女九万四千二百四十一人、散銭四貫四十匁七分五厘が集まったという祝いをやっている（文献41）。しかし、延享の頃になると遊行上人の行動は規制されている。元禄の時、宝巌寺で盛大な行事が行われるが、以後、こうした催しは時代と共に変わっていったのである。この一件は「560江西山天徳寺来由記」には記録されていないが、「610天徳禅寺来由年譜　第二草」に収録されている。

次の一節は「材木流し」の様子を描いたものである。天徳寺が用材調達に久万山に依存するのは河野刑部大輔通宣時代に遡る（560天徳寺来由）。蔵山和尚は久万の名家の出身であるからこうしたことに関心を持っていたのであろう。「材木流し」の件は五月二日に亡くなった鉄帚大和尚の葬儀に関わるものである。霊叟和尚が藩に掛け合って用材を調達、材木は直瀬鳴鈴山で伐採し、洲之内村から古川村まで川に流し、そこから江西へ運んだのである。

『享保元年……五月二日鉄帚大和尚遷化即告　官廳　八月十五日　師自走
　公廳乞材木九月三日賜允容曰於直瀬鳴鈴山栂良材
　「於畑之川山松良材　此松材者庫司再造之用故未伐却」
十一月命公役人伐之師自率工匠擇良材　杣奉行吉尾弥五右衛門　於鳴鈴山
同二年丁酉二月三月出材木於洲之内村五月十二日十三日投之川流即日達古川郁同十八日達江西了也
又有官命賜白銀十二貫目以充材木運出之雑費也……（560第二草）』

三　天明二年蔵山和尚の失脚と書き継がれた「来由年譜第二草」

「560来由年譜第二草」という資料がある。蔵山和尚の自筆で、延徳二年から自分が退院するまでの寺の歴史をまとめたもので、時系列を追って箇条書きに整理された四十九丁の資料である。一丁表の延徳二年の河野通宣による多幸山天徳寺再建から四十一丁表の延享三年の蔵山和尚の入山までの記事は整然と書かれているが、四十一丁裏からの筆致は四十一丁表までのそれとは明らかに異なるものとなる。

天徳寺と松山藩の関係は定静の跡を継いだ九代・定国が天明元年五月に初めてお国入りしてから、急変した。そしてその翌天明二年正月、松山藩は六年前に遊行上人と取り交わした「宝厳寺寺格之儀」の約束を一方的に反故にする通告を出し（文献41「日鑑『安永』」）、藩の御番頭に閉居を仰せつけ（文献40「秘事録」）、そして天明二年五月廿六日朝、蔵山は突然の隠居命令を受けた。天徳寺と松山藩の関係は九代・定国による天明二年の突然の隠居命令で急変したのである（文献8）。

蔵山和尚は自身の入山の経過を詳細に記録し、延享三年三月十四日に太守公入駕があって蔵山の入院を祝ってくれた事を四十一丁表に書きあげ「560第二草」の編纂はそこで中断していた。完了のつもりであったのかもしれない。「560来由年譜第二草」では、その四十一丁裏から突然の隠居命令で混乱した天徳寺を描いている。蔵山和尚は藩の役人から天明二年五月に隠居命令を受けた。四十一丁裏からの記事は中断してから三十六年後、彼は乱れる心を抑えながら、「来由年譜第二草」を開き、四十一丁裏から書き始めたのである。混乱した中で書いているためか、筆致は四十一丁表までのそれとは異なるものとなり、時系列の乱れなど、四十一丁を境に「来由年譜第二草」の様相は全く変わってしまったのである。蔵山和尚は天明八年十月七日にはなくなっている。四十一丁裏以降は蔵山和尚以外の人物も関与している可能性は無視できない。以下に「来由年譜第二草」に描かれた隠居隠居の件を中心に紹介する。天明二年の事件に関係ない記事などは一部省略した。

※参照　資料編　その一　【松平定国　隠居被仰付候　蔵山和尚　天明二年】

『《四十一丁裏》

一　寛延元戊辰年三月八日　太守公　税駕有請講大恵書、

…………
一　宝暦二年壬申二月十四日　大守公入駕講輔教篇
天明元年　当代府君初而税駕之時　闕講而但有書論耳　……………（略）
一　天明二年壬寅五月廿六日朝　自荒井又五郎宅切帋ニテ呼ニ来即時赴其宅　隠居被仰付候旨被申答ニ致承
知候ト申直ニ立退　御家老水野吉左衛門殿ヘ参謝詞申置候而罷帰リ
翌日諸檀及知音中ヘモ知セ遣了
宝暦三年癸酉三月廿日　南化国師百五十年忌之時　上京香資目録請取之票別有之　…………
安永二年癸巳九月廿四日　徳□八世中興老師五十年営搆諸事……再中與之餘徳手表滂記伝于　後代』
『《四十五丁裏》
澤瑞初住
天明二年壬寅六月九日　末山連署之願書　至十一月五日相済即日詣家老月番玄関陳謝是御請之意也
十二月五日　上船十一日中旬達本山故滞留　天明三年正月十一日　於微笑燈下攀例垂示　號澤瑞
同三年二月八日　澤瑞帰寺　同年六月二日　入院之礼済　壱束一本差出之　』
『《四十六丁裏》
天明五年十月十一日　河野伊与入道々治　瑞光院殿御嫡男備後守通綱　瑞雲院殿御嫡孫瑞岩寺殿
四百五十年追吊　苗裔得能弥三郎　香積諸用無所欠少
澤瑞和尚入院天明二年壬寅六月二日之　』
『《四十七丁表》
庫厨新建　天明改元也　以下　略　（資料編　参照）』
『《四十九丁裏》

一　澤瑞和尚入院天明二壬寅年六月二日乎澤瑞三年住職中自身故障有リ従御上退院被仰付法系絶脈

一　蔵山和尚法系大昌院綿宗和尚分法有之以其法　　』

『《裏表紙裏面》

當山中興南源禅師十二世倹宗守節和尚被仰付住職　　　　……（略）

天保三壬辰年十二月七日　元来末寺光明寺得堂和尚法嗣以公命移住當山　（560第二草　完）』

《四十一丁裏》……蔵山和尚は延享三年三月十四日、蔵山の入院を太守公が祝ってくれた記事で中断していた「560第二草」の編纂を、天明二年になって三十六年ぶりに再開したのである。心の動揺も抑えながら、延享三年の翌年寛延元年三月八日「太守公　税駕有請講大恵書」の記事から書き起こす。ところが寛延元年、三年、宝暦二年の記事を書いてから、天明元年、天明二年の記事、《四十二丁裏～四十三丁》にかけての記事に飛んでいる。気持ちが抑えられなかったのであろう。

天明元年、定國はお国入りすると四代・定直の頃からの定例に従い、天徳寺を訪れ蔵山と会っている。ただ、その時は定例になっている「講」はなく、「書論」だけの冷ややかなものであったという。初めてお会いした時から異常な雰囲気であったことを思いだしたのである。そして天明二年壬寅五月廿六日朝荒井又五郎宅であったこと、翌日には関係先に連絡したことなどを書き記す。

再び気持を落ち着かせ、宝暦三年、明和、安永の記事に戻り、「四十五丁裏」の五行目の「澤瑞初住」という節を設けて、隠居命令の件を描いている。

《四十五丁裏》・澤瑞初住……天明二年六月九日から天明三年六月二日、澤瑞初住に関わる一年間の経緯を隠居・蔵山がまとめたものである。五月廿六日に蔵山の隠居命令を受けてから、寺の関係者は急遽、後任に澤瑞を選び必要な手続きを進めるのである。澤瑞は天明四年に寺を追われたこともあり、澤瑞の人物像についてはほとんど、何も伝わっていない。

蔵山の場合、師・霊嶽が延享二年十一月七日に遷化されると、その日のうちに「末山連署嗣席之願書」を藩の窓口の三浦正左衛門に提出し、四日後には「御願之通被仰付候」の返事を戴き、その日のうちに「御老中奥平藤五郎殿」にお礼を述べ、「諸檀那及親故中」に報告し、入寺している（入寺、入院とは寺で定められた所定の儀式を行い、寺のトップに就くことをいう）。それから改めて太守、役人及檀那等へ挨拶参りをおこない、十一月廿八日には高浜から船で京へ向かっている。

澤瑞の入院は天明二年六月二日である。「入院六月二日」ということは、《四十六丁裏》、《四十九丁裏》にありおそらく事実と思われる。《四十九丁裏》の記事は天明四年に天徳寺を追われた澤瑞の跡を継いだ「天徳十三世倹宗守節」の書き込みと思われる。蔵山が隠居命令を受けたのが天明二年五月廿五日であるから、澤瑞の場合、入院が天明二年六月二日であっても不自然ではない。しかし「澤瑞初住」によると「末山連署之願書」の提出が六月九日であり、入山が「六月二日」とすると藩の承認を得る前に入山式を行ったことになる。更に、蔵山の「澤瑞初住」の記述によれば澤瑞の場合「末山連署之願書」が藩に提出されたのが六月九日であり、藩の承認が得られたのは十一月五日である。五ヵ月かかっている。蔵山の場合の四日後の承認とは様子が全く異なる。澤瑞の場合、入院の手続きの段階から藩との関係は順調でない。蔵山が不自然な隠居命令を受けた後であり、藩の内諾を得ないまま入山を行うこと自体、問題視される可能性が強い。十一月十一日以降は藩家老へのお礼、本山への挨拶など所定の手続きを踏んで入院した澤瑞和尚であるが、四十九丁裏にあるように、彼も天明四年には寺を追われるのである。～《四十六丁表》

《四十六丁裏》
① 天明五年十月十一日　……得能家四百五十年追吊　……　（二行）
② 澤瑞和尚入院天明二年壬寅六月二日之　（一行）

二件、三行ほどの簡単な記事である。この二件の記事の配置は明らかに不自然であり、二件の内容は互いに無関係である。

「①　天明五年得能家追吊」の記事は小さく書かれ、この①、②の二件の記事の相互の配置は不自然である。論者はこの「①天明五年得能家追吊」の記事は其の年代から明らかに澤瑞和尚ではなく、筆跡も蔵山和尚とは思えない。「600碧岩判　来由年譜第二草」編集に際し、その関係者が書き込んでしまったものであろう……と理解したい。

「②　澤瑞和尚入院」の筆跡は前後の記事「澤瑞初住」、「庫厨新建」とは異なる。この三件とも蔵山の筆とすると、時間を置いて、異なる気分で書いたことになる。その場合、例えば、「澤瑞初住……天明三年」、「澤瑞和尚入院……天明四年」、「庫厨新建……天明五年」というように全く異なる状況の許、書かれたのかもしれない。なお、「②澤瑞和尚入院」の一行は澤瑞自身がかいたという疑いも捨てきれない。

澤瑞和尚の筆跡と思われるものは三十二丁裏には「③　法会執行　享保二十年卯十月十日　……四百年忌施主大檀那苗裔得能伝左衛門也　澤瑞註之」という記事がある。これが「入院天明二年」と同一人物の筆跡であるのか、否か、論者には判断できない。

「①天明五年」、「③享保二十年」二つの記事は共に「610第二草（600碧岩版　天徳寺来由記）」に反映されていて天保年間以前に書き込まれたのは確かである。それに対して「②澤瑞和尚入院天明二年壬寅六月二日」の記述は「610第二草」には見いだせない。天明四年以降、澤瑞和尚入院の件はその存在を否定されたのである。

《四十七丁表》・庫厨新建…………蔵山和尚の筆と考える。蔵山和尚の跡を継いだはずの澤瑞和尚も退院させられた。蔵山和尚は天徳寺弾圧の直接の原因であり、かつ自分が直接関与した庫厨新建について、安永九年に遡って天明五年冬までの顛末をまとめた記事である。天明四年に澤瑞の跡を継いで入院した倹宗和尚の可能性もあるが、本件は安永九年から天明五年までの藩との折衝をまとめたものであり、引退後も当事者として藩と接点があったとおもわれる蔵山自身の記述と考えるべきであろう。

《四十九丁裏》……澤瑞和尚入院天明二年六月二日のこと、わずか三年で澤瑞和尚は退院させられ、澤瑞の法系が途絶えたこと、蔵山和尚の法系は大昌院綿宗和尚が継いだことが簡潔に書かれている。綿宗和尚の法嗣・天徳十三世 倹宗守節和尚が、蔵山から「来由年譜第二草」を受け取り、自分が蔵山の法系を守ったことを表明するために書いたのではなかろうか。

《裏表紙裏面》……倹宗、雄山、翠岩和尚を簡単に紹介するものである。天保年間、天徳寺在住の第三者が書いたことは明らかである。天保年間に編纂された「610第二草（600碧岩版　天徳寺来由記）」は「560来由年譜第二草」を写して作られたものである。このような「裏表紙裏面」に天徳寺の来由を書いたという自らが犯したことの異常さに気づいた碧岩和尚は困窮した寺の経済の中で、「600碧岩版　天徳寺来由記」の編纂を決意した……と論者は推測している。

「澤瑞初住」、「庫厨新建」……これは二つの「節」の命題として書かれている。「560来由年譜第二草」は箇条書を全面的に採用しているが、外の部分には「節」を設けることはしていない。後年、祖満和尚が「733由緒書」を書いた時は全面的に「節」を採用しているが、年譜に用いられたにはこれが最初の事例である。天徳寺資料の中で、このように「節」に分けて記述するという方式を用いているのは南山霞鈔である。南山霞鈔では全面的に「節」を用いられている。

「620碧岩判　天徳寺来由録集　付属資料」には次のような四件の資料が残っているが、これは「庫厨新建」が問題になった時、天徳寺として過去の事例を取りまとめたものと思われる。

「636安永辛丑夏五朔　蔵山　庫裡再建」、「637　延宝３年一泉堂観音大士点眼安座」、

「638正徳五年七月二十二日上棟霊叟禅師」、

「639元禄三年宝塔上棟興源宗右禅師　匠者摂津弥兵衛尉」

※参照　資料編　その一【松平定国時代、蔵山和尚　天明二年五月　隠居被仰付候】

四　蔵山和尚が関わった資料

天徳寺の伝承、資料の伝来は十六世紀初めの河野通宣の時代、十七世紀初めの南源和尚、十八世中葉の蔵山和尚、そして十九世の碧岩和尚、祖満和尚というように約百年間隔で資料の整理が行われ、現在に至った……と総括することが出来る。蔵山和尚が関わったと思われる資料は非常に多い。

① 521南源薫和尚年譜　初稿　宗勲纂輯　禅諾校閲
天徳開山南源大和尚年譜
八世遠孫住江西不肖　宗勲　纂輯　九世遠孫住清光不肖　禅諾　校閲
天徳開山南源大和尚年譜附記　遠孫不肖　宗勲　謹記
雲岩大和尚一百年忌　宗勲

② 524南源薫和尚年譜　清書

③ 531南源薫和尚語録　初稿
住月桂遠孫独圓禅諾編　住天徳遠孫　宗勲校

④ 532南源薫和尚語録　清書

⑤ 540三舟圓観湖南禅師語録　上下　宝暦己卯
三舟圓観湖禅師語録序　宝歴八年三月　禅諾謹書
三舟圓観湖南禅師臥雪禄語録巻　門人　其等　編集　遠孫　禅諾　校閲

⑥　天徳寺来由年譜
640多幸山天徳寺来由年譜　第一草　　　　　　　　　　　　　（609の原稿か）
609多幸山天徳寺来由年譜　第一草　當寺起元之事　（600翠岩判　天徳寺来由録集）
560江西山天徳禅寺来由年譜第二草　貴謙　渉筆　校讐　　　　（610の原稿か）
610天徳禅寺来由年譜　　第二草　　　　　　　　（600翠岩判　天徳寺来由録集）

⑦　500合本・芳闕嵐史
503芳闕嵐史
508南山霞鈔
506伊予国造家　越智姓河野氏系譜

⑧　400天徳寺文書　二巻（乾巻・坤巻）

⑨　450多幸山天徳禅寺秘事　　　　　　　　　　　　　　　（400古文書）
451　後村上天皇勅願予州多幸山天徳寺秘事
452　多幸山天徳寺秘事　附属　河野家系図
453　過去帳　江西山天徳寺

⑩　444河野通宣　厨子　龕

⑪　521南源年譜　初稿　……蔵山宗勣と月桂寺の禅諾、二人の合作である。（531南源語録）では蔵山、禅諾二人の役割は変わっているが、やはり二人の合作である。朱記、訂正の書込みが多い。年譜の初めに「開山大和尚三住妙心」という表題の資料がある。……妙心寺には「奉勅入寺」という独特の制度があり、南源が「奉勅入寺」をしたのは、慶長八年十二月と元和八年の二回であるといわれているが、蔵山はこの論考で……妙心

寺の記録では慶長八年の入寺が「再住」とあり南源は「三住妙心」であるという論を提起している。

② 524年譜　清書　……（525天徳開山南源大和尚年譜）、（526南源大和尚年譜附記）などからなる。（526）は南源が関係した天徳寺を含む八カ所の寺を紹介したものである。

③ 531南源語録　初稿……慶長八年の「初開天徳入院法語」、元和七年の「再住正法山妙心禅寺法語」から始まるが、

④ 532南源語録　清書……では、それらは削除され、「宝林院殿下火……」から始まる。

⑤ 540三舟湖南禅師語録……の表表紙には「宝暦己卯　蔵山和尚筆」とあり、宝暦九年に蔵山が書いたことが分かる。中を開けると、「三舟圓観湖南禅師臥雪録（門人其等　編集、遠孫　禅諾　校閲）」とあり、月桂寺で編纂された臥雪録を蔵山が書写し、「湖南禅師語録」としたと思われる。

……稲葉氏之家譜……豫州河野華曾也……三品法印任用豫州刺史職……（稲葉）一鉄宗勢大居士（1589年没）一周忌拈香……

⑥ 560江西山天徳禅寺来由年譜第二草　貴謙　渉筆　校讐……

蔵山和尚自筆の資料である。元来、住持になる前の修行中の蔵山和尚が自分の勉強の為、メモ帳を作るような感覚で寺の歴史を時系列的にまとめたものであろう。単なる修行僧の個人的な覚書の枠を超えたものであり、延徳二年から天明二年までの寺の歴史をまとめた貴重な資料になっている。

蔵山没後、半世紀して天保の頃「600翠岩判　天徳寺来由録集」が編集される。（609、610）はこの来由録集に集録されたもので、「600来由録集」の要になるものである。延徳二年以前の記事を「609第一草」、延徳二年以降、文明十八年までを「610天徳禅寺来由年譜　第二草」に分けて、天徳寺の歴史を語っている。すなわち、年代順に箇条書きに整理する書き方など第一草、第二草は全く同じである。「天徳寺来由録集」にある「第一草」と「第二草」はもともとセットになっている資料であったと思われる。

「609第一草」の元資料が「640多幸山天徳寺　来由年譜第一草」
「610第二草」の元資料が「560江西山天徳禅寺来由年譜第二草　貴謙　渉筆　校讐」である。

「640多幸山天徳寺来由年譜第一草」は「620翠岩判　天徳寺来由録集・附属資料」に含まれている。「560第二草」のようにきちんと表装されたものではないが、これが「609多幸山天徳寺来由年譜　第一草　當寺起元之事」の元資料と思われる。得能通義の認め印があり「710祖満版　天徳寺来由録集」の編纂の際これを祖満和尚から渡され、これを基準に碧岩版の校正を行ったものである。「609第一草」の内容は「705名藍天徳寺由来記（参照第三章第一節）」をベースにしたものである。「705名藍天徳寺由来記」に語られている創建の歴史の部分を類聚国史（文献34）や扶桑記からほぼ復元するのに成功している。天平勝宝以降は「705名藍天徳寺由来記」をほぼ、そのまま引用している。このようにして、何かの資料をベースにして、それに蔵山自身の研究成果を加えるという手法は次に述べる「506伊予国造家　越智姓河野氏系譜」でも見られる。

「560来由年譜第二草　貴謙　渉筆　校讐」が「610天徳禅寺来由年譜　第二草」の元資料であることは明らかである。この編集作業の過程で「560第二草」に若干の書き込みがなされた可能性がある。この時の書き込みも含めて、「560第二草」は「560江西山天徳寺来由記」にほとんどそのまま書き写されている。

⑦　500合本・芳闕嵐史

「503芳闕嵐史」、「508南山霞鈔」、「506伊予国造家越智姓河野氏系譜」……三つの資料をこの順に合本にして、桐箱に納め秘蔵されている。芳闕嵐史、南山霞鈔は南源ゆかりのものである。南源の元資料を、現在の形に清書されたものである。

※参照　「二章二節　蔵山判　合本　芳闕嵐史」

合本に含まれた「506伊予国造家越智姓河野氏系譜」は他の二編「芳闕嵐史、南山霞鈔」とは異質なものである。「芳闕嵐史、南山霞鈔」は開山・南源が残した河野の歴史を語るものとして、天徳寺として当然秘蔵の対象になるべき資料である。それに対し「506伊予国造家越智姓河野氏系譜」は天徳寺にもたらされた得能系図を元に。蔵山和尚が研究してまとめ上げた研究成果物である。南源が残した河野の歴史書の参考資料、付属資料として、蔵山があえて自分の研究資料を合本に加えたのであろう。

⑨　450合本　多幸山天徳禅寺秘事……

三種類の資料が合わさっているのは（⑦　合本・芳闕嵐史）と同じ趣向である。寺譜、河野系図、過去帳を合わせて「多幸山天徳禅寺秘事」ができたのである。こうした形で最終的に整理したのは蔵山和尚であると推定している。

（i）　451寺譜……

「天徳十世再中興霊叟指空」、「月桂九世現在　層崖」で終る。霊叟は蔵山の先先代、層崖は鉄帚から三代目の住持である。寺譜を現在の形に仕上げたのは蔵山の師・霊嶽だろうか。寺譜は四種類の系譜が書き込まれている。すなわち、「妙心開山聖應国師」から「快川大通智勝国師」に至る妙心寺東海派系譜、「天徳開山南源」から「天徳十世霊叟」に至る江西山天徳寺系譜、「月桂開山湖南宗嶽」、「月桂二世南源」、から「層崖」に至る月桂寺系譜、「南化玄興」から「鰲山景在」、「蘭叟紹秀」に至る系譜の四種類の系譜から描かれている。月湖契初から中叟就へとつながる石屋派については一切触れていない。

寺譜末尾に

「祠堂金永代百枚寄付　得能蔵人介殿御奉行所目録二通

天徳寺大檀那豫州太守河野家御系図　写一巻河野大蔵通昭収之」という書き込みがある。「得能蔵人介」とは慶長九年、南源を中興開山として得善寺を再興した得能通弘である。通弘は加藤、蒲生家に仕え、松平家の時代に野田村に蟄居した。得善寺はその後寛文八年に天徳寺末となった。得能蔵人介殿御奉行所目録二通とは、一つが「452　河野家御系図」であり、残りの一つは「575蒲生家支配帳」であろう。大蔵通昭は河野通軌の嫡子で母の実家築山家に匿れ、本姓を廃し築山大蔵と改称し、武者修行の身にて諸国を廻り遂に剣鎗の奥儀に達し河野流の元祖となり又外祖父宍戸家に伝る宍戸司箭流の奥儀を究め中興の祖となった人物である。慶長三年豊臣秀吉没する後、福島左衛門太夫正則に仕え新知千石を領したという(文献17)。河野大蔵通昭がこの系図を見た時期は不明である。

※　参考　付表　その一　多幸山天徳寺、江西山天徳寺　寺譜
　　第四章第二節　南源宗薫を巡る人々

(ii)　452多幸山天徳禅寺秘事　附属　河野系図……

天徳寺にはこれを含め、河野系図は二本ある。一つは合本・芳闕嵐史に含められた「506　越智姓河野氏系譜」であり、一つが「多幸山天徳禅寺秘事」に含まれる「452秘事附属・河野系図」である。

この二本の河野系図では古代を語るにあたって二つの家系が存在し、それが一つになったことを明確に記述する。二本の家系を描くことは得能系図といわれているものの共通の特徴である。十五世紀に造られた予章記系の系図ではこの二つの家系を直列につなぎ、一系列で表現されている。一系列から二系列を恣意的に作り出すことは不可能である。二系列の家系があったとする得能系図の方が、河野の家系についての古い姿を残したものであることは明らかである。宗家はその時代に必要な系図を作り出したのであるが、力を失い、過去の栄

光にこだわる土居・得能家は執拗に過去の記憶を守り続けたのである。

「506伊予国造家越智姓河野氏系譜」は百科事典のように河野一門を網羅している。中世の武士団が伝承しているのは不自然な系図である。この系図は河野時代の名門を意識する得能通弘の持ち物としてはふさわしくない。いわゆる得能系図とは……野田村に蟄居した得能氏が在地にいながらも由緒ある「士族」としての格式を保つことを意図して作り上げた系図である。「506伊予国造家越智姓河野氏系譜」もそうした得能系図の一つで、それに学者・蔵山和尚の研究成果「非常に詳細な物部氏系図」が書き足されたものと思われる。そうした意味で、「506伊予国造家越智姓河野氏系譜」は「609多幸山天徳寺来由年譜　第一章　當寺起元之事」の場合と同様蔵山和尚の研究成果物というべきものであろう。

一方、「450合本　多幸山天徳禅寺秘事」に述べる「452秘事附属・河野系図」は河野が滅亡した時代の人物・得能通慶の嗣・通弘が持っていた系図、またはそれに近いものと考える。蔵山和尚は「452河野系図」を寺譜、過去帳と合わせて「多幸山天徳禅寺秘事」としたのである。

河野系図には

……「刑部太輔通宣の末弟・宣高なる人物が大永の兵乱の時、美濃へ走り一柳を號した」、

……「宍戸左衛門佐元秀之子養子ト称し継家系是河野太郎通軌也……八幡藪中伏兵三百狙撃事又顕而誅其子大蔵通昭母方姓名乗築山氏」

などの記述があり興味深い。河野太郎通軌、築山大蔵通昭は　海南漂萍秘録（文献36『続　温故録』）の中の八幡の藪事件で語られている人物である。

※　参考　第三章第三節　河野家菩提寺多幸山天徳寺の歴史　通直没月日の不思議
付表　その二　多幸山大檀那河野氏並寺中結衆等霊簿　天徳寺秘事　附属　河野氏系図

（ⅲ）453過去帳　江西山天徳寺……

回向名簿と言われる形式の過去帳である。命日の日付け毎に整理されている。一番古い記録は「慶長九年丹波□□左馬　祖父」である。この過去帳は延享三年まで使われている。蔵山が住持になったのは延享二年十一月である。すなわちこの過去帳は霊嶽の時代まで使われ、蔵山が住持になった時点で閉じたのである。それ以降は別の過去帳「真俗霊簿」に引き継がれる。

得能通政は文中三年四月十二日に殉死したにも関わらず、六日に祭られている。これは明らかに康暦元年十一月六日に佐志久原で河野通尭らとともに戦い、討死した得能通定と混線している。南源の臨済録抄の誤りに気付かずそのまま用いたためであろう。「640　天徳来由年譜第一草　原稿」では、

「……謚法號　日勢院殿前豫州太守澹山了空大禅定門　是ハ御父通政公御法名ナリ　文中三年徳威原ニ於テ戦死ス」

と注釈を加えている。過去帳の編纂を終えた後、「640天徳来由年譜第一草　原稿」の編纂の時に南源の誤りに気付き、このような注釈を加えたのである。天徳寺には

「……文中三甲寅年四月十二日……戦没……孝子伊予守通定建塔供養矣焉」

と書かれた得能通政の位牌がある。この位牌は蔵山和尚が収めたのであろうか。

牛福丸通直は「後天徳寺殿前豫州太守月渓宗圓大居士　天正十五年四月五日」として五日に祀られている。各ページ、右端には大檀那河野家や初祖達磨大師など、妙心寺、天徳寺ゆかりの人物の名前が見える。続いて、慶長以降祀られるようになった一般者の名が見える。

そうした記録に混じって、得能氏が行った先祖供養の記録などがある。これら法要の記録は全て同じ字体である。蔵山がこの過去帳を閉じた時、彼が書き込んだのでは……と考えている。

⑩

444 河野通宣　厨子……（前述）

第五章

江西山天徳寺

幕末・明治の天徳寺

江西山天徳寺 ― 幕末・明治の天徳寺、得能通義

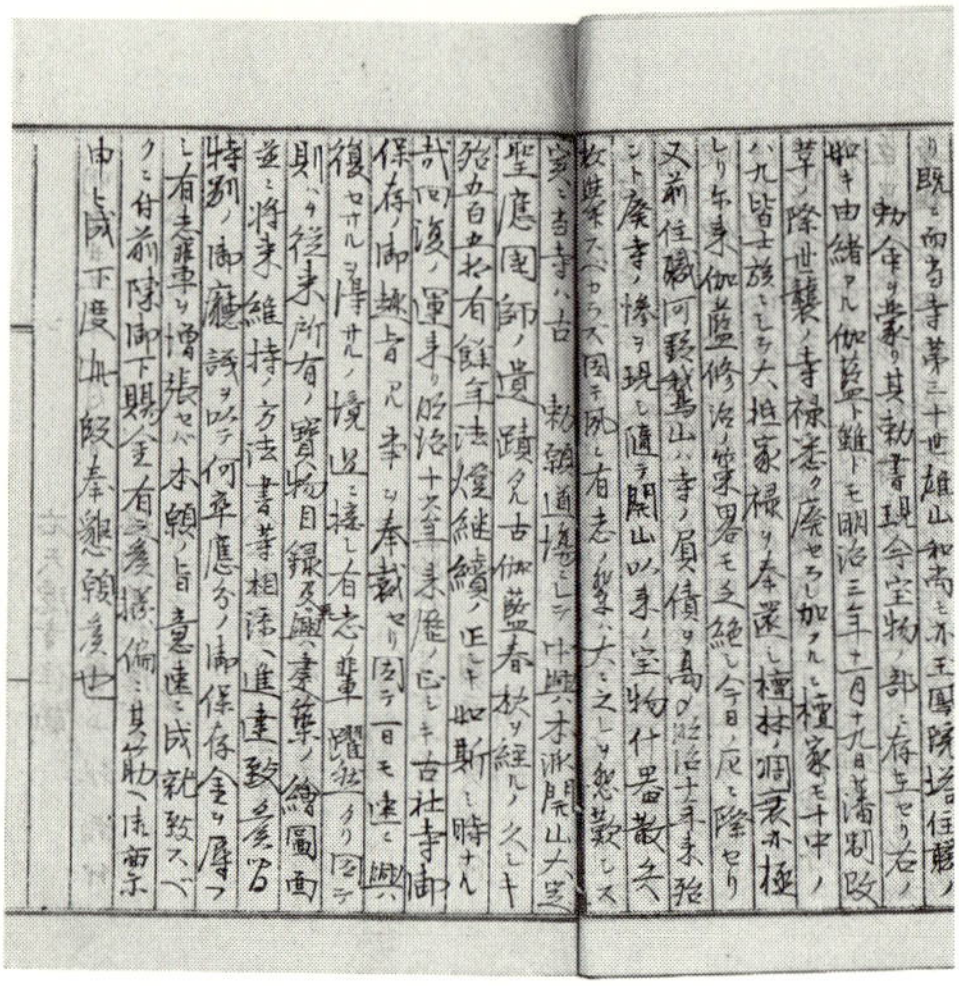

741 困窮する檀家、寺の荒廃
（明治三年藩政改革、世襲の寺禄悉く廃止……檀家モ殆ど士族、家禄奉還、檀林ノ凋衰亦極レリ……殆ンド廃寺ノ惨ヲ現シ……）

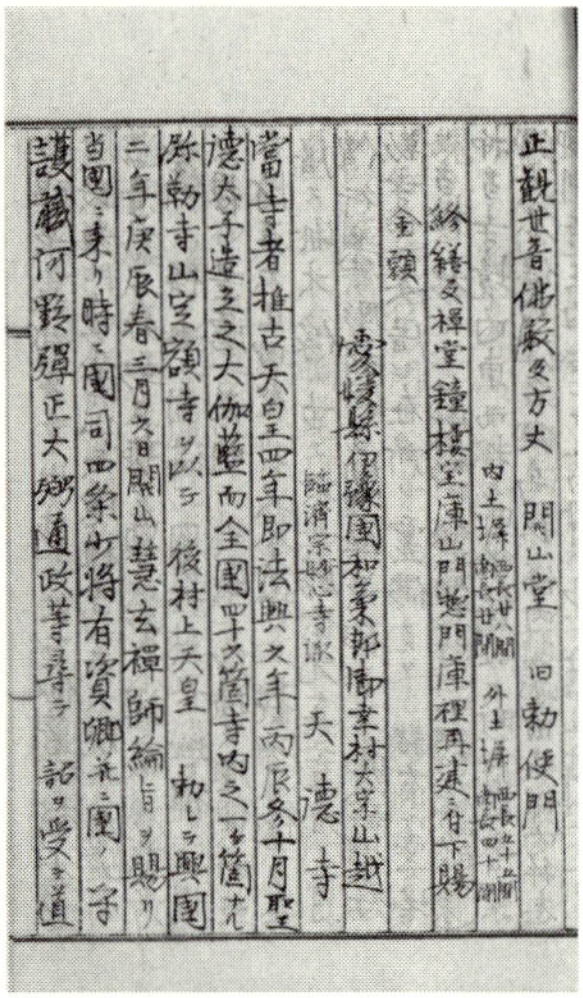

741 明治 25 年 1 月 20 日　愛媛県知事宛　嘆願書（抜粋）（この危機感、行動が五年後、「古社寺保存法」の対象になる事で結実する）

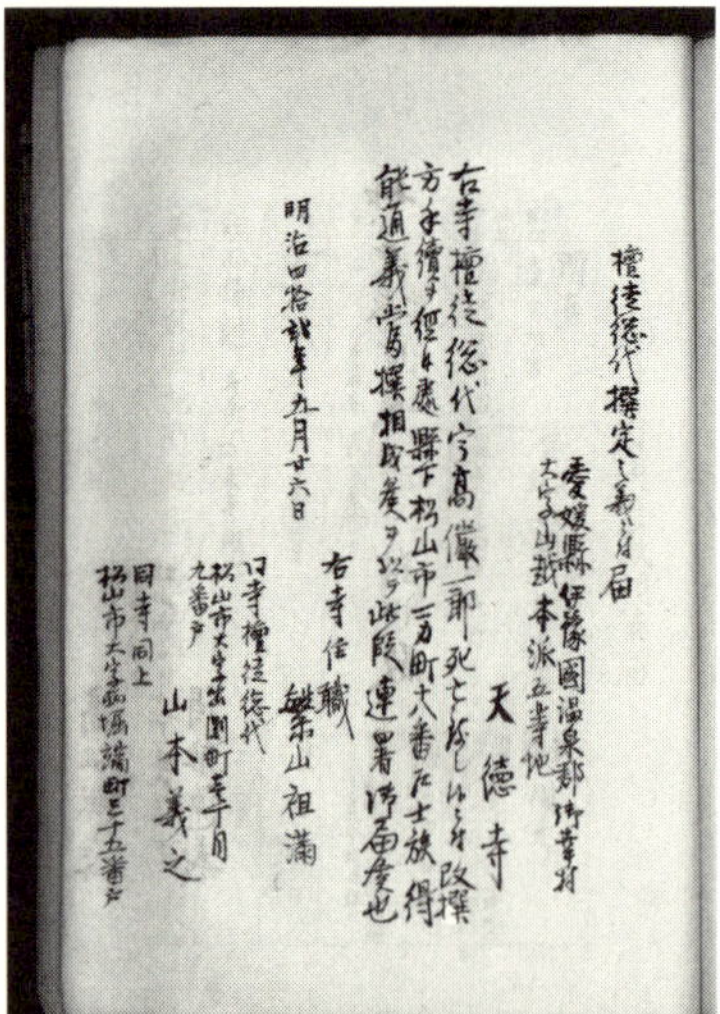

652 明治四十二年五月　得能通義檀徒総代選任届　妙心寺派管長殿　（得能通義は明治二十五年頃から寺の事務方を手伝っているが、寺の運営の責任者の一人として認められたのは明治四十二年である）

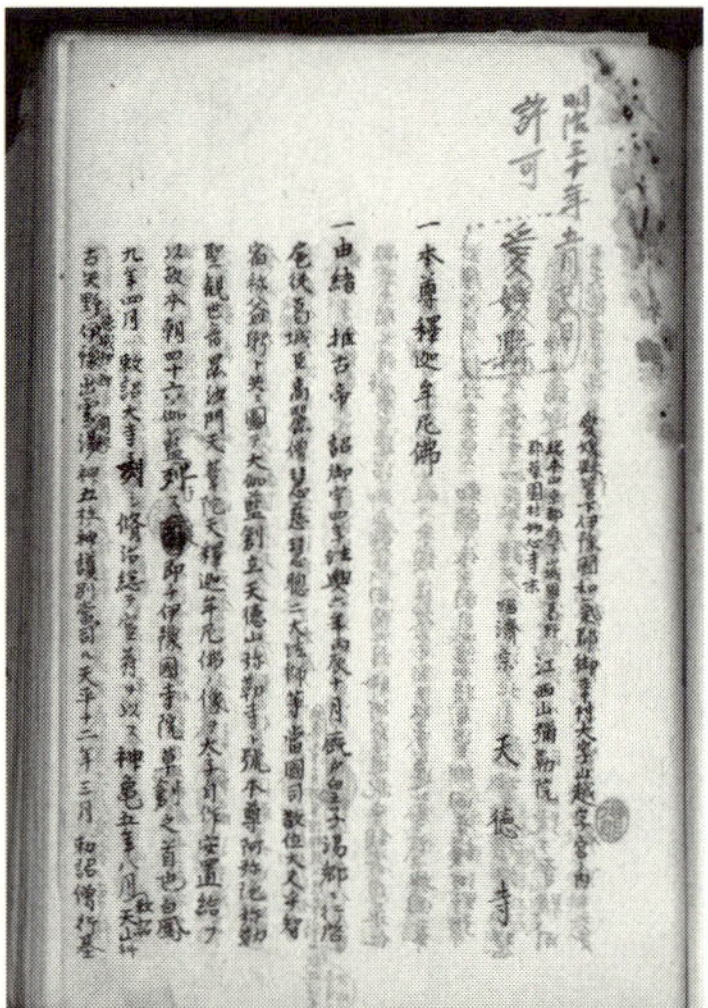

635 明治 30 年 5 月 28 日
「古社寺保存法」愛媛県許可

第一節　幕末に編纂された翠岩判・天徳寺来由録集と附属資料

一　初めに

天徳寺では、中興開山・南源和尚や学者・蔵書家・書家として有名な蔵山和尚によりいくつかの天徳寺来由に関する資料が作成された。その代表といえるものが「560江西山天徳禅寺来由年譜第二草　貴謙　渉筆」である。「560来由年譜第二草」は全四十九丁の冊子で、その内の四十九丁裏まで蔵山の自筆であるが、それに続いて後の者が天保三年の翠岩和尚の入院の記事を裏表紙の裏面に書き足している。この「560来由年譜第二草」により延徳二年河野通宣から天明三年までの歴史を辿ることができる。

※参照　巻頭グラビア「翠岩判　天徳寺来由録集」

薄汚れた白紙に「天徳寺来由録集」と書かれたみすぼらしい資料がある。奥書の類のものもなく、その編纂の時期、経緯は記載されていない。論者は、天保の頃、翠岩和尚によって編纂された資料集「600翠岩判　天徳寺来由録集」であると考えている。来由録集の編纂は史料の散逸を恐れ、来由を語る諸資料を収集することを目的に編纂されたのである。「600翠岩判」の編纂を行うことになった直接の発端は蔵山和尚の「560来由年譜第二草」になされた後世の書込みであろうと論者は思っている。裏表紙の裏面への書き込みという行為の異常さに気づき、更に「寺の歴史」を整理して保存すること、継続的に書き加えていくこと……の重要性を感じ、取り組んだのが「600翠岩判」の編纂であったのではなかろうか。「600翠岩判　天徳寺来由録集」の最後にあるのが「609多幸山天徳寺来由年譜第一草　當寺起元之事」、「610天徳禅寺来由第二草」の二編である。「610来由第二草」は明らかに蔵山和尚の編纂物・「560来由年譜第二草」を基本資料として写し、それに若干の記事を加えたものである。その末尾は「610来由第二草」同様、翠岩和尚の入院で終わる。なお、「600翠岩判」の表表紙には異筆で「得能家蔵之」の書き込みがあるが、その内容からして「600翠岩判」は得能家に伝来したものではない。

「560来由年譜第二草」の渋柿色のしっかりした表装に比べると、「600翠岩判」は白紙のままでありみすぼらしい。「600翠岩判」から四十年後、明治二十五年頃に造られた「710祖満判　天徳寺来由録集（後述）」になると、表紙なるものが全くない、単なる綴じ合わされた資料集になっているのである。蔵山時代でもその初期に造られたと思われる「450多幸山天徳禅寺秘事」はしっかりした紙質とはいえ、白色の表紙である。表装のレベルが頂点に達するのは蔵山時代でも末期と思われる「500合本　芳闕嵐史」である。これをピークにして天保、明治になるにつれ、表装は粗末なものなる。天徳寺の経済力が低落していったことを如実に示している。

現在、伝わっている「600翠岩判　天徳寺来由録集」には「610天徳禅寺来由第二草」の次に、「611芳山霞曙鈔」、「612徳威原古墳碑文」、「613海南漂萍秘録」、「614芳闕嵐史」という四編の資料が、四丁を使って書かれている。この四篇はいずれも同じ筆跡であり、その内容及び筆跡は明治期に祖満和尚の指示で得能通義が編集作業をした「710祖満判　天徳寺来由録集」のそれと同じである。すなわち、この四編の資料の部分は、明治になって得能通義が書き込んだのであり、「600翠岩判　天徳寺来由録集」とは別物と考えるべきである。明治期に天徳寺に伝わっていた「600翠岩判　天徳寺来由録集」の終わりは「610天徳禅寺来由第二草」であり、その後に四丁ほどの白紙があったのである。翠岩和尚は「600翠岩判　天徳寺来由録集」を編纂した時、後世の者が残された四丁の白紙を有効に利用し「第二草」に寺の歴史を書き足していくことを期待したかもしれない。しかし、翠岩以降、「600翠岩判　天徳寺来由録集」に残された四枚の白紙は利用されることもなく明治に到り、祖満の指示で「710祖満判　天徳寺来由録集（後述）」の編纂を行うまで「600翠岩判　天徳寺来由録集」は何ら、活用されることは無かった。翠岩の意図と若干違う事になったかもしれないが、天保年間に編纂された「600来由録集」は南源や蔵山の資料を明治の祖満和尚の時代に伝えたのであり、「710祖満判　天徳寺来由録集」を生み出すという大きな成果を生んだのである。

明治二十五年頃、祖満和尚は「600翠岩判　天徳寺来由録集」及び「640多幸山天徳寺来由年譜　第一草　当寺起元之事」という二通の資料を得能通義に渡し、それをベースに「祖満判　天徳寺来由録集」の編纂をするように指示されたのである。「600翠岩判」には多くの得能の捺印が認められる。捺印は「609来由年譜第一草」に集中している。得能通義は「640第一草　当寺起元之事」を基準に、「609来由年譜第一草」の校正を行ったのである。「710祖満判　天徳寺来由録集」と「600翠岩判　天徳寺来由録集」を比較すると、「710祖満判　天徳寺来由録集」では、「600翠岩判　天徳寺来由録集」でなされた得能の校正の通りに訂正されていることが確認できる。すなわち「600翠岩判」にある多くの得能の捺印は得能氏が行った校正の印である。

得能通義が新たに編纂した「710祖満判　天徳寺来由録集」を祖満和尚に提出した後、「600翠岩判　天徳寺来由録集」および「640多幸山天徳寺来由年譜　第一草　当寺起元之事」はそのまま得能通義の手元に残されたのである。大正三年通義没後、「600翠岩判　天徳寺来由録集」、「640多幸山天徳寺来由年譜　第一草　当寺起元之事」及び、得能通義の身の回りにあった諸資料を纏め、遺族から天徳寺に戻された。その諸資料が「620附属資料（後述）」であり、「640多幸山天徳寺来由年譜　第一草　当寺起元之事」は「620附属資料」の中に紛れ込んだのである。そして「600翠岩判　天徳寺来由録集」と「620附属資料」は一つに綴じられ、天徳寺に伝えられることになった。返却された「600翠岩判　天徳寺来由録集」の表紙に「得能家蔵之」という書込みがされていて、末尾にあった四丁の白紙の部分には「芳山霞曙」以下の四件の資料を書きこまれていたのである。

天保三年から六十五年後の明治三十年、祖満和尚は「翠岩判　天徳寺来由録集」を活用して、天徳寺の来由を整理し「古社寺保存法」の指定を受けることができた。それにより、明治三年の藩政改革以降、ほとんど廃寺の惨状を呈するに至った天徳寺は復活の機会をつかむことができたのである。

以上、翠岩和尚が編纂責任者であるとして、「600翠岩判　天徳寺来由録集」について論者の自説を述べたが、この冊子自身には編纂責任者やその時期、目的に関する記載は一切ない。その内容からして編纂時期は翠岩和尚の代・天保年間と論者は考えているのである。この来由録集の中心になる資料は質量からしてその末尾にある「609来由年譜第一草」、「610来由年譜第二草」である。第一、二草とも蔵山和尚ゆかりの資料である。編纂者、時期を推定するには「560来由年譜第二草」の末尾の記事が参考になる。「560来由年譜第二草」の末尾は「雄山晟和尚雲州産松江圓成寺弟子……天保三年十二月　翠岩和尚入院」で終っている。「600翠岩判　天徳寺来由録集」の編纂時期は雄山和尚以降の人物で天保三年以降である。

来由録集の編集者候補は「天保三年以降」という時代から考えて三十一世翠岩（天保三年～嘉永四年）、三十二世拙應（嘉永四年～文久元年）、三十三世鵞山（文久元年～明治十九年）の三人である。鵞山は明治三年、五年に「731御由緒書」、「732江西山天徳寺明細記」を書いているが、その内容は「600天徳寺来由録集」で取り上げられたこととは異なることも多く、「600来由録集」の編集者とは歴史観とは異なるのでは……と感じられる。鵞山和尚は浮穴郡拝志の伝宗寺の法嗣である。伝宗寺と天徳寺のつながりははっきりしていない（参照「付表第1、天徳寺寺譜」）。来由録集の編集者とは考えにくい。拙應和尚は三十世雄山和尚の法嗣と言われるが、「600天徳寺来由録集」での雄山和尚に関する記事は乏しい。一方、翠岩和尚は久万山光明寺得堂和尚の法嗣であり、雄山和尚とのつながりは薄く、蔵山和尚の法系につながる人物である。光明寺は蔵山和尚の出身・久万の船草家の菩提寺であり、蔵山和尚も引退後、光明寺に入ったという。蔵山和尚と非常に縁のある寺である。そうした状況からして、「600　天徳寺来由録集」は翠岩和尚の代、天保・弘化年間に編纂されたと考えたい。

二　「翠岩判　天徳寺来由録集」の構成

「600翠岩判　天徳寺来由録集」を構成する資料は、「それが作られた場所、寺の内部で造られたのか、外で編纂されたのか」から二グループに分けられることができる。なお、「600翠岩判　天徳寺来由録集」には大量の資料が（620附属資料）が添付されている。大半が明治時代のものであり、「600翠岩判　天徳寺来由録集」とは本来、全く関係ないものである（後述）。

（A）天徳寺の外で作成された文書
①　601関西臨済録司寺院鑑初編附録
②　603南方勲功録
③　604花之隈遠音の轡　第五の巻（蛙鳴庵主人了一居士撰之）

（B）天徳寺で作成された文書
④　602江西山陰有桜大樹（臨済録抄 慶長十七年　南源　記）
⑤　605臨済派開山法孫寺号略記
⑥　606中興天徳開山南源和尚略行状
⑦　607正法妙心見麼軒風光録抄
⑧　608伊豫旧蹟史

⑨　609多幸山天徳寺来由年譜第一草　當寺起元之事
⑩　610天徳禅寺来由第二草
⑪　615後村上天皇勅願道場豫州温泉郡多幸山天徳禅寺譜

Aグループの三編はいずれも天徳寺の外で創られ、後日、天徳寺に納められたものである。得能弥三郎は天徳寺で天明五年に「通村、通綱、通言の四百五十忌供養」などを行っているが、こうした機会を通じて得能氏から天徳寺に伝わったものであろう。

①　601三大寺院起記
「與州寺院草創三大寺起記之伝曰……」の書出しから始まる。この「601関西臨済録司寺院鑑初編附録」は愛媛面影（文献37）にいう「横谷の弥勒寺」に関係があると思われる伝承を語っている。天徳寺では他に例がない資料である。近世に入って西光寺関係者によって作られた文書と思われる。
※　参考「第一章第三節　天徳山無量光院弥勒寺」
②　603南方勲功録　北國の役、初巳午の遺伝……を簡単に述べている。
③　604花之隈遠音乃轡　第五の巻
『……通直、竹原に蟄居中不幸にして……天正十五年七月一五日（イ本四月五日トアリ）病死……
……何所よりか老僧一人末座より進み出、曰く各々悲しむ事なかれ……
以上花之隈遠音乃轡と題せる書巻　慶長十有六年師走龍集之辰洛西正法山閑院北窓燈下
戯墨蛙鳴庵主人了一居士撰之云々記畢　了一居士ハ河野一族兵庫頭通建ニ男了庵
再南源和尚徒弟ニ成京都花園遊居中編之云々雲岩和尚雑誌ニ見　（604花之隈遠音の轡）』
『……通直不幸にして天正十五年四月五日死去……

……寺の主僧梅叟芳禅師泰然として、諸士の席末から進み出て諸士公嘆くなかれ……（505南山霞鈔）』

「604花之隈遠音乃嚳」の末尾に「……雲岩和尚雑誌ニ見」という追記がある。了一居士は南源の徒弟であったという。「603南方勲功録」、「604花之隈遠音の嚳」、「505南山霞鈔」は相互に非常によく似た内容を持つ。「603南方勲功録」も「604花之隈遠音の嚳」同様土居了庵の作であろう。「505南山霞鈔」はその序文に「……輯録　桑門　薫　執筆」とあり、南源が輯録の責任者であることを明記しているが、その内容からして南源が彼の徒弟・土居了庵から聞いたことをまとめたものであろう。

※参照　「第四章第一節　開山南源恭薫　開基加藤嘉明」

「604」を「505　南山霞鈔」と比べると、同じ場面の表現であるが、通直の死去した年月日、登場した僧の名前の扱いが両者で異なる。「604」は市井に流布するものとして作成されたのに対し、「505南山霞鈔」は寺の内部資料として作成されたものによる差であろうと論者は理解している。

【Bグループ】

④　602江西山陰有桜大樹　……「南源臨済録抄、関西臨済録抄」の一節である。

⑤　605臨済派開山法孫寺号略記

「573勅諱三舟圓観禅師派下寺号」の抜粋であるが、弥勒寺定額寺、後村上天皇勅願、河野代々加伽藍修治などの伝承も簡単に触れている。

⑥　606中興天徳開山南源和尚略行状

寛文六年懶翁撰之　南源和尚の孫弟子になる人物である。南源を賛美する。

⑦　607正法妙心見麼軒風光録抄　……南源の詩を集録

⑧　608伊豫旧蹟史

前半は、熟田津奥餘戸谷天徳山弥勒寺の伝承から始まり、後村上天皇勅願による伽藍改建、文中三年の兵乱、明徳四年の領地没収、延徳二年の通宣による中興、河野家滅亡などを要領よくまとめている。推古四年の伽藍造営の場所について、伊豫旧蹟史では「熟田津奥餘戸谷天徳寺弥勒寺」と表現しているが、この表現は芳闕嵐史、関西臨済録抄にはない表記であり、「705名藍天徳寺由来記」にいう「伊與村熟田津石湯豫戸谷」、「601三大寺院起記」にいう「温泉郡熟田津之奥　井河上郷餘戸谷」をまぜこぜにした引用と思われる。後半は、慶長八年加藤嘉明による江西山麓への伽藍移設、寛永四年蒲生忠知による堂塔修繕、寛永十三年松平定行の屋敷地免租、雲岩和尚請迎までの記事で終る。寛永の頃、松山藩で編集したのであろうか。雲岩和尚（寛永一三年入院、承応二年示寂）或いは懶翁和尚（承応二年入院、寛文六年隠居）がまとめ、藩に提出した資料を最終的には松山藩が編纂したものと思われる。

以上の④～⑧はいづれも十七世紀前半に編纂されたものである。対して以下に触れる⑨、⑩は十八世紀蔵山和尚ゆかりの資料である。

⑨　609来由年譜第一草

延徳二年以前の寺の歴史を語るもので内容としては「第二草」とセットになるべき資料であり、蔵山和尚の研究資料である。「705　豫州道後名藍多幸山弥勒院天徳寺由来記」を基礎に天徳寺の古代史を語るものであるが、扶桑記、類聚国史、叡福寺聖霊院記録などの記事から古代天徳寺の歴史の復元することを試みた研究書で、学者としての蔵山和尚の一面を見せた資料である。

⑩　610来由第二草

蔵山和尚の「560天徳寺来由年譜」を写したものであるが、一部追加された項目、加筆された部分もある。天正十一年から十五年の記事なども加筆が目立つ。

⑪　後村上天皇勅願道場天徳禅寺譜」
その筆跡の違いから三段階に分けて書かれたものである。この位置づけを如何に理解するか、別途検討が必要である。

現在伝来している「翠岩判　天徳寺来由録集」では、⑩と⑪の間には、芳山霞曙卯鈔、徳威原古墳碑文、海南漂萍秘録、芳闕嵐史という四編の資料が挟まっているが、これは明治になってから書き込まれたものであるので、「翠岩判　天徳寺来由録集」の構成リストからは除いた。

三　「600翠岩判　天徳寺来由録集」の「620附属資料」

この「600翠岩判天徳寺来由録集」には「620附属資料（翠岩判　天徳寺来由録集）」と称する資料がとじ合わせられている。結論から述べるとこれは「600天徳寺来由録集」とは全く無関係の資料であり、「附属資料」、「添付資料」などの表現も的を得たものではない。大正三年得能通義が亡くなった時、遺族が彼の机を整理し、寺に返却していなかった「600天徳寺来由録集」と合わせ、天徳寺にお戻しした諸資料群がこの「620附属資料」である。得能通義が天徳寺に来てから初仕事として祖満和尚から与えられた仕事、それが「600天徳寺来由録集」を見直し、新たに「710祖満版　天徳寺来由録集」を作ることだったのである。それ以来「600天徳寺来由録集」は彼の机にあったのである。

「620附属資料」の内容は明治二十五年ころから明治四十四年頃までの約二十年間、寺の事務方の仕事をしていた得能通義の机に溜まってしまった資料群である。彼は明治二十五年以来、天徳寺で実直に寺の処務をこなしている事務係的な存在であったのである。明治二十五年、「祖満判　天徳寺来由録集」の編纂の初仕事、明治三十年五月までの「古社寺保存法」申請関係の仕事、明治三十三年の「国有土地森林原野下戻法」認可後の諸事務処理……関係など、多くは彼が事務方をしていた時の原稿、メモ類、天徳寺と官のやり取りなど公文書に近い文書などで内容は多様である。資料はほぼ、時系列に従って整理されている。「600翠岩判天徳寺来由録集」に閉じ合わせた時、関係者が整理したのであろう。

「資料編　その二　江西山天徳寺蔵『天徳寺資料』一覧」では、「600『翠岩判　天徳寺来由録集』の『620附属資料』　明治十七年~明治四十四年　附属資料」、「621断簡　寛永十二年明堂和尚退院　真常院殿　興聖院殿」などと表題を付けて掲載した。掲載の順序は綴じられていたままである。表題のない資料がほとんどで、表題は論者が便宜上を付けたものである。祖満和尚の元で得能通義が事務係的な仕事をしていた時代、近代・天徳寺の内情を知る上で非常に貴重な情報源である。

※参照　「資料編　その二　江西山天徳寺蔵『天徳寺資料』一覧」

第二節　祖満和尚　天徳寺来由録集と保存資料

一　祖満和尚の取り組み

繁山祖満は明治二十四年十一月十一日には本山の承認を受け正式に天徳寺住持になる。当時、天徳寺は財政的に非常に厳しい状態にあった。この時期、彼は次の二つの来由関係の資料を作成している。

※参照　巻頭グラビア「祖満判　天徳寺来由録集」

① 710祖満判　天徳寺来由録集

② 733由緒書　……明治廿四年十一月

「733由緒書」は、先人の由緒書を活用して、由緒を整理したものである。明治十九年に末寺檀徒から推されて、天徳寺在住となり、法務を務めることになってから、彼なりに天徳寺の由緒を整理し纏めたものである。法興六年から明治二十四年十一月十一日の入院式までの事が書かれている。こうして造られた「733由緒書」はこれから祖満が取り組むことになる「古社寺保存法」関連の資料作成を進めるにあたっての彼なりの歴史観の原点になるものであった。この「733由緒書」と少し遅れて作業が行われたのが「①710祖満判　天徳寺来由録集」の編纂である。

「710祖満判来由録集」は五十年前に編纂された「600翠岩判　来由録集」を見直したもので、実務を担当したのは得能通義である。得能通義が天徳寺の人物として活躍することが確認できるのは明治廿五年正月からである。「600翠岩判」は近現代に編纂された来由録の原典になるべきものであるが、祖満は「733由緒書」の著述の中で、「600翠岩判　来由録集」に存在する誤謬に気が付き、新人・得能通義に「600翠岩判　来由録集」の校正を命じたものである。「600翠岩判」にある誤謬、時系列の乱れを訂正したり、古文書を「引合」したり、翠岩判に収録されなかった資料を収録して、「710祖満判」は編集された。特にその初めにある「700保存（資料）」は「600翠岩判」にないものであり、注目される。

祖満和尚はその後、「古社寺保存法」に取り組むことになる。「古社寺保存法」に取り組むに際し、愛媛県から多くの資料の作成、提出が求められたと思われるが、それに先立ってなされた「733由緒書」、「710祖満判来由録集」編纂の経験は、「古社寺保存法」関連の資料作成に大いに役立ったであろう。「641　保存金下賜願」、「752天徳寺明細帳」などがその成果物である。本節では「710祖満判天徳寺来由録集」を検討する。

二「翠岩版　来由録集」と「祖満判　来由録集」の関係

「609天徳禅寺来由年譜第一草」を見ると、「得能の印」、「『此所へ入ル事』などの多くの印影、書込みなどに気付く。これらは「校正作業」の印である。印影からこの校正作業を行った人物は得能通義であることが分かる。得能通義なる人物は明治二十五年一月から天徳寺の世話になるようになり、以来亡くなるまでその事務方を担当していた人物である。この「校正」を行ったのは明治二十五年頃と思われる。そうした新人・得能通義が「天徳寺来由録集」のような寺としての重要な書誌に「得能」の私印を押し、「書込み」を行っていることは、それが祖満和尚の公認のもと成されたことを示している。

天徳寺には表紙も名もない、特に初めの数ページは判読不可能なほど傷んだ「一塊の文書群」がある。その中を見ると、「来由年譜第一草」、「花之隈遠音の轡」などの資料があることが確認できる。試みに「一塊の文書群」にある「来由年譜第一草」と先に述べた「翠岩判　天徳寺来由録集」にある「609　来由年譜第一草」を比べると、「一塊の文書群」にある文書はすなわち、「翠岩判」に施された「校正作業の印影」の通りに校正され書写された文書であることが確認できる。すなわち、「名前もない一塊の文書群」は得能通義が「600翠岩判　天徳寺来由録集」を元資料として校正を行うとともに、若干の新たな資料を加え、一部の資料は削除して作成した「新しい来由録集」だったのである。実務担当者は得能通義であり、得能通義が天徳寺に来て最初に与えられた作業の成果物として祖満和尚に提出されたものがこの「一塊の文書群」である。名前もついてないので以後これを「710祖満判　天徳寺来由録集」を称する。

この新しい来由録集には痛みが激しくてほとんど判読できない数ページの資料が表紙代わりになっている。その部分を「700祖満判　天徳寺来由録集　保存資料」と称する（後述）。その激しく傷んだ様子から「700、710祖満判」がよく活用されたことが分かる。「古社寺保存法」関連の資料作成に利用されたのであろう。「祖満判　天徳寺来由録集」が作成されて後、「翠岩判　天徳寺来由録集」には病的な書き込み・改竄が行われていて、元の文字が読めなくなった箇所もできた。幸いなことに「700、710祖満判　天徳寺来由録集」は祖満和尚の手元にあったためか改竄という意味では、全く無傷である。従って得能通義が書き写した「700、710祖満判　天徳寺来由録集」から、「600翠岩判　天徳寺来由録集」を復元することは可能である。

※　参考「追記　天徳寺資料に残る改竄について」

三　祖満判天徳寺来由録集と同保存資料の構成

700 天徳寺来由録集　保存資料
701 保存第一号　本堂
702 保存第二号　一泉堂
703 保存第三号　御成門
704 保存第四号　古文書
705 保存第五号　豫州道後明藍多幸山弥勒院天徳寺由来記
706 同上　天徳寺宝物古板判観音堂記

710 祖満判　天徳寺来由録集

（A―1）天徳寺の外で作成された文書
① 711 関西臨済録司寺院鑑初編附録　（601）に同じ
②　＊＊＊＊＊　削除（603 南方勲功録）
③ 713 花之隈遠音の轡　第五の巻（蛙鳴庵主人了一居士撰之）（604）に同じ

（A―2）天徳寺の外で作成された文書……翠岩判にはない新たに加えられた文書
㉑ 716 芳山霞曙鈔

㉒ 717久昧部徳威原古墳碑文
㉓ 718海南漂萍秘録
㉔ 719芳闕嵐史
㉕ 720松山叢談、山本権兵衛、雲岩、懶翁、雄山

（B）天徳寺で作成された文書

④ 712江西山陰有桜大樹　（602）に同じ
⑤ 715臨済派開山法孫寺号略記　（605）に同じ
⑥ ＊＊＊＊＊　削除（606中興天徳開山南源和尚略行状）
⑦ ＊＊＊＊＊　削除（607正法妙心見麼軒風光録抄）
⑧ 721伊豫旧蹟史　（608）に同じ
⑨ 722多幸山天徳禅寺来由年譜第一草　（609）を一部訂正
⑩ 723天徳禅寺来由第二草　（610）を一部訂正
⑪ 724後村上天皇勅願道場天徳禅寺譜　（615）に同じ

A（1，2），B、（①～⑪）の表記は「翠岩判」のそれと対応する。（A―2、㉑～㉕）の部分は新たに加えられた資料である。翠岩判にはあった三点が祖満判では削除されている。「710祖満判　天徳寺来由録集」は「600翠岩判　天徳寺来由録集」を校正して作成されたものである。

その初めに付けられた「保存　第一号～第六号」は元来、「600翠岩判　天徳寺来由録集」とは、無縁のものであることは内容からすると明らかである。「保存第一号～第六号」は「保存第三號」などとその右肩に別の筆

跡で書かれている。色は褪せているので不自然な色調になっているが、朱色であったと思われる。祖満和尚が大切なものと認識し、書き込んだと思われる。

「707同上　天徳寺宝物古板判観音堂記」、「711関西臨済録司寺院鑑初編附録」は連続して書き継がれている。すなわち、「710祖満判　天徳寺来由録集」は「保存資料第六号」に続いて書き継がれたものである。

四　「祖満判　天徳寺来由録集」について

「⑧722祖満判　来由年譜第一草」、「⑨723祖満判　来由第二草」の内容は「600翠岩判　609、610」と基本的には同じである。異なる点は「時系列の乱れ」が修正されていること、記事の途中に新たに「引合、引証」として「古文書」を挿入していることである。但し、その逆……「古文書」を示してそれに対応する「記事」を新たに挿入する……ことはしていない。例えば、「610　翠岩判　天徳禅寺来由第二草」に「古文書……『得能通光が宝剣を奉納した』……」が挟まれた状態で伝来しているが、この古文書について「祖満判」で新たに「記事」を書き込むことはしていない。メモとして「翠岩判」に挟まれているだけである。翠岩判、祖満判それぞれ、南源、蔵山らが描いた天徳寺の年譜をきちんと継承しようとする姿勢は明確である。

（603南方勲功録）、（606中興天徳開山南源和尚略行状）、（607正法妙心見麼軒風光録抄）の三件が削除され、新たに（716芳山霞曙鈔）、（717久昧部徳威原古墳碑文））、（718海南漂萍秘録）、（719芳闕嵐史）、（720松山叢談）の五件が追加された。「713花之隈遠音の轡」という得能色の濃い資料は翠岩判で既に紹介されているが、祖満判では得能通義が編集の実務を担当した事もあり得能色は深まっている。「716芳山霞曙鈔」、「717久昧部徳威原古墳碑文」、「718海南漂萍秘録」「719芳闕嵐史」の四編は全て「文中三年四月、覚理法王崩御」の話が中心である。

天徳寺来由としては非常に偏った編集になっている。

しかし、例えば祖満の「641保存金下賜願書　明治三十年」での「文中三年四月、覚理法王崩御」の記事は南源の「関西臨済録抄」の記述を引用した二行ほどの簡単な記述であり、得能色の濃い先述の四編の資料を引用した様子は全くない。すなわち、これら得能色の濃い「来由録集」が祖満和尚の歴史観に影響を与え、保存金下賜願書の文面に影響を与えた……という様子は全く認められない。

先に「700祖満判　天徳寺来由録集　保存資料」と紹介した部分は、実際は痛みが激しくその最初の数ページはめくることはおろか、ページと認識することが出来ないほどの状態である。かろうじて「保存第……号」と右肩に書かれた表記が認められる。この「保存第……号」とは、なにものなのか、特に「705保存第五号　伊予舊蹟史曰　豫州道後明藍多幸山弥勒院天徳寺由来記」は如何なる性格のものか注目される。

※　参考「第三章第一節　豫州道後名藍多幸山弥勒院天徳寺由来紀」

五　保存第一号~保存第六号とはなにか　「710祖満判　天徳寺来由録集」との関係

現実に内容が読めるのは「保存第五、六号」だけである。先に「700　天徳寺来由録集　保存資料」として第一号から第五号、及び「同上（以下「第六号」と表記する）」まで復元した結果を示したが、それは「700保存資料」の最初の数ページにわずかに残る文字を、「620翠岩判天徳寺来由録集　附属資料」に含まれている「642建築ノ繪圖面、寶物目録」と照合して推測した結果である。「642建築ノ繪圖面、寶物目録」なる資料は「620翠岩判天徳寺来由録集　附属資料（※註　建築ノ繪圖面、寶物目録などの表記は論者が便宜上、付けたものである）」の中にあり、「643明治三十年四月八日付　下賜願書」の前に付いている。「643願書」は「保存金下賜願」も最終段階に近いものである。「642建築ノ繪圖面、寶物目録」は「643明治三十年　保存金下賜願」に添付された可能性もあるが、論者は元来「741明治二十五年一月廿日下賜金願」の際に複数作成されたものであろうと考えている。

『741愛媛県知事宛　正観世音佛殿及方丈　修繕再建に付き下賜金願　…………

……従来所有ノ寶物目録及再興建築ノ繪圖面並に将来維持ノ方法書等　…………

明治二十五年一月廿日

天徳寺住職　　繁山祖満　』

この「741修繕再建に付き下賜金願」にいう「建築ノ繪圖面」が「保存第一号～第三号」、「寶物目録」が「保存第四～六号」であると推測したい。この時、複数作られた資料の一部が祖満和尚の指示で「700保存資料」として利用されたと考える。

「701～703保存第一～三号」は何が書かれているか、ほとんどわからないが、「説明書きが附いた絵図面」であろうことは分かる。僅かに残った文字から、それらは「642」と同じものであると推測した。「642」は仏殿などの絵図であり、簡単な由緒が描かれている。

「704保存第四号」は古文書の写しであり、それも「642」と同じものであることは明らかである。古文書は「古文書401～407　422」に対応する。「704」にはほかに「寛永十三年　松平定行」の文書も収録されているが、これについての元資料は見つかっていない。

「705保存第五号、706保存第六号」については「642」のような存在は見つかっていないが、それらは十分、判読が可能である。

「705第五号、706六号」は文書である。以下、「第五号、六号」の巻頭、末尾を抜粋して示す。

『705保存第五号

伊予舊蹟史曰

天徳寺宝物古板判裏記曰　長五尺二寸幅一尺二寸五分
豫州道後名藍多幸山弥勒院天徳寺由来紀
……
明應九在庚申歳十一月甲子吉祥之日
洛西花園鳳皇塔院主　主閲
天徳九世主郭融室　執筆　（705第五号）』

『706同上　（保存第六号）
天徳寺宝物古板判観音堂記曰　長五尺二寸幅一尺二寸五分　文字彫刻有之
豫州霊山天徳寺観音祠堂記
……
明徳五甲戌龍宿称生念一日　備後入道了雲　諱通範　（706六号）』

「704、705、706」の筆跡は「711豫州寺院草創三大寺院起記」、「723天徳禅寺来由録集第二草」の筆跡は同一人物、即ち得能通義のものと思われる。「706六号」については控資料として「634天徳寺宝物古板版観音堂記」があるが、「705第五号」については、「634天徳寺観音堂記」に相当するものが見つかっていない。保存第五号はすなわち「豫州道後名藍多幸山弥勒院天徳寺由来紀」を伝えるものであり、貴重である。

※参照「第三章第一節　豫州道後名藍多幸山弥勒院天徳寺由来紀」

結局、「710祖満判　天徳寺来由録集」は最初から表紙はなかったのである。祖満和尚にとってはこの編纂物「710」は後世に残すべき「正規の編纂物」ではなく、これから彼が取り組まねばならない「古社寺保存法」関連の申請作業を前にして、寺に伝わる由緒、すなわち「600翠岩判　天徳寺来由録集」を一度点検整理する必要があると感じで、新人・得能通義に編纂させて作らせた報告書……といったものである。祖満、通義両者とも、表紙の事は考えていなかったかもしれない。「保存第……号」の痛みが極端に激しいのは「古社寺保存法」関連の作業をする時、「700保存資料」、「710祖満判　天徳寺来由録集」を頻繁に利用した為と思われる。

第三節　明治維新、地租改正　古社寺保存法への対応

一　明治維新・藩政改革・地租改正・文化財保護

明治維新、それは……河野家の菩提寺、加藤嘉明の参禅道場、松平氏の時代になってからは多くの士族に支えられてきた天徳寺にとって、経験したことのない時代であった。奈良の大寺の多くも壊滅的な打撃を受けた時代であった。時の住職は東温市拝志・伝宗寺（デンシュウ）出身の鵞山祖雪禅師であった。明治十年には鵞山祖雪禅師は近くの天徳寺末寺・景徳寺へ身を移し、以来天徳寺は実質無住となったのである。藩の庇護を失い、本山からの支援も期待できない中、明治十九年末寺檀徒は協議を重ね、末寺浄福寺前住・祖満和尚が天徳寺に在住し法務を務めることになる（浄福寺……愛媛県浮穴郡直瀬村　慧光山　開山雲巌禅師）。彼が本山からの認可を受け正式に住持になるのは明治二十四年であった。彼の任務は廃寺の危機にある寺の経営を安定させる事であった。

世の中では、明治元年三月に布告された神仏分離令を契機に廃仏毀釈・旧物破壊の嵐が吹き荒れていた。明治三年の藩政改革以降「地租改正」・「上地」により、天徳寺の伽藍の維持は困難を極める。廃藩置県により天徳寺など古い寺が有していた寺領は殆ど接収された。このような文化財の危機に直面し明治政府は明治十三年

度からは全国の主要な古社寺等に対して「保存金」を交付し、社寺の維持基金に充てる試みを開始しているが、対象は主に神社であり天徳寺は全くこの対象になっていない。

明治二十七、八年の日清戦争を経る頃になると古社寺保存の機運が醸成され、翌二十九年の第十回帝国議会には「古社寺保存法」が政府から提案され、明治三十年六月十日に公布された。この法律は、古社寺の建造物および宝物類の保存を目的としたもので、古社寺でその建造物および宝物類の維持・修理の困難なものに対して、出願に基づいて内務大臣が古社寺保存会に諮問したうえ補助・保存すべきものを定めることとした。天徳寺・祖満和尚はこの「古社寺保存法」に期待を寄せ明治二十五年には申請するが却下される。その後、申請書や天徳寺由来を何回も書き直しているようである。申請に当たっては天徳寺の特異な歴史を如何に説明するか、保存する価値のある古寺であることを如何に説明するか、が問題であった。そうして遂に明治三十年五月廿八日に「古社寺保存法」の対象として認可を得ることができた（635書き込み）。ここで天徳寺としては維新以来の危機を超える目途がついたのである。

「註　古社寺保存法……

第一条　古社寺ニシテ其ノ建造物及宝物類ヲ維持修理スルコト能ハサルモノハ保存金ノ下付ヲ内務大臣ニ出願スルコトヲ得

第二条　国費ヲ以テ補助保存スヘキ社寺ノ建造物及宝物類ハ歴史ノ証徴、由緒ノ特殊又ハ製作ノ優秀ニ就キ古社寺保存会ニ諮詢シテ内務大臣之ヲ定ム

第三条　前条ノ建造物及宝物類ノ修理ハ地方長官之ヲ指揮監督ス……」

明治政府は明治四年、太政官布告で境内地を除く他の社寺領を上知させ、更に明治六年になると、「地租改正条例」に基づき、官民有区分に当たっては境内地でも「民有ノ証ナキモノ」は官有地に編入された。区分の査定に当たっては、民有の証があってもその事実を主張しなかったために官有地に編入されたものも少なく

かったという。明治三十二年になって漸く社寺領上知の行過ぎを是正する動きが出てくる。「国有土地森林原野下戻法」の制定である。翌三十三年六月三十日までに「其ノ処分ノ当時之ニ付所有又ハ分収ノ事実アリタルモノ」からの申請による下戻が認められたのである。「古社寺保存法」で苦労した天徳寺は「国有土地森林原野下戻法」への対応の動きは速かった。明治三十三年、すぐに行動を起す。一度は棄却されるが、明治三十八年三月に聞届けられ、天徳寺は明治の危機を脱することができたのである。

※参照「第五章第五節　得能通義、上地問題、檀徒総代就任」

二　明治前期の困窮した天徳寺と祖満和尚の登場

明治三年の藩政改革以降、藩政時代に認められていた寺領は没収され（明治三年、九年の上地令）、以後伽藍の維持管理は困難を極めていた。

『明治三年庚午十二月　藩政改革ニ付　寺領廃止（732明治四年　江西山天徳寺明細記）』

『明治二十四年……明治九年丙子地租改制之際　山林反別壱町〇一畝十八歩　林九畝二十四歩　藪地弐反六畝壱歩　境内地壱反六畝九歩上地ス（733明治廿四年十一月　由緒書）』

『明治二十五年……明治三年十一月十九日藩政改革ノ際世襲ノ寺録悉ク廃セラレ加フルニ檀家モ十中ノハ九皆士族にして大抵家禄ヲ奉還し檀林ノ凋衰亦極レリ……前住職河野鷲山ハ寺ノ負債ヲ高メ明治十年来殆ンド廃寺の惨現し随テ開山以来の宝物什器散失枚挙スベカラズ……回復ノ運来リ明治十六年来歴ノ正シキ古社寺御保存ノ御趣旨アル事ヲ奉戴セリ因テ一日も速ニ興復セザルヲ得サルノ境遇に接し有志ノ輩然たり因テ即ハチ従来

所有ノ宝物目録及再興建築ノ絵図面並ニ将来維持ノ方法書等相添ヘ進達致候為特別ノ御廳議ヲ以テ何卒応分ノ御保存金ヲ辱フシ有志輩ヲ増張セバ本願ノ旨意速ニ成就致スベクニ付前陳御下賜金有之候……懇願候也（741明治二十五年一月廿日　愛媛県知事宛・佛殿及方丈　修理再建に付き下賜金願）……』

明治十年二月、鶩山禅師は末寺景徳寺へ転居、以来天徳寺はほとんど廃寺の惨状を呈し「寺什器宝物等散乱少なからず（741）」という状況になった。明治十九年八月には鶩山禅師は亡くなり、九月には暴風雨の為伽藍建物の多くが破損した。そうした状況のもと末寺、檀徒が協議を重ね、末寺浄福寺の祖満和尚がともかく、天徳寺に在住し法務を務めることになる。浄福寺は浮穴郡直瀬村にあり、雲巌和尚を開山とする寺である。

繁山祖満は明治二十四年十一月十一日には本山の承認を受け正式に天徳寺住持になった。彼の任務は廃寺の危機にある寺の経営を檀家総代らの支援を受けながら安定させる事である。明治の初め、確かに廃仏毀釈の激しい動きはあったが、岡倉天心、フェノロサの活動もあり、明治十六年頃から国の方針は変わってきていたのである。明治二十四年十一月に住持となって以来、彼の行動は迅速であった。翌年一月廿日に県に修理再建に付き「741下賜金願」を提出するが失敗する。明治二十七、八年になると世間に古社寺保存の機運が高まり、明治三十年六月十日には「古社寺保存法」が発布された。祖満和尚は寺の経営安定の方策として「古社寺保存法」に期待を寄せ、「古社寺保存法」対応に取り組む。

「明治三十年五月廿八日　許可　愛媛県」……「635明治二十九年十一月　本尊　釈迦牟尼佛」という資料の見開き右上に朱記されている。祖満和尚は何度か、県とやり取りがあったようであるが、明治三十年五月二十八日愛媛県から「保存金下賜願」を受理したという知らせを受け取った。「保存金下賜願」を県が受理された寺院経営安定化の基礎を作ることができたのである。

それまでの過程で、彼は天徳寺来由を語る多くの資料を作成した。明治二十四年から明治三十年の間の祖満・

天徳寺の動きを示す資料を以下に示す。

三　明治二十四、二十五、二十六年の動き　『古社寺保存法』以前

①　734本山宛　由来記　　明治廿四年十一月五日

『　却下　調査精細ヲ要ス（朱記）

明治三年藩制改革……檀家士族　　減録……斎米モ次第ニ減納……

保存□□困難御在候次第ニ候ナリ　　右之通に御座候や

天徳寺住職　　繁山満各

同寺檀家総代　山本義弘、奥平定吉、宇高儼一郎　』

②　733由緒書　　明治廿四年十一月十一日

『明治十九年八月三日　鶖山和尚示寂……末寺浄福寺前住祖満和尚ニ依頼し在住シテ法務ヲ勤ム……

明治廿四年十一月六日　以願本山妙心寺ヨリ繁山祖満和尚住職ヲ命ズ　同月十一日入院式ヲ施行」

③　623本山宛　豫州天徳寺来歴　　明治二十四年十二月十四日

『本山妙心寺ヱ差出扣　届済訴下（朱記）

臨済派本山教務所御中　……

天徳寺檀徒　……士族　得能通義』

④　742伽藍修繕並再建及寄付之願　　明治二十五年一月　日

『明治十九年九月十日暴風雨ノ為ニ伽藍建物多くクハ破損転倒仕候……経過仕破損モ日ニ相加リ最早打捨テ難キ場合因テ此度檀林信徒ノ有志集伽藍修繕当寺維持ノ方法相議候處漸々寺債之支弁方ハ相立テ候得共伽藍修繕ノ策ニ至リテハ未タ前陳ノ如ク当時微力の檀林之能ク及ブ處ニ非ス因テ今般古例ニ依リ……汎ク檀信徒ヨリ応分ノ寄付米金ヲ募リ別紙圖面ノ通リ伽藍修繕及再建仕度付テハ諸経費豫算書相添御願申上候より御詮議□□

右願之通御允許ヒ成下度此段奉願上候也

右天徳寺住職

明治廿五日一月　　日

塔頭総代天徳寺末

景徳寺兼務

同上総代天徳寺末

檀徒総代　　』

⑤　741県宛　下賜金願　　　明治二十五年一月廿日

『　愛媛県知事宛・正観世音佛殿及方丈　修理再建に付き下賜金願

天徳寺住職繁山祖満、塔頭総代天徳寺末景徳寺兼繁山祖満、同上総代天徳寺末山本義弘、同上総代天徳寺末奥平貞吉、同上総代天徳寺末宇高儼一郎、　檀徒総代兼信徒総代得能通義

……右ノ如キ由緒アル伽藍ト雖トモ明治三年十一月十九日藩制改革ノ際世襲ノ寺録悉ク廃セラレ加フルニ檀

徒モ十中ノ八九皆士族ニシテ大抵家禄ヲ奉還シ檀林ノ凋衰亦極レリ……明治十年来殆ント廃寺ノ惨ヲ現シ随テ開山以来ノ宝物什器散失……当寺ハ古勅願道場ニシテ中興本派開山大定聖応国師ノ遺蹟……回復ノ運来リ明治十六年来歴ノ正シキ古社寺御保存ノ御趣旨アル事ヲ奉戴セリ……有志ノ輩躍然タリ……即ハチ従来所有ノ宝物目録及再興建築ノ絵図面並ニ将来維持ノ方法書等相添ヘ進達……特別ノ御庁議ヲ以テ何卒応分ノ御保存金ヲ……奉嘆願……』

⑥　743県宛　天徳寺上地官有地所払下願　明治廿六年三月

『明治廿六年三月　天徳寺上地官有地所払下願　(743)

天徳寺檀家総代　山本義弘

代印　得能通義

天徳寺檀家総代　奥平定吉

天徳寺檀家総代　宇高儼一郎

天徳寺住職　繁山祖満

「朱記……法律規定却下ノ後三十日間ニ行政裁判ヘ差出ス要求有シ処檀徒協議述日終ニ期限切ト扣成消滅ス」

愛媛県大林区署　林務官　枚原亀三郎殿　』

⑦　734明治廿四年由来記　……　十一月十一日の祖満の入院式の直前に作られた本山宛の嘆願書である。「却下　調査精細ヲ要ス」と朱記されている。却下されたのである。同寺檀家総代・山本義弘、奥平定吉、宇高儼一郎と繁山祖満の連名である。この後、本山や県へ提出する各種書類はすべて、繁山祖満と檀家総代の連名で進められる。

②　733明治廿四年十一月十一日　由緒書　……天徳寺の歴史を推古四年から書き起こし、十一月十一日祖満入山までの寺の歴史を祖満の言葉で書き上げたものである。危機にある天徳寺の再建を委任された祖満が、自分が責任を負わねばならない天徳寺の由緒・来歴をまとめた資料である。彼の気負いが感じられる資料であり、又天保三年～明治二十二年までの他に資料が少ないので貴重である。

明治二十五年以降、彼は「古社寺保存法」に取り組む。それには「天徳寺とはなにものか」、寺の由緒をきちんと第三者に語れること、そしてその由緒なるものは新しい時代のリーダー・県の役人を納得させるものでなければならなかった。「733　由緒書」で描かれた由緒がその後の「古社寺保存法」関連で作成された「由緒」資料の骨格（歴史観）となっていく。

③　623豫州天徳寺来歴　明治二十四年臨済派本山教務所御中　……　得能通義氏が天徳寺住職や天徳寺檀家総代とは無関係に、個人的に、天徳寺檀徒の肩書で妙心寺へ送った文書である。寺の窮状を訴える願書が別にあり、③はそれに付属する文書だったかもしれない。③よりも一か月前、天徳寺住職　繁山満各らは窮状を本山に伝える文書を残している（①734）。①、③はほとんど同時期の資料である。当時、得能通義は何らかの形で天徳寺とのつながりを持ち「①734」を本山へ提出するというような天徳寺の動き知り得る立場にあったと思われる。それで「①734」と並行して、私的に「③623」という文書を本山・妙心寺へ送ったと思われる。得能通義の天徳寺への思い入れが感じられる資料である。但し、この時点では得能通義は寺の外の人物である。彼が天徳寺内部の人物として登場するのは「⑤　明治二十五年一月廿日」からである。

④　742明治二十五年一月　日　伽藍修繕並再建及寄付之願

⑤　741明治二十五年一月廿日

『愛媛県知事宛・正観世音佛殿及方丈修理再建に付き下賜金願

……明治十六年来歴ノ正シキ古社寺御保存ノ御趣旨アル事ヲ奉戴セリ……所有ノ宝物目録及再興建築ノ絵図

面並ニ将来維持ノ方法書等相添へ……』

　愛媛県知事宛の嘆願である。明治二十四年では「① 734由来記」など本山妙心寺に宛てた嘆願書と思われる資料が見られるが、明治二十五年以降は本山妙心寺に宛てた資料は見られなくなる。④は宛先不明であるが、⑤と同じく愛媛県宛の文書であろう。④は⑤の下書きであろうか。

　「……再興建築ノ絵図面……」という文言が「741」の末尾にある。「祖満判　天徳寺来由録集」に付されている「701、702、703　保存第一～三号」がその絵図面の控であろうと論者は考えている。

⑥　743明治廿六年三月　天徳寺上地官有地所払下願　……『明治三年十一月、藩政改革ノ際、世襲ノ寺禄悉ク廃サレル而已ナラズ畑ハ有税地トナリ寺有ノ山林藪地等ハ悉ク官有ニ属シ為ニ堂宇維持大ニ困難ニ至リ在……愛媛県大林区署　林務官殿』

　明治三年に行われた社寺領上知で官有地となった山林、藪地の払い下げを要求しているのである。要求は却下され、寺では檀徒協議し行政裁判に差出すことも検討したが結局期限切れとなって本件は消滅した。国として社寺領上知の行過ぎを是正する動きが出てくるのは、明治三十二年「国有土地森林原野下戻法」である。この払い下げ願いはその六年前のことである。「原野下戻法」ができると天徳寺はすぐに行動を起こしているが、それは六年前の経験があったからであろう。その時は一度、棄却されるが明治三十八年三月に聞届けられ、天徳寺は明治の危機を脱することができたのである。

四　「古社寺保存法……明治三十年五月廿八日許可　愛媛県」

⑦　635本尊釈迦牟尼仏　明治二十九年十一月

（文書の右上に『明治三十年五月廿八日許可　愛媛県』の朱記あり）」

⑧　643保存金下賜願　明治三十年四月八日

⑨　641保存金下賜願　明治三十年　月　日

『……一昨年七月ニ至リ御省令第七号御発布相成タルヲ拝承シ活路ヲ開タル懐ヲ得テ……特別御詮議ノ上……御下賜金相仰キ度然ル上ハ檀信徒等協議ノ上精々盡力仕應分ノ寄付金モ募リ併セテ保存方ヲ厳重に相立他寺に魁ケ模範ノ立方相設ケ永遠ノ維持可仕候間願之通御許容被成下様此段連署ヲ以奉懇願候也

明治三十年　月　日　江西山弥勒院天徳寺住職　繁山祖満

右寺檀徒総代　丹羽安貞

仝上　中村忠隆

仝上　高宮好太郎』

⑩　古寺取調書（文献38　伊予史談会蔵）　明治二十八年九月

⑪　751寺籍調査表　明治二九年六月

⑫　752天徳寺明細帳（原本は明治三十年頃の資料か）

『大正元年十一月一日　村役場ノ原本ニ拠リ写取　山本義以

……明治三十年五月廿八日由緒建物等誤謬聞届タリ　……』

『……回復ノ運来リ明治十六年来歴ノ正シキ古社寺御保存ノ御趣旨アル事ヲ奉戴セリ（741下賜金願）』

「古社寺保存法」が発布されたのは明治三十年六月十日であるが、祖満らは時代が動きつつあることをなにか感じていたようである。明治十三年ころから内務省は全国の主要な社寺に保存金を交付しているが、天徳寺はその対象になれなかった（この時の対象になり得たのは神社がほとんどである）。明治二十八年には内務省に「古社寺保存会」が設置され、二十九年には「古社寺保存法」が議会を通過、三十年に公布された。「⑤741下賜金願」はその動きを感じた天徳寺が明治二十五年に県に働きかけたことを示す資料である。

明治廿六年三月になされた「743上地官有地所払下願」は結局失敗した。上地の問題が解決するには明治三十三年以降である。

※参照　第五章第五節　得能通義、上地問題、檀徒総代就任

以後、天徳寺は「古社寺保存法」に的を絞って行動を開始した。「願書」、及びそれに付属する「明細書・由緒」と思われる資料が「明治二十八年から三十年にかけて作られた。⑦〜⑫の資料がそれである。明治二十五年度に書かれた④〜⑤も、それらに先行して愛媛県に提出された願書である。⑦〜⑨　の三件はいずれも「保存金下賜願」である。

こうした努力は明治三十年五月廿八日に実を結んだ。「⑦635本尊釈迦牟尼仏」という資料がある。表題はないが、その内容からすると、これは明治二十九年十一月付けの「保存金下賜願」である。その右上、欄外に『明治三十年五月廿八日許可　愛媛県』と朱記されている。愛媛県から「受理する」との連絡があり、得能通義が喜んで、手元に広げていたこの資料に思わず書き込んだのがこの「朱記」と思われる。「下賜願」は何度も県の窓口に提出され、指導を受けたのである。得能通義はこの差し戻された「保存金下賜願」をどのように直したらよいか、この資料を広げて思案していた時に受け取った朗報だったのである。「翠岩判　天徳寺来由録集……附属資料」に残された諸資料の様相は明治三十年を境に変わってくるのである。

⑨　641保存金下賜願　……明治三十年四月八日から五月廿八日の間に作られた資料で、天徳寺に残る下賜願の中では一番、最終版に近い資料である。「⑧　保存金下賜願」は⑨の下書きであろう。「……一昨年（明治二十八年）七月ニ至リ御省令第七号御発布……」とあり、明治二十八年には省令の整備など、「古社寺保存法」施行の準備も進んでいたことが分かる。

⑩　古寺取調書（文献38）」……天徳寺、龍穏寺が提出した寺の由緒がまとめられている。龍穏寺側の資料には「明治二十八年九月」とあり、天徳寺もほぼ同時期に提出したものと思われる。天徳寺の取調書の内容は一般に「由緒」といわれるものである。その内容は「751寺籍調査表、752天徳寺明細帳」とほぼ同じである。すなわち、「明細帳」については、取調書、寺籍調査表、明細帳と表紙の表題は変わってくるが、「明細帳」の内容は由緒、建物、宝物などであり、表題は変わってもその内容はほぼ同じである。県へ提出する届出資料は「下賜願」、「明細帳」がセットであったのであろう。

「633宝物取調書、名所旧跡　明治三十年一月十四日」、「634天徳寺宝物古板版観音堂記　明治三十年一月三十一日」などの資料もあるが、これらも県への届出資料の一つとして作成されたものであろう。

取調書、寺籍調査表、明細帳に描かれた由緒は、その箇条書きになった表現形式や内容などからしてその主たる元資料は「②733由緒書　明治廿四年十一月十一日」である。祖満和尚にとって、明治廿四年入院前に行った由緒の整理が「古社寺保存法」関係の資料作成に非常に役立ったのである。

「⑫天徳寺明細帳」は、山本義以が「大正元年十一月村役場ノ原本ニ依リ写取」した資料である。その本文中の欄外に「……明治三十年五月廿八日由緒建物等誤謬聞届タリ」とあり、この「天徳寺明細帳」は明治三十年に県が受理した資料の中の「明細帳」の写しであることが分かる。

なお、大正時代になると、「明細帳」は「寺籍臺帳」という名前に変わる。「寺籍臺帳」になると由緒は「開創由緒」として非常に単純化される。

第四節　祖満和尚の来由編纂

一　祖満和尚が関わった主な天徳寺資料

祖満和尚は明治二十四年に入院してから、伽藍の維持管理をどうしたらよいのか、その対策に奔走する。やがて「古社寺保存法」に的を絞る。何度も願書を書き直して提出し、明治三十年五月廿八日に愛媛県から「保存金下賜願」を受理したという知らせを受け取った。保存金を受けることにより、寺院経営安定化の基礎を作ることができたのである。彼は明治二十四年から明治三十年「古社寺保存法」申請が受理されるまでの間に天徳寺来由を語る多くの資料を作成した。これらの資料から祖満和尚の来由編纂の特徴、姿勢……を考えたい。「古社寺保存法」以降の資料については、別途、次節で紹介する。

【附属資料】

第一期　明治二十四、五年

①　733 由緒書　明治廿四年十一月

第二期　明治二十八、九年

②　古寺取調書　明治二十八年九月（文献38）
③ 751寺籍調査表　明治二九年六月
第三期　明治三十年
④ 752天徳寺明細帳　明治三十年頃の資料か……

【願書】
第一期　明治二十四、五年
⑤ 741下賜金願書　明治二十五年一月
第二期　明治二十八、九年
⑥ 635本尊釈迦牟尼佛　明治二十九年十一月
第三期　明治三十年
⑦ 641　保存金下賜願　明治三十年　月　日

資料の残り具合から制作時期を第一期、二期、三期と分けた。第一期は祖満が正式に入院した時期のもの、如何にして寺は生き延びていけるのか、「古社寺保存法」という目標が具体的にはまだ見えていない時期のものである。第二期は「古社寺保存法」を目標に努力している時期、第三期は申請が受理された時期、最終申請書に近いものである。第二期では何度も役所の窓口とやり取りはあったと思われるが、現在確認できるには、②、③、⑥の三件である。

資料の表題は色々あるが、「願書」と、由緒を整理して紹介することを目的として作成された附属資料に分類できる。「願書」、「附属資料」以外に、第五章第二節でふれた「再興建築ノ繪圖面並に将来維持ノ方法書等」

があるが、この類の資料はその後、第二、第三期での展開がはっきりしない。

古寺取調書、寺籍調査表、天徳寺明細帳と表題は変わるが、全て「願書」の付属資料として作成されたものと思われる。後年、大正五年になって作成された「753寺籍臺帳」の原形である。由緒、建物、宝物……が書かれている。「753寺籍臺帳」では由緒の記載が非常に簡略化されるが、古寺取調書、寺籍調査表、天徳寺明細帳では由緒の記述が中心である。

二　祖満和尚の編纂に対する姿勢の特徴

祖満は明治二十四年十一月十一日入院式を執行し、正式に天徳寺の住持となる。「733由緒書」はその前後に祖満和尚一人で短期間に一気に書き上げたものと思われる。「733 由緒書」は祖満和尚が作成した最初の作品である。（741下賜金願書　明治二十五年一月）もほぼ、同時期のものである。これら二つの資料の元資料になったのは次のような資料である。

705豫州道後名藍多幸山弥勒院天徳寺由来記
510関西臨済録抄
609多幸山天徳寺来由年譜第一草（翠岩判　天徳寺来由録集）
610天徳禅寺来由第二草（翠岩判　天徳寺来由録集）

明治二十四年、二十五年頃彼が書いた資料を見ると、右に示した天徳寺の内部資料だけでなく、明治二年に刊行された半井梧菴の「愛媛面影（文献37）」にも目を通している可能性もある。

「集中力」……廃寺の危機に瀕した寺の住持になるという、この困難な時期にこれだけ大部な資料を編纂する「集中力」は彼の持つ能力・特性の一つであろう。

「融通無碍」……彼の資料の一つの特徴は、特定の資料を正確に写すことにさほどこだわらず、先人の遺した複数の資料、その時点で彼が適切と理解した部分を適宜抽出していることである。細部にはあまりこだわらない柔軟な「融通無碍」ともいえる姿勢もうかがわれる。

『……聖徳太子伊予国温泉郡横谷ニ弥勒寺ヲ御造立……扶桑記ニアリ（733由緒書　明治二十四年十一月）』

『……聖徳太子……行基ノ彫刻而当國温泉郡井上郷（字横谷）弥勒寺山ニ安厝……（741下賜金願書　明治二十五年一月）』

第一期の作品からの抜粋である。無造作に「聖徳太子」、「温泉郡横谷」などと表記している。祖満和尚以前の天徳寺資料で弥勒寺伝承の立役者を「聖徳太子」と表記するのは、扶桑記からの引用という形で天徳寺の古代史を描いた「609翠岩判　天徳禅寺来由第一草」だけである。他は全て厩戸皇子である。古代寺院が建立された場所は「温泉郡井上郷横谷」とあるが、これは半井梧菴の「愛媛面影」（文献37）にある弥勒寺伝承の影響であり、「横谷」を思わせる表記としては天徳寺資料では（601関西臨済録司寺院鑑）のいう「熟田津之奥井河上郷餘戸谷」があるだけで、天徳寺資料ではほかに例がない。又、行基の彫刻した仏像に関わる伝承（741）は他の天徳寺資料でも見られるものであるが、それが横谷の弥勒寺山に置かれた霊佛であり、興国二年の詔があって当地（多幸山）に移されたという祖満の主張は、横谷が山岳道場として古くから存在したことを主張するものである。

第二、三期になると「705名藍天徳寺由来記」「511関西臨済録抄」に近い表現になっている。

『……厩戸皇子……伊予国湯郷……（古寺取調書　明治二十八年九月）』

『……厩戸皇子……伊與邑石湯ノ奥餘戸谷ニ……（641保存金下賜願書　明治三十年）』

この「融通無碍」、或いは「柔軟性」ともいえる彼の姿勢・能力は明治という大変革の時代にその由緒を洗い直すことを迫られた天徳寺の住職には必要なものであり、新しい時代をリードする県の役人を納得させる「由緒」を編纂するに役立ったと考える。

「読み易い文章」……祖満の文章は読み易い。一例を示す。

『……僧行基受勅命正観世音菩薩立像ヲ自作……関西臨済録抄ニアリ……（733由緒書）』

『……僧行基受勅命自作本尊正観音之木像也……（510関西臨済録抄）』」

関西臨済録抄からの引用であるが、関西臨済録抄の「漢文」を書写する過程で祖満は彼自身の言葉に置き換え、「漢文」を「カナ交じりの漢文」に改め、全体として「読み易い文章」になっている。

「箇条書き」、「表題を用いて章を分ける」……

「箇条書き」も特徴の一つである。由緒を時系列に整理して、箇条書きで書く、……この手法は十八世紀中ごろ、蔵山和尚の「560江西山天徳禅寺年譜」で用いられた手法であるが、その後必ずしも天徳寺内で定着したものでもない。天保年間に編纂されたと思われる「610天徳禅寺来由年譜第二草」は蔵山の「560天徳禅寺年譜」を写したものだが、ここでは時系列表記にはなっているが「箇条書き」ではない。祖満は（733由緒書）で全面的のこの手法を用い、更にその後、この手法は「明細帳」で生かされている。

「表題を用いて章を分ける」やり方は「南山霞鈔」を真似たものである。

明治二十八年頃編纂されたと思われる「龍穏天徳二寺記録（伊予史談会蔵）……（文献38）」に龍穏天徳二寺の記録がある。天徳寺のそれが「古寺取調書」であり、龍穏寺側の記録は「取調御届書）」という命題の資料である。天徳寺は完全に「箇条書き」であるが、龍穏寺側のそれは全くの文章形式である。明治二十八年頃、「箇条書き」は世間的に一般化されたものではないことが分かる。

※参照　資料編　その一【天徳寺明細帳　明治三十年五月　県届】

三　明治三十年五月廿八日　保存金下賜願　許可　愛媛県

第二期、明治二十八年以降、天徳寺と愛媛県では、保存金下賜申請をめぐり折衝が続いたと思われる。それには寺の由緒を第三者に如何に理解してもらえるように、如何に語れるかが問題であった。

「論理的な姿勢・勇気」……その後、場合によれば先人から引き継がれてきた由緒も見直す「論理的な姿勢・勇気」も必要であった。その例は「六祖の先例」でみることができる。「六祖の先例」とは「705名藍天徳寺由来記」に初めて語られ、その後、南源、蔵山と書き継がれてきた伝承であるが、祖満は（733由緒書　明治廿四年十一月）で既にその伝承をはっきりと否定している。明治二十四、二十五年ころ、祖満は彼なりに寺に伝わる由来を検証しその結果、「横谷説」、「六祖否定説」を提起したのである。その後、「横谷説」は取り下げた（先述）が、この「六祖否定説」を主張する彼の姿勢はその後の県に提出された「願書」や「明細帳」へ引き継がれる（後述）。「752天徳寺明細帳」に描かれた由緒は「733　由緒書」が骨格であるが、具体的にその中の何を明細帳に掲載するかは、県の認可を受ける直前まで、小さな見直しが行われている。天徳寺の場合、諸先人が書き残した由緒に関する資料は豊富である。したがって、県に提出する来由を作成するに当たっては、何を語らねばならないのか、その選択が問題になる。「752明治三十年明細帳」には四十七項目の由緒が述べられているが、それを一年前、「751明治廿九年寺籍調査表」の由緒と比較し、行われた「小さな見直し」を紹介する。

第一グループ　「二十九年判」にはあるが、「三十年判」では削除

（i）文中三年　法王御疵ヲ負玉フテ……法水院ニ入玉フテ崩御アリ

(ⅱ) 天正十三年 天徳寺、西光寺、道音寺の所領争い、福島正則の裁断、双方の領地没収
(ⅲ) 慶長八年　南源和尚上京　綸旨を賜る
(ⅳ) 寛文八年　得善寺　天徳寺管領ス
第二グループ　「二十九年判」になかったが、「三十年判」に追加
(ⅴ) 文中三年　得能通定　田畑寄付
(ⅵ) 明応九年　得能通光の長剣寄付
(ⅶ) 寛文元年　山本権兵衛遺品　寺へ寄進
(ⅷ) 宝永二年　中門再建

ここにあるような出入は祖満の明細帳作成の基本方針が見直された結果とも思えない。論者の視点からすれば、(ⅰ、ⅲ) は残すべき項目思われるが、どうであろうか。(ⅳ、ⅴ、ⅵ) は得能家の関わること、(ⅶ) は檀家総代・山本家に関わることである。「文中三年　得能通定　田畑寄付」などは出典不明である。由緒でどの事柄を取り上げるか、総代筆頭・山本氏と新人事務係・得能氏など関係者間で論争があったのではなかろうか。「629得善寺　寺社奉行所記録写」、「664延宝九年　預り祠堂料　山本家、天徳寺」などの古文書はその論争の場に持ち出されたものかもしれない。それにしても、「(ⅲ) 慶長八年開山南源が綸旨を賜った」件が削除されたことは、論者にとっては印象的である。本件は開基嘉明と開山南源の堅い絆が結ばれた大切な物語の一コマであったはずである。明細帳作成に当たっては「寺の宝物、寺領」などの形成過程の説明に関心が集中していたのであろうか。

四　繁山祖満による来由の見直し

来由に対する祖満の姿勢は確かに「細事に無頓着」、「融通無碍」の一面もあるが、明らかにきちんとした判断の元、来由の見直し、先人の明らかなミスの修正を行ったと思えるものもある。或いは判断に迷っていると思われることもある。それらについて三件紹介する。

（1）「覚理法王崩御」の扱い　※参照「第二章第四節　文中の兵乱　覚理法王崩御、天徳寺兵焚」

「覚理法王崩御」の伝承は、文中三年の兵乱の中であった変事として、芳慶嵐史、南山霞鈔、豫州道後名藍多幸山弥勒院天徳寺由来記では明記されている記事である。この三件の資料は互いに独立に作られたもので、天徳寺の来由を語る資料としては、比較的古い基礎資料といえる一群の資料である。芳慶嵐史（慶長元年）、南山霞鈔（慶長八年）に関わりこの変事をよく承知している南源であるが、慶長十七年に臨済録の講義提唱を行った時、……文中三年、法王金輪覚理が伊予に潜幸されていた時にあった兵乱について、得能通定が戦って敗れた事、天徳寺は兵燹に罹り、多くの伽藍を失い残ったのはわずかであったことなど子細に語っているが「覚理法王崩御」の変事を明記することを避けている。日本史レベルでも重要と思われる変事であるが、天徳寺資料では「覚理法王崩御」の件を明記する資料と明記しない資料とがある。

【覚理法王崩御の件を明記する資料】

503 芳慶嵐史、

705豫州道後名藍多幸山弥勒院天徳寺由来記
508南山霞鈔
640碧岩判　多幸山天徳寺来由年譜第一草の元資料
722祖満版　多幸山天徳寺来由年譜第一草
716芳野霞曙鈔
717久昧部徳威原古墳碑文

【文中の兵乱を語るが、覚理法王崩御の件を明記するのを避けた資料】
510南源　臨済録抄
609多幸山天徳寺来由年譜第一草
601関西臨済録司寺院鑑初編付録

南源が臨済録の講義提唱を行った時の元資料は「705道後名藍天徳寺由来記」である。「510南源　臨済録抄」では覚理法王潜幸の件は明記されているが、なぜか、崩御の件には触れていない。

「609翠岩判　天徳寺来由年譜第一草」の元資料と思われる「640」では「覚理法王崩御」を明記しているにも関わらず、「609翠岩判」ではその部分が脱落している。「609翠岩判　天徳寺来由年譜第一草」を校正してその脱落に気づいた得能通義は「722祖満版　多幸山天徳寺来由年譜第一草」を編纂した時は「640」の内容に戻している。

「601関西臨済録司寺院鑑初編付録」は興国二年の記事以降は非常に粗雑な内容である。近世に書かれたと思われる明治の祖満時代に得能通義が持ち込んだ資料（716、717）には法王崩御の伝承がみられる。

次は、祖満が関係した資料における覚理法王崩御の件の扱いの違いを示す。「古寺取調書、寺籍調査表」、この二つの資料、特に「寺籍調査表」は得能通義が強く関わったのは明らかであるが、これらでは法王崩御の伝承が語られている。しかし、祖満も最終的には法王崩御の伝承については語るのを避けたのである。「752明治三十年天徳寺明細帳」が作成される段階では得能通義の色彩は少なくなっている。

【覚理法王崩御の件を明記する資料】
722祖満判　多幸山天徳寺来由年譜第一草
明治二十八年九月　古寺取調書（文献38）
751明治二十九年六月　寺籍調査表

【覚理法王崩御の件を明記するのを避けた資料】
733明治二十四年　由緒書
635本尊釈迦牟尼佛　明治二十九年十一月
641　保存金下賜願　明治三十年　月　日
752明治三十年　天徳寺明細帳

（2）「六祖の先例」の扱い

705名藍多幸山天徳寺由来記
「……宗頓継妙心以上七世　自當寺重先規威継妙心寺以是當派関西第一之称名刹也……」

510関西臨済録抄　聖応国師宝瑞鈔

「……是迄皆従当寺洛西正法山妙心禅寺昇転法嗣以為先例、爾後有故失之……

609多幸山天徳寺来由年譜第一草

「……明応九庚申九月六日遷化前住天徳第七世妙心現住悟谿宗頓大興心宗禅師　是迄世々従天徳寺洛西妙心寺轉住為定例処有故敗矣　」

733明治二十四年　由緒書

「……開山聖應国師ヨリ七世迄ハ洛西妙心寺昇転法嗣以テ為定例示後有故欠之……

751明治二十九年　寺籍調査表

「……七世ノ禅師ハ皆当寺ヨリ洛西正法山妙心寺住職ニ栄転スル先規ノ勅使ヲ忝フスル吾門規模ナリシガ明徳ノ頃寺領収暴ノ後ハ衰運廃絶ノ姿トナリ……

752明治三十年　天徳寺明細帳

「……七世代々当寺ヨリ洛西正法山妙心寺住職ニ栄転ノ先規アリ是勅使ヲ忝フスル吾門ノ規模ナリト謂ヘシ然ルニ明徳年中寺領没収ノ為此例中絶ス

641明治三十年　保存金下賜願書

「……国威長久之式法ヲ厳重ニ行フ處ノ舊蹟也　慧玄国師ヨリ悟渓宗頓禅師ニ至ル七世者咸當寺ヨリ妙心寺ヲ継グ先規モ有リ……

「六祖の先例」は……「705名藍多幸山天徳寺由来記」、南源の「510関西臨済録抄」、蔵山の「609多幸山天徳寺来由年譜第一草」と引き継がれた重みをもった伝承であった。祖満も「733明治二十年　由緒書」では正確に原型のまま語っている。が明治二十九年、三十年の附属文書・明細帳になると、751明治二十九年では「明徳ノ頃寺領収暴ノ後ハ衰運廃絶ノ姿トナリ」という表現に変わり、752明治三十年では、「……明徳年中寺領没収ノ為此例中絶ス」と表記して、「六祖の先例」を否定し明徳四年を以て中絶したと明記している。

「六祖の先例」は明らかに明応九年の頃、目的を以て意図的に作られたものだが、それが南源、蔵山と書き継がれ、大きな権威をもった伝承になっていたのである。それを明治になって、祖満は敢えて明確に否定したのである。但し、願書（641保存金下賜願書）では「……国威長久之式法ヲ厳重ニ行フ處ノ舊蹟也……先規モ有リ……」と「六祖の伝承」については結論をぼやかした表現を用いている。

※参照　「第三章第一節　道後名藍多幸山弥勒院天徳寺由来記　六祖の先例」

（3）「臨済録抄・開山・南源和尚のミス」の扱い

南源は慶長一七年に臨済録講義提唱を行った。その時、彼が語った言葉がそのまま九人の禅侶が書写して「510南源和尚教衆　臨済録抄」は作られたのである。僧侶に求められる基本的な姿勢として先人の書き残したものは正確にそのまま書き写すことが強く求められる。古い経典などを写す際の基本として訓練されてきたものであろう。もし、異論があるなら欄外に書き込むのである。

臨済録講義提唱を行った時、南源和尚は「705名藍多幸山天徳寺由来記」を引用しながら天徳寺の歴史を語ったのである。その内容は天徳寺の伝承を考える上で貴重なものである。しかし「705名藍由来記」は伊予に伝わっていたと思われる各種伝承に妙心寺の「六祖」を合わせたものである。したがって、そのつながりの部分は時系列の乱れが大きく、「705名藍由来記」を読むものに違和感を与えるものがある。南源はそのつながりの部分で、「706名藍由来記」からちょっと離れて、「705名藍由来記」には記述されていなかった「佐志久原合戦」の話を挟んだのである。

その際、南源は「ちょっとしたミス」をした。さらに事態をややこしくしたのは、南源の「中途半端な訂正」であり、それは又異なった不審点を作り出してしまったのである。しかし、開山南源が語り、後世に残されたものである。後の者がその始末に苦労するが、いずれも中途半端に終わっている。蔵山は諡法號に注釈をつけて逃げているが、天授五年と文中三年の記事が並ぶ不自然さは解決していない。

明治になって、祖満はこのトラブルの「元凶」である「佐志久原合戦」の話を削除することにより、二百五十年間、悩ましてきた問題を解決した。この件は混迷の事例であるが、このように先人の言葉を正確に伝えていくということを、僧侶たちは頑なに守っていくという基本的な姿勢としてあったがために、弥勒寺伝承なども伝えられたのであろう。

①　510南源和尚教衆　臨済録抄《訂正前》……

『国守河野《通政》公　天授五年己未冬十一月六日桑村郡佐志久原合戦為細川氏討死

諡法號　日勢院殿前豫州太守澹山了空大禅定門

通政者備後守通綱之嫡子弾正通言之《嫡男》也　……』

……通言、通政、通定は三代続いた得能一族である。通政、通定の二人共に「文中の兵乱」に活躍する人物であるが、通政は「文中の兵乱」の中、覚理法王の崩御に殉死、通定は佐志久原合戦で河野通直に殉死した人物である。南源は文中の兵乱や天徳寺の歴史には全く関係ない志久原合戦を語るという過ちを犯し、更に志久原合戦の当事者を通政と勘違い（言い間違い）をし、さらにご丁寧にも、通政の諡法號、通言との関係を紹介し、事態を複雑にしてしまった……

②　510南源和尚教衆　臨済録抄《訂正後》……

『国守河野《通定》公　天授五年己未冬十一月六日桑村郡佐志久原合戦為細川氏討死

諡法號　日勢院殿前豫州太守澹山了空大禅定門
《通定》者備後守通綱之嫡子弾正通言之《嫡孫》也　』

……臨済録抄では三か所の訂正の跡が明らかに残っている。「佐志久原合戦」で討死した人物は通定であり、通定は通言の嫡男ではなく、嫡孫であると訂正した。その訂正自体は正しいが、しかし間に書かれた通政の諡法號の記述がそのままであり、不自然さが浮かび上がる。訂正としては不十分である。……

③
609翠岩判　天徳寺来由年譜第一草
『国守河野通定公　天授五年己未冬十一月六日桑村郡佐志久原合戦為細川氏討死
諡法號　日勢院殿前豫州太守澹山了空大禅定門
是ハ御父通政公御法名ナリ　文中三年徳威原ニ於テ戦死ス　』

……蔵山和尚は諡法號に注釈を加えることにした。これで一応、論理的には正しいが、文脈上の「佐志久原合戦」の不自然さが浮かび上がる……

④
733由緒書　祖満　明治二十四年十一月
『天授五年康暦元年己未十一日十二日國守河野大弼通政於桑村郡佐志久原為細川武蔵守戦死矣　號　日勢院殿前豫州太守膽山了空大禅定門　』

……祖満和尚は、通綱、通言、通政、通定　得能四代の記事を省き、事態はやや単純化されたが、佐志久原合戦の当事者の誤りの件が、振り出しに戻ってしまった。

⑤　古寺取調書　明治二十八年九月　（文献38）
『文中三甲寅四月十日……
明徳四年癸申（1393）四月廿五日・・細川家有沙汰　寺領悉被没収……』

……祖満和尚は、明治二十八年以降の資料からは、「佐志久原合戦」の記事をカットすることにより問題を解決した。「佐志久原合戦」の部分は本来、天徳寺の歴史には直接関係することではないので、妥当な処置といえるのであろう。

第五節　得能通義、上地問題、檀徒総代就任

一　得能通義の登場

得能通義は明治二十五年頃から天徳寺と関係を持つ。彼の名前が確認できる初期の資料を以下に示す。

①「622明治十七年七月　追善　高野山上蔵院墓所……

文中三年四月十二日　日勢院殿前豫州太守澹山了空大禅定門　河野通政
永正十六年七月二十日　徳寺殿前豫州太守　天臨宗感大禅定門　河野刑部大輔通宣
天正九年七月四日　日勢院殿洞月良榮大居士　河野左京大夫通宣
天正十五年四月五日　後天徳寺殿前豫州太守月渓宗圓大居士　河野通直
天正十五年七月十四日　長生寺殿豫州前太守　月渓宗円大居士　河野通直
寛永八年九月十二日　花院殿前拾遺左典廏道誉大居士　加藤左馬助嘉明

（一部抜粋　文責　田中弘道　）」……

明治十七年七月十二日、「南野田村住人　士族　得能通義」は、嫡子・通成、外、同姓分家の者三名を連れて「高野山上蔵院　御執務所」へ出向き追善、「経資五圓」を奉納した。「622」はその時の記録である。得能通義の喜び、感激が感じ取れる資料である。

②「623明治二十四年十二月十四日　豫州天徳寺来歴」

『本山妙心寺ヱ差出扣　届済訴下（朱記）』

臨済派本山教務所御中　……

天徳寺檀徒　……士族　得能通義　」

得能通義が天徳寺住職や天徳寺檀家総代とは無関係に、個人的に、天徳寺檀徒の肩書で妙心寺へ送った文書の控えである。寺の窮状を訴える願書が別にあり、「623」はそれに付属する文書だったのかもしれない。

③「741明治二十五年一月廿日

愛媛県知事宛・正観世音佛殿及方丈　修理再建に付き下賜金願」

……回復ノ運来リ明治十六年来歴ノ正シキ古社寺御保存ノ御趣旨アル事ヲ奉戴セリ……有志ノ輩躍然タリ……即ハチ従来所有ノ宝物目録及再興建築ノ絵図面並ニ将来維持ノ方法書等相添ヘ進達……特別ノ御庁議ヲ以テ何卒応分ノ御保存金ヲ……奉嘆願……

右天徳寺住職

繁山祖満

塔頭惣代天徳寺末

景徳寺兼務

同〳〵
同上総代天徳寺末
山本義弘
檀徒総代兼信徒総代
得能通義　」
……以下、一部略……

得能通義が天徳寺内部の人物として登場する最初の文書である。末席であるが、肩書は「檀徒総代兼信徒総代」である。山本義弘など藩政時代からの有力者の肩書は「檀家総代、塔頭総代」であり区別されているが、翌明治廿六年三月「743天徳寺上地官有地所払下願」では「天徳寺檀家総代山本義弘」不在の折は「代印得能通義」を押すことのできる立場であった。この頃から得能通義は寺の事務方の仕事に参加するようになったと思われる。

④「743明治廿六年三月　天徳寺上地官有地所払下願
天徳寺檀家総代　山本義弘
代印　得能通義
天徳寺檀家総代　奥平定吉
天徳寺檀家総代　宇高儼一郎
天徳寺住職　繁山祖満　」

二　「620翠岩判天徳寺来由録集・附属資料」からみた得能通義の動向・活躍

得能通義は明治二十五年以来、天徳寺で実直に寺の処務をこなしている。事務係的な存在である。「600翠岩判　天徳寺来由録集」と一緒に綴じられた雑資料、通称「620附属資料（翠岩判　天徳寺来由録集）」と呼ばれる資料がある。これから得能通義が関わってきた業務を覗くことが出来る。「620附属資料」は明治二十五年、「祖満判　天徳寺来由録集」の編纂の初仕事、明治三十年五月までの「古社寺保存法」申請関係の仕事、明治三十三年の「国有土地森林原野下戻法」認可後の諸事務処理……など多種多様な資料を含む。届出関係の多いが、正式の控えではなく、届け出前のメモ、下書きの類のものが多い。

※参照「第五章第一節　幕末の編纂事業　翠岩判・天徳寺来由録集　付属資料問題」
「第五章第二節　祖満和尚の天徳寺来由録集　保存資料」

次に示すのは各種の願書に書かれた出願者の顔ぶれである。彼らが当時の天徳寺の運営管理責任者である。得能通義が彼らの仲間入りするのは明治四十二年五月からである。得能通義の立場・肩書は当初から不安定であったが、明治三十年代に入ってからも変わらない。

734明治二十四年　　繁山満各、檀家総代・山本義弘、奥平定吉、宇高儼一郎
641明治三十年　　繁山祖満、檀徒総代・丹羽安貞、中村忠隆、高宮好太郎
650明治三十六年　　繁山満満、檀家総代・山本義之、宇高儼一郎、高松照孝
653明治四十二年　　繁山満満、檀家総代・山本義之、高松照孝、得能通義

次に示すリストは「620附属資料」から明治三十年以降の資料を抜き出したものである。得能通義が亡くなるまで、彼の身の回りに残されていた資料であり、当然、通義は何らかの形で関わったと思われる資料であるが、明治四十二年以前の資料には出願者、管理責任者としての得能通義の名前はない。代印の例が一つあるだけである。例外として「明治三十九年・・古文書の巻子（蔵山和尚）補修」の例があり、このように寺の内部の仕事については、得能通義は事務掛かり責任者として行動していることが認められる。宇高儼一郎氏が亡くなられ、明治四十二年五月二十六日その空席に得能通義氏が檀徒総代に正式に選任された。以後、得能通義氏の印のある資料が増える。

⑤ 633明治三十年一月　宝物取調書、名所旧跡
⑥ 647明治三十三年頃　上地山林下戻申請書
⑦ 650明治三十六年十月　境内地編入願
⑧ 628明治三十七年九月　観音堂営修　募金　湯之町
⑨ 665明治三十八年五月　社寺明細帳記入届　……代印
⑩ 419明治三十九年……　古文書の巻子（蔵山和尚）補修　……得能通義　謹誌（朱印）
⑪ 662明治四十一年二月　不要存置国有林払下願
⑫ 663明治四十一年十月　山林伐採並びに果樹植付願
⑬ 652明治四十二年五月　得能通義　檀徒総代選任届　……檀徒総代
⑭ 653明治四十二年五月　寺有山林藪現在届　……檀徒総代
⑮ 658明治四十四年四月　宝物境内外出陳認可願　……寺総代
⑯ 660明治四十四年六月宝物、古文書、古建造物調査書届

⑰　657明治四十四年八月　佛堂建物整理調査届
⑱　666明治四十四年十二月山林地開墾上申書得能通義　……檀信徒総代

「⑥　647～649明治三十三年頃　上地山林下戻申請書」……

明治政府は明治四年、太政官布告で現在の境内地を除く他の社寺領を上知させた。更に明治六年の「地租改正条例」では官民有区分に当たっては、境内地といえども「民有ノ証ナキモノ」は官有地に編入された。更に区分の査定に当たっては民有の証があってもその事実を主張しなかったがために、官有地に編入されたものも少なくなかったという。明治という新しい時代に対応できなかった社寺も多かったと思われる。天徳寺もその一つだったのである。明治三十二年になってその行過ぎを是正する動きがあった。「国有土地森林原野下戻法」の制定により、翌三十三年六月三十日までに「其ノ処分ノ当時之ニ付所有又ハ分収ノ事実アリタルモノ」からの申請による下戻が認められる可能性が開けた。

「647上地山林下戻申請書」が「国有土地森林原野下戻法」に対応した申請であるが、明治三十五年十月十五日差し戻された。

「⑦　650境内編入願」は範囲を明確にし、明治九年頃作成された多くの文書を証として添えて。明治三十六年十二月七日再申請されたものである。「650」の中にある資料「304、305、306、307、308」などは、明治九、十年の上地に鶖山和尚らが民有の証として提出したものであろう。こうして当時の書類も添えての申請が功を奏したのか、明治三十八年三月三日に境内地編入は聞届られた。

「⑨　665社寺明細帳記入届」は境内地編入の事を「明細帳エ御記入被成下」の奉願である。

この⑥、⑦は天徳寺として非常に重要な書類であるが、提出者は「住職繁山、檀徒総代・山本義之・宇高儼一郎・高松照孝、御幸村長・河内直次郎」であり、得能通義の名はない。「⑨665社寺明細帳記入届」では代理として得能通義の名が見える。……「宇高儼一郎　不在　代理　得能通義」……

明治三十年代、得能通義は「647、650」などの重要文書を保管することが彼の役割であり、その文書の制作に直接関与する立場ではなかった。代理として捺印することはあるが、その立場は「④743明治廿六年三月　天徳寺上地官有地所払下願」と時と変わっていない。

「⑧628観音堂営修　募金　明治三十七年九月」という資料が残っている。九名の世話人の名前、印影と、「金壱圓　得能通義」と書かれた一枚の寄附帳からなる三ページの資料である。世話人には天徳寺の関係者と思われる名前は見当たらない。この資料の意味は不明である。

「⑪662明治四十一年二月十五日　不要存置国有林払下願」

「⑫663明治四十一年十月二十五日　山林伐採並びに果樹植付願」には「650」と同様、得能通義の名はない。

「⑬652明治四十二年五月二十六日檀徒総代選任届」　檀徒総代宇高の死去に伴い得能通義は檀徒総代に選任され、県知事、妙心寺に選任届が出された。この時点で得能通義に初めて正式に役職が与えられ、天徳寺内での立場が明確になる。以後、得能通義の名が確実に書類に現れるようになる。死の五年前の事である。

「⑭653明治四十二年五月二十六日　寺有山林藪現在」　檀徒総代になってからの初仕事である。

「⑱666明治四十四年十二月十九日　山林地開墾上申書」

「檀信徒総代」の肩書で県知事に上申書を提出している。この資料が「620附属資料（翠岩判）」に見られる得能通義の活動を示す最後の記録である。

それから一年後、大正元年十一月一日に村役場の原本から「752　天徳寺明細帳」を写取してきたのは、山本義以である。本来事務掛かりの仕事であるが、得能通義は関与していない。明治四十五年（大正元年）になると得能通義は寺から身を引いたのか、或いは執務が困難な体調であったのであろう。

大正三年三月廿八日　得能通義　大量院直翁通義居士没

祖満和尚が亡くなったのは大正六年九月二日である。

天徳寺史稿　完

追記　天徳寺資料の改竄の跡について

天徳寺資料には改竄の跡がみられる。

事例「609天徳寺年譜第一草」

①（文中三甲寅年⬇）元中三丙寅年四月十日有故法王金輪覚理潜幸……

②（　　　　　⬇）一本元中己巳年　四月十二日崩御見

③天授五己未年冬十一月……佐志久原……是ハ御父通政公御法名ナリ

（文中三年　　⬇）文中六年四月十二日徳威原ニ於テ戦死ス

④（文中三甲寅年⬇）元中三丙寅年四月十二日崩　……金輪覚理……

事例「612久米部徳威原古墳碑文」

⑤（去甲寅年　⬇）去己巳年

⑥（天授二年丙寅⬇）元中七年庚午歳次夏四月一二日

この二つの事例はいずれも、右の事例は「600碧岩判　天徳寺来由録集」で見出された事例である。幸いなことに「600碧岩判　天徳寺来由録集」は文章配列などを校正して新たに編集された「710祖満版　天徳寺来由録集」

と比較して改竄前の文字を確認することができる。上段（□□　⬇）で示したのが「710祖満版　天徳寺来由録集」から確認した改竄前の文字、下段が改竄後の表記である。何れも「金輪覚理潜幸、崩御」、「通政殉死」に関係する記事であり、その時代を文中から元中に改竄している。⑥の事例は、碑文が造られた年代を元中六己巳年に合致するように、天授二年を元中七年に改竄している。「600碧岩判　天徳寺来由録集」の表示の文字「得能家(蔵)之」も改竄の例である。

事例「503芳闕嵐史」

⑦　此年十一月、肥後守武光病死す……此の歳九月、大明国の両使僧は将軍義満の返翰を得て帰唐するなり……文中二年八月、南帝寛成天皇には遁世し玉ふて、御弟の宮、熙成王に御位践祚を譲替しむ云々……落飾の御玉體を佛衣に替えさせ、御法名覚理とも號し、長慶院とも崇め奉り……同二年九月の半の頃おい、宇摩の関守河野の一族、東條修理之亮早くもこの事をさとり浮穴の館へ使者を馳せ参らせしより……此年九月大明国の両使僧は将軍義満の返翰を得て帰唐するなり……

覚理法王を守護して……筑紫の御所へ御使者を遣わされしに、折柄菊池肥後守武光には去月病死いまだ日の立たざりしこと申し来る、寅の正月を約して御使者をぞかえされける。これより随従の武士には、猶も心を砕き、【兵□巌翼無怠元中三丙寅】のとし正月の初めより、法皇には温泉郷の北、多幸山天徳寺弥勒院に潜匿座し給うて、軍謀企て怠らず、……此年三月の末つかた……武田勢は……御井津へ責入【元中己巳】四月十二日……多幸山天徳寺の伽藍を焼き、……久米岡に於いて南方勢と血戦、征南宮御疵を負い本陣へ引給う……。寄手は此の勢いに乗り……一手は星岡に戦う　南方利を失ひ、平井明神の鼻の城に、また戦ふと雖も寄手烈しき事急にして、遂に【□□】徳威原に退き激戦し、法王御傷を負わせらる。同十二日、法水院神宮寺に入り崩御給う。これを徳威の岡、南山へ葬し奉る。殉死の大将は通政以下……面々なり

事例⑧　「[505]南山霞鈔」

応安六癸丑年九月　覚理法王には公卿武士を召倶せられて……伊予国越智郡神部の山に落ち来て……法皇には熊野山中大宝寺及び道後湯の北部天徳寺、同東部安養寺の伽藍等に潜匿座しまし……【元中三年丙寅】の四月十日十一日の合戦……法皇には……頓に崩御座し玉ふ

いずれも文中三年の兵乱の記事である。芳闕嵐史では将軍の筑紫親征と寛成天皇の遁世、覚理法王の伊予下向、星岡合戦、法王崩御の記事……を同時並行して行われた事柄として書き綴っている。長慶天皇の河内行宮から吉野への退去、菊池武光病死、明国使僧の帰国などは文中二年の事であることは、芳闕嵐史以外の資料からも確認できることである（文献32）。筑紫に出した使者が「寅の正月」の返事を貰って帰国しているが、これは「文中三甲寅年」の事である。そうした文章の流れの中で、突然【元中三丙寅】、【元中六己巳年】の話へ飛ぶ。字体からみても改竄の跡も明確である。南山霞鈔でも同様なことが行われている。「[609]天徳寺年譜第一草」、「[612]久米部徳威原古墳碑文」と異なり、芳闕嵐史、南山霞鈔の場合、直接比較確認できる資料はないが、「文中三年の兵乱」の記事の改竄であることは明らかである。

事例⑨　「[453]過去帳」

日勢院殿　前豫州太守義感澹山了空大禅定門　【元中三年四月十二日戦死】

「[503]芳闕嵐史」、「[453]過去帳」など寺の内部に秘蔵されてきた資料にまで、改竄の跡がある。

文章の内容をすり替えようとする改竄は「文中三年」の記事に集中している。他には広がっていないようで

あるが、「文中三年の兵乱」の記事を引用する場合、注意が必要である。本論「天徳寺史稿」を論ずるに当たっては、これら改竄に関係する場合は全て「文中三年」に直して論を進めた。

「500合本　芳闕亂諍」には、「505南山霞鈔」と「506伊予国造家越智姓河野家系譜」の間に「507元中乱離鈔」という一頁の文章がある。これは「元中」という文言が語るように、明らかに後世の人物の書き込みである。書き込みではあるが、「元中」の字句を「文中」に直して読めば、十分、検討に値する資料であると思われる。

「600碧岩判　天徳寺来由録集」を基礎として「710祖満版　天徳寺来由録集」は作成された。「710祖満版」が編集されたのは明治二十五年頃である。「710祖満版」には改竄の痕跡は全くなく、「600碧岩判」には改竄の跡が明確である。それらのことから改竄の行われたのは明治二十五年以降である。こうしたトラブルを起こしたのは具体的には明治四十五年（大正元年）の事と考える。

「510南源和尚教衆　全」は明治十年代には天徳寺から流出していたと思われ、改竄の害は全くうけていない。

引用文献 一覧 （天徳寺資料は除く）

（1）安藤嘉則「南源恭薫の臨済録抄と天徳寺資料について」
（駒沢女子大学『研究紀要』第十四号 二〇〇七年十二月発行）
（2）安藤嘉則「南源恭薫の臨済録抄について」
（安藤嘉則著『「中世における公案禅の研究」国書刊行会発行 二〇一一年二月』）
（3）川岡勉 「天徳寺文書（乾・坤）について
（『地域創成研究年報』第四号二〇〇九年三月愛媛大学地域創成研究センター）」
（4）川岡勉・田中弘道 「天徳寺所蔵『伊予国造家 越智姓河野氏系譜』について」
（『地域創成研究年報』第五号二〇一〇年三月愛媛大学地域創成研究センター）
（5）田中弘道「湯築城下町、湯之町と寺井内川水系について」（『伊予史談348号 平成二十年一月）
（6）田中弘道「天徳山弥勒寺と聖徳太子」（『東温史談 7号 平成二十三年十一月』
（7）田中弘道「元弘の兵乱――星岡合戦」（『道後学講座』 愛媛県文化振興財団 平成二十五年二月一日）
（8）田中弘道「江戸時代の遊行上人と宝厳寺」（『伊予史談377号 平成二十七年四月）
（9）竹貫元勝「概論 妙心寺」『開山無相大師六五〇年遠諱記念 妙心寺』
（編集 東京・京都国立博物館、読売新聞 平成二十一年）
（10）廣田宗玄『正法山妙心寺開山・関山慧玄禅師伝』（刊行 妙心寺遠諱局 平成二十一年三月三十日）
（11）横山住雄『美濃の土岐・斉藤氏（改定版）』（濃尾歴史研究所発行 平成九年一月）
（12）横山住雄『快川国師の生涯』（濃尾歴史文化研究所発行 平成十九年五月三十日）
（13）藤井周一「江西蔵山」（『久万史話 第一編』 一九五九年）
（14）富水道人 西園寺透識『龍穏寺略縁起』（龍穏寺発行大正十二年一月初浣）

(15)富水道人『図書解題　七　富水道人述　芳闕嵐史』(伊予史談　七号」(大正五年十月)
(16)景浦稚桃『長慶天皇伊予御入国説について』(伊予史談　八十号)(昭和八年四月)
(18)『景浦勉校訂　豫陽河野家譜』　(発行　歴史図書社　昭和五十五年十月三十一日)
(19)三浦章夫『愛媛の仏教史』(愛媛郷土叢書第一八巻　昭和三十七年六月)
(20)浅山圓祥「宝厳寺と河野氏」(浅山圓祥著『一遍と時宗』編集　越智通敏　昭和五十五年六月二十五日)
(21)越智通敏『伊予の古刹・名刹』(愛媛県文化振興財団発行　平成二年)
(22)松原弘宣『熟田津と古代伊予國』(創風社出版　一九九二年四月五日)
(23)松原弘宣『古代瀬戸内の地域社会』(同成社出版　二〇〇八年九月三〇日)
(24)白石成二『古代越智氏の研究』(ソーシャル・リサーチ叢書　創風社出版二〇一〇年一一月一五日)
(25)白石成二『永納山城と熟田津』　(ソーシャル・リサーチ叢書　セキ(株)二〇〇七年三月三十一日)
(26)上垣外憲一『聖徳太子と鉄の王朝』(角川選書　平成二十年一月二十五日)
(27)曽根正人『聖徳太子と飛鳥仏教』(歴史文化ライブラリー228　吉川弘文館　二〇〇七年三月)
(28)後藤丹治・釜田喜三郎　『太平記』(岩波書店　日本古典文学大系　一九六〇年)
(29)長谷川端『太平記』(小学館　日本古典文学全集　一九九八年)
(30)松尾剛次『太平記』(中央公論新社　中公新書　二〇〇一年)
(31)山部木の実『足利幕府が注目した「太平記」とその作者についての考察』
(「比較社会文化研究」第26号　二〇〇九年)
(32)『誰でも読める日本中世史年表』(吉川弘文館編集　平成十九年十月)
(33)『日本歴史大事典』(発行　小学館　二〇〇〇年一〇月二〇日)
(34)「類聚国史巻百八十　佛道部七」(『新訂増補国史大系普及判　類聚国史　第四』
(35)『正慶乱離志』(「続史籍集覧」　近藤瓶城校　明治二十六年六月)
(36)宮脇通赫　『海南漂萍秘録』　(「続伊予温故録」大正十三年一月発行所松山向陽社)

(37) 半井梧菴『愛媛面影』(伊予史談会双書　第一集　平成六年一月十五日発行)
(38) 「明治二十八年九月　取調御届書　曹洞宗　龍穏寺」(『龍穏天徳二寺記録』伊予史談会　明治二十八年)
(39) 『予章記』(伊予史談会双書　第五集　改定版　平成六年八月一日)
(40) 『松山町鑑・三田村秘事録』(伊予史談会双書　第九集　伊予史談会　一九八四年)
(41) 『一遍聖絵・遊行日鑑』(伊予史談会双書　第十四集　伊予史談会　一九八五年)
(42) 「越智宿禰系図」(伊予史談会文庫)
(43) 『万葉集　上巻』(角川文庫　平成十一年二月発行)
(44) 『別当大師光定様』(いざ寺発行　平成二十年)
(45) 井上禅定『東慶寺と駈込女』(発行　有隣堂　平成二十年六月)
(46) 「大山祇神社のご神体」(愛媛新聞　昭和三十九年五月二十日)
(47) 『大三島の鏡』(平成四年九月　監修・執筆　鈴木友也　発行大山祇神社
(48) 『大山祇神社』(平成十年編集　大山祇神社)
(49) 『大山祇神社略誌』(平成九年編集　大山祇神社)
(50) 『愛媛県史　原始、古代Ⅰ』(昭和五十七年三月　愛媛県史編さん委員会)
(51) 『愛媛県史　古代Ⅱ・中世』(昭和五十九年三月　愛媛県史編さん委員会)
(52) 『愛媛県史　資料編　古代・中世』(昭和五十八年三月　愛媛県史編さん委員会)
(53) 『愛媛県史　学問・宗教』
(54) 日下部正盛『松前・松山領主加藤嘉明　ある戦国武将の生涯』(二〇〇一年)
(55) 『一遍聖絵』(岩波文庫　大橋俊雄校註　二〇〇〇年十二月二十五日)
(56) 『湯築城跡　道後公園埋蔵文化財調査報告書　第一分冊』
(「埋蔵文化財発掘調査報告書　第66集一九九八年三月愛媛県埋蔵文化財調査センター」)
(57) 『道後温泉　増補版』(昭和五十七年　編集「道後温泉」編集委員会　代表景浦勉)

（58）「1992　河野通宣安養寺由緒書並同寺寺領寶等目録（石手寺文書）」愛媛県史　資料編
（59）首藤久士『資料紹介　松山市　伝・弥勒寺観音堂踏査報告』（「ソーシャル・リサーチ　41號」二〇一六年）
（60）『「伊予の古代」企画展』（平成二十八年七月　愛媛県生涯学習センター、愛媛県埋蔵文化財センター）
（61）『ふるさとの史跡をたずねて　桑原郷土誌』（平成十二年十一月三日　桑原郷土誌　編集員会）

付表

付表　第一　多幸山天徳寺、江西山天徳寺　寺譜

推古帝御宇四年在法興六丙辰歳冬十月念五日　勅詔厩戸皇子有行啓
伊與村熟田津石湯餘戸谷ト霊地大伽藍肇建営　而天徳山弥勒寺金剛華厳坊、西光精舎、予城精舎
天武九年　列大寺之部　越智宿祢玉純　伽藍建立
天長五年　弥勒寺　預定額寺
承和七年　定額寺　為天台別院

興国二年　後村上天皇勅願道場与州多幸山　宝祚延長国家安寧之勅願所　忠魂之義霊招祭之道場
多幸山弥勒院天徳寺　天徳開山妙心開山　大定聖応国師　関山慧玄禅師　開基　得能通政

天徳二世妙心二世　授翁宗弼　神光寂照禅師
天徳三世妙心三世　無因宗因　興文円慧禅師
天徳四世妙心四世　日峯宗舜　禅源大済禅師
天徳五世妙心五世　義天玄承　大慈恵光禅師
天徳六世妙心六世　雪江宗深　佛日真照禅師
天徳七世妙心七世　悟谿宗頓　大興心宗禅師
以上七世従天徳嗣正法山妙心寺為先例矣　後有故欠之
独秀乾才
仁袖宗寿
快川紹喜　大通智勝国師
南化玄興　定慧圓明国師
湖南宗嶽　三舟圓観禅師月桂開山

延徳二年庚戌夏六月　刑部侍郎河野通宣侯再新建當寺
於多幸山下　屈請　曹洞宗尊宿月湖和尚
月湖禅師　曹洞宗……石屋派今治大浜　隆慶寺四世

天徳二世　廓室融和尚
天徳三世　徳応亭和尚
天徳四世　樵岩栄和尚
天徳五世　仙叟壽和尚
天徳六世　南提玄竺和尚
天徳七世　梅叟芳和尚
天徳八世　中叟就和尚

慶長八癸卯歳秋八月也　藤侯不忍見天徳寺宇荒廃　遂相脩今処再三経営而一新　而特屈請再南源薫和尚焉
江西山弥勒院天徳寺 中興開山 南源薫和尚　開基　加藤嘉明

中興天徳開山　南源宗薫和尚　嗣湖南宗嶽　前月桂二世　綸旨妙心入寺　於妙心寺見磨軒　示寂
天徳二世　蘭叟紹秀和尚　授業鰲山景在　元和九年退院　不立住持牌　尾州　白林寺開山
天徳三世　明堂宗證座元　授業湖南宗嶽　寛永十二年退院　不立住持牌　勢州　建金剛山江西寺
天徳中興四世　雲岩全祥和尚　嗣南源宗薫　前月桂三世　綸旨妙心入寺　久米山光明寺開山
天徳五世　懶翁玄東首座　授業丹山宗昆
天徳六世　月泉元珠座主　授業月桂五世古峰宗順
天徳七世　真岩宗実座元　授業月桂五世古峰宗順
天徳八世　興源宗右座元　授業月桂六世鉄帚宗州
天徳九世　石牛祖言座元　受業盤珪琢和尚
天徳十世再中興　霊叟指空和尚　嗣法鉄帚宗州
単伝中興　鉄帚宗州禅師　前月桂六世
天徳十一世　霊嶽宗古禅師　享保九年九月住職願叶　十一月入院　十二月本山職状降下　翌年正月登城御礼
天徳十二世　蔵山宗勳禅師　嗣法霊叟禅師　久万山日野浦ノ産　天明二年依願隠居
澤瑞和尚　天明四年　退院　不立住持牌
天徳十三世　倹宗守節禅師　大正院綿宗和尚ノ法嗣
天徳十四世　雄山梵晟禅師　松江ノ産圓成寺徒弟　倹宗和尚法嗣　玉鳳院塔主職ノ綸旨　八幡圓福寺ニ住ス
天徳十五世　翠岩祖蘭禅師　土佐ノ産　佐川青源寺探源和尚徒弟　久万山光明寺得堂和尚ノ法嗣
天徳十六世　拙応巨霊禅師　松山唐人町ノ産　法嗣雄山禅師
天徳十七世　鷲山祖雪禅師　宇和島三崎浦ノ産　傳宗寺法嗣　明治十四年県下派内教導取締　任命
天徳十八世　萬谷祖満禅師　末寺浄福寺前住　明治二十四年十一月依願本山妙心寺ヨリ住職ヲ命ス

引用　「771伊予国温泉郡多幸山后和気郡江西山天徳寺寺譜」　祖満和尚の頃編纂
「560江西山天徳寺来由年譜第二草　貴謙　渉筆　校讐」
「451後村上天皇勅願予州多幸山天徳寺　秘事」
「708豫州道後明藍多幸山弥勒院天徳寺由来記」

付表　第二　多幸山天徳寺秘事　附属　河野系図

神饒速日命 ― 天香語山命（又名　天山命） ― 宇摩志麻治命 ― 彦湯支命 ― 出石心命 ― 大矢口命 ―

大新河命（左京神別物部大連） ― 大小市命 ― 小千命（乎致国造） ― 天狭貫 ― 天狭利（風早国造） ― 粟鹿 ― 三並 ―

熊武 ― 伊但馬 ― 喜多守 ― 高縄 ― 高箕 ― 高墅 ― 三冋田 ― 阿次 ― 門命 ― 勝海 ―

久米麿（来目部小楯） ― 百里 ― 百男 ― 益躬（討夷賊有勲） ― 武男 ― 諸飽 ― 萬躬 ― 守興（伊与大領） ― 玉興 ― 玉純 ―

益男（改益躬） ― 實勝 ― 洋躬 ― 息村王（嵯峨帝十八皇子寛王継家） ― 息利 ― 息方 ― 好方 ― 好峰 ― 安国 ―

元興（実益躬二男継家） ― 元家 ―

安元（三島大祝） ― 安永 ― 安則 ― 廣成 ― 安豊 ― 豊信 ― 信久

- 家時
  - 為世王　嵯峨帝末皇子家嗣之
    - 為時
      - 時高
        - 為縄
          - 親孝
            - 親経　新太夫 河野冠者 三島四郎 伊予権介 実源頼義末子 継家
              - 親清
                - 通清　河野太郎 伊予守 母親経女 背平氏 志源氏属官軍 治承五年正月十五日 於与州高縄山討死号 光明院殿前 予州太守通明大禅定門
                  - 通孝　太郎 号土居氏 住風早郡河野郷土居庄 属父共官軍 為平氏戦死家断絶
                  - 通員　次郎 兄共討死
                  - 通信　四郎 伊予国守護職入道観光 追平氏有勲功 承久之乱属官軍 大敗奥州平泉配流 貞応二未年 五月十九日死六十八歳 法号東禅寺殿 予州前太守西念観光大居士
                    - 通政　新太郎 西国武者所 承久乱大敗 於信州 葉廣被誅
                      - 政氏　長丸
                        - 信行　弥四郎
                          - 信盛　磨暖丸
                            - 信俊
                      - 通行　弥長丸
                        - 通綱　七郎
                          - 通佐
                          - 通景
                          - 通朝
                    - 通俊　四郎太郎 号得能氏 住桑村郷得能庄 源頼朝為烏帽子子 承久之乱後鳥羽院 御味方於高縄城討死 承久三辛己七月十四日 四十五歳 東勝院殿
                  - 通経　甲曽五郎 源九郎判官義経 為烏帽子々達兵学
    - 経與　實伊予親王御孫 大野新居等祖

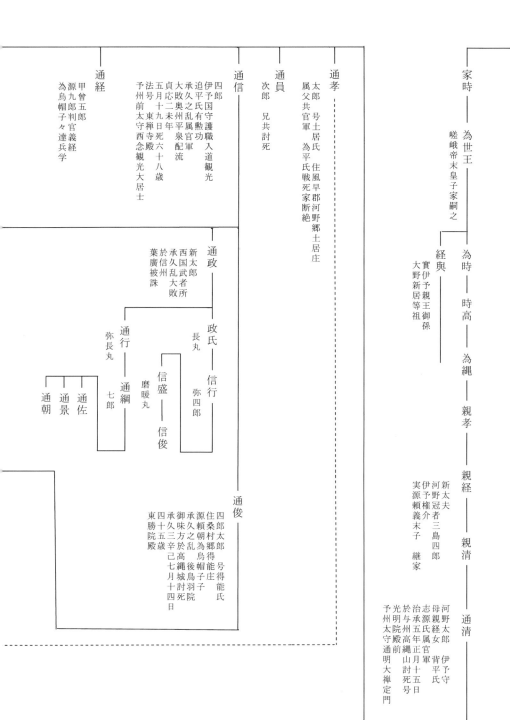

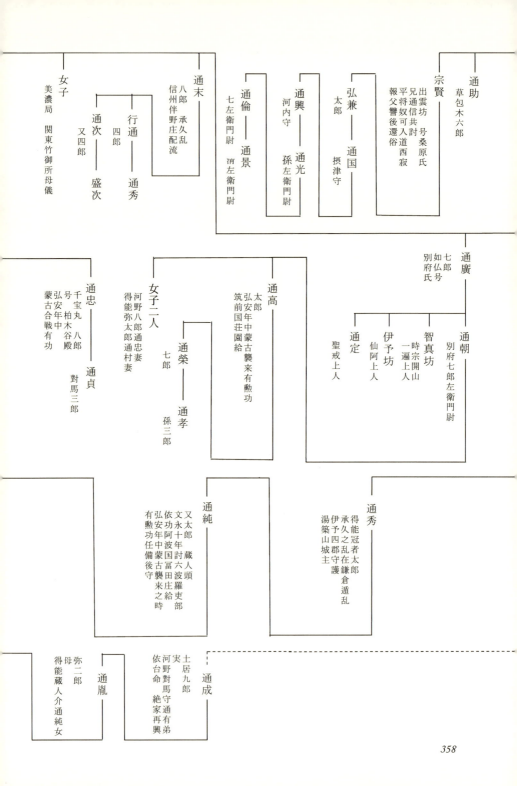

通助 草包木六郎

宗賢 出雲坊 号桑原氏 兄通信共討平将奴可入道西寂報父讐後還俗

弘兼 太郎 — 通国 摂津守

通興 河内守 — 通光 孫左衛門尉

通倫 七左衛門尉 — 通景 清左衛門尉

通末 八郎 承久乱 信州伴野庄配流

行通 四郎 — 通秀

通次 又四郎 — 盛次

女子 美濃局 関東竹御所母儀

通廣 七郎 如仏号 別府氏

通朝 別府七郎左衛門尉

智真坊 時宗開山 一遍上人

伊予坊 仙阿上人

通定 聖戒上人

通高 太郎 弘安年中蒙古襲来有勲功 筑前国荘園給

通榮 七郎 — 通孝 孫三郎

女子二人 河野八郎通忠妻 得能弥太郎通村妻

通忠 千宝丸 八郎 号柏木谷殿 弘安年中蒙古合戦有功 — 通貞 對馬三郎

通秀 得能冠者太郎 承久之乱在鎌倉遁乱 伊予四郡守護 湯築山城主

通純 又太郎 蔵人頭 文永十年討六波羅吏部 依功阿波国冨田庄給 弘安年中蒙古襲来之時 有勲功任備後守

通成 土居九郎 実河野對馬守通有弟 依台命 絶家再興

通胤 弥二郎 母得能蔵人介通純女

- 通久 九郎 左衛門尉
  母北条平時政女
  承久乱之時属関東有勲功
  阿波国冨田荘給
  後伊予国石井郷中替
- 通康 十郎 ― 通方 太郎 ― 通国 又五郎
- 通氏 栗上氏 ― 通昭 太郎
- 通継 弥九郎 上野前司
- 通時 号南氏
  弘安年中蒙古襲来
  有勲功任伯耆守
- 通行 余一 ― 通盛 六郎修理亮
- 女子二人 北条時宗妻
  大納言加賀守親清妻

- 通茂 九郎 号柏谷殿
  - 通縄 次郎
  - 通顕 太郎
  - 通武 弥九郎
- 通種 四郎左衛門尉
  - 通時 六郎 ― 通遠 壱岐守
    - 通行 彦六
  - 通任 四郎
- 通貞 五郎左衛門尉 東氏 号行山殿 ― 通乗 五郎
  - 通高 四郎
  - 通国 三郎
- 通滋 源太夫 ― 通家 権介 ― 通嘉 河内守
- 快範 侍従坊 法眼
- 通為 七郎 左衛門尉 号久保氏 ― 通真 久保能登守

- 通村 弥太郎 備前々司
  伊予入道々治
  元弘之乱
  後醍醐天皇参御方有功
  延元二丁丑年三月六日
  於越前金崎城自害
  七十四歳
- 通綱 又太郎 備後守
  湯築城主
  伊予国総領職
  父共北国落
  於金崎城
  一族郎従三十二人
  同枕自殺
- 通信 弥三郎
  左近将監 通言
  北国落之時
  雪中艱難士卒共自害
- 通政 又太郎 新左衛門尉
  弾正大輔
  公湯築城退浮穴館
  備後守
  天徳寺開基日勢院殿

- 通増 彦九郎
  伊予権介
  母河野七郎通氏女
  属宮方有勲功
  延元元年
  十月十一日
  於木芽山中自害
- 通重 太郎 備中守
  元弘四年
  七月七日
  防州加室討死

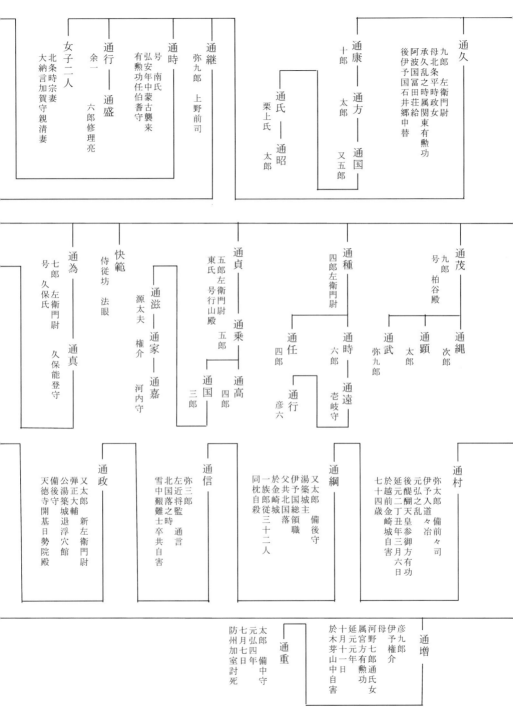

通景 弥四郎 ― 通安 彦四郎

女子二人 河野対馬守通有妻 得能蔵人介通純妻

通有 六郎 対馬守
弘安年中蒙古襲来有勲功賜采邑数所
應長元辛年七月十四日死

通氏 七郎

通秦 彦四郎 ― 通種 参河守 ― 通武 弥九郎

通成 孫九郎 依台命絶家土居氏再興

通易 十二郎

通信 十郎左衛門尉 入道信貞

貞行 弾正忠

信光 五郎 ― 信時 七郎 ― 信安 大二郎

信盛 小太郎 ― 盛存 弥次郎 ― 信存 弥七郎

通里 八郎左衛門尉 南朝参御方有功 於千町原戦死

通盛 九郎左衛門尉 對馬守
入道善恵
元弘年中属六波羅方勲功
大敗再属将軍足利尊氏
予州守護職
貞治元寅年一月廿六日死
善応寺殿
通盛初住居于伊予国風早郡河野郷土居屋形
建武之乱属将軍方依之
得能氏累代住居所
温泉郷湯築城退去
弾正大弼通政移于浮穴之館
因通盛住居移湯築城

通定 弥太郎 右馬介
新左衛門
文中二年冬
奉遷覚理法王
潜伊予国奉之
任伊予守

通範 太郎 兵庫介入道 了雲

通興 又太郎 蔵人頭
下野守
改通頼弥次郎通親
稲葉平岡祖

通光 弥太郎 蔵人頭 備後守

通郷 次郎
永享元年背鎌倉
移大和国吉野起兵
任伊予守

通世 次郎

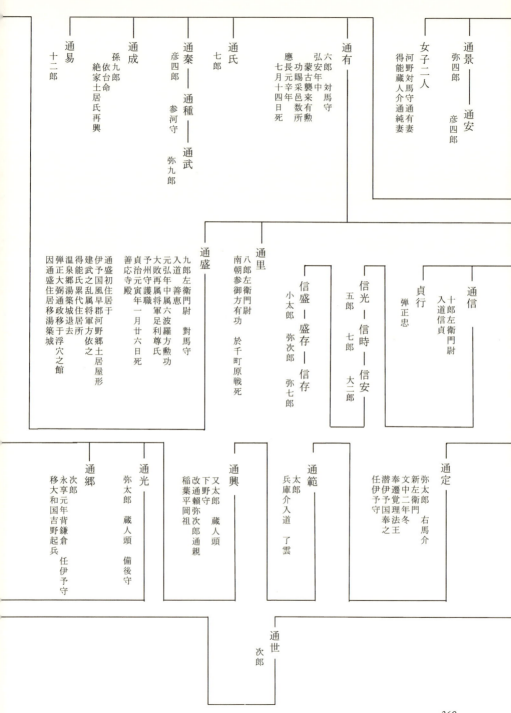

通遠　七郎　壱岐守
六波羅討死

通朝　竹王丸　遠江守
為細川頼之於世田城自害
貞治三辰年十一月六日
大通寺殿

通時　九郎
住筑前国小崎荘

通直　徳王丸　初諱通堯　刑部太輔
任讃岐守
為細川頼之合戦屢々也
遂大敗走筑紫
属鎮西将軍之宮与力
菊池氏盡勲功
復本国打入撃敵鎮静再戦失利
天授五未年十一月六日
於吉岡佐志原討死
観念院（寺）殿
前予州太守桂峯道昌大居士
於同所西園寺公俊
得能通定二大将殉之

通昌　徳若丸　刑部少輔
於播州室津疾疵死

女子二人
西園寺左衛門督公俊妻
得能右馬介通定妻

通胤　新蔵人　四郎

通賢　三郎
於吉野河野宮御身代
為賊討死

通高　五郎
―通次　松千代丸
―通辰　図書
―通重　弥三郎
―通武　太郎
―通行　太郎

通房　六郎

通村　彦五郎

通教　左衛門九郎

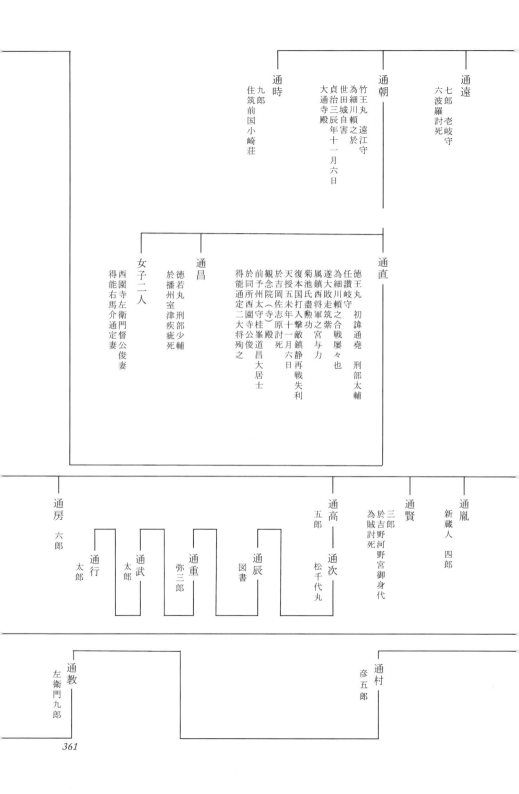

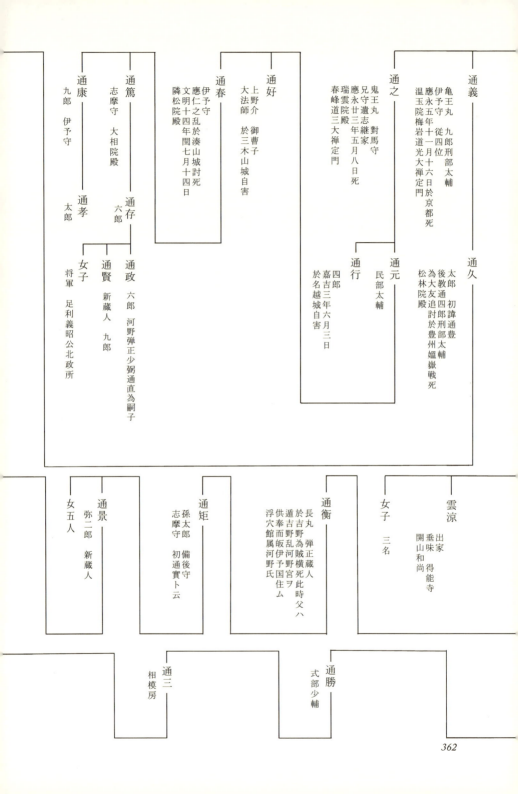

通義
亀王丸　九郎　刑部太輔
伊予守　従四位
應永五年十一月十六日於京都死
温玉院梅岩道光大禅定門

通之
鬼王丸　對馬守
兄守遺志継家
應永廿三年五月八日死
瑞雲院殿
春峰道三大禅定門

通好
上野介　御曹子
大法師　於三木山城自害

通春
伊予守
應仁之乱於湊山城討死
文明十四年閏七月十四日
隣松院殿

通篤
志摩守　大相院殿

通康
九郎　伊予守

通久
太郎　初諱通豊
後教通　四郎　刑部太輔
為大友追討於豊州嫗嶽戦死
松林院殿

通元
民部太輔

通行
四郎
嘉吉三年六月三日
於名越城自害

通存
六郎

通孝
太郎

通政
六郎　河野弾正少弼通直為嗣子

通賢
新蔵人　九郎

女子
将軍　足利義昭公北政所

雲涼
出家
垂味　得能寺
開山和尚

女子
三名

通衡
長丸　弾正蔵人
於吉野為賊横死此時父ハ
遁吉野乱河野宮ヲ
供奉而皈伊予国住ム
浮穴館属河野氏

通矩
孫太郎　備後守
志摩守　初通實ト云

通景
弥二郎　新蔵人

女五人

通勝
式部少輔

通三
相模房

通直
四郎　刑部太輔　飛騨守　伊予守諱政通
明応九年正月廿日死　後善応寺殿

通秋
六郎　刑部太輔　治世八年
寛正五年十月二日死　義安寺殿

女子
忽那因幡守通定妻

通生
四郎
兵部太輔

通高
四郎刑部少輔
稲葉氏祖

通則
稲葉備中守
右京亮

一鉄
伊予守
三位法師
右京亮

貞通
侍従
右京亮

勝生
八郎
兵部少輔

興生
原豊前守

明生
豊前守

通遠
次郎　近江守
実重見通種弟

通義
又太郎　遠江守　蔵人頭
改備後守　号　浮穴屋形

女三
土居備中守通安妻

通俊
孫七郎　美濃守

通房
明神山城主継重見氏
大和守平岡主水嗣

通善
又太郎　通友左衛門尉
備後守　奥城戦死
得善寺殿

通慶
太郎　多門丸　蔵人　備後
為豊臣秀吉旧領地没収
発恨欲秀吉密殺
不果被誅

通安
五郎　実
河野兵部少輔
通生二男継家

通武
左京亮

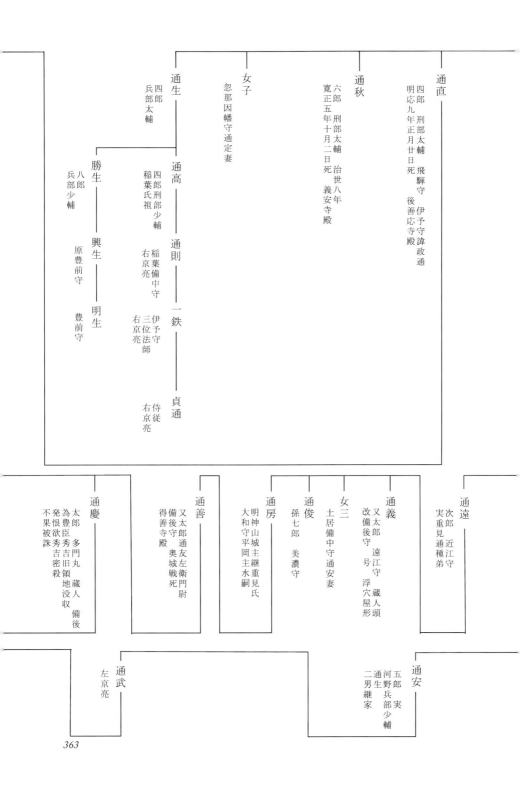

通宣
太郎 刑部太輔 伊予守 幼名大益丸
号道後屋形 達禅学入道
天臨天徳寺再建立
永正十六己卯年七月廿日死
法号天徳寺殿
前与州太守刑部侍郎天臨宗感大禅定門

通氏
五郎 松末殿
法号千手院了空恵通大居士

女子
得能掃部頭通昭妻

通縄
九郎 正岡右近太夫
丹後守
与州幸門城主
正岡紀伊守経貞継家

宣高
太郎左衛門尉刑部太輔
大永年中之乱走美濃国
号一柳氏入道浄弥

通直
太郎
弾正少弼入道霜臺
号希清
道後竜穏寺開基
龍穏寺殿
前与州太守
海岸希清大禅定門

通高
正岡右近大夫

通廣
黒川美濃守
黒川肥前守継家

直高
一柳又介又右衛門尉
天正十七丑年七月十日死
法号 香林宗梅

経政
右近大夫

通躬
黒川肥前守
改 山城守

直末
市介伊予守
母稲葉伊予守妹
小田原攻戦死

直盛
監物
四郎左衛門尉

通利
吉丸 主殿助
属福島正則後帰住本国

女子四人
和田山城通□妻
戒能藤兵衛尉通次妻

通行
彦丸 通幸 走薩州
属島津氏

通胤
五郎丸末子
父共皈本国野田氏号

通但
仁左衛門尉
属浅野家
但馬守長晟

女子

通久
次太夫

関嶺
出家
芸州住金龍寺

通唯
次郎

通高
伊豆守
浮穴郷
高井城主

通建
兵庫頭

通真
左京亮

- 女子　来島右衛門通康妻
- 通定　左京太夫　早世
- 晴通　六郎　伊予守　天文十二年四月廿四日死　法雲寺殿天質宗性大居士
  - 女子三人　毛利甲斐守元清妻　正岡右近太夫通高妻　黒川肥前守通廣妻
  - 通宣　左京太夫　伊予守　天正九年七月四日　二五歳病死　葬天徳寺日勢院　日勢院殿前与州太守　洞月良恵大居士　妻号春禅院殿　芸州宍戸備前守隆家女
    - 通直　四郎　兵部少輔　伊予守　背豊臣大閤秀吉命　芸州竹原蟄居被預毛利家　天正十三年七月也　天正十五年七月十四日病死　依之旧領悉没収　葬長性寺移廟天徳寺　後天徳寺殿与州前太守月渓宗円大居士

後天徳寺殿通直候病死ニ付　春禅院殿実兄甲立五竜山城主宍戸左衛門佐元秀之子　養子ト称シ継家系　是河野太郎通軌也
旧領処分之事ニ付　大ニ秀吉ヲ恨ミ　城外八幡之藪中伏兵三百狙撃事　顕而被誅　其子大蔵通昭母方姓名乗築山氏

- 仁誉上人
- 女子
- 通次　助右衛門
  - 通昌　重左衛門
  - 通成　一右衛門

- 女子二人　村上内近頭義忠妻　河野蔵人通武妻
- 通弘　弥長丸　左衛門尉　備後介　環兵衛　有故加藤左馬助嘉明　並子息加藤式部明成ニ属　又蒲生中務太輔藤原忠知属　同家断絶ニ付浮穴郡同郷野田村ニ蟄居矣　天正ノ乱父被誅伏後　諸所ニ潜匿　遊行陀阿上人為應助摂州莵原郡都賀邑寓居　以地名冒氏號　嫡子太郎通廣継家復旧氏號

- 了庵　出家
- 通範　三郎

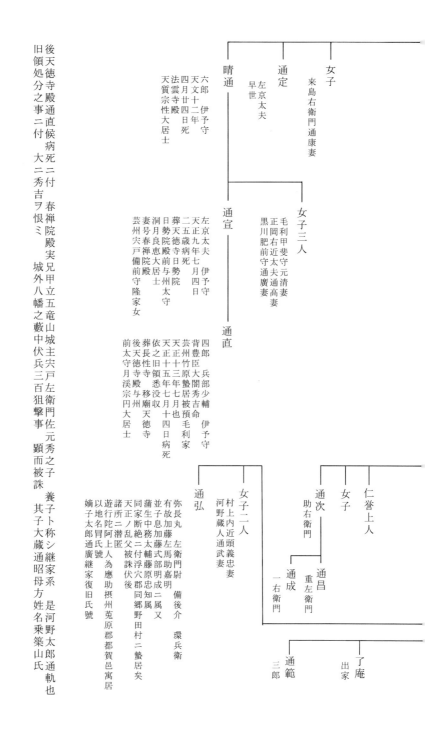

資料編

資料編　その一

元資料で読む天徳寺の歴史（天徳寺資料　一部抜粋・翻刻）

【勅詔厩戸皇子　大伽藍肇建営　推古四年】（705豫州道後名藍多幸山弥勒院天徳寺由来紀）

人皇三十四代　推古帝御宇四年在法興六丙辰歳冬十月念五日　勅詔厩戸皇子有行啓扈従葛城大臣高麗僧恵慈恵總ニ大法師等也　時令国司散位太夫乎智宿祢益躬伊與村熟田津石湯餘戸谷ト霊地大伽藍肇建営而天徳山弥勒寺金剛華厳坊號　本尊阿弥陀如来之像者太子彫刻一刀三禮三躰其一安置焉其二在浮名郷就田津野田井保徳威里王楯別當神護西光精舎斯三在安城田津味酒郷江戸里豫城精舎　是咸本朝四十六宇内而即伊與国佛堂創立之最初也

【古代寺院天徳山弥勒寺　天台別院弥勒寺】（705豫州道後名藍多幸山弥勒院天徳寺由来紀）

天武帝御宇白鳳九年庚辰四月十五日詔當寺列大寺之部以官符充伽藍修補及僧侶費
聖武帝御宇神亀五年戊辰八月廿三日　詔天山神古矢野神徳威神伊豫都比古比賣二神出雲岡神大三島神七社司令

別當々寺法式務畢
天平十二年庚辰十一月八日　詔僧行基令留錫於當山時律師一刀三禮而造立観音大士立像一躰安置焉
大同二年丁亥二月沙門空海留錫開布教傳道
天長五年戌申冬十二月　詔當寺外神護豫城共定額寺預
同（承和）七年庚申九月庚辰　詔與外二寺共為天台別院
貞観十三年辛卯六月十三日詔七神殿別當々院令甘雨祈転讀大般若経及金剛経感應有瑞雨湿焦土叡感之餘令使国司散位伊豫守寛王七神宮及當伽藍再建営築神烟廿戸分附国宣朱印之状賜下焉
朱雀院御宇詔當山　承平四年甲午八月　同六年丙申二月　天慶三年庚子正月令朝敵退治祈　同四年七月當国司式部太輔紀叔人同介散位河野好方同目代橘遠保等共圖而修補伽藍寄附水田一万三千歩焉
天徳二年戊午正月十六日村上帝聞古　舒明帝嘗覧花在當山因慕思而不已焉　輙命橘主計頭代覧焉
時勅使橘氏與河野元興圖而宝塔建営矣　同年八月依勅願命十二僧侶書寫大般若経全部令収當山宝庫畢
延久六年甲寅五月国司伊豫守源朝臣頼義與伊豫介河野親経共圖而伽藍再建営寄付寺領如舊又鎮守大山津見天津国津三神殿再建営而主僧賢明式典欽行畢
建久二年辛亥正月兵衛佐源朝臣頼朝寄付寺領井河上郷餘戸谷山林廿二町来目郷古矢野戸里平井水田三町八反浮名郷野田幷保徳威里水田二町二段棟別銭及境内四至傍爾竹木赦免御教書幷国守護伊予介河野通信判形賜下
延應元年己亥十月将軍源頼経令仏師諶慶釈尊之書像執筆収當山宝庫
弘安二年己卯八月勅當山祈蒙古退治継尋経歳月
同四年辛己閏七月晦日国守河野對馬守通有同備後守通純依祈願成就寄付寺領伊豫郡余戸郷水田七町賜黒印焉
蒙古退治之祈誠忝奉　敕命招丹悃怨敵退散御感之尊帳賜之實吾門規模最大焉

永仁二年甲午夏有故當山衆徒叛両六波羅下知被令寺領没収自之寺運衰敗矣

（503芳闕嵐史）

【建武の中興　北国の役　南北朝始まる　巳午の遺傳】

鳳闕亂諍

昔保元の内亂に君臣兄弟争ひ起りて三綱の道亂れ国治まず亦平治の逆亂に有て平相国清盛の武功により獨り兵権を掌握せしより推て天子の外戚に昇り残忍悖逆至らざるはなく官家はあれども無きが如し　此時にあたりて源の頼朝密かに伊豫の河野四郎通信筑紫の菊池緒方等に通じ気脈を謀りて後に伊豆の配所に義旗を揚て平氏を西海に討亡し凱歌を京師に奏せしかば。後白河院　叡感の餘り總追補使を授けらる是よりして武家は倍々繁昌し封建各々掌握し威勢を八荒六合に輝かし朝家漸く衰へ政事は武断に憑らずといふことなし、征夷将軍源頼朝公の児子門亡びてより、北条義時陪臣として国権を執て四方を威伏せしめ然るも承久の亂起るに及びて畏こくも後鳥羽、土御門、須徳の三皇を孤島に遷し参らせて暴威を子孫に遺し傳えたり　……

（笠置山に行幸　　萬里小路中納言藤房遁世）

正中二年七月、萬里小路大納言宣房卿を鎌倉へ遣わされ告文を高時に給り謝し給ひけるとそ、御いたわしけれ。……

同八月、禅僧疎石を南禅寺の住持に勅して天皇之れより禅学に傾き給ふ……

嘉歴三年十二月天皇の皇子尊雲法親王を天台座主になし給ふ。この法親王には武略を好ませ給ふて密かに鎌倉を討つべき御志あり、これを大塔宮と称したてまつる……

元徳二年七月、日野俊基再度鎌倉へ召し寄せられて殺害せらる。これは密謀の事にあづかる故なり。

元弘元年辛未の八月関東の使節両人上洛せしは、…………主上惧れ給ふて密かに笠置山に行幸八月廿七日なり供奉の公卿には萬里の小路中納言藤房、同弟季房なり……主上には河内の国の武士、楠多聞兵衛尉橘正成を召して軍事を任せらる、正成は叡旨を守りて河内の国へ帰り、義兵を挙げて赤坂山に栖籠る。同九月、関東の大軍笠置に攻寄、皇居へ火をかけたるにより、九月晦日の夜、主上には山を立て逃出給ふに風雨烈しく道闇ふして供奉の公卿には、只藤房、季房二人の外は皆主上を見失ひ奉りければ、兎や角するうち敵の為に生捕られ、或いは討たれしもの数を知らず……主上には……幽谷の木陰に岩を枕にて君臣もろとも衣の袖を濡らし給ふ。

御製に

　さして行く笠ぎの山を出でしより　　天下には隠れ家もなし

藤房卿涙を押へて

　いかんせん頼む影とて立ち寄れば　　猶袖濡らす松のした露

實にや九重の雲のうへなる御身のうえのかくもあさましくなり給ふこそ恐れ多し……

この頃、武士の手へ生捕られ給ふ人々には……萬里小路大納言信房……北面の武士どもには……河野左近将監通村、……都合六十餘人なり……

……萬里小路大納言宣房卿は子息藤房、季房二人の罪科によりて、齢の既に七旬に傾くも囚人となれる一首の歌に

　長かれと何思ひけん世の中の　憂きを見ずるは命なりける

……東宮大進季房をば常陸の國へ流して長沼駿河守に預けらる、中納言藤房公をば同國に流して、小田民部大輔に預けらる……

一の宮中務卿尊良親王には（元弘二年）三月八日佐々木判官時信を路次の警固として土佐国畑へ流し奉る……
大塔宮尊雲親王には、あなたこなたに潜み隠れ還俗なし給ふて、諱を護良と改め給ふて吉野の城に楯籠らる……
正慶二年五月廿三日　先帝後醍醐、船上山を立ち出で給う……
元弘三年八月……主上には、すでに公卿一偏の政を施さる。准后康子ら内竈の申すにより賞罰の正しからざるより、天下却て武家を慕ふて公家の行いとどかざるを嫌ふ　此事夙に中納言藤原藤房卿には、をりをり諫め奉るも御許容なきさまに、聖運の開けざりしと悲嘆に沈しときさぬ
（元弘三年）同十月北畠参議源顕家卿には陸奥の国司に任して下向されて出羽陸奥両国の人々皆服従す……
建武元年三月、中納言藤原藤房卿遁世し給う時、岩蔵坊へ書き置ける一首に
　住捨る山を浮世の人問わば　嵐や庭の松に答へむ
實にや四十齢に未だ足らぬ人の妻子を捨て、父母に離れし身となり給うこそ御いたわしけれ

（建武の中興）

（正慶二年）癸酉の三月十二日、申刻より赤松入道円心には軍勢を率いて京都へ攻上る、これによりて新帝（光厳天皇）には六波羅へ行幸ある、両六波羅は高橋に三千餘騎を差し添へられ八條口へ差向らる。河野九郎左衛門尉と陶山小次郎に二千餘騎を差添え蓮華王院へ向けらる。高橋は小寺、衣笠と戦ひしが敗走したりけり、河野と陶山は名和、児島、足利等と戦いしが、この戦功により河野を對馬守になされ御剣を下し賜ふ、陶山をば備中守になされて、寮の御馬を下し賜られ弓矢の家の面目、其名天下に轟きたり……
（正慶二年六月）六日二條の内裏へ（先帝後醍醐）還幸成ぬ千種頭中将忠顕、帯剣の役にて鳳輦の前に供奉せ

られけるが尚非常を慎しむ最中なればとて帯刀の兵五百人二行に歩せらる。足利高氏同直義は後乗に随て百官の跡に打せらる衛府の官なればとて騎馬五千餘騎甲冑を帯して打せらる。其次には宇都宮五百餘騎佐々木判官七百餘騎河野土居得能二千餘騎楠千餘騎此外名和赤松結城長沼塩谷以下諸国の大名には五百騎三百騎其族の次に一勢々々引分れて輦輅を中にして路次の行粧行列の儀式前々の臨幸に事替へて守衛厳重なり……

……「（正慶二年六月）……主上には寶祚ありて……足利高氏の勲功を賞して、鎮守府将軍に補し、治部卿に任じ、従四位下に叙さる、同舎弟直義を左馬頭に任ぜられたり……

……河野又太郎通綱…得能弥太郎伊予入道道治の嫡男なりしが承久の乱後は衰微して河野の正統なるにもかかはらず、末家なる九郎左衛門尉対馬守通盛に超されしを遺感慷慨の思年来ありしを今度の勢ひに乗り官軍を起して大功を立、多年の蟄を一開して英名を世に普く轟かしたるなり　得能弥太郎通村は伊豫入道と號し道治と法名せり嫡子又太郎通綱を豊後守に任じ従五位上に叙せらる　伊与の國を総領して河野氏を名乗り周防安芸備後備中備前讃岐六箇国の諸島悉く押領しければ各港帆別銭船泊漁業等に到る迄進退の裁断厳重なり……

（延元元年　湊川合戦　北国の役　南北朝始まる）

……（建武三年二月）同月廿五日、廟議を以て建武の年号は武家の栄を増字訓なれば、公家にては不吉の號なりとて改元して延元の年号を用ひる……

（延元元年四月）同月　尊氏、直義當大軍を率ひて筑紫より上洛せんとす……五月廿五日の合戦に定まりたれば……楠正成には湊河に陣を取り尊氏の勢と激しく戦ひしが……正成は力戦尽きて……一族……皆自害して失せにけり（湊川合戦）……官軍遂に大敗……五月廿七日主上には又叡山へ臨幸あり……

……同年（延元元年1336年）十月十日巳の刻、主上には腰輿に召れ今路を西へ還幸あり　東宮には龍帝に召

されて、戸津を北へ行啓なさる

……花山院に禁囚ならしめ給ふ主上には延元元年十一月廿八日の夜、闇に潜みて都を逃れ出で給ふて、大和の国吉野へ臨幸なり給う。倶奉の人々には、新勾當の内侍へ三種の神寶を持たせて、刑部大輔景繁守護し奉りて吉野に遷り給う。此時、楠正成が子、帯刀正行、和田次郎、真木定観、三輪西阿、紀伊の國の恩地、牡川、貴志、湯浅、此外、吉水院法印等衆徒を語らいて味方に参りて、厳重に守護奉る

追々此事四方にもれ聞こへければ、旧臣ら集りて警衛怠りなく、これより此吉野の御所を南朝と號したてまつる　延元の年号をまた用ひらる、是より南北朝に別れたり……

(508南山霞鈔)

(河野屋形　喪を國中に発し四民吊祭　巳午の遺傳)

延元元丙子年十月十日巳の刻、主上には山門より腰與に召されて、今路を西へ還幸ならしめ給ふ　又東宮には龍帝に召されて戸津を北へ行啓なりて北国へ落給へる

味方には、春宮恒良親王、一の宮中務卿尊良親王、公卿には洞院左衛門督實世、同少将定世、三条侍従秦季、同左中将為次、頭大夫行房、同少将行尹、武臣には新田左中将義貞、同越後守義顕、脇屋右衛門佐義助、同式部大輔義治、堀口、一井、額田、里見、大江、鳥山、桃井、山名、千葉、宇都宮、河野、土居、得能、土岐、一条その他山徒の人々都合七千余騎にて龍駕の前後を打ち囲む。

同十一日、塩津梅津に着き七里半の山中を打越むとせしが、越前の守護職、足利尾張守高経大勢にて路次を差塞ぐと聞へしかば頓に行路を替て木の目峠をぞ越へにける

土居備中守通増、得能弾正大弼通言は三百余騎にて後陣を打けるが、天の曲にて前陣の勢に追遅れ、行べき道を失ひて塩津の北に居至る処を、佐々木、熊谷が執篭て討んとしける間、相懸りに懸て皆差違んとしけきど

も、大雪の中に凍へ飢へて、将士も兵を操る能はされば、今はこれまでなりと刀を地に植へ、うへに伏して自ら剣に貫て死す。猶も士卒等これに續ひて感殉をなしたりけり。千葉介は道に踏迷ふて五百余騎、皆敵の陣に入、心ならずも降参をなしたりけれ　同十三日、新田左中将には敦賀津に着ければ、気比弥三郎太夫には三百余騎にて御迎に参り、春宮恒良親王、一の宮親王を始め公卿並に惣大将父子兄弟、その大名の銘々を金崎の城に移しける。……

この時の註進、越智八郎、高井小太郎、伊予国へ帰り、河野屋形に言上、討死の面々の喪を発せられたる日は十二月初巳の日、午の日の両日巳の刻、午の刻弔う親族打集ひ、墓前を浄め、注連錺を張供養に餅を焼引裂喰うこの習慣、遺伝す

…………

一　河野の臣越智監物太郎予州湯築の館へ註進に皈る事（金崎落城　延元二年三月六日）

茲に越前の国金崎の城に栖籠りたる搦手の大将、河野備後守通綱は老父入道道治に謀り、何れも討死の覚悟なればこの由本国へ家臣越智監物太郎、宮崎宮内允、大西兵庫等を使はしめ遺訓の状を家の子郎徒に送らむと、此城を忍び潜りに出し、敵の姿に印を付させ、闇夜に落行かしめたり　三士は難なく敵陣を忍ひぬけ商人の姿になりて、夜を日にかけて本国湯築の屋形に皈りて、金崎籠城の次第を具さに物語りければ、最早今は討死せられたる跡ならんと、一族郎徒殿中に集り敵の責寄る防御の企計上下交々騒がしける中にも、北の方にては暗夜に燈し火の消えたる如く、寂寥として……茲に伊予入道道治が奥方は七十に餘れる歳なるが、男子に優れる英知勇剛資性にて……是を臣には奥の城安養院殿尼君と號しける。既に嫡孫弾正大弼通言には去冬北国落の途後殿の為に討死し嫡子備後守は我夫と同じ一の宮親王の御供して金崎城に自害せしと聞えたるこそいたわしけれ。今は子孫の室等諸共に曾孫弾正太郎通政の幼稚なるを養育して、一族備前守通里、越後守通宗、新左衛門尉通忠、土居彦九郎通村、同彦三郎通景、大館左馬介氏明等補佐して、河野備後守通綱が遺領地を護りて、吉

野の院に奉仕忠勤怠りなく一族郎徒皆義を金石の如く励まし勇剛を尽くしにけり

（503芳闕嵐史）

【後醍醐帝　崩御　延元四年】

南朝延元四年八月十六日　後醍醐帝には吉野の皇居に於て崩じ給う御歳五十一……八月辛丑、帝第七の宮、義良親王即位ありて人皇九十六代の正統を継せ奉る　此天皇をして尊號を後に後村上と崇め奉る君なり　……新帝には御幼主の事に御座あれば百官冢宰に任せて三年の間、政を聞し召されず萬機悉く北畠大納言源親房卿の計らいとして、洞院左衛門佐實世、四条中納言隆資卿の両人専ら諸事を執奏せらる

同年十二月、北国より吉野に還ある脇屋刑部介義助へ故く義貞の例に替らず官軍恩賞以下の事相計ふて奏聞をなすべきのよし宣下せらる。また、四国にある得能弾正太郎通政へは故通綱の例に替らず官軍恩賞以下の事相計ふて奏聞をなすべきの由御遺勅他に異なる綸旨を得る……

延元三年七月十六日脇屋義助北國の兵を集めて越前の國黒丸の城を攻め落とす　城主足利尾張守高経京都へ注進して加勢を請ふにより尊氏大勢を遣し合戦に及びければ義助敗軍して美濃の國へ落行　其れより延元四年十月伊勢路を経て吉野へ参る　これにより義助に従ふ北國の城々皆敗軍して攻落され数年の戦功空しくなりたりけるは惜むべき事ともなり

延元四年四月辛亥日、南朝改元、興国の号を用いらる……

北朝暦應二年は南朝興国元年己卯歳也……

【古代寺院弥勒寺の終焉　多幸山天徳寺創建　興国二年】

（705名藍由来紀）

興国二年庚辰三月六日後村上天皇　敕詔国司四条少将有資卿幷国守護河野弾正大弼通政等　移伽藍於温泉北部多幸岡時　詔慧玄大禅師同使當山主僧因廃天台門臨済宗改正故山號改用寺號以呼天徳又古寺號用院號以呼弥勒茲起山號呼多幸　是古世々之天皇温泉行宮之古蹟而存此名称以謂也　寺領朱印之地境内東西十三町五拾歩南北六町五拾八歩四至傍示竹木殺生禁制札山門下馬乗制札如建築現在境外水田吉原郷石湯保内王谷百貫浮名郷野田幷保内徳威宮以西百貫拝志郷別府庄内百貫合三百貫之地棟別銭放赦御寄進之綸旨　国宣数通賜下分附之支院有廿四長以称本坊曰弥勒院幹事曰日勢瑞光瑞雲瑞巖定額五院準之有役寺曰豫城雲門了恩安城法雲禅定興聖興禅八寺交代月番勤之又有圓満大安義安圓盛得善景徳光明大寂浄福正傳十寺尋有五庵曰寒松東昭吸江福岡江西咸属本坊恭　當山者宝祚延長国家安寧之勅願所不而已

延元之乱順難戦没忠魂之義霊招祭之道場　而国威長久之浄院式法厳重而　遺典不朽之名藍也

【伊予の動揺　四国西國の総督派遣要請　義助伊予下向】

（503芳闕嵐史）

伊予の國には　得能弾正太郎通政、道前道後の境なる中山の城及び温泉奥の城に楯籠りて、此國の東境、宇摩、河の江の城、及高外木、世田、国府の諸城へハ一族のもの及び、大舘、金谷の将を居らしめて、阿波讃岐の勢を防ぐ、……総大将には南征将軍の宮満良王を補佐して、徳威、徳河両御所を警護厳重なりけるが、過る年の秋の末つかた、先帝崩御の喪に當れるにより暫く戦ひを止て唯要所を堅固に護るのみに聞こえたりしが、……

此機に附入阿讃の賊兵國中に押入らんとすること屡々なりければ、吉野の庁よりして、延元二年正月曩に三親王、満良、尊真、懐良の三王を守護奉伊予の国司として、四条少将有資卿を下され、翌月、大舘左馬介氏明をこの國、道前の守護職になさりけり　これによりて氏明、越智、桑村の境なる世田の城に移りたれば、道後の守護、得能弾正太郎をば大弼に任ぜられ河野を名乗らせたり

茲に新帝の詔りによりて、興国二年辰三月六日、僧慧玄禅師を主僧として温泉郡天徳山弥勒寺院を温泉の北部、多幸の岡へ移さしめ、過る延元の冬春、北國の役に戦没したる官軍の義士卒等が魂魄を招き祭らしむるが為めに弾正大弼に詔りありて、大伽藍を再建立ありたり

此古伽藍は昔推古帝御宇法興六年冬年十月厩戸皇子勅命を受て、建立草創の所なりしが、近年衰敗してありしを今度再興して法花天台門を改めて禅門になされたり

（脇屋義助の伊予下向）

伊予道後の守護職、河野弾大弼通政には、国司四条少将有資卿と謀りて吉野の廳に奏上して急ぎ然るべき大将を一人撰まれて四国西國の総督に下し置かれなば國々の官軍皆忠戦を尽くすべきよし、然らざるときには官軍衰微のほども覚束なくと存じ奉る云々を奏聞に達したりければ、廳議のうへ、脇屋刑部卿源義助を四国へ下さるべきことに定まれり　されども下向の路次海上陸地は皆敵の有なれば、如何にして下るべきと評議定まらざりける處に、天幸を得しか茲に備前の住人、佐々木塩飽浦三郎左衛門尉信胤宮方へ降参して去月廿三日小豆島へ押渡り義兵を挙られければ、茲に初て大将進発の道筋開け天運機を得たる時に至り、悦限りなければ、興国弐年四月一日、義助は勅令を蒙りて四国西国の総大将を承て下り向はる　路次は抑紀州田辺宿に逼留し渡海の船を沙汰しければ、熊野新宮の別当堪誉、湯浅入道浄佛、山本判官、東四郎、西四郎以下熊野の人々、馬、

物具、弓矢、太刀、兵糧等に至るまで懇に持て来り進らせらる　熊野の人共兵船三百餘艘調べ立、淡路の武島へ送りければ、安間、志宇知、小笠原の一族皆宮方なれば、城を構へて居りたりしかば、皆それぞれに酒肴、引出物を尽くして三百餘艘の兵船を揃へて備前の國の児島へ送りたり

ここには、佐々木薩摩守信胤、梶原三郎等待迎へて饗応し、大船数多揃へて伊豫國へ送りけり　同四月廿三日、今張の浦に着て国府の城に入れられけり　此城は得能新衛門尉（通政）が本城なりしを脇屋殿に譲り、自分は石井明神山の城に移り居を構へたり……又、伊予の國の宮方には脇屋義助の下向を大に力として、河野弾正大弼通政、土居備中守通村、……杉原與市、富田六郎、浅海太郎等、国の東の境なる河の江の城に阿波、讃岐の敵を支へ、西は土佐の國の畑を境にて、大将の下向今や遅しと待たる其勢ひ龍の水を得て、虎の山に□荒るが如き猛威近國に振ひしかば、當國にある将軍尊氏方の城十餘箇所ありしが、唯一戦もせずして、皆聞をじをして落行たれば、國中悉く一統したりけり………

（千町が原の合戦）

茲に興国二年五月四日丁已日卒、脇屋刑部卿義助は俄に疾病を発し僅かに七日を過て死したれば、これに相従ふ官軍のものども五更に燈の消て破窓に雨の向ひたる如く大に味方は力を落としたれども、若し敵の耳に入なば英気を得られつべしとて、潜に埋葬の式を終り、悲嘆愁隠の聲を呑日を過居る事を敵の大将管領細川刑部大輔頼春此事を聞、大に悦び此機を失ふべからずとて、阿波、讃岐、淡路の勢を七千餘騎引率して豫讃の境、河の江の城へ攻来る……茲に伊予の国と讃岐の国との境なる土肥が楯籠る所の河の江の城は、讃岐の国の管領、細川刑部大輔頼春に攻落されたりと聞へしかば、すは一大事なりとて備後の鞆を引退き大可島に着にければ早、大館左馬助氏明が楯籠る伊予の道前なる世田の城へ攻め懸るを聞へにければ、大将なる土肥、得能等を初め以

下の士卒皆同聲を発して謂ふに。斯く宮方の微運傾きしうへは、迚も討死をするべきかくごのうへは、いっそ死すなら我生国にて屍を軍門に晒さめんとて、……本国へと引返したり。

敗軍の士卒弐千餘騎を相集め，其中より日頃高名手柄を顕はし、克く名を知られたる豪勇の士三百餘騎を抜出して茲を最後と激戦して勝負を決戦せんものをと桑村郷千町が原へ陣を押出し敵の大将には細川刑部大輔頼春は目に餘る程の大勢を引率して所々の要地に陣を取りたれば宮方には大将と憑べき金谷修理大夫、河野弾正大弼、同備前守、土居備中守は一騎當千の兵を撰りて敵の大勢を懸破りて大将細川刑部大輔頼春と引組んで刺違んと精兵三百餘騎は皆一様にまんだらを書たる幌を打懸迚も生てわ帰るまじき軍なれば迚十死一生の日を吉日と定め勇み進て敵の大勢の中へ駆入りたり。天晴勇士の義を存する志程哀れにもまた艶しけれと是を聞もの皆鎧の袖を濡しけれ、また細川刑部大輔は七千餘騎にて差控へ敵已に打ち出るなれば、心よく懸合の戦致すべしと千町が原の敵陣を見渡せば渺々たる原野に中黒の旗縮三文字に角切の旗四流れ風に飛揚して僅か三百餘騎馬計りひかへたる、思へばこれ當国の敵これ程なるか、敵我陣を破らんとせば、破らせて其跡を塞ぐべし、但し轡を並べて懸来らば偽て引退き敵の軍馬の足を疲れかせ打ものになって一騎合に懸らば間の鞭を打て推しもじりに射て落せ敵疲れたりと見たれば荒手を入換て取こめよあまりに敵に近寄り組むなよ敗るるとも自方を見放すなよと指揮して激しく戦ひしが……宮方の三百餘騎、忽に蹄の下に討死して、僅かに十七騎にぞ成たりける比、大将分には金谷修理大輔、河野弾正大弼、同備前守、日吉大蔵左衛門尉、杉原與市、富田六郎、高市與三左衛門尉、土居備中守、浅海六郎等なり、皆一騎當千の若武者なれば、自ら敵に當る事十餘か度……なりしが未だ痛手を負はざれば、十七騎の人々には馬の鼻を引返して七千餘騎の中を懸破り道後の方へぞ引退きにけれ、細川方には勝閧をあげて自方の手負死人を記さるるに七百餘人にぞ及びぬ。中にも宗徒の将士弐百餘人討死したりけれ

これより大舘左馬助氏明が楯籠る世田の城へ責寄んとす同八月廿四日の早天世田城の後なる山へ登り潜に城中

を見るに一万餘騎を七手に分て城の四辺に打寄り己が陣所を固めけれ。同月三十日には昼夜の合戦寄手屡々敗られ討死のもの多ければ、大将細川寄計を廻らし場内へ密潜の間者を忍ばせ九月三日癸丑暁天を期して火を放したれば大将左馬助を始め、主従十七騎城戸押開き一の関口へ迄敵を追下し自ら激戦に時移りけるが、戦ひ尽て皆刺違てぞ斃れにけり……

細川頼春は道後へ打越んとする處中山城を抜く能はづして、讃州へ退きけり

北朝歴應三年正月、去十二月禅僧疎石が勧めによりて、将軍尊氏、直義等、洛西へ天龍寺を建立、疎石を主僧として開山なり……

（503芳闕嵐史）

【将軍筑紫親征　覚理法王伊予落行　文中三年】

（文中二年三月　細川氏春　吉野攻略　覚理法王伊予下向）

正平二十三年三月、南帝後村上天皇崩御に付き、皇子寛成親王を即位奉り、是長慶天皇の謚號を後年に於て亀山院より贈られ、是を太上天皇と崇め奉る御方なり……

応安二年正月　楠正儀は故あって武家に降系するべき由によりて、将軍義満、教書を贈らる。同二年三月、楠氏の加勢として京都より細川右馬助頼元、赤松判官等を以て南方へ遣はさる。……応安三年十一月和田和泉以下南方の武士、楠正儀が要害へ寄せて屡々合戦あり、遂に細川頼之大軍を催し南方へ発向す。此時敵を追払ひて山名氏清を河内の国に留置て南方の押へとす……さて、楠正儀は武家に降系をするといへども、其の一族等、猶正成、正行が遺訓を守り南帝の為に忠を竭す者ありけるといへども、當時の勢ひにて皆水泡となりしは、口

惜しきことどもなり……

応安四年五月、細川頼元南方へ発向……同八月、南方の兵、蜂起して楠正儀が要害を攻めるによりて、京都より多く加勢を遣はさる。……文中二年三月、将軍方には、細川左衛門佐氏春に軍勢を差副へ、南方退治の為摂津の尼ケ崎に陣す……

茲に又文中二年八月、南帝寛成天皇には遁世し玉ふて、御弟の宮、熙成王に御こ践祚を譲替しむ云々。

これは、此春より将軍方の賊将細川左兵衛氏春等吉野へ攻来り、賀名生十津川の合戦遂に南方敗れ、御方の諸将及公卿ハ散乱し行衛知れざる程の苦戦の中を忍び避玉ふて、帝を始皇子を守護する人々には河野伊予守父子、和田和泉守兄弟、楠次郎左衛門尉、同帯刀太郎等にして、賀名生の御所を去りて、紀伊の國高野山に落行玉ひて落飾の御玉體を佛衣に替させ、御法名覚理とも號し、長慶院とも崇め奉り、玉川の里に潜匿し玉ふ処、北軍此由を聞て院の御所を襲ひ犯さんとする勢ひ、仄に漏れ顕るより、茲に忍び難しとて主上を始め皇子御妃の外には日野二位殿、その関白北畠殿御息子、前大納言四条殿御息子、洞院前内大臣、同門脇中納言殿、此他武臣には、和田、楠、河野、越智、土居、得能、結城、三条、新田、村上、錦織、児島、矢野、井門、里見、名和、太田、門脇、高市、金谷等の面々、皆剃髪布衣の身に姿を替て、高野山聖僧の免許状を金剛峰寺に奇策して當山剛優僧侶の上蔵坊院金剛三昧坊を供僧として執事せしめ、潜に此地を去らしめ、根来寺に一夜を明して紀州歌よみの津より小船に乗せ奉らせて淡路を右に見給ふて阿波の國富田の庄に着き給ひ伊予の國へ落行給へり。

同二年九月の半の頃をひ、宇摩の関守河野の一族、東條修理之亮早くもこの事をさとりて道後浮穴の館へ使者を馳せ参らせしより、土居、得能の黨等大に驚き、黨国第一の要害なる赤滝城へ奉迎の用意にてありしが、法王には新居の御所に御旅泊の處、讃岐の管領、細川の一族、仁木兵部大夫義尹の代官、宍草出羽太郎、三木、坂西等の知る處となり、夜中に御所を犯さんと攻め寄る處を、潜に小舟に乗せ参らせて越智郡国府の浦に着給ふに、賊の襲ふ事激しければ此地にも居られがたく、民家に飼養ふ白赤の毛を生ふ牛に乗せ奉りて、豫て御潜匿の御座所と頼定られたる神部の郷、高野山なる玉川の里の伽藍に遁れ来り玉ひしが　此所にも又居給ひ難しとて主従諸共に龍岡を越、奈良原の山中に潜み玉ふ。茲に土居、得能の黨、奉迎せんとして新居の御所に参向せしが、前夜御危難の為御行衛の知れざりしと、聞より、玉の江辺へ引返志たるに、此の地の北郷で高貴の人々等三人討たれしと聞も、□□国府にても戦ひ討たれたる人ありしと聞ぬれば、急ぎ小舟に乗り御救ひ奉らんと行くものもあれば、又陸地より馳せつけんとするもの、弐百餘騎に及べり。世田城の南の麓、千町の原にて敵の兵、七、八十騎に出合ふて戦ひしが、三木、坂西の若黨等は国府の勢の追来るに挟まれ、皆討死をばしたりけれ。此時、御所方の貴顕討死し玉ふは東宮大夫始四條大納言子息、洞院前内大臣子息、武臣には、越智駿河入道、大田四郎左衛門尉入道が舎弟なり。

又此頃、先に吉野を没落したる公卿及武士には、楠、和田、恩地、野田、北畠、新田、村上等の一族等、河内の国、天野に陣を取て、京勢の陣へ夜討して、度々要害を敗りしかば、京勢は一先出張を引退き皆京都へ帰りける。


(征西府と明国の交流、足利義満激怒、将軍、筑紫親征)


北朝應安元年四月足利義満元服ありしが、細川頼之加冠の式を行う　……

建徳二年、義満、皇軍の隆盛に趣くを恐れて、今川伊予守貞世入道了俊を九州の探題として、又大内介義弘をして同介に定められ、之を援助なさしむ。貞世等豊筑の二国を侵略せしめてより、肥後の國を迫執せんとする勢によりて、征西親王の宮には諸将を遣し迎撃さしめ給ふに互いに勝負ありければ、宮の御焦慮なかなかの御事にてありける……

又正平廿四年も立ければ、其翌廿五年となりぬるが改元ありて、南朝には建徳元年と號しけり。

此頃、九州にては菊池肥後守武光、同武政、同武朝、葉室、名和。五条、相良、阿蘇、松浦の人々が補佐する處の南朝の宮、懐良親王には皇威を震ふて大明国へ使者を遣す、此船の奉行に伊予の國河野の幕下村上山城守、南参河守等これを務めしめむ、其状表に日本国王良懐と書せらる、此返翰及大明より日本へ来る使者をも皆筑紫にて處断し京都へは遣らざるより大明には懐良親王を真の日本国王なりと思ふ事なりとぞ聞へたり。……応安五年三月　今川貞世入道了俊は筑紫にて菊池武政と合戦　征西将軍の宮にハ、自ら今川入道了俊を征し玉ふ。戦ひ毎に宮方勝利ありしかば、肥後守武政をして，捷を吉野の行宮に奏せしめ玉ふ。是南朝文中元年の頃なりしが、今川了俊、又兵を起して菊池と戦ふ、大内介義弘も再び兵を挙て今川了俊を救ふが為、筑前国博多に到る大友少弐、又是と共に宮方に叛く

今年南朝には改元あり、先の建徳三年壬子の歳十月を以って文中元年の號を行なはる　同二年、征西将軍の宮には今川了俊及大内介義弘等を討たしめ玉ふ。菊池是を奉じて合戦屡々なり

文中二年十一月、肥後守武光病死す。……同年六月　大明國の使僧仲猷無逸、鎮西與り京都に上る。（義満）嵯峨に居らしめしが、其趣を聞くに既に大明國より大日本國へ使者へ三度迄遣したるに、事判明せざるより此度、両僧を使者として此地へ遣はされたるよし伸れば、将軍義満聞て大いに驚き、這はは全く筑紫にて菊池肥後守擁護する所の征西将軍の宮に押へられたるものなる事を了れりて、将軍義満大いに菊池を怨みで自ら進発して討平げんことを図る。……此の歳九月、大明国の両使僧は将軍義満の返翰を得て帰唐するなり……同十二月　将軍義満には九州発向の評定ありて、老職、細川頼之と相謀りて鎌倉の上杉弾正朝房を召して、京都の警固とし、仁木義長をして、伊勢の國の北畠氏を押えしむ、山名氏清をして、南方の餘黨、和田、楠等が一族を押へしむ。武田陸奥守信春、小笠原兵庫頭政長をして伊予の国の河野、土居、得能、金谷らを押えしむ。其外、東国は伊豆を限り、北國は越後の国を限りて、諸国の軍勢を召し集む處に、明る文中三年は北朝の応安七年なり……

文中三年三月、将軍義満、筑紫の宮方、皇威を震うにつき、此儘に成置ては、四国中国の宮方、日々に増長

するのをおそれあれば、速うに将軍の進発あるべしとて、……一族の大名三十九人の軍勢に諸国の勢を差副へ、十万餘騎に及べり、山名諸氏、赤松一族先陣として、同年四月将軍義満には安芸の国に至る。速、先陣の勢は長門の国に至りて、菊池肥後守武政と合戦始めたりける……菊池の陣、敗れて征西将軍の宮を具し奉りて、……築後の国の高良山に陣を取る。……同九月菊池降を請ふて、和平の儀、調ひしかば、菊池は肥後の国へ帰る……筑後、肥後、肥前の内には菊池の兵、處々に城を構へて守るも、降を請ふて和平となりたりければ、義満には洛に帰へれり

（文中三年　兵乱前夜の伊予）

此頃（文中三年三月）、伊予の國にては、得能の家嫡たる河野伊予守通定、同兵庫介通範の父子、去秋吉野の亂を避けて、公卿武臣諸共に覚理法王を守護して、此国の山中、丹生玉川の岡の城に奉迎す。これを龍岡幸門の城と称す。其後、奈良原の宮に潜匿奉りしが、また久米郡山内保の御所に黒木の宮を造り、移し奉りて、御叔父の宮、征南将軍満良親王を當國久昧山の奥なる黒嶽の城より呼迎て軍謀寄策を廻らし、筑紫に座します肥後の八代、高田の御所の征西将軍の宮は法皇のためには御叔父にあたり、満良王の為には御弟宮の御事なれば、互いに気脈を通じ南朝の皇威を回復ならしめんとの御企てより、筑紫の御所へ御使者を遣はされしに、折柄菊池肥後守武光には去月病死いまだ日の立たざりしこと申し、来る寅の正月を約して御使者をぞ返されける。これより随従の武士には、猶も心を砕き、文中三丙寅の年正月の初めより、法皇には温泉郷の北、多幸山天徳寺弥勒院に潜匿座し玉ふて、軍謀御企怠らずありしと又、同じ處に潜み玉ふは御心もとなしとて、安養寺に遷し潜に忍び給ひにけり、二月の中頃徳威三島の宮にも遷り忍び玉ふ。又三月の中ころより、熊野の山中は要害の地なりとて、菅生の山の辺りなる大宝寺の理覚坊に潜み居給ふとぞ。

此頃、将軍義満公は、筑紫の宮方を討平げ給はんとて、其勢十万餘騎にて進発なるべき最中なれば當國へも武田、小笠原に七千餘騎を差副へ宮方の押へとして向はせらるよしにて国中のものを上を下へと騒がしく今にも合戦の始まるならんと、その用途厳重にぞ聞こえける、国中のものを上を下へと騒がしく、いまにも合戦の始まるならんと、その用途厳重にぞ聞こえける

（徳威ヶ原の戦い）

文中三年三月の末つかた、小笠原勢は東豫の攻口　攻入らんとて四月八日、道前道後の境なる中山、十門、大熊、文台、赤嶽の諸城を抜き取らんと戦ふ處に、毎度寄せ手は敗北しあれば、武田勢は宇和、喜多の地を固めて、九州への通路を閉たりしが小笠原勢を援けんため、御井津へ責入。

文中三己巳四月十日　南方の公卿、武臣の輩の楯篭たるところの多幸山天徳寺の伽藍を焼、次に宝巌、安養両寺の伽藍も焼去、横谷越正観寺及び旗寺の伽藍を焼拂ひ、久米岡に於て南方勢と血戦、征南宮御疵を負ひ本陣へ引給う。得能新左衛門尉通資、楠次郎左衛門尉正盛、大田三郎左衛門尉入道延真、以下弐十八名討死をぞしたりけれ。寄手は此の勢に乗り、河野伊予守が楯篭る湯の奥城に攻寄□□寄手敗北して堀江濱に引退く。一手は星岡に戦ふ　南方利を失い、平井明神の鼻の城に又戦ふと雖も寄手烈しき事急にして、遂に□□徳威原に退き激戦し、法王御疵を負せらる。同十二日、法水院神宮寺に入り崩御玉ふ。是を徳威の岡、南山へ葬し奉る。殉死の大将は通政以下和田、北畠の面々なり、猶も寄手は浮穴の館を焼去、吉井山の城に寄て大に戦ふ。和田、楠、結城の勢は、皆戦ひ疲れて山内御所の城に引退く。荒手には新田大炊介、錦織判官太郎、児嶋入道志純、天野民部太郎、名和小太郎、井門大炊介入道長善等徳河の城を楯敵の後を横手より立切たれば一戦に討勝、寄手討死其数茲に計りがたし。武田勢は敗軍

を集て堀江の浜へ引退き、湯の奥城へ寄たる敗走の兵と一手と成て、小笠原勢を援處に河野刑部大輔通直の英断に憑るを以て和睦となり、南方の餘黨赤嶽城に引退き、伊予の国は河野刑部大輔通直へ賜る處となりたりけれ……

【多幸山天徳寺伽藍兵焚　長慶院崩御】

（705名藍由来紀）

御亀山院御宇文中三年甲寅四月十日有故覚理法皇有以御潜幸将軍方武将武田陸奥守信春小笠原兵庫頭政長二木兵部大輔義尹等之兵亂入河野伊豫守通定拒之防戦不克去時伽藍罹兵焚方丈庫裡宝塔塔頭十二舎灰燼故宝物失数多于今現存処之建物即仏殿無量光堂観音堂宝庫鐘楼山門勅使門惣門筋塀本坊日勢瑞光瑞雲定額外七寺雖在殆失半遂官軍大敗　法皇御負疵退宇城名郷野田幷保徳威原王楯之伽藍神護法水院同十二日崩御奉法號贈

　圓崩即空陛下大禅定法水院殿登霞金輪覚理天霊大尊　住襲殉死河野通政贈法名當寺大檀那

日勢院殿豫州前太守弾正尹義感膽山了空大禅定門尊儀立牌

當寺中興大開山慧玄大定聖應国師　延文五年庚子十二月十二日遷化

第二世授翁宗弼大和尚諱藤房卿遁世　住當院時　法覚上皇奉収崇喪而後転住洛西正法山妙心寺

法嗣無因宗因継天徳第三世

又宗弼大和尚天授六年庚申三月廿八日遷化　以依之宗因継妙心　又日峯宗舜継天徳第四世

明徳四年癸申一月廿五日管領職細川家之有沙汰　當寺領被全没収　自是寺運大衰敗矣

同五年三月朔　浮名館河野備後守入道通範法名了雲　當寺観音薩埵之堂宇再建営

而寄附田三段三畝三歩焉　祈二世安楽子孫長久處也

【新田義宗、脇屋義治　豫州下向　南北一統　明徳四年】

（503芳闕嵐史）

新田義宗……正平二十三年五月、上野の國沼田の合戦……敗走……義宗は空腹切て夜中に忍び逃て出羽の國へ落行羽黒山の寺中に潜匿しけるが、誰知る人もなかりしに明徳三年冬の頃、南北御和睦ありし後は、南方の大将等の行末を探る事に厳重により、今はこの地にも潜居し難しとて、従兄義治及一族等苦慮の處へ、豫州より土居得能の一族等舊好を慕ひ使者来りしより、明徳四年正月廿一日、羽黒山護法院内を立出、信濃伊勢紀伊路を経て、淡路備前の海路を渡航して、同年四月廿五日伊豫の國越智郡大島に着き、村上山城守義顕が館に入、土居得能の許へ急ぎ使者を立にければ、二氏の所領地なる温泉の奥山へ招き扶助して、潜かに匿しあるが、四国の管領細川家の知れる處となり、此地を去りて宇和郡猿嶽城及び三瀧城へ移し、また、義宗を安蓺国乃美島の霊山城へ移す

此所は得能左馬頭通興が父、備後入道了雲（通範）の居る處なり。故ありて再度了雲と共に伊予の國温泉の奥山幽谷の地へ移住し後、應永十二年八月七日、脇屋義治八十三歳にて卒去、同年十一月五日義宗七十四歳にて卒去、義宗の墳墓は芳野森城の麓にある處の館の跡より五丁、乾の山中にあり、また義治の墳墓は賀名生山の城の麓の館墟に僅か東山の腰にあり、此他従ふ一族等の墳墓此地に多しと云。

【細川家寺領悉被没収　寺運衰替　明徳四年】

（510南源教衆臨済録抄）

曰豫州道後多幸山天徳禅寺者　後村上天皇勅願之道場而　興国二庚辰龍集春三月六日当国司四条少将

有資卿　同守護河野備後守兼弾正大弼越智宿禰通政等　受詔　同郷弥勒山定額寺移大伽藍…………
文中三甲寅年夏四月十日有故　法王金輪覚理在潜幸于當寺　依之武田陸奥守信春　小笠原兵庫頭政長
以兵欲襲之　国守河野伊予守通定拒之　不克而敗走矣
于時伽藍兵燹ニ罹庫裡宝塔及塔頭十二院灰燼矣　僅存者　仏殿及方丈開山堂　宝庫　鐘楼　山門　勅使
門　惣門　筋土塀及　日勢　弥勒　定額　法雲　禅定　雲門也　而後
明徳四年癸申四月廿五日有故四国管領細川家有沙汰　寺領悉被没収　寺運衰替矣
後土御門院御宇延徳二年回復矣
第三世無因宗因　応永十七庚寅年六月四日遷化矣
第四世日峯宗舜　文安五戊辰年正月廿六日遷化
第五世義天玄承　寛正三壬午三月十八日遷化
第六世雪江宗深　文明十八丙午年六月二日遷化
第七世悟谿宗頓　是迄七世皆従当寺洛西正法山妙心禅寺昇転法嗣以為先例、爾後有故失之
河野刑部大輔通宣公延徳二庚戌年六月十七日再建　寺領回復
主僧尊宿月湖禅師請迎　中興開山矣　是第八世也
第九世廓室融　第十世徳應亭　第十一世樵岩栄　第十二世仙叟壽　第十三世南提玄竺　第十四世梅叟
第十五世叟就　第十六世南源恭薫也

【関西無二之名藍而可謂嘉喩實是鎮護国家之寶寺也】

應永十七年庚寅六月四日宗因大和尚遷化　依之日峯継妙心　又義天玄承継天徳第五世
文安五年戊辰正月廿六日宗舜大和尚遷化　依之玄承継妙心　又雪江宗深継天徳第六世
寛正三年壬午三月十八日玄承大和尚遷化矣　依之宗深継妙心　又悟谿宗頓天徳第七世
文明十八年丙午六月二日宗深継大和尚遷化矣　宗頓継妙心
以上七世　自當寺重先規威継妙心寺以是當派関西第一之称名刹也
雖然沈傾世為国亂伽藍壊敗矣国守護河野伊豫守従三位下兼刑部太輔越智宿祢通宣大嘆之奏上
御宇天皇後土御門院延徳二年庚戊六月十七日當山伽藍再建営寺領如舊三百貫之地有寄付焉　尊宿月湖禅師請迎
而為主僧称再中興
明應九年十月廿五日有故風早縣河野郷善応寺有兼務解除之令以後独立許畢
同年十一月朔當山大檀那浮穴縣主備後入道了雲公六世嫡裔得能蔵人頭従五位上行越智宿祢通景久米縣天山郷星
岡川附拾二貫幷浮穴縣荏原郷徳川上邑十八貫合三拾貫之地充寄付香積之資有積善家餘慶實実芳語也既侯遠祖益
躬公當山草創以来九百有五年至今法威連綿而薫香輝燈芳華不絶天長地久宝祢萬歳武運繁栄四民快楽祈処也　誠
関西無二之名藍而可謂嘉喩實是鎮護国家之寶寺也　云爾
時　明應九在庚申歳十一月甲子吉祥之日
洛西花園鳳皇塔院主　主閲　　天徳九世主郭融室　執筆

【河野家菩提寺　多幸山天徳寺　河野通宣】

（560天徳寺来由年譜第二草　貴謙　渉筆）

後村上天皇勅願道場ナルモ　明徳三年四国管領細川家ノ為寺領没収衰微ノ後
一　延徳二年庚戌夏六月河野六十四代或六十五代刑部侍郎通宣侯再新建當寺於多幸山下
屈請曹洞宗尊宿月湖和尚而為中興開山如故號多幸山天徳寺且寄附寺領三百貫　……
一　永正十六己卯七月廿日大檀越河野通宣侯卒号
天徳寺殿前予州太守刑部侍郎天臨宗感大禅定門這牌在于今……
一　享禄三庚寅年春正月十一日浮穴屋形得能近江守通遠国務争論
為河野弾正少弼通直侯於越智郡明神山城討死三月廿三日　法号定額院殿徳雲昭山大居士
一　大永四年甲申八月廿日　開山月湖契初禅師遷化　住山三十五年也　中興天徳第八世
至慶長九年再興時年数八十一年之間　事歴我山失記録不存者記之
一　天文五丙申八月朔　二世廓室融和尚寂
一　天文十八己酉十一月七日　三世徳翁亭和尚寂
一　永禄三庚申十一月四日　四世樵岩榮和尚寂
一　塔頭　日勢院河野六十六代左京大夫通宣侯　新建此院於天徳境内
左京通宣侯卒號日勢院良忠大居士　亡日月年共失
或記曰　天正九年七月四日　後日勢院殿洞月良榮居士
一　元亀元年庚午年三月六日　本尊正観世音菩薩像新造　或修覆
一　同　八月廿二日　五世仙叟寿和尚寂

一　天正十一年癸未四月廿四日　六世南提玄竺和尚寂
一　天正十五丁亥四月五日　　河野六十七代伊豫守通直侯卒
號曰　後天徳寺殿前豫州太守月渓宗圓大居士　通直公卒時齢二十四以無嗣子家系永絶矣　背豊公命令　或曰戦
死故家系絶矣　不知孰是　故其所建立之寺社多敗壊而存名而已　………

【河野家滅亡　八幡の藪　河野通直卒　天正十五年四月五日】

（508南山霞鈔）

通宣の嫡孫を左京大夫通定と云、後諱は通宣に改る。天正九年七月四日に病死したるを日勢院殿豫州前太守洞月良忠大居士を法名に贈られける。その嗣子を兵部大輔兼伊予守通直とて守護の職に任ぜられたるが、天正の國乱に豊臣太閤秀吉の命に叛きて仕へざるにより、遂に天正十三年九月湯築山の城を引退き、親類なる藝州毛利、宍戸、小早川三氏の招きにより、同國加茂郡竹原の庄に蟄居して、毛利、宍戸、小早川等の周旋に任せ内府へ愁訴の最中、通直不幸にして、同十五年四月五日死去せられにければ、同所弥海山へ葬りける。法號長生寺殿予州前太守月渓宗圓大居士を贈らる、茲に一族臣家の面々等悲嘆の餘り御遺髪及び什宝の器具等本国道後天徳禅寺に送葬してより法號を後天徳寺殿豫州前太守月渓宗圓大居士を贈られるは、是河野六十五代の棟梁絶果、嗣子無ければ御母春禅院殿には、中国の太守毛利大膳太夫大江元就の孫娘にして、藝州甲立五竜山の城主宍戸安藝守の息女なれば、その甥七郎なる但馬守景好を迎へて河野の家を継がしむ、諱を通軌と改めたり

此実父は宍戸左衛門佐元秀とぞいへり。斯の如く継嗣子通軌をして愁訴するも、豊太閤の憤怒甚しくして遂に河野の舊領豫州及び周防、藝州、備後の諸島に至る迄少しも返され給はざれば、此一族郎徒或は臣下の者に至る迄、皆浮浪の身になり行ぬれば、各々が悲憤劇意を起し、茲に河野但馬守通軌を始め、得能備後允通慶、

土居左京亮通真、粟上因幡守通宗、松末美濃守通為、枝松太郎通栄、井門宗左衛門尉義安、南山城守通具、和田左衛門尉通繁、正岡右近太夫経政、大野山城守直昌……平岡遠江守通倚、戒能藤左衛門尉通次、同備前守通盛、得能蔵人通行、此外普代重恩の氏族郎従六千三百餘人の内、死を顧ざる一騎當千の勇士僅か三百人、鬱憤を晴らさん為陰謀を企て、豊太閤の九州へ征伐の途次を窺ひ、八幡の藪中に屯伏して各々狙撃し、怨を一戦に晴らし刺違へて死せんものと一誥したりけるが、事果さずして遂に首謀の七将、河野、得能、土居、南、粟上、和田、大野は誅罰に處処せられ、此外十七士は戦場に討死し、此外は乱れて散々行末の知れざりしとぞなりたりけれ

此騒動の早くも本国に告る者ありけば、首謀等が親子兄弟等此禍の罹るを畏れて皆古郷を離れ、他国の知音を問ひ求め各々姓名を偽り名乗りて、適意に潜居の地を探り求め、或は武者修行となりて宣き主人を求めんとするもの多し……河野累世の菩提所天徳寺に総集して、各々今後の良策を談合しけるこそかなしけれ

嗚呼惜しむべき河野の家なる哉……慷慨憤悲涙に溢れ恨むらくは、此れ豊臣氏にして、罹る憂ひに苦しむ、忽ち浮浪の身となり、余が子孫等いかでか人口の笑を恥じざらんやと、同志憤激涙に沈みし處を気の毒に察視て、當寺の主僧梅叟芳禅師泰然として、諸士の席末に進み出、諸氏公いかに歎くなかれ……衆公ゆえなくして斯く家を亡しめたるは、其罪豊公に報ゆざらんはなし、天の咎め彼を豈何ぞ十年を保ち難からん、………其辦舌水の流るるが如く、老僧の衆を諌め励ましぬれば各々快然として、愁眉を開き、各家祖先の霊位の前に額づき礼拝終りて、父子兄弟明友相互に再會を告、哀別を知らせ合ひ、各々適意の地へ向け、離散をぞしたりけり

南山霞大尾　南山霞鈔

【加藤左馬助嘉明侯、與南源禅師懇和親　慶長八年】

（510南源教衆臨済録抄）

是妙心開山大定聖応国師七世嗣悟渓宗頓　嗣独秀乾才禅師　嗣仁岫宗寿禅師　嗣快川紹喜大通智勝国師　嗣南化玄興定慧圓明国師　嗣湖南宗嶽三舟圓観禅師　嗣南源恭薫也

于時豫州松崎城主加藤左馬助嘉明侯、與南源禅師懇和親

或日嘉明対南源　欲豫州松山城築謀要点　師請迎而初引縄　旧湯築松崎両城　移築今松山也

于時慶長八癸卯歳秋八月也　時藤侯不忍見天徳寺宇荒廃　鐘魚瘖唖聲　遂相脩今処再三経営而一新

且附荘田百石幷山林寺院敷地免除　諸雑費皆営霜　而特屈請再南源薫和尚焉

【江西山天徳禅寺来由年譜第二草　貴謙渉筆】

（560天徳寺来由年譜第二草）

文禄幷慶長年間朝鮮役

一　慶長元丙申年壬辰月　加藤左馬助嘉明侯大有軍功於朝鮮也　太閤秀吉公加増加藤旧領総為十万石賞労其功

幷賜伊豫郡松前之城　加藤在朝鮮日也　或云以何記加藤之事于茲恐濫寺譜難暁也

予曰　実然雖然　加藤中興天徳者其功不譲通政通宣通直三侯　故称其美垂諸不朽加旃天徳中興之年月

或有謬説欲諭之也　次下往ニ挙加藤之事皆其意也　或有説嘉明侯出軍必参南源禅云云

一　慶長五年庚子加藤侯有関箇原戦功　家康公労犒之加賜藤十万石合為廿万石

一　同六年辛丑九月廿二日　天徳一四世中興七世梅叟芳和尚寂

一　同八癸卯四月一六日　天徳十五世中叟就和尚寂　…………
一　慶長八癸卯　月　加藤侯旧松前城移築今松山時　不忍見天徳寺宇荒廃鐘魚瘖唖声
遂相攸今処更経営而特屈請我祖
一　新且附荘田百石諸雑費皆営辨　……
南源薫和尚而以為中興開山之祖因改山号江西。寺号存旧名。
我祖有入寺之偈題曰応　豫州松山城主典廏公之請住天徳
　　柱杖担来白髪秋　慙吾行履別無求
　　単丁住院江西月　老去同参具眼鷗　…………
一　同年十一月南源大和尚上京
　　十二月十九日有聖旨出世妙心寺後陽成院皇帝之其綸旨之書秘在于今江西　又其出世諸雑費皆加藤侯所
営辨也　……又雲居膺和尚与我祖有旧好掛錫此山中　加藤侯引見之而皈崇焉因新建昌林禅寺為開山祖　且出世
妙心寺詳見年譜亦皆依我祖推奨也　…………
一　元和八年壬戌三月九日　南源大和尚戩化妙心寺見磨軒
詳見年譜故略之藤侯聞其訃而慟哭不少也　蘭叟秀和尚與藤侯有旧好　藤侯請之住天徳虚席　…………
一　寛永十八年城楼立　五重改三重　…………

(560天徳寺来由年譜第二草　貴謙渉筆)

【松平定国　隠居被仰付候　蔵山和尚　天明二年】

一　元禄十四年辛己十月廿五日　太守公（四代定直）初入江西又賜白銀及昆布一折　師応請講大恵書
一　十五年壬午四月一四日太守入駕講大乗経　…………
一　（延享）二年十一月七日（天徳廿七世中興十世霊嶽和尚）暁寅刻遷化　……
十一月十一日三浦氏以書召景徳於其宅曰　天徳後住之儀御願之通被仰付候演説之景徳即衡命而直詣御老中奥平
藤五郎殿玄関伸謝又告之諸檀那及親故中
第廿八世天徳中興南源　法嗣　即日十一世蔵山入寺………
天明元年　当代府君初而税駕之時　闕講而但有書論耳
一　天明二年壬寅五月廿六日朝　自荒井又五郎宅切帋ニテ呼ニ来即時赴其宅　隠居被仰付候旨被申
答ニ致承知候ト申直ニ立退　御家老水野吉左衛門殿へ参謝詞申置候而罷帰リ
翌日諸檀及知音中ヘモ知セ遣了　…………
澤瑞初住
天明二年壬寅六月九日　末山連署之願書　至十一月五日相済即日詣家老月番玄関陳謝是御請之意也
十二月五日　上船十一日中旬達本山故滞留
天明三年正月十一日　於微笑燈下攀例垂示　號澤瑞　同三年二月八日　澤瑞帰寺
同年六月二日　入院之礼済　壱束一本差出之
………
澤瑞和尚入院天明二年壬寅六月二日之

庫厨新建
天明改元也
安永九年庚子春決意欲新建謀之　豊前屋小左衛門　同喜右衛門　廉屋與三左衛門　児島屋次郎　左衛門　古川
善兵衛　𢈘屋七右衛門　茶屋吉右衛門　和田屋政次郎等
各率財者三百目細目別記之
一　右修造ニ付拝借銀之儀願出候処　時節柄故不相済之趣野澤新左衛門殿被申処
又日野澤氏へ参候様ニ被申来候而罷出候所　御拝借相済不申候而者普請用手當違ニ成リ候段
御家老中皆々甚以気之毒ニ被思召候　御目付共何トソ取計候様ニト被仰候由
依之御目付中打寄御評議ニ而当年切ニ米四百俵役所ヨリ取替可申候共利付申候間
来暮ニ返納可有之段被申候尤右之儀勝手ニも成リ可申哉若モ不勝手ニモ候ハバ
其段可申出旨候得共拙僧答申候ニ忝ハ仕合給候へハ恩借申度ト申相答候歩行御目付衆ヨリ
可請取旨ニテ四百俵請取尤借用証文モ出置候
一　返納之儀荒井又五郎殿役僧迄対談有之候故野澤氏先達被仰聞候ハ御拂之儀一年切ト約束申置候へ共
至其時候ハヽ猶又及熟談寺暮シ方可調候様ニ対談可申上御座候故
右之通ニ御心得罷成候然ル所荒井殿申ニハ払勝手宜様ニ相積リ書付可出之候上より押方モ可有之候間其覚悟ニ
可申出と被仰候故三十年賦ニ願書差出候所彼是押方有之十三年賦ニ相定リ申候
一　天明五年乙巳冬又々被仰出候ハ当暮ヨリ改而二十年賦被仰出候旨御書付相渡り申候
一　毎壱ケ年十五俵宛返納之末一ヶ年は少々増有之候也

一　澤瑞和尚入院　天明二壬寅年六月二日乎　澤瑞三年住職中自身故障有リ従御上退院被仰付法系絶脈

一　蔵山和尚法系大昌院綿宗和尚分法有之以其法

【古社寺保存法　保存金下賜願書　明治三十年】

（641明治三十年　保存金下賜願書）

本寺京都府山城國葛野郡花園村大字花園正法山妙心寺末

臨済宗　天徳寺

愛媛縣伊豫國温泉郡御幸村大字山越字宮内

當寺者　人皇三十四代　推古天皇御宇四年即法興六丙辰歳冬十月念五日　勅詔厩戸皇子當伊豫國へ行啓アリ葛城大臣並高麗國ノ高僧恵慈恵總ニ大法師等モ扈従而當國司散位大夫乎智宿祢益躬に令旨アリシカシテ熟田津就田津飽田津乃三津に三大伽藍ヲ草創即当寺ハ斯一ニシテ伊與邑石湯ノ奥餘戸谷ニ建設在処ノ天徳山弥勒寺ノ後ナリ抑日本全國四十六ケ寺ノ一ニ列スル處ノ勅願所ニシテ國家鎮護ノ霊場ナリ

天武帝御宇白鳳九年四月十五日　詔大寺之部に列セラレヌ　官符ヲ以修補ノ命アリ　聖武帝御宇神亀五年八月廿三日詔　天山　古矢野　徳威　伊豫都比古比賣　出雲岡　大三島　七大社ノ別当司ニナサレヌ　天平年中詔アリテ僧行基及大同年中ニモ亦詔僧空海等当山ニ留錫シテ佛法傳道ヲ布教シ山野道路溝橋ヲ開キタル所ノ古跡ナル故天長五年十二月定額寺ニ預ル　同七年九月天台別院ニナサレ貞観十三年六月大旱ノ時　詔甘雨ヲ祈ラシムルニ感應瑞雨ノ事アリ　叡感アッテ神烟若干ヲ下サレ額僧ノ費ヲ助ケテ七神殿及当伽藍ヲ再建シ給フ　承平天慶ノ乱南海ノ賊ヲ退治國司目代等祈誓願成テ水田等寄附アリ延久年中國司源頼義河野親経等同志シテ伽藍再建寺領等寄附又建久年中総追捕使兵衛佐頼朝及國ノ守護職河野通信等又同シ弘安年中蒙古退治ノ勅願アリテ守

護職河野對馬守通有同備後守通純等寺領ヲ寄附興國二年三月　後村上天皇　敕願アッテ多幸山下ニ伽藍ヲ移シ山号ヲ以寺号ニシ寺号ヲ以院号ニ改ム國司四条少将有資卿同守護職河野弾正大弼通政等奉行シテ境内東西十三町余南北六町余外ニ三百貫之地ヲ賜リ主僧慧玄禅師ヲ請迎シテ天台門ヲ廃シテ臨済宗ニ改末寺廿四並ニ五庵ヲ置キ給フテ國家安寧ヲ祈ル而已ナラス　延元之乱順難戦没忠魂ノ霊牌ヲ祀ル道場に而國威長久之式法ヲ厳重ニ行フ處ノ舊蹟也　中興慧玄聖應國師ヨリ悟渓宗頓禅師ニ至ル七世者咸当寺ヨリ妙心寺ヲ継グ先規モ有リ　又文中三年四月仁木武田小笠原等ノ兵火に罹り伽藍半ヲ焼失ス其後延徳二年六月國守守護職河野刑部太輔通宣伽藍再建寺領三百貫ノ地ヲ復舊其後天正ノ乱に壊敗セシヲ又慶長八年八月國ノ守護加藤左馬介嘉明再建アリテ寺領若干ヲ寄附　寛永四年十二月國ノ守護松山城主蒲生中務太輔忠知堂塔ヲ修補同十三年三月國ノ太守松山城主松平隠岐守定行本堂再建アリテ寺領若干及山林境内等ノ地子ヲ免除シ寄附アルヲ以世々ノ太守旧列ニ習ヒ依テ貞享元年十月享保元年八月等ニモ修繕アリ然ルニヤ當寺ハ創立以来一千三百有二年ノ星霜ヲ経ル所ナルモ薫香傳燈ノ光モ絶ル日無ク實ニ他ニ勝レタル名藍ト謂ベシ然ト雖モ明治三年藩制改革ノ変動ニ遭遇シテ寺領ハ悉ク没収セラレ同九年に至り境内畑地にハ租税ヲ附セラレ山林ハ悉ク上地ノ命令トナリ故ニ収穫モ失ヒ為に庫裏三大門宝庫大塔禅堂鐘楼方丈等ノ建物ハ壊敗僅カ本堂観音堂勅使門土塀ノ類而已現存スルト雖モ是又檀徒ハ僅カナル士族ノ輩ニシテ維持方に困難ノ餘リ四方信徒ノ力ヲ仰キ修繕等に盡力中ナレトモ何分回復ノ途ニ至ラス然ル折柄一昨年七月ニ至リ御省令七号御発布相成タルヲ拝承シ活路ヲ開タル懐ヲ得テ當寺ニ於テハ第一條中第一号ヨリ第七号に至ルノ中第五号ヲ除ク外ハ毫モ不當ト見認ム廉無之ヲ以テ特別御詮議上御省令第五條ニ因リ相当御下賜金相仰キ度然ル上ハ檀信徒等協議ノ上精々盡力仕應分ノ寄附金モ募リ併セテ保存方ヲ厳重に相立他寺に魁ケ模範ノ立方相設ケ永遠ノ維持可仕候間　願之通御許容被成下様此段連署ヲ以奉懇願候也……

（752　大正元年　明細帳）

【天徳寺明細帳　明治三十年五月　県届】

大正元年十一月一日村役場ノ原本ニ依リ写取　山本義以

「天徳寺明細帳」
愛媛県管下伊豫国温泉郡御幸村大字山越字宮ノ内
総本山京都府下山城国葛野郡華園村　妙心寺末　江西山弥勒院　臨済宗　天徳寺

一　本尊釈迦牟尼仏

（三十年五月廿八日　由緒建物に誤謬聞届タリ）

一　由緒　推古帝詔御宇四年法興六年法興六丙辰十月厩戸皇子湯郷ニ行啓扈従葛城臣高麗僧恵慈恵總ニ大法師等当国司散位大夫乎智宿祢益躬ト共ニ圖テ大伽藍創立天徳山弥勒寺ト号ス　本尊阿弥陀弥勒聖観世音毘沙門天葦陀天釈迦牟尼佛ノ像ヲ太子自作安置シ給フ以テノ故ニ本朝四十六伽藍ノ一ニ列ス是即チ伊豫国寺院草創ノ首也

一　白鳳九年四月敕詔大寺ニ列シ修治総テ官符ヲ以テス

一　神亀五年八月敕詔天山神古矢野徳威神伊豫神出雲岡神湯神ノ五社神護別當ヲ司ル

一　天平十二年三月敕詔僧行基律師留錫而正観世音菩薩立像ヲ自作シ安置ス

一　天長五年十一月　詔定額ノ寺ニ預ル

一　同七年九月詔與天台別院ニ成ル　……

一　興国二年三月六日後村上天皇　敕願ニ依テ国司四条少将有資卿国守護河野弾正大弼通政公当寺伽藍ヲ餘戸谷ヨリ湯ノ北多幸山ノ麓ニ移営シ慧玄大禅師ヲ請迎天台門ヲ廃シ正法臨済宗ニ改メ山号ヲ寺号ニ用ヒ天徳寺ト号シ寺号ヲ院号ニ用ヒテ弥勒院ト号シ山号ハ地名ヲ用ヒ多幸山ト号ス　……

一　明徳五年三月了雲諱通範候観音堂再建ス時ニ発願アリテ永代正三五九十一ノ五ヶ月観音講式供養ノ事起ル當山第三世無因大禅師欽行ヲ首ル　……

一　延徳二年六月国守河野刑部太輔通宣古伽藍再興月湖大和尚ヲ請迎しテ当八世ヲ嗣　香資三百貫ノ地寄付アリ　……

一　慶長八年国守加藤左馬介嘉明公松山城ヲ築ク嘗テ南源和尚ヲ請迎しテ城郭ノ縄張ヲ成サシム報謝ノ為江西山ノ麓ニ天徳寺ヲ移し南源ヲ主僧ニ崇ム故ニ山号ヲ江西ト改正ス官米弐百外ニ山林寺屋敷等除租寄付アリ故ニ寺中ヘ加藤内室並息女及御一門池田河内守河口兵衛門尉岡田丹波守各武将ノ墳墓等アリ　……

一　安永九年三月鐘楼閣及玄関再建

一　天保三年勅使当山門ニ至ッテ当寺第三十世雄山和尚ヲ京都妙心寺住僧ニ迎移サル

一　明治三年十一月藩政改革ニ付寺領悉ク廃サル故ニ慚次衰頽し惣門山門大塔庫裡方丈禅堂鐘楼閣等壊敗ニ至リテ僅カ建物ヲ存ス

（明治三十八年三月三日許可）

一　境内坪数　弐千〇〇八坪　官有地

　　内山林　千五百十九坪

一　境内佛堂　壱宇　　一泉堂　本尊正観世音菩薩

（明治三十年五月廿八日　由緒誤謬聞届）

一　由緒　天平十二年三月　詔行基律師天徳山弥勒寺ニ留錫在テ聖観世音立像
一刀三礼ノ自作（一ニ聖ヲ作正）国司散位乎智玉純堂宇ヲ創立しテ安置し給フ処ノ霊佛堂也
一　貞観十三年六月詔国司伊豫守源寛王再建
一　延文六年五月国司伊豫守源頼義同國介河野親経再建　………
一　慶長八年四月国守加藤左馬介嘉明候江西山下ニ堂宇ヲ移ス
一　延宝三年三月松山大夫奥平次郎太夫堂宇修補
一　正徳五年七月再修補畢　……
一　檀徒人数　弐百九拾八人
一　営繕官廳迄ノ距離　廿六丁

資料編　その二

江西山天徳寺蔵『天徳寺　資料』一覧（二〇一六年二月六日 作成）

資料番号	表　題
	古文書　その１（１〜７・乾巻、８〜17・坤巻）
400	巻子表装
401	興国２年３月６日　天徳寺住職之事　左少辨　恵玄和尚禅室
402	興国２年卯月８日　得能通政寄進状　天徳寺長老
403	文中３年正月11日　天徳寺　乱暴狼藉停止　左少将　得能通定（花押）　天徳寺塔頭
404	明応９年７月25日　善応寺寺領等之事　河野通宣（花押）　天徳寺塔頭御中
405	永享６年４月19日　吉原郷大谷作職之内屋敷五段之事　河野通宣（花押）　天徳寺
406	慶長８年12月19日　妙心寺住持職事　天気執達件如件　左少辨　南源和尚禅室
407	寛永弐年11月朔日　加藤左馬助　寺屋敷三反之地子　寄進状　天徳寺
408	季秋念九　元和７年９月　覚　雲岩　妙心寺住持用意
409	元和７年10月11日　雲岩　請取　弐拾七貫文　月桂寺　妙心寺
410	元和７年10月12日　妙心寺住持職之事　侍真　宗顕（花押）　雲岩座元　微笑庵
411	元和７年10月５日　公儀被仰渉板倉防州之　堅不可被着色衣矣　雲岩和尚　妙心寺
412	寛永４年７月３日　請取申南源和尚祖堂之事　拝進　月桂寺　免僧禅師　妙心寺

3　3月25日　謹奉答　智満九拝　拝復天徳寺　侍衣閣下

4　5月13日　ひとく物わすれ申候　密かう　幻住庵　指空叟　知常叟

5　延寶4年10月廿日　天徳寺者　依之為當山之末寺者着明也　妙心寺　附　天徳寺

6　季夏如然老兄　几下　追而加当地参禅之徒　東野之屋敷へ被招請参申候　玄慧

7　元禄　5月10日　霊叟指空九拝　雲巌祖翁諱　全祥ト改候

9　巻末　宝暦第三癸酉夏孟吉錦示□焉　江西二十八世嗣祖蔵山宗勲儀

420　古文書　その2

421　貞享5年戊辰4月念日　濃州慈恵照之指空主座　前妙心現月桂鉄帚叟

422　天保3年3月12日　玉鳳院塔主職之事　天気執達件如件　雄山長老決房　綸旨

440　位牌

441　應燈関　聖應国師　大燈国司　大應国師

442　得能通政　日勢院殿前豫州太守義感澹山了空大禅定門

443　河野通宣　天徳寺殿前豫州太守刑部侍郎天臨感公大禅定門

444　河野通宣　厨子　龕

445　河野通直　後天徳寺殿豫州前太守月渓宗園大居士

450　多幸山天徳禅寺秘事　大檀那河野氏並寺中結衆等霊簿

451　後村上天皇勅願予州多幸山天徳寺秘事　（寺譜）

452　多幸山天徳寺秘事付属・河野家系図

453　過去帳　江西山　天徳寺　廻向名簿

480 山本権兵衛　旌忠院殿鉄心玄剄居士　懶翁記焉
500 合本・鳳闕乱諍、芳闕嵐史・南山霞鈔・越智姓河野氏系譜
501 外箱　外装
502 総目次　鳳闕亂諍　南山霞鈔　（附元中乱離鈔略）　芳闕嵐史
503 芳闕嵐史　鳳闕亂諍
504 芳闕嵐史末尾の奥書　慶長元年南源執筆　宝徳3年日野有親在判
506 伊予国造家越智姓河野氏系譜
507 文中（元中）亂離鈔
508 南山霞鈔　目録　序文　本文
510 南源和尚教衆　臨済録抄
511 表紙、柳宗悦印章
512 関西臨済録抄附属、聖應国師法孫譜伝、聖應国師宝瑞鈔、南源禅師者、山陰有桜大樹
517 臨済録抄　本文（一部抜粋）
518 奥書
519 佛書目録　柳宗悦　松ヶ岡文庫
520 蔵山編纂　天徳開山南源大和尚年譜
521 天徳開山南源大和尚年譜（原本）初□（筆？）温泉記をふくまず
524 清書　年譜、年譜附記、佛法僧鳥　(pdf)

5 天徳開山南源大和尚年譜　（清書）宗勤纂輯　禅諸校訂
6 天徳開山南源大和尚年譜附記　宗勤　謹記
7 享保3年　仏法僧鳥　或曰三宝鳥
8 宝暦2年　開山諱
530 蔵山編纂　南源薫和尚語録
1 南源薫和尚語録　（初稿）
2 南源薫和尚語録　（清書 pdf）
535 道後温泉記　祥雲巌野衲漫誌　寛永年間（A、B判　2種有）
540 蔵山編纂　三舟圓観湖南禅師語録　上下　宝暦8年
1 宝暦8年3月7日　表紙　語録序　目次
2 巻之上
3 巻之下
560 江西山天徳禅寺来由年譜第二草　貴謙　渉筆　校讐
570 南源和尚略行状、三舟円観禅師派流下寺、蒲生家中支配帳
1 構成
2 予州松山江西山開山南源和尚略行状　欽状　（cf 606）
3 三船円観禅師派流下寺・開山法孫寺号略記　（cf 605）

575 蒲生家　支配帳

576 氏郷公奥州会津一一〇万石之時高智之士

577 当國住居之豪族五家之士　如舊被召抱

578 忠知公予州一四万石之家中支配帳

600 天徳寺来由録集　翠岩判　表紙　天保3年頃

601 関西臨済録司寺院鑑初編　附録　三大寺院起記

602 江西山陰有桜大樹　（注記　臨済録抄 慶長17年　南源　記）

603 南方勲功録　延元の役　十二月初巳午

604 花乃隈遠音の轡　第五の巻　（八幡の藪）　蛙鳴庵主人了一居士撰之

605 臨済派開山法孫寺号略記曰　南源薫和尚者圓観禅師第一神足也

606 中興天徳開山南源和尚略行状　寛文6　懶翁撰之　欽状

607 正法妙心見摩軒風光録抄　拝志之里渉舟伊予川　就田津

608 伊予旧蹟史　山越有精舎曰　天徳其初温泉郷熟田津奥餘戸谷天徳山弥勒寺號古伽藍也

609 多幸山天徳寺来由年譜第一草　当山起元之事

610 天徳禅寺来由年譜第二草

611 芳山霞曙鈔

612 久米部徳威原古墳碑文　天授2年4月12日　天徳弥勒院主無因謹記

613 海南漂萍秘録

614 芳鬫嵐史曰

615 後村上天皇勅願道場予州温泉郡多幸山天徳禅寺譜

620 「翠岩判　天徳寺来由録集」の「附属資料」明治17年〜明治44年
621 断簡　寛永12年明堂和尚退院　真常院殿　興聖院殿
622 明治17年7月12日　追善　高野山上蔵院墓所　南野田村住人　士族　得能通義
623 明治24年12月14日　朱記「届済訴下」臨済派本山教務所御中　得能通義（cf 735）
624 延宝4年10月20日　妙心寺末となる（626天徳寺由来記　の一部か）
626 明治24年11月5日　天徳寺由来記　妙心寺宛　却下　調査精細ヲ要ス（cf 734）
627 聖観世音菩薩略縁起　元来は鷲山和尚の文だが、通義氏の書込み、実印か
628 明治37年9月　観音堂営修　募金　芳名　湯之町　得能通義
629 宝永3年3月15日　天神山　由緒書　寺社奉行所御中　記録写
630 明治25年1月　伽藍修繕並再建寄付之願（631の原稿か）
631 明治25年1月20日　正観世音佛殿　修繕再建に付き下賜金願　愛媛県知事宛
632 明治26年3月10日　愛媛県　林務官殿　天徳寺上地官有地所払下願（643に同じ）
633 明治30年1月14日　宝物取調書　名所旧跡
634 明治30年1月31日　天徳寺宝物古板判観音堂記曰豫州霊山天徳寺観音祠堂記（cf 706）
635 明治29年11月「明治30年5月28日　許可　愛媛県（朱記）」本尊釈迦牟尼佛　由緒
636 安永辛丑夏五朔（安永10年5月1日）蔵山　庫裡再建
637 延宝3年　一泉堂観音大士点眼安座
638 正徳5年7月22日　上棟　霊叟禅師
639 元禄3年　宝塔上棟　興源宗右禅師　匠者摂津弥兵衛尉
640 天徳寺来由年譜第1草（722の元資料か）

641 明治30年月　日　保存金下賜願書改定版　住職繁山祖満、檀徒総代

642 願書添付資料、建築ノ繪圖面、寶物目録（700の断簡か）

643 明治30年4月8日　保存金下賜願書　下書き

645 宝暦9年9月28日　岩崎権現再建　松平定喬、玉乃井、鳥谷　縁起の一部か

646 道後周辺　社寺来由抜書（通義の私物か）

647 上地山林下戻申請書　明治33年6月13日の申請、35年差戻し　関係書類控えか

648 上地山林下戻申請書　下書き

649 申請書　土地図面

650 明治36年12月申請、38年3月聞届　境内編入願一式　内務、農林大臣　住職　檀徒総代

652 明治42年5月26日　檀徒総代得能通義　選定届

653 明治42年5月26日　寺有山林藪現在届　愛媛県知事殿

654 明治43年2月8日　寺有山林現在届　愛媛県知事殿

655 明治43年9月　森林開墾願　愛媛県知事殿

656 明治44年12月　手続上申書　温泉郡長　大道寺一善殿

657 明治44年8月15日　佛堂建物整理調査届　愛媛県知事殿

658 明治44年4月13日　宝物境外出陳付認可願　愛媛県知事殿

659 明治44年6月1日　寺有山林現在届　森林管理方法

660 明治44年6月15日　宝物、古文書、古建築物調査書届　愛媛県知事殿

661 明治44年10月28日　明細書訂正願　他

662 明治41年2月15日　不要存置国有林払下願　高知大林区署長　森林技師中山斧吉殿

663 明治41年10月25日　山林伐採並びに果樹植付願　妙心寺本山管長宛

664 延宝9年7月23日　預り祠堂料の事　山本家、天徳寺

5　明治38年5月　社寺明細帳記入届　愛媛県知事殿

6　明治44年12月19日　山林地開墾上申書　愛媛県知事殿　温泉郡長大道寺一善殿

7　明治44年6月11日　森林開墾願　愛媛県知事殿

8　明治44年5月1日　境内山林藪地ノ内墓地ニ組入願　愛媛県知事殿

9　明治41年7月22日　土地所有権上地払ニ付　移転登記願　松山区裁判所御中

700　天徳寺来由録集　保存　祖満判

0　保存第1～4

1　保存第一号　本堂

2　保存第二号　一泉堂

3　保存三号　御成門

4　保存第四号　古文書

5　保存第五号豫州道後明藍多幸山弥勒院天徳寺由来記 天徳9世主郭室

6　同上　天徳寺宝物古板判観音堂記　豫州霊山天徳寺観音祠堂　了雲通範（cf 634）

710　天徳寺来由録集　祖満判

1　関西臨済録司寺院鑑初編附録　與州寺院草創三大寺起記之傳

2　又曰　當江西山陰有桜大樹　臨済録抄 慶長17年　南源　記

3　花乃隈遠音の轡　第五の巻　蛙鳴庵主人了一居士撰之（雲岩和尚雑記）

5　臨済派開山法孫寺号略記

6　芳山霞曙鈔　覚理法王紀州高野山より豫州へ御没落の事

7　久味部徳威原古墳碑文　天授2年4月12日　天徳弥勒院主無因謹誌

718 海南漂萍秘録
719 芳闕嵐史曰
720 松山叢談・・山本権兵衛、2世雲岩、3世懶翁、12世雄山の逸話
721 伊予旧蹟史曰　天徳其初温泉郷熟田津之奥余戸谷天徳山弥勒寺
722 多幸山天徳寺来由年譜第一草　當寺起元之事
723 天徳禅寺来由年譜第二草
724 後村上天皇勅願道場予州温泉郡多幸山天徳禅寺譜
730 明治　御由緒書
731 明治3年11月　鵞山祖雪禅師　御由諸書天徳寺　御触書
732 明治4年5月　鵞山祖雪禅師　江西山天徳寺明細記
733 明治24年11月　祖満和尚伊予国和気郡御幸村大字山越　天徳寺由緒書（cf 626）
734 明治24年11月5日　妙心寺宛　由来記　嘆願書（却下調査精細ヲ要ス）繁山祖満
735 明治24年12月　本山教務所御中　予州天徳寺来歴　天徳寺檀徒士族得能通義（cf 623）
740 古社寺保存法　嘆願書
741 明治25年1月20日　知事宛　正観世音佛殿及方丈、修繕再建ニ付下賜金願　原稿
742 明治25年1月　日　伽藍修繕並再建寄付之願　清書判，741の原稿か）
743 明治26年3月10日　愛媛県　林務官殿　天徳寺上地官有地払下願（cf 632）
750 明治　寺籍調査帳　明細帳
751 明治29年6月　江西山弥勒院天徳寺　寺籍調査帳

2　大正元年　天徳寺明細帳 明治30年5月受理の改定判か　村役場ノ原本写取　山本義以

760　大正5年　寺籍台帳　愛媛県温泉郡御幸村　天徳寺

761　寺籍台帳　甲

762　寺籍台帳　乙　pdf

763　寺籍台帳　甲乙　控え　pdf

770　明治　寺譜

771　伊予國温泉郡后和気郡　多幸山江西山天徳寺譜　明治20年代か

772　大正8年2月　江西山天徳寺歴代譜　山本義持　謹製　pdf

780　明治・大正　沙門列伝

781　愛媛県伊予州天徳寺沙門　南源薫傳

782　愛媛県下伊予州天徳寺沙門　雲岩祥傳

783　愛媛県下伊予州天徳寺沙門　霊嶽□傳

784　月桂二世南源和尚傳　写月桂寺記録　大正8年　山本義持　pdf

785　大正5年　繁山祖満　履歴書

著者紹介

田中 弘道（たなか ひろみち）　愛媛県松山市
1937年1月生まれ
1961年3月　大阪大学大学院修士課程修了（化学工学専攻）
　　　　　住友化学勤務
現在　伊予史談会会員、一遍会会員、東温史談会会員
　　　國指定史跡・湯築城跡ボランティアガイド

主要論文

「道後・湯築城、湯之町と寺井内川水系」 伊予史談348号　平成20年
「『十八ケ』とその変遷　通尭の時代」 東温史談五号　平成21年
「天徳寺所蔵『伊予国造家　越智姓河野氏系譜』について」（川岡勉との共著）
　　　地域創成研究年報 第5号　愛媛大学地域創成研究センター　平成22年
「天徳山弥勒寺と聖徳太子」 東温史談七号　平成23年
「天徳寺中興開山・南源宗薫と彼を巡る人々」 伊予史談363号　平成23年
「他阿真教上人と時宗教団の成立」 一遍会報368号　平成25年
「元弘の兵乱…星岡合戦」道後学講座（愛媛県文化振興財団）平成25年
「江戸時代の遊行上人と宝厳寺」伊予史談377号　平成27年
「明治の天徳寺」一遍会報376号　平成28年

伊予 天徳寺 千四百年の歴史

2017年2月11日発行　定価＊本体3500円+税
著　者　田中　弘道
発行者　大早　友章
発行所　創風社出版
〒791-8068 愛媛県松山市みどりヶ丘9－8
TEL.089-953-3153 FAX.089-953-3103
振替 01630-7-14660 http://www.soufusha.jp/
印刷　㈱松栄印刷所　　製本　㈱永木製本

 ISBN 978-4-86037-242-2